文化产业经营管理

（修订版）

李景平　编著

山东大学出版社
SHANDONG UNIVERSITY PRESS
·济南·

图书在版编目(CIP)数据

文化产业经营管理/李景平编著.—济南:山东大学出版社,2014.6(2022.3 重印)

ISBN 978-7-5607-5033-0

Ⅰ.①文… Ⅱ.①李… Ⅲ.①文化产业—经营管理 Ⅳ.①G124

中国版本图书馆 CIP 数据核字(2014)第 100304 号

责任编辑 谭学秋
封面设计 李庆功
美术编辑 张 荔

出版发行 山东大学出版社
社　　址 山东省济南市山大南路 20 号
邮政编码 250100
发行热线 (0531)88363008
经　　销 新华书店
印　　刷 济南华林彩印有限公司
规　　格 720 毫米×1000 毫米 1/16
　　　　 23.25 印张 381 千字
版　　次 2014 年 6 月第 1 版
印　　次 2022 年 3 月第 3 次印刷
定　　价 48.00 元

目 录

第一章　企业及我国文化市场主体的培育

第一节　企业概述

一、企业的概念

企业是一种经济组织形式，它是社会生产的基本单位，是市场经济中最基本的细胞。企业的活力决定了国民经济的活力，只有当绝大多数企业真正发展壮大起来时，国家才会富强，人民生活才会富裕，整个社会经济发展水平才能真正得以提高。

（一）企业的定义

所谓企业，是指从事生产、流通和服务等经济活动，为满足社会需要和获取利润，依法设立和运营，自主经营、自负盈亏、自我发展、自我约束的独立的商品生产者和经营者，是社会经济的基本单位。这一概念具体包括了以下五个方面的含义：

1.企业必须是从事生产、流通和服务等经济活动的组织。从事经济活动的组织才有成为企业的可能，而且正是这一点，把企业与其他社会组织如行政、事业等单位区分开来。长期以来，我国的许多企业之所以缺乏活力，就是因为受国家宏观经济体制的制约，改变了自身的根本性质和任务，成了政府机关的附属机构。因此，在当前深化企业改革阶段，其中一个重要内容就是还企业本色，实行政企分开，使企业真正成为独立的专门从事生产、流通、服务等经济活动的组织。

2.企业既要盈利,又要承担社会责任。该含义反映了企业从事各项经济活动的基本目的。它具体体现在两个方面:一是获取利润。企业是一个特定的利益群体,它有自己的本位利益,它从事各项经济活动就必然要努力谋取利润的增加。企业如果没有盈利,职工的生活水平就会受到影响,劳动积极性就难以调动起来;企业如果没有盈利,就不能进行扩大再生产,自身就难以得到发展壮大;企业如果没有盈利,还将导致国家和地方财政收入的减少,从而使国家和地方经济建设的发展受到影响。因此,企业必须确保获得合理的利润。二是满足社会需要,承担一定的社会责任。现代企业观认为,企业与股东、债权者、职工、顾客、社会居民、政府机关及同行业竞争者等之间都有着非常复杂且密切的相互关系,企业在一定程度上必须满足各种与之相关的社会团体对其提出的各种要求,这样才能得到生存和发展。企业在为自身谋取利润的同时还必须承担一定的社会责任。另外,企业的社会责任还包括为社会提供就业机会,保护环境,参与社会公益活动等。

3.企业必须自主经营,自负盈亏,自我发展,自我约束。在市场经济条件下,企业作为市场的基本经济单位和最重要的竞争主体,必须自主经营、自负盈亏,依据价格、供求等市场信号的变化自觉调节自身经营活动,提高企业竞争力,并对其经营后果承担全部责任,做到责、权、利的相互对等。同时,有效地约束企业的不良行为,正确行使自主权,以保证企业健康、有序地发展。

4.企业是现代社会经济的基本单位。在不同的社会形态之下,随着生产力水平的发展,社会经济的基本单位是不断变化的。在原始社会,由血缘关系构成的氏族,是当时社会经济的基本单位。到了奴隶社会和封建社会,生产力水平虽然有了一定程度的提高,但生产社会化程度仍然较低,人们基本上过着以家庭为单位的自给自足的生活,所以当时社会经济活动的基本单位是家庭。以后随着商品经济的高度发展和机器大工业的出现,使社会生产组织方式发生了根本性的变革,产生了专门从事商品生产与流通、高度社会化的企业组织,并很快取代家庭成为社会经济的基本单位。也就是说,企业已成为现代社会经济的基本单位。

5.企业必须依法设立和运行。在法治社会中,任何人或组织要想从事某种具有法律意义的行为(包括经济行为),必须拥有在该种法律关系中依法行使权利并承担义务的主体资格。因此,企业必须依照国家法律,通过法定的程序设立和运行。一般来说,它应具备以下几个条件:一是必须正式在国家政府有关部门注册备案，完成登记手续。二是应有专门的名称、固定的工作地点和组织章程。三是要拥有必要的财产或经费。四是能独立对外开展经营活动。

二、现代企业与古典企业的区别

在西方发达国家，企业是一个历史范畴，从生产力发展过程看，企业生产组织的萌芽产生于手工作坊，正式形成于手工工场，它是作为取代家庭经济单位和手工作坊而出现的一种分工协作的、具有更高效率的经济单位，是商品经济的产物。美国著名企业史学家钱德勒系统地研究了 19 世纪中期以来美国现代工商企业成长的历史。钱德勒分析认为，企业规模的扩张、现代工商企业的出现取决于技术、市场和交通通信条件等因素。16 世纪的贸易特权公司虽然具有现代股份制企业的某些特征，但由于受当时这三方面因素的限制，这些经济组织并没有成为当时经济活动的主要形式。直到 20 世纪初，以公司制为代表的现代企业组织形式才被广泛采用并得到推广。

按照钱德勒给现代企业组织的定义"由一组支薪的中、高层经理人员所管理的多单位企业"，现代企业与古典企业的区别表现在三方面：

1.现代企业是规模较大、具备多种经济功能、可跨行业和地区经营的多单位企业；古典企业是规模较小、单一功能、在一个地区经营单一产品系列的单一单位企业。

2.现代企业的资本所有权与企业管理权发生分离；古典企业的管理者兼有资本所有者的身份，资本所有权和管理权是合一的。

3.现代企业是一个复杂的管理层级组织；古典企业是层级组织中的最简单形态。

因此，在钱德勒看来，与股份制度相比，资本所有权与管理权的分离更能体现现代企业的特点。

三、企业的类型

根据不同的标准可以把企业划分为不同的形式。市场经济条件下，企业基本形式通常按投资方式及投资者对企业承担责任的形式来划分，主要有三种，即个人业主制企业、合伙制企业和公司制企业。这三种基本形态是在市场经济数百年的发展过程中形成的，也是目前世界各国企业立法的三种主要形式。

（一）个人业主制企业

个人业主制企业又称个人企业或个人独资企业，是指由个人出资兴办，出资人亲自经营，收入归自己所有，风险也完全由个人承担的一种企业形式。这种企业在法律上是自然人企业，不具有法人资格。

个人业主制企业是一种最简单的企业形态，它诞生于市场经济早期，有着十分悠久的历史，但是，延续到今天仍普遍存在。比如在市场经济最为发达的美国，个人业主制企业仍占企业总数的70%以上。所以即使在今天，它对经济的发展仍起着不容忽视的作用。不过，尽管个人业主制企业在数量上占绝对的多数，但其营业额相对于公司制企业来说却是微不足道的。它在整体经济中并不占据主导或支配地位，仅是社会化大生产的一种必要的补充形式。

个人业主制企业的特点决定了其长处和短处。在这种企业制度之下，由于它的所有权与经营权归于一体，因此具有经营灵活、决策迅速，且有利于保守企业经营秘密的长处。但它也有着非常明显的短处：一是企业主的风险很大，要对企业的债务负无限责任。即当企业的资产不足以偿还企业的全部债务时，企业主必须以自己其他的财产来承担偿债责任。在这种情况下，企业主的所有财产都是有风险的。一旦企业经营失败，企业主就有倾家荡产的可能。二是企业的规模有限。这种企业由于受到个人资信能力及管理能力的限制，企业规模的扩张是极其有限的，只能从事一些投资及经营规模都较小的产业。三是企业的寿命有限。这种企业的存亡完全取决于企业主。如果企业主死亡或是在未转让的情况下放弃经营，企业的寿命就结束了。这就导致企业的债权人和雇员风险较大，影响企业的声誉。由于上述特点，个人业主制企业一般只是在规模较小的零售商业、服务业、手工业、家庭农场、家庭医师、开业律师等领域中被采用。

（二）合伙制企业

合伙制企业又称“合伙企业”，是指由两个或两个以上个人通过签订合伙协议共同出资兴办、联合经营的一种企业。它在法律上仍是自然人企业。合伙企业既可以由部分合伙人经营，也可由全体合伙人共同经营。经营所得为全体合伙人分享，经营风险由全体合伙人分担。

合伙制企业由于是由许多合伙人共同出资、联合经营、共担责任，因此与个体企业相比有着明显的优势：它增强了企业的筹资能力和信用能力，提高了企业的竞争力，使企业有了进一步扩大和发展的可能性。但合伙企业同样也有其局限性：一是企业的规模仍有限。尽管合伙企业由多人共同出资，但由于受合伙人数量及个人资产的限制，大多数合伙企业仍局限在规模较小的生产和经营领域。二是决策时效性差。这种企业由于合伙人都有决策权，几乎事事都需大家共同协商，意见一致时才能决策下来，因此常会造成决策时效的延误。三是企业的稳定程度有限。合伙企业是合伙人通过订立契约建立起来的。任一合伙人退出或死亡，都需重新确定合伙关系，并有可能影响企业的存续，致使企业的稳定性受到很大影响。四是投资者的风险仍很大。合伙企业实行无限连带责任。在这种责任制度下，企业中的合伙人与个人业主一样须对企业债务负无限责任，并且在他们之间还存在着一种连带的责任关系，即有的合伙人财产如不够索赔标准，则其他有能力的合伙人要代其承担偿债责任。

总的来看，合伙企业的数量要远远少于个人业主制企业和公司制企业，如在美国的全部企业形式中，它只占7%左右。但在一些资产规模较小、管理不复杂，而主持人个人信誉非常重要的领域中仍较为活跃。如律师事务所、会计师事务所等。

（三）公司制企业

公司制企业又称公司，是由两人或两人以上共同出资构造出来的能够独立对自己经营的财产享有民事权利、承担民事责任的一种法人企业。它是现代企业的重要形式，公司制企业与个人业主制企业及合伙制企业之间有着重要的区别。前两者都是自然人企业，而公司制企业在法律上具有独立人格，是法人企业。

1.公司制企业的特征

公司制企业是企业组织形式发展到高级阶段的一种企业制度形式。它在16世纪末17世纪初诞生在西欧特许贸易公司的基础上，经过几百年的发展才形成并逐步走向成熟。公司制企业的基本特征有以下四个方面：

(1)公司以盈利为目的，属社团法人。公司是一种企业形式，它具有企业的全部特征，所以按照市场经济的要求，公司必须以盈利为目的，谋求利润的最大化。传统企业，无论是个人业主制企业还是合伙企业都是自然人企业，它们都以业主个人财产为基础进行营运，它们的经营活动也是建立在自然人的信誉之上；而公司则是由出资人（股东）组成的具有法人地位的法人团体，它以其法人财产作为营运基础，它的经营活动也是建立在法人的组织信誉之上。大陆法系还将法人分为两种：社团法人和财团法人。其中社团法人是由一定数量的、具有相同目的的成员集合建立的法人组织,它以成员作为成立的基础。财团法人则是指以实现一定目的而捐助的财产为基础设立的法人。综上所述,显然公司是以股东为组织基础设立的并以盈利为目的的社团法人。

(2)公司企业实现了股东所有权与法人财产权的分离,即不再由所有者亲自经营自己的财产,而将其委托给公司法人去占有、使用和处置。这对提高企业的经营水平非常有利,而且在公司内部形成了两个不同层次的利益主体,即股东和公司法人。

(3)公司法人财产具有整体性、稳定性和延续性特点。整体性是指公司的法人财产不可分割。公司是法人企业,它通过集中众多所有者的资本形成了企业法人财产。尽管这些资本的终极所有权是多元化的、高度分散的,但投资形成的法人财产却是一个完整的、不可分割的整体,它要交由企业法人来统一占有、使用和处置。稳定性是指公司法人财产不会因股东的变化而经常性地波动。根据公司法规定,股东资产一旦投资到公司形成法人财产,就不得抽回,只能转让。这样,股东的变化就不会影响到公司的法人财产的变化,使其保持了很强的稳定性。同时,公司作为法人已有了独立的生命,股东的死亡已不影响公司的存亡,只要公司不破产、不歇业,公司就可存续下去,公司的法人财产具有延续性。这三个特点,使公司的信誉大为提高。

(4)公司企业实行有限责任制度。这里所说的"有限责任"包括两层含义:一是对股东而言,他们仅以其投入企业的出资额为限,对公司债务承担有限责任,而不再涉及出资者的其他资产;二是对公司法人而言,它以其全部法人财产为限对公司债务承担有限责任。有限责任制度一般只是到了公司破产清算时才能体现出来。公司有限责任制度的出现有着极其重要的意义。由于股东对企业所负责任是以投入的资本为限,所以这种制度更有利于广泛吸收资本,保持企业稳定。当企业破产清算清偿债务后,如有剩余还可作为投资收回。这样,有利于保护投资人的权益,同时有利于调动经营者的积极性,保持公司的稳定及发展。

2.公司制企业的基本类型

广义地讲,公司按其承担债务责任的不同可分为无限责任公司、有限责任公司、两合公司、股份有限公司和股份两合公司五种类型。其中,有限责任公司和股份有限公司是现代公司制的两种基本形式,也是现代世界各国所通行的两种公司形式。我国《公司法》对这两种公司作出了规范。因此，我们仅对这两类公司加以介绍。

有限责任公司是由50个以下股东组成，股东以其出资额为限对公司负有限责任，公司以其全部资产对公司债务承担责任的企业法人。有限责任公司是一种非公众性公司，其设立程序简单、运行机制灵活，是近几十年来发达市场经济国家中发展最快的企业组织形式。有限责任公司具有以下基本特征：

第一，股东人数较少，比较容易协调。各国公司法一般都有股东人数最高限额的规定。如日本、美国的某些州规定有限责任公司股东人数不得超过30人，英国、法国则规定不得超过50人。我国《公司法》也对此作出了明确的法律规定，即有限责任公司由50个以下股东共同出资设立，股东既可以是自然人，也可以是法人。

第二，有限责任公司不得发行股票。有限责任公司的资本总额不需要划分为等额股份，不得通过发行股票筹资。公司筹资一般是由股东相互协商之后确定各自的出资额。股东在认缴出资额后，由公司出具股单，作为股东在公司中应享有权益的书面凭证。股单不能上市流通，一般不得任意转让。若有特殊情况确需转让，则需取得全体股东半数以上同意，而且老股东具有优先购买权。

第三，公司注册资本数量不多，容易组建。我国最新修订的《公司法》取消了对有限责任公司注册资本数额的限制，规定其注册资本为在公司登记机关登记的全体股东认缴的出资额。

第四，有限责任公司的股东可以作为公司雇员直接参与公司管理。在这类公司中，董事和高层经理人员往往拥有大量股本，这些大股东亲自经营，使所有权与经营权分离程度不如股份有限公司那样高。

第五，公司经营透明程度不高。有限责任公司不向社会公众公开筹资，它的经营状况就不会涉及其他社会公众利益。因此公司账目无须向公众公开披露，只要在内部向股东汇报，接受股东监督即可，这对公司保守商业秘密较为有利。

第六，有限责任公司成立、歇业、解散的程序及管理机构的设置都比较简单，运行机制比较灵活。

由于有限责任公司具有上述特点，因此它是一种较适宜于中小规模企业的公司形式。在我国现阶段，这种公司形式具有较广泛的适用性。

股份有限公司又称“股份公司”，是指把全部资本分为等额股份，股东以其所持股份为限对公司承担责任，公司以其全部资产对公司债务承担责任的企业组织形式。股份有限公司具有以下基本特征：

第一，股份有限公司的发起股东人数必须达到法定人数。我国《公司法》规定，股份有限公司的发起人须是法人或者具有行为能力、符合创办条件的自然人，新建股份有限公司发起人为 2 人以上 200 人以下，其中必须有过半数的在我国境内有住所。

第二，股份有限公司的注册资本数额没有限制。我国最新修订的《公司法》取消了以往股份有限公司注册资本金较高的做法，规定其注册资本为：采取发起设立方式的，为在公司登记机关登记的全体发起人认购的股本总额；采取募集方式设立的，为在公司登记机关登记的实收股本总额。

第三，公司股份可依法自由转让。根据公司法，股份有限公司的全部资本是由若干等额股份所组成。股份以股权证或股票形式发行，它可以依法自由转让和交易。这一特点使公司资产转移比较灵活方便，保持了较高的流动性。

第四，公司不容易保守经营秘密。各国公司法一般都规定股份有限公司必须向公众公开披露财务状况。即在每个财政年度终了时，公布公司的年度报表，其中包括董事会的年度报告、公司损益表和资产负债表等。这样就将公司经营置于整个社会监督之下，这对于确保众多投资者的利益有利，但公司保密困难。

股份有限公司是最典型的现代企业制度形式，它是企业制度发展的最高阶段。它通常资金雄厚，规模庞大，管理科学，竞争力强，在国民经济体系中占有最重要的地位。但是，由于股份公司是公众公司，所以政府对它的管制也很严格。设立时要严格审查，运行中要进行监督，只有达到法定条件才能组建，组建后还必须按照严格的法律规范来运行。

综上所述，随着生产社会化及商品经济的发展，市场经济条件下的企业制度为了适应不同社会生产力发展水平的要求，逐渐形成了个人业主制企业、合伙制企业、公司制企业三种形式并存的形态。其中公司制企业尽管出现较晚，但由于它突破了个人业主制企业、合伙制企业的筹资能力有限、规模小、经营不稳、风险较大等严重缺陷，因此，以其对市场经济良好的适应性很快占据了现代社会经济活动的主导地位，成为当之无愧的当代企业制度的主导形式。

四、现代企业制度

现代企业制度是一个内涵丰富、外延广泛的概念。其基本内容包括三个方面：现代企业产权制度、现代企业组织制度和现代企业管理制度。这三大基本制度相辅相成，共同构成现代企业完整而灵活的经营体制。

(一)现代企业产权制度

现代企业产权制度的构造，在企业方面是建立企业法人制度，在出资者方面是形成有限责任制度。它的实质是建立出资者所有权和企业法人财产权相分离的产权配置格局。按照现代企业产权制度的要求，当股东投资形成企业资产后，就将其分解为企业现实营运中的资产和以股票、股单为主的虚拟资产。其中对企业现实营运中的资产的占有、使用和处置权交由企业法人掌握，由此形成法人财产权，这是在公司取得法人资格的同时获得的一项所有权权能。股东作为原始所有者则仅仅保留了对资产的价值形态，即股票为主的虚拟资产占有的权利，由此形成出资者所有权。这种产权分割实际上也就意味着公司资产不论是谁投资的，一旦形成投入营运，其支配权就归属企业法人了，要由企业法人实行统一的经营管理。原来的出资者则与现实资产的营运脱离了关系，他不能随意地抽回投资，也不能以个人的身份直接支配他投入的资本，只保持其作为法人组织的一分子，通过一定的组织程序，间接参与企业财产的最终控制。

现代企业产权制度的另一内涵就是实行严格的有限责任制度，这里所说的“有限责任”包括两层含义：一是对股东而言，他们仅以其投入企业的出资额为限，对公司债务承担有限责任，而不再涉及出资者的其他资产；二是对公司法人而言，它以其全部法人财产为限对公司债务承担有限责任。有限责任制度一般只是到了公司破产清算时才能体现出来。它是规范出资者(股东)与企业法人之间、企业法人与企业债权人之间权益关系的准则。实行有限责任制度使企业对现代市场经济的发展有了更强的适应力。

(二)现代企业组织制度

现代企业组织制度是在企业法人制度基础上形成的法人治理结构。它是企业的一套完整的组织制度。现代企业法人治理结构包括两个组成部分：一是纵向授权领导体制。它是由股东通过投票选举产生董事会和监事会。其中董事会代表企业法人从事经营活动，董事会再聘任总经理和其他高级经理人员，组成在董事会领导下的执行机构，在董事会授权范围内经营企业。监事会是监督机构，对董事会及其经理人员的活动和公司财务行使监督的职责。二是股东会、董事会和监事会“三制衡”结构。在法人治理结构中，股东会、董事会和监事会及经理人员各自的权、责、利都有明确的划分和界定，谁也不能违背组织章程越权行事，因此彼此之间也就形成了一种相互制约、互相促进的制衡机制。

公司的最高权力机构是股东大会。股东大会作为最高权力机构，有选择经营者、重大经营管理和资产收益等决策权力。股东大会选择经营者的决策权表现为选举和罢免董事和经理。重大经营管理决策权表现在：审议关于公司章程、出卖部分或全部财产的建议和财务报告，对公司合并和分立及解散等行使投票权，对公司的经营方向、投资方案等进行决策。

在股东大会闭会期间，董事会是公司的最高决策机构，是公司的法定代表。除股东大会拥有或授予其他机构拥有的权力以外，公司的一切权力由董事会行使或授权行使。董事会的重大决策权主要有：制定公司的经营目标、重大方针和管理原则；挑选、聘任和监督经理人员，并决定经理人员的报酬与奖惩；提出盈利分配方案供股东大会审议；通过修改和撤销公司内部规章细则；决定公司财务原则和资金的周转；决定公司的产品和服务价格、工资；代表公司签订各种合同；决定整个公司的福利待遇；召集股东大会。

经理人员是董事会决策的执行者。

（三）现代企业管理制度

科学规范的现代企业管理制度也是现代企业制度不可缺少的重要内容。现代企业管理制度的基本体系是：企业经营目的和理念、企业目标和战略、企业的管理组织以及各业务职能领域活动的几个方面。

1.企业经营的目的、理念是企业管理制度的最高层次。

2.在经营目的、理念的指导下，确定企业的战略目标，形成企业战略方案，并同时建立起适应战略要求的有效组织机构。

3.公司经营目标和战略还要通过各种具体业务活动来实现，这些业务活动可分为研究开发、生产制造、市场营销、财务、人事等几大职能领域。

4.企业管理层通过对这几大领域活动的计划、组织、领导和控制，并把它们有机地结合起来，就可以把握日常经营的全局，保证战略的有效实施和经营目标的实现。

（四）我国国有文化企业产权制度构建中应注意的问题

现代企业最显著的特征是实现了股东所有权与企业法人经营权的分

离，两者之间形成了委托—代理关系。因此，文化市场主体的构建就要界定所有权主体和经营权主体。

目前，在文化各核心行业进行的转企改制，虽然允许社会资本进入，但大多强调国有资本控股，甚至国有独资。因而国有文化企业在构建产权制度时应注意，现代企业对产权关系有两方面的要求：一是产权关系不能具有超经济的性质，即不能把资产的所有权与政治权力、行政权力融为一体，生产经营只接受市场的约束，而不接受超经济的行政约束。二是产权关系的排他性和界定性，必须明确界定公司的最终所有权属谁，法人产权由谁代表。因此鉴于目前我国文化管理中存在的"管办不分""政企不分"等弊端，借鉴经济体制改革的经验教训，国有或国有控股文化企业在产权构建中要特别注意：一是政府社会经济管理职能与政府国有资产所有者职能要分开；二是政府作为国有资产所有者代表的职能与国有资产经营者的职能分开；三是政府与企业的职责分开。

我国以公有制为主体的经济制度决定了我国政府部门具有两重经济职能：其一，作为权力机构通过经济政策、法律、法规及市场监管，发挥宏观经济管理职能。其二，作为国有资产所有者代表人民行使国有资产所有权。这两种经济职能是有本质区别的。(1)作为宏观经济调控者，以实现宏观经济目标为己任；作为所有者，则追求单位资产收益的最大化。(2)作为宏观经济调控者，以宏观经济变量为调控对象，为企业创造平等的竞争环境；作为所有者，以微观经济主体为管理对象，关心的是自己所有企业的资产经营状况。(3)作为宏观经济调控者，只能借助市场间接地引导、管理企业；作为所有者，则可以对企业实施财产约束或直接经营企业。(4)政府的宏观经济职能对企业的作用是外在的、协调性的、指导性的和间接性的；政府所有者对企业的职能是内在的、支配性的、经营性的和直接性的。因而，政府社会经济管理职能与政府国有资产所有者职能分开就是试图避免政企职责不分、混淆"运动员"与"裁判员"界线的弊端，从根本上解决"管办不分""政企不分"的问题。

2003年，我国国有资产管理体制改革步入实质性阶段，旨在把政府经济管理职能和国有资产所有者代表职能在行使方式上分开的国有资产管理体系建立。"国有资产监督管理委员会"宣布成立，属国务院直属特设机构。将原国家经贸委、中央工委以及财政部有关国有资产管理的部分职能整合起来，作为一个独立的委员会，由国务院授权，代表国家履行出资人职责，其监督范围包括中央企业所属(不含金融类企业)的国有资产。地方所属企业的国有资产,由改革后设立的省市(地)两级地方政府国有资产管理机构负责监管。这是对国有资产管理的一个市场化推进的举措。

从各级政府对国资委的职能定位中可以看出,其本身定位于一个对国有资产履行出资人职责的功能,但同时又承担着以下职能:指导推进国有企业改革和重组;推进国有企业的现代企业制度建设,完善公司治理结构;推动国有经济结构和布局的战略性调整。可见,国资委既承担国家经济结构和布局的战略性调整的宏观管理职能,又承担对国有企业改革和重组的微观管理职能;既承担行政法规、规章制度的制定职责,又有作为所有者主体,承担维护国有资产出资人权益的职责。这样的职责功能本身就存在一定冲突。其职能定位,究竟是"只履行出资人职能",还是"只履行监管出资人职能",还是"既履行出资人职能,又履行监管出资人职能"?在现代企业制度中,出资人——股东是企业的重要组成部分,股东对经营者和重大事项行使的表决权和管理权是企业内部的管理行为。因此,现有的国资委定位兼具出资人和监管人两种功能,这样的关系无论从理论还是实践上都还存在自相矛盾的问题。

为解决这一矛盾,将国有资产管理体系划分为三个层次,即国有资产管理委员会→国有文化资产营运机构(国有文化资产经营管理公司或控股公司)→国有企业。这种模式早在20世纪90年代后期上海、深圳两地就曾积极探索试行过,被称作"深沪模式"。2005年底,国务院国有资产监督管理委员会主任李荣融在国新办举行的新闻发布会上表示,建立国有资产经营管理公司已经具备条件。这个模式带有较强的市场特征:不仅实现了政府代理国有资产所有权职能与社会经济管理职能的分离,形成了国有资产管理和资本经营的隔离带,为"政企分开"创造了条件,而且,设立国有资产经营公司,实现了国有资产的运营职能与监督职能的分离,并且实现了企业出资人所有权与法人财产权相分离的现代企业产权制度的规范,解决了国有资产出资人缺位的"痼疾"。

文化体制改革中产生的国有文化市场主体首先要确定其国有资产经营管理的归属问题,这在现有的政策法规中没有明确的规定;其次要充分借鉴经济领域国企改革的经验教训,切实将政府的宏观管理职能与国有资产管理和经营职责划分清楚,保证文化国企出资者到位,切实行使所有者权利,保障国有文化资本增值保值,并从制度上确立和保障企业经营者的权利和义务。

第二节　我国的文化体制改革与文化市场主体的培育

新中国成立以来，我国实行的是计划经济体制。在文化管理上，实行的是一套与计划经济体制相适应的文化事业体制和运行机制。虽然在特定时期内这种体制对文化的发展发挥过重要作用，但随着改革开放的深入和我国社会主义市场经济地位的确立，传统文化体制的弊端表现出来：文化事业高度意识形态化，所有制单一化，文化机构行政化，管理体制、运行机制僵化。这造成文化管理中的党政不分、政事不分、政企不分、管办不分，从而形成政府在文化管理中的“越位”“缺位”和“错位”现象；造成我国文化产品和服务的战略性短缺，影响了我国的文化安全，甚至影响了产业结构的合理配置和升级，形成体制性障碍。文化体制的改革成为解放我国文化生产力，实现文化的现代化生产、供给方式的必要条件；进而成为我国深化社会主义市场经济体制改革，全面落实科学发展观，建立社会主义和谐社会的重要组成部分。

我国文化市场主体的培育是在文化体制改革中进行和建立的。大致经历了以下若干阶段。

一、文化体制改革兴起阶段(1978～1992年)

我国文化体制的改革是伴随我国改革开放基本国策的确定、经济体制改革的展开而产生的。1978年召开的党的十一届三中全会，使我国进入改革开放和社会主义现代化建设的历史新时期。随着经济体制改革的不断深入，原有文化体制的弊端日益暴露出来，主要表现在：在总体布局上，我国的文化行业、团体与行政管理体制相对应，条块分割，重复设置；在所有制结构上，单一公有制，全部文化单位属事业编制，由国家财政包起来，致使有限的国家文化财政投入更多地用于养人头，而不能充分搞文化建设；在内部分配上，严重平均主义；在人事制度上，没有正常的人员流动和淘汰机制，机构臃肿，冗员过多。文化单位行政化、机关化，严重挫伤了文化工作者的积极性。文化体制改革在这种情势下被提上议程。

1978～1992年，这一阶段文化体制改革的进展主要有：(1)调整艺术部门和艺术团体的布局。1985年，中央办公厅、国务院办公厅批转了文化部《关于艺术表演团体的改革意见》，要求改革全国专业艺术表演团体数量过多、布局不合理的状况，在大中城市，专业艺术表演团体要精简，重复设置的院团要合并或撤销，对市县专业文艺团体设置也提出了调整的要求。(2)借鉴经济体制改革的经验，在文化单位推行以承包经营责任制为主要内容的改革，以解决统得过死和“吃大锅饭”等体制弊端。同时，实行了以文补文、多业助文等改革措施，以解决文化单位出现的经济困境。(3)实行“双轨制”改革，一轨为国家扶持的少数全民所有制院团，另一轨为多种所有制的艺术团体。国家主办的全民所有制艺术表演团体要少而精，这些院团应当是代表国家和民族艺术水平的，或带有实验性的，或具有特殊的历史保留价值的，或是少数民族地区的；大多数艺术表演团体实行多种所有制形式，由社会各种力量主办。

另外，这一阶段改革中最重要的一件事是文化市场的发展和地位得到承认。1987 年，文化部、公安部、国家工商行政管理局发布了《关于改进舞会管理的通知》，正式认可营业性舞会等文化娱乐经营性活动。1988 年，文化部、国家工商行政管理局发布《关于加强文化市场管理工作的通知》，正式提出“文化市场”的概念，这标志着我国“文化市场”的地位正式得到承认。1989 年，国务院批准在文化部设置文化市场管理司，全国文化市场管理体系开始建立。

二、文化体制改革加速阶段(1993～2003 年)

党的十四大确立我国的社会主义市场经济体制，使我国的改革开放进入新阶段。

这一阶段有两个标志性的文件对文化体制改革起到了关键性作用。一是党的十五届五中全会通过的《中共中央关于制定国民经济和社会发展十个五年计划的建议》，其中第一次在中央正式文件里提出了“文化产业”这一概念，要求完善文化产业政策，加强文化市场建设和管理，推动有关文化产业发展。“文化产业”概念的提出则反映了，在市场经济条件下，文化除了意识形态属性外还有产业属性的一面。二是 2001 年中共中央批转了中宣部、广电总局、新闻出版总署《关于深化新闻出版广播影视业改革的若干意见》。《意见》提出，文化体制改革要以发展为主题，以结构调整为主线，以集团化建设为重点和突破口，着重在宏观管理体制、微观运行机制、政策法律体系、市场环境、开放格局五个方面积极进行探索创新，以进一步壮大实力，增强活力，提高竞争力。

这一阶段文化体制改革主要表现在以下几个方面：一是深化文化单位的内部改革，根据不同特点，建立健全激励竞争机制，努力增强生机和活力。例如，在新闻单位，以提高新闻宣传质量为中心，调整了组织结构(改变过去编辑部内部分工参照政府工作部门对口设置办法)，改革干部人事管理制度、工资奖金分配制度，改进宣传报道，建立新的激励机制、竞争机制和约束机制。二是培育社会主义文化市场，规范市场行为，完善运行机制，促进文化市场繁荣健康、活跃有序地发展。这一时期初步建立起了包括文艺演出市场、电影电视市场、音像市场、文化娱乐市场、文化旅游市场在内的文化市场体系。三是文化管理部门加大自身改革的力度，转变职能，提高效率，加强和改进对文化事业的宏观管理。四是进一步完善文化经济政策，逐步建立了有利于文化单位把社会效益放在首位的保障机制。

组建文化集团是这一阶段文化体制改革的突破口。到 2002 年初，共组建了包括中国广电集团和中国出版集团在内的文化集团 70 多家，在地域上涵盖北京、上海、广东、江苏、浙江、四川等地，在经营主要业务上有报业集团 38 家，出版集团 10 家，发行集团 5 家，广电集团 12 家，电影集团 5 家。在电影改革中还组建了电影院线 30 多条。这些集团的组建，探索了文化体制和机制的改革，加快了市场整合和结构调整，调动了广大职工的积极性和主动性，有利于多出优秀作品和人才。

在这一阶段的文化体制改革中，政府高度重视法治建设，大力推进依法管理。据统计，这一时期由全国人民代表大会常委会、国务院和中央文化管理部门陆续制定和颁发了《著作权法》、《广播电视管理条例》、《电影管理条例》、《出版管理条例》、《音像制品管理条例》、《印刷管理条例》等 200 多部法律法规、政策性文件或部门规章，涵盖了舞台艺术、新闻出版、广播影视、互联网、文化经济等诸多领域。

党的十六大在以往的文化改革实践的基础上，进一步明确了我国文化体制改革的基本思路，提出了文化事业和文化产业“两分法”的指导思想，为我国文化体制的改革确定了一个基本的体制框架。根据这个框架，新的文化管理体制应从文化事业和文化产业两个方面考虑：一方面，大力发展公益性文化事业，构建公共文化服务体系，维护人民群众公平享受文化成果的基本权利；另一方面，大力发展文化产业，完善文化产业政策，加快文化市场体系的建设，不断增强我国文化产业的整体实力和竞争力。

三、文化体制改革“开展试点，积极探索”阶段(2003～2005 年)

2003 年 6 月，全国文化体制改革试点工作会议召开，确定北京、上海、重庆、广东、浙江、深圳、沈阳、西安、丽江等 9 个省市为综合试点省市和 35 家新闻出版、广播影视和文艺院团等单位为文化体制改革试点单位。

为积极推动文化体制改革试点工作，促进文化产业发展，积极稳妥地促进经营性文化事业单位转制为企业，政府颁布了一系列的政策、法规。

2003 年 12 月 31 日，国务院颁发了《文化体制改革试点中支持文化产业发展的规定》、《文化体制改革试点中经营性文化事业单位转制为企业的规定》。同时，国务院办公厅颁发《国务院办公厅关于印发文化体制改革试点中支持文化产业发展和经营性文化事业单位转制为企业的两个规定的通知》(国办发[2003]105 号)。该文件就全国文化体制改革试点中的有关政策，从财政税收、投资和融资、资产处置、工商管理、价格等方面，作出了适用于文化体制改革试点单位和试点地区的具体政策规定，还从国有文化资产授权经营、资产处置、收入分配、社会保障、人员分流安置、财政税收、法人登记等方面，作出了适用于转制单位的若干政策规定。2005 年，又接连发布一系列重要政策。其中有《关于非公有资本进入文化产业的若干决定》(国发[2005]10 号)、《关于进一步加强和改进文化产品和服务出口工作的意见》(中办发[2005]20 号)、《关于加强文化产品进口管理的办法》(中宣发[2005]15 号)、《关于文化领域引进外资的若干意见》(文办发[2005]19 号)、《关于文化体制改革中经营性文化事业单位转制为企业的若干税收政策问题的通知》(财税[2005]1 号)、《关于文化体制改革试点中支持文化产业发展若干税收政策问题的通知》(财税[2005]2 号)，文化部、财政部、人事部和国家税务总局《关于鼓励发展民营文艺表演团体的意见》，《营业性演出管理条例》(国务院令第 439 号)，国家广播电影电视总局《关于发展我国影视动画产业的若干意见》。2006 年年初，中共中央、国务院又发出《关于深化文化体制改革的若干意见》，是指导文化体制深化改革的纲领性文件。

与文化管理相关的部委也纷纷从各自行业自身的特点出发，制定了相关政策。根据这些政策、法规，各文化行业对各自领域的体制改革作出了适合的规定和制度安排。

在报业的产业化体制改革中提出了分类改制的办法。一批以党报为龙头的报业集团或报纸实行的是“剥离改制”，即保持事业单位的性质不变，但实行宣传和经营两分开，将广告、印刷、发行传输的经营性产业转制为企业，根据政策规定可以组建国有独资公司或国有控股的股份制公司。这种方式是报业改制的主流。中央、省、地（市）三级党报结构体制不改变，其事业单位性质不变。这一思路使报业改革中事业和产业划分更加清晰。报业转企改制的另一类型是“整体转制”，就是将一些专业技术类报社完整地由事业单位转制为企业。

出版业的改革是我国文化体制改革中力度最大的领域。出版社方面，除了人民出版社外其他出版社均转型为经营型企业单位；发行方面新华书店推进股份制改造，条件成熟的可以上市。图书的总发行权全面向民营资本开放。2005 年，全行业都跨进改制行列，改制工作遵循的方针是：改企转制，分流上市。

同时，为培育多样化的市场主体，进一步扩大对内对外开放。2004 年是入世承诺对出版物市场保护过渡期的最后一年，到 2004 年 12 月，对外商进入出版物分销的限制全部取消，对民营书业进入出版物分销领域的限制亦已基本取消。在出版领域的开放力度也有所增强，允许社会资本和外资进入出版物的分销领域和出版、印刷行业。

广播电视业体制改革的着力点是事业产业分开运营。

根据中央有关文化体制改革试点地区和单位的文件精神，2003 年 9 月，国家广电总局向系统内文化体制改革试点单位及试点地区内的广电系统单位印发了《广播影视体制改革试点工作实施方案》。《方案》要求把允许经营的资产、资源和业务从事业体制中分离出来，进行企业转制和重组，与事业部分分别运营和管理。

2003 年 12 月，国家广电总局正式颁布实施了《关于促进广播影视产业发展的意见》，对广播影视体制改革及产业发展提出了明确的政策措施。具体包括以下几个层面：

(1)除新闻宣传以外的社会服务类、大众娱乐类节目以及影视剧的制作经营，从现有体制中分离出来组建公司，自主经营，自负盈亏，依法纳税。

(2)体育、交通、影视、综艺、音乐、生活、财经、科教等频道频率，经批准可以组建公司，进行频道频率的企业化经营。

(3)电台、电视台和广电集团（总台）内部重组或转制为企业的单位，在确保控股的前提下，可以吸收国内社会资本进行股份制改造。条件成熟的广播电视节目（包括电视剧）生产营销企业经批准可以上市融资。

2004年12月，在海南博鳌举行的全国广播影视工作会议上，国家广电总局副局长赵实进一步表示：广电系统事业和产业分开运营后，电台和电视台由政府设立，实行国有事业体制，但电影、电视、网络以及大众娱乐类、社会服务类广播电视节目的制作经营属于产业经营范围，将面向市场，严格按照现代产权制度和现代企业制度的要求组建市场主体，进行产业化运营；部分频道、频率允许组建公司进行企业化运作，但吸纳的社会资本不得超过49%。制播分离改革不包括广播电视新闻的宣传类频道、频率、节目和栏目。

在文化体制改革试点范围之内，由电视台控股经营体育、娱乐、生活频道的股份公司，完成股份制改造，建立完善的法人治理结构及现代企业制度，经批准可以上市。

2004年12月28日开始施行的《中外合资、合作广播电视节目制作经营企业暂行规定》，以政府令（国家广电总局、商务部令第44号）的形式进一步规定，境外专业广播电视企业（港、澳、台地区可包括其他经济组织），可以与中国广播电视节目制作机构和境内其他投资者合资、合作设立专门从事或兼营广播电视节目制作发行业务。

演出业的改革难点在国有艺术表演团体的改革。在深化文化体制改革的进程中，艺术表演院团总体上可分为两类：一类是体现民族特色和国家水准的艺术院团，实行事业体制，由国家重点扶持；另一类是将逐步转制为企业的一般艺术表演团体。

为了进一步推动演出业的改革，繁荣演出市场，2005年国务院颁布新修订的《营业性演出管理条例》。它不仅对演出市场的管理更加规范，而且进一步理顺了政府与市场的关系，确定其市场监管的定位，着力建立公开、公平、公正的演出市场体制，统一、开放、竞争、有序的演出市场体系和富有活力的演艺产品生产经营机制。之后，文化部等联合发布了《关于鼓励发展民营文艺表演团体的意见》，其内容涉及市场准入、演出审批、财政支持、资格认定、职称评定、参与对外文化交流、人才培养、舆论支持等方面，蕴含了许多事关文化体制改革和文化产业发展全局的制度创新，以期通过政策导向，让不同所有制的文艺表演团体能够平等竞争，形成良性互动、共同繁荣的局面。

文化体制改革试点培育了文化市场主体。

在经历了2004年的文化体制改革破题之后，随着文化体制改革试点工作的不断深入，政策、法规在不断完善、调整中更加规范，文化市场主体的重塑和培育取得了显著的进展，为文化体制改革的全面展开、为产业化发展打下良好基础。

1.按照现代企业制度建立的国有文化产业集团集群式出现

上海、辽宁、吉林、广东、重庆、云南等出版集团，四川、浙江、江苏等图书发行集团，中国电影集团、上影、长影、珠影等电影集团已经转制为企业。

哈尔滨日报报业集团在组建时即注册为“集团有限公司”，拥有“企业法人”的地位。2002 年 11 月，浙江日报报业集团注册成立国有独资浙江日报报业集团有限公司。2003 年 12 月，南京日报报业集团在成立集团的同时成功注册南京报业集团有限责任公司。深圳报业集团趁被确定为改革试点单位的契机注册成立了全资企业——深圳报业控股有限公司。沈阳日报报业集团也组建了具有企业法人地的位国有独资公司——集团有限公司。

2004 年 12 月，上海新华发行集团有限公司向上海绿地(集团)有限公司转让 49％股权。改制后的上海新华发行集团有限公司成为全国文化单位通过市场竞价转让股权进行产权改革实现混合所有制的第一家文化企业。

2004 年 4 月，由中国对外演出公司和中国对外艺术展览中心改制组建的中国对外文化集团公司挂牌成立。

2.国有独资公司

新闻出版总署批准中国证券报社整体转制为以新华社作为出资人的国有独资企业。

浙江广电集团以影视文化频道、广播交通频道和旅游频道为试点，分别组建浙江影视娱乐传媒公司和浙江交通旅游传媒有限公司。集团对试点频道经营公司实行有偿授权经营，频道经营公司有偿获得频道广告及其关联业务的经营权，公司承担所涉频道的宣传业务成本，并向集团支付制播技术和设施维护、形式传输、物业配套等公共管理费用以及一定的无形资产使用费。对于公司经营的试点频道，集团拥有所有权、宣传管理权、节目终审权、节目播出权以及要害宣传岗位用人权；频道经营公司的总经理，须经集团党委审核后，由公司董事会聘任。

3.股份制公司和有限责任公司

在我国文化产业各核心行业的转企改制中，通过吸收社会资本而组建的最为广泛的是股份制公司和有限责任公司。

2004年3月底成立的中青报业传媒发展有限公司，中国青年报社占该公司股份的60%，北大青鸟有限责任公司则出资1亿元，占公司股份40%。

北青传媒股份有限公司，主要发起人为北京青年报社、北京知金科技投资有限公司、中国通信广播卫星公司、北京经开投资开发股份有限公司、神州电视有限公司。其中，北京青年报社在新成立的北青传媒中占90%的股份。

浙江日报报业集团所属的《新民生报》与“养生堂”有限公司合资经营。南京日报报业集团与湖南岳阳林纸集团合作成立“集团日报传媒发展有限公司”。长江日报报业集团与上海激动集团合作成立湖北省第一个合资传媒公司——武汉晨报传媒有限公司等。

2004年5月9日，全国首家以股份制形式组建的出版社——长江出版社在武汉正式成立，长江出版社由长江水利委员会主管、主办并控股，成为当时全国500余家出版社中唯一按现代企业制度组建为股份制有限公司的出版社，打破了我国的出版社都是国有独资、多数是事业单位性质的格局。

南京广电集团作为全国文化体制改革试点单位之一，从集团整体体制改革切入，继而推进到频道体制改革。在牢牢掌握频道所有权、节目播出权和终审权的前提下，将文体、生活、信息三个亏损频道的制作经营权进行剥离，并吸收社会资本，分别组建股份制或独资频道经营公司。

北京金天地影视文化公司、深圳泉来实业有限公司与贵阳电视台合作成立一家新公司，全面经营贵阳电视台除新闻以外的所有节目内容(包括广告)。其中贵阳电视台占新公司股份的40%，北京金天地和深圳泉来各占30%。北京派格太合环球文化传媒投资有限公司和中国教育电视台(CETV)签署了CETV－1《整频道广告经营合作协议》。协议有效期3年，总金额约2亿元。主要内容涉及CETV－1节目制作、频道整体包装、市场推广、节目的整体编排、频道广告政策制定及整频道广告运营的各个环节，CETV负责节目终审播出。欢乐传媒联手上海开麦拉传媒将与内蒙古卫视合资组建新的“蒙视传媒公司”，并把内蒙古卫视改造成一个综艺频道。

2004年1月16日，北京儿童艺术剧院股份有限公司作为北京市文化体制改革试点工作的第一个突破口成立。其前身是成立于1986年的北京市儿童艺术剧团。新成立的北京儿童艺术剧院股份有限公司由北京青年报社控股，由北京市文化局下属北京市文化设施运营管理中心、北京市教委下属北京高校房地产开发总公司、北京电视台下属北京电视事业开发集团、北京市文化发展中心四家企业共同参股组成。

4.外资、合资企业

由于文化产品所具有的意识形态性质和国家的文化安全，我国文化产业各行业对外资的开放采取了审慎的态度。随着政府入世承诺的渐次临近，特别是新技术、新行业的不断涌现，引进外资发展壮大我国的文化产业将是一个非常有效的选择。

根据我国政府对入世的承诺，2004 年新闻出版总署批准了 13 家具有出版物总发行权的股份制公司，批准了 13 家外商投资图书、报纸、期刊分销企业。在出版领域的开放力度也有所增强，2004 年新闻出版总署批准了 8 种杂志的中外期刊版权合作项目，批准了外商投资印刷企业 55 家，总投资额 1.33 亿美元。

2004 年 7 月 5 日，电脑报社在重庆市召开规模宏大的新闻发布会，正式对外宣布：电脑报社、中科普公司与香港巨商李嘉诚旗下的 TOM 集团合资成立“重庆电脑报经营有限公司”。为此，TOM 集团将支付总价值两亿元人民币的现金，以此来换取新成立的合资公司 49％的股份。据了解，这是新闻出版总署批准成立的国内首个新闻出版业合资项目，也是当时国内媒体吸引外资中额度最大的一个。

2004 年，影视行业与海外机构合资、合作的步伐明显加快。凤凰卫视与北京人民广播电台合资成立“北京同步广告传媒有限公司”，将凤凰卫视的节目以语音方式在全国范围的电台广播，合资公司的注册资金为 3000 万人民币，北广占 55％，凤凰卫视占 45％。北京索尼影视国际电视公司和中影集团华龙电影数字制作有限公司共同组建的“华索影视数字制作有限公司”宣告成立。华索将主要开发和制作中文影视娱乐节目，包括电视栏目、情景喜剧、电视连续剧和电视电影，并在国内外发行。新成立的华索公司，中影集团控股 51％，索尼公司占 49％。

另外国内报业也在积极寻求海外发展。侨鑫集团收购了澳大利亚四大中文日报之一的《华人日报》，更名为《澳洲新快报》。《新民晚报》在美国、澳洲、加拿大、西班牙创办了四个海外版。

5.上市公司

2004 年 12 月 22 日，北青传媒股份有限公司在香港联合交易所正式挂牌上市，成为内地传媒企业海外公开上市的“第一股”。

此外，在沪深两市 A 股上市的传播文化行业公司有 12 家，包括电广传媒、歌华有线、聚友网络、中信国安、东方明珠、广电网络、中视传媒等。

四、文化体制改革“扩大试点，由点到面”阶段(2005 年 12 月～2009 年 8 月)

政府管理部门在总结以往的文化体制改革经验的基础上，通过对文化试点地区和单位经验的总结、梳理，于 2005 年集中出台了一系列关于文化投融资的政策、意见，包括《关于非公有资本进入文化产业的若干决定》《关于进一步加强和改进文化产品和服务出口工作的意见》《关于加强文化产品进口管理的办法》《关于文化领域引进外资的若干意见》等。这些政策和规定进一步打破文化产业特别是一些核心行业的体制性壁垒，增加了整个社会对文化的投入，扩大了文化各行业的投融资渠道，降低了资本的准入门槛。这不仅能够充分运用社会资本和市场机制盘活存量资本，优化资源配置，调整产业资本结构，加快发展，而且使在文化领域建立以公有制为主体、实现多种经济成分共存的文化经济制度成为现实，能够真正培育起以股份制为公有制主要实现形式、其他所有制企业共存的市场主体，进而培育起完整的文化市场体系。文化产业投融资体制改革的扎实推进，引发了社会资本投资文化产业的极大冲动。

2005 年 12 月，中共中央、国务院下发《关于深化文化体制改革的若干意见》。

2006 年 3 月，中央召开全国文化体制改革工作会议，新确定了全国 89 个地区和 170 个单位作为文化体制改革试点。文化体制改革在稳步推进的基础上，走上全面推开的新里程。

2006 年 9 月，中共中央办公厅、国务院办公厅印发《国家“十一五”时期文化发展规划纲要》，这是新中国成立以来发布实施的第一个国家文化发展规划。

2008 年，国务院办公厅印发了有关经营性文化事业单位转制为企业和支持文化企业发展的文件，有关政策涉及国有文化资产管理、资产和土地处置、收入分配、社会保障、人员分流安置、财政税收、法人登记、工商管理等方面。国务院所属相关部门也单独或联合出台了一系列支持文化产业发展的政策文件。

2007年,辽宁出版传媒股份公司整体上市,成为国内第一家编辑业务和经营业务整体上市的新闻出版企业。

新华传媒在2006年借壳华联超市上市,2007年4月向解放日报报业集团和上海中润广告有限公司定向增发股份,实现了“准整体上市”。

2007年10月17日,新闻出版署署长柳斌杰首次宣布:中国政府将完全放开符合产业发展条件并经过批准的出版机构、报业企业和官方骨干新闻类网站在国内外上市,并不再要求它们将编辑业务与经营业务分拆,而是鼓励整体上市。

2009年4月,新闻出版总署出台《关于进一步推进新闻出版体制改革的指导意见》,推动经营性新闻出版单位转制,重塑市场主体。除明确为公益性的图书、音像制品和电子出版物出版单位外,所有地方和高等院校经营性图书、音像制品和电子出版物出版单位2009年底前完成转制,所有中央各部门各单位经营性图书、音像制品和电子出版物出版单位2010年底前完成转制。制定经营性报刊转制方案,推动经营性报刊出版单位逐步实行转制。按照中央有关要求,党政机关所属新闻出版单位转制为企业后原则上逐步与原主办主管的党政机关脱钩。已经完成转制的新闻出版单位要按照《公司法》的要求,加快产权制度改革,完善法人治理结构,建立现代企业制度,尽快成为真正的市场主体。

五、文化体制改革“加快推进,全面展开”阶段(2009年8月~2012年10月)

2009年9月,国务院发布《文化产业振兴规划》,提出支持有条件的文化企业进入主板、创业板上市融资,鼓励已上市文化企业通过公开增发、定向增发等再融资方式进行并购和重组,迅速做大做强,支持符合条件的文化企业发行企业债券。这标志着文化产业上升为国家的战略性产业。

2010年3月,中国人民银行会同中宣部、财政部等九部委联合发布《关于金融支持文化产业振兴和发展繁荣的指导意见》。

2011年5月19日,中共中央办公厅、国务院办公厅《关于深化非时政类报刊出版单位体制改革的意见》印发,明确了改革的目标任务、实施办法、政策保障和组织领导,成为撬动这一堡垒的纲领性文件。

2011年10月15~18日,在北京召开中共第十七届六中全会,通过了《中共中央关于深化文化体制改革,推动社会主义文化大发展大繁荣若干重大问题的决定》,对深化文化体制改革、推动社会主义文化大发展大繁荣作出全面部署,对加强社会主义思想道德建设提出新任务新要求。

至2011年2月,国有文艺院团体制改革取得新突破,全国共有461个国有文艺院团已完成或正在进行转企改制,共组建了46家演艺集团,繁荣了演艺市场,还为后续经营性文化事业单位转企改制作出了有益的尝试。全国35家国有电影制片单位、70家电视剧制作机构、204家省市电影公司、293家电影院完成转企改制。全国已有19个省区市完成全省性有线电视网络融合,有9家广播影视企业重组上市,涌现出一批具有较强实力和竞争力的大型国有骨干企业和企业集团。全国10多万家国有印刷复制单位、3000多家国有新华书店全部转企改制。除少数拟保留公益性出版单位外,中央各部门各单位、地方、高校出版社都已转企改制。1251家非时政类报刊出版单位转制和注册为企业法人。另外4000多家2012年9月前全部完成改制。在此基础上,组建了100多家报刊集团和出版传媒企业集团。

与此同时,民营文化企业也蓬勃发展起来。2010年4月28日,文化部部长蔡武代表国务院向第十一届全国人民代表大会常务委员会第十四次会议所作《关于文化产业发展工作情况的报告》中通报:全国共有民营文艺表演团体近7000家,民营电视节目制作企业2800余家,民营电影制片发行公司近400家,全国性民营出版物连锁经营企业8家,民营出版物发行企业11万个,中外合资、合作或外商投资书报刊发行企业40多家,印刷企业2500多家,期刊版权合作50多家,中外图书合作年均600多种。上海盛大网络发展有限公司、深圳华强文化科技集团、华谊兄弟传媒公司等一批民营文化企业成为发展文化产业的生力军。

2012年10月24日,文化部部长蔡武受国务院委托,向全国人大常委会作《关于深化文化体制改革,推动社会主义文化大发展大繁荣工作情况的报告》,通报文化体制机制改革进展情况:全国承担改革任务的580多家出版社、3000多家新华书店、850家电影制作发行放映单位、57家广电系统所属电视剧制作机构、38家党报党刊发行单位等已全部完成转企改制;各省(区、市)已基本完成有线电视网络整合;全国2103家承担改革任务的文化系统国有文艺院团按照“转制一批,整合一批,撤销一批,划转一批,保留一批”的改革路径,完成改革任务的院团有2100家,占总数的99.86%,其中转企改制占61%;全国3388种应转企改制的非时政类报刊已有3271种完成改革任务,占总数的96.5%。全国共注销经营性文化事业单位法人6900多家，核销事业编制29万多个。至十八大召开之前，以转企改制为重点的文化体制改革基本完成。

【本章主要参考文献】

1.李维安：《公司治理学》，高等教育出版社2009年版。

2.崔保国主编：《2004～2005年：中国传媒产业发展报告》，社会科学文献出版社2005年版。

3.张晓明、胡惠林、章建刚主编：《2005年中国文化产业发展报告》，社会科学文献出版社2005年版。

4.王效昭等：《企业管理学》，中国商业出版社2001年版。

5.黄速建等：《现代企业管理：变革的观点》，经济管理出版社2002年版。

6.张贺：《着力破解难题，完善政策措施，转变发展方式，文化体制改革迈出关键步伐》，载2011年3月1日《人民日报》。

7.李景平：《我国文化市场主体培育的几个关键问题》，载胡惠林主编《中国文化产业评论》第8卷，上海人民出版社2008年版。

8.周玮、曲志红：《春潮涌动——我国文化体制改革不断推进成效显著》，载2006年3月28日《中国文化报》。

9.闫忠军：《论对当前电视传媒体制改革的解读》，载《青年记者》2005年第3期。

第二章 公司治理:文化企业权力与制衡的制度安排

第一节 公司治理的产生与公司治理研究

一、公司治理的产生

(一)企业制度的演进

从企业制度的发展历史看,它经历了两个发展时期——古典企业制度时期和现代企业制度时期。古典企业制度主要以业主制企业和合伙制企业为代表,现代企业制度主要以公司制企业为代表。总体而言,企业制度从古典到现代的转变,经历了业主制企业、合伙制企业和公司制企业的发展过程。

业主制企业(Single Proprietorship)是企业制度的最早存在形式,甚至比资本主义的历史还要悠久。业主制企业具有以下制度特点:一是企业归业主所有,企业剩余归业主所有,业主自己控制企业,拥有完全的自主权,享有全部的经营所得。二是业主对企业负债承担无限责任,个人资产与企业资产不存在绝对的界限,企业盈利时如此,企业亏损时也是如此;当企业出现资不抵债时,业主要用其全部资产来抵偿。业主制企业的缺点是规模小,资金筹集困难,因业主承担无限责任所带来的风险较大,企业存续受制于业主的生命期。上述缺点使业主制企业逐渐被合伙制企业所取代。

合伙制企业(Partnership)是由两个或多个出资人联合组成的企业。在制度基本特征上,它与业主制企业并无本质区别。在合伙制企业中,企业归出资人共同所有,共同管理,并分享企业剩余或亏损,对企业债务承担无限责任。与业主制企业相比,合伙制企业的优点是扩大了资金来源,降低了经营风险。其缺点是合伙人对企业债务承担无限责任,风险较大,合伙人的退出或死亡会影响企业的生存和寿命。因为上述缺点,合伙制企业逐渐被现代意义上的公司制企业所取代。

公司制企业(Corporation)是企业制度适应经济社会发展和技术的进步,不断自我完善的结果,是现代经济生活中主要的企业存在形式。它使企业的创办者和企业家们在资本的供给上摆脱了对个人财富、银行和金融机构的依赖。在公司制企业中,公司由三类不同的利益主体组成:股东、公司管理者(或经营者)、雇员。与传统的企业或古典企业相比,公司制企业在制度上具有三个重要特点:第一,公司是一个独立于出资者的具有独立法人地位的经济、法律实体,从理论上讲,有一个永续的生命。第二,股份可以自由地转让。第三,出资人承担有限责任。

现代公司的雏形可以追溯到14～15世纪。当时在欧洲国家出现了一些人将自己的财产或资金委托给他人经营的组织形式,经营收入按事先约定进行分配。经营失败时,委托人只承担有限责任。15世纪末,随着航海事业的繁荣和地理大发现的完成,迎来了海上贸易的黄金时代。1600年,英国成立了由政府特许的、专司海外贸易的东印度公司,这被认为是第一个典型的股份公司。17世纪,英国已经确立了公司的独立法人地位,公司成为一种稳定的企业组织形式。

这种最早在欧洲兴起的股份公司制度是一种以资本联合为核心的企业组织形式。它是在业主制、合伙制基础上发展起来的一种全新的企业制度形式。它优于古典企业之处在于:一是筹资的可能性和规模扩张的便利性。二是降低和分散风险的可能性。由于股东承担有限责任,而且股票可以转让,因此,对投资者特别有吸引力。三是稳定性。由于公司的法人特性,使得股份公司具有稳定的、延续不断的生命,只要公司经营合理、合法,公司就可以长期地存在下去。

公司制企业的产生与发展,对自由竞争的经济发展,尤其市场效率的提高有着积极的意义。它克服了业主制、合伙制企业经济上的局限性。业主制与合伙制企业在其发展过程中受到财力不足方面的限制,这种限制包括无力从事大规模的经济活动,也包括承担高风险的事业经营。同时,古典企业的发展更受到其"自然人"特性的制约,虽然财产可以由家族世袭,但是,家族世袭并不能解决企业的持续存在和长期发展的问题。另外，市场的扩大和生产经营技术的复杂化，越来越需要专业化的职业经营者。而股票市场交易的延展，使众多零星小额资本得以不断加入经济活动的行列。因此，公司制首先解决了企业发展的资金问题；其次，以法人身份出现的公司制企业，使企业不再受到"自然人"问题的困扰；最后，专业化的企业经营者的加入，适应了不断变化和日益复杂的经济形势。

（二）公司治理的产生

随着公司制企业的发展，现代公司呈现出股权结构分散化、经营权与所有权分离等重要特征。正是由于存在这些特征，才使得治理问题得以产生，使得治理问题成为现代公司的焦点与核心之一。

1.股权结构的分散化

股权结构的分散化是现代公司的第一个特征。公司的股权结构，经历了由少数人持股到社会公众持股再到机构投资者持股的历史演进过程。

在公司制企业发展早期，公司只有少数的个人股东，即股权结构相对集中。伴随着规模的扩大和资本市场的发展，公司的股权结构逐步分散化，大量的公司股票分散到社会公众手中。而自20世纪80年代以来，一些国家出现了机构持股的情况，特别是美国，机构持股得到快速发展，主要的机构投资者有共同基金、保险公司、养老基金和捐赠基金等。需要说明的是，尽管机构投资者发展迅速，但在20世纪80年代以前，这些机构都实行分散投资，投资于单个公司特别是大公司的比重并不高，因而使得公司的股权结构高度分散，许多公司往往有成千上万个股东。例如，在美国，最大股东所持有的公司股份多在5%以下。高度分散的公司股权结构，对经济运行产生了重要的影响。其有利的方面有：第一，明确、清晰的财产权利关系为资本市场的有效运转奠定了牢固的制度基础。不管公司是以个人持股为主，还是以机构持股为主，公司的终极所有权或所有者始终是清晰可见的，所有者均有明确的产权份额以及追求相应权益的权利和承担一定风险的责任。第二，高度分散的个人产权制度是现代公司赖以生存以及资本市场得以维持和发展的润滑剂。因为高度分散的股权结构意味着作为公司所有权的供给者和需求者都很多，股票的买卖者数量越多，股票的交易投资就越活跃，股票的转让就越容易，股市的规模发展就越快，公司通过资本市场投融资就越便捷。但是，公司股权分散也对公司经营造成了不利影响：首先，股权分散的最直接的影响是公司的股东们无法在集体行动上达成一致，从而造成治理成本的提高。其次是对公司的经营者的监督弱化,特别是大量小股东的存在,他们不仅缺乏参与公司决策和对公司高层管理人员进行监督的积极性,而且也不具备这种能力。最后,分散的股权结构使得股东和公司其他利益相关者处于被机会主义行为损害、掠夺的风险之下。

2.控制权和所有权的分离

控制权和所有权的分离是现代公司的第二个重要特点。1932 年,美国学者伯利和米恩斯在其著作《现代公司与私有产权》一书中提出,公司经营权与所有权出现了分离,现代公司已由受所有者控制转变为受经营者控制,并直言,管理者权力的增大有损害资本所有者利益的危险。正是 20 世纪 30 年代开始出现的公司控制权和所有权的分离,引起了人们对公司治理问题的注意。

控制权和所有权的分离对公司行为产生了一系列重要影响。在古典企业里,经营管理者与所有者合二为一,因此,不会产生经营者与所有者的利益分歧。而控制权和所有权的分离,自然出现两个主体利益的分割,由此产生了公司行为目标的冲突,产生了两种权利、两种利益之间的竞争。

当然,即使企业实行股份制以后,也存在这样一些公司,它们的所有者仍然掌握着公司的控股权。在这种情况下,所有者利益仍然能够得到适当的保护,他们的意志能够得到较顺利的贯彻与实施。以美国为例,近代企业家如摩根、洛克菲勒、卡耐基等,不仅拥有摩根银行、标准石油公司、美国钢铁公司等大型企业的大量股票,而且还积极参与其经营管理,使之坚持利润最大化的企业目标。现代企业家,如戴尔等,同样是身体力行,保持着作为他们各自开创的公司的最大股东和主要决策者的身份。正是由于公司所有者对公司经营管理的这种结合,才使许多美国公司成为全世界最具竞争力的现代化企业。

然而,在现代经济生活中,上述类型的公司并不占多数,大多数的股份制企业是所谓的“公众公司”,它们在社会范围内募集资本,向全社会发行股票。在这里,股票所有者或者不再参与公司的经营管理,或者作为经营者参与公司的经营事务,只拥有小部分本公司的股权。在这种条件下,经营管理者的利益目标就有可能与股东利益目标发生偏离,甚至冲突;而在实践中,也确实出现了损害股东权益的倾向。

20 世纪 60 年代以来,公司控制权与所有权的分离日趋严重。在美国,许多公司董事会中公司经理占了多数,一些公司首席执行官(CEO)同时又坐上了董事长的宝座,受聘于公司所有者的经营管理者反过来最终控制公司的现象比比皆是,由此导致的偏离企业利润最大化目标所造成的各种弊端也越来越引起人们的关注。

3.20 世纪 80 年代中后期美国经济竞争力下降和经理阶层与日俱增的高报酬引致的不满

20 世纪 80 年代中后期,美国巨额的联邦财政赤字、低下的投资效率和劳动生产率以及与日本和德国日益加剧的贸易摩擦等,严重困扰着美国经济,致使其在世界经济中的相对地位显著下降。而与此同时,美国公司经理阶层的收入却节节攀升,日渐膨胀。据有关资料显示,1957 年美国只有 13 个公司的首席执行官(CEO)的年薪达到 40 万美元;到 1970 年,500 家大公司的 CEO 的平均年薪就达到了 40 万美元;1988 年,美国最大 300 家公司 CEO 的平均年薪达 95 万美元;1992 年有 13 家公司总裁报酬达 2000 万美元,其中 3 个超过 6000 万美元。CEO 们以股票期权获取暴利,与员工收入差距由 1985 年的 70 倍上升到 20 世纪 90 年代的 410 倍。英国的问题也同样存在,根据对英国 1000 多家知名公司所做的调研,1984～1994 年期间,公司高层管理人员的报酬以每年 10.5%的速度上涨,远远超过公司职工同期的 3.1%的水平。同样的问题也出现在其他发达国家。[①] 最为关键的问题在于,经营者的高薪并没有带来公司业绩的显著提高。

4.公司内部人控制的危害日益显现

内部人控制问题是指独立于所有者(外部人)的经理人员掌握着企业的控制权,在公司经营中充分体现自身利益甚至与职工“合谋”各自利益,从而摆脱所有者的控制与监督并损害公司利益相关者利益的情形。无论是在发达国家还是在发展中国家,内部人控制现象都存在。内部人控制的危害在于:从经营管理角度分析,经营者利用自身掌握的信息优势,为自己谋取最大的不当利益,而使公司股东和其他利益相关者浑然不觉或无计可施;从股票市场来看,尽管理论上讲企业的股价是企业经营业绩的“晴雨表”,但在实践中,很多内部人控制的绩差公司,其经营者为了保留自己对企业的控制权,而采用一些“反接管防御战略”以阻止相关接管现象的发生。同时,在有些情况下,即使企业被接管,原经营班底也会保留对企业的控制权。另外,

① 参见李云峰:《公司控制权依存状态及其治理机制研究》,上海财经大学出版社 2006 年版,第 2 页。

接管虽然是用来惩罚那些不称职经营者的,但对被接管企业之外的经营者而言,接管往往是他们追求自我价值实现的途径,在追逐权力、建立商业帝国和特权等欲望的驱使下,这些“外部经营者”所发动的恶意接管,除了有损股东的利益外,也对企业正常经营乃至整个社会带来损害。

5.恶意收购的泛滥也使公司治理问题成为风口

20世纪80年代,由于里根政府对破坏联邦反托拉斯法的恶意收购行为采取默认纵容的态度,加上美国放松对金融业的管制以及垃圾债券市场繁荣一度造成的充裕资金,导致美国公司收购(特别是恶意收购)活动愈演愈烈,到1988年发展到了顶峰。恶意收购对目标公司的股东和其他利益相关者产生了不同的后果:对于股东而言,他们往往会从恶意收购中大获其利,许多目标公司的股东大发横财,因为收购者的报价一般都高于原股票价格的几倍。对于目标公司内部利益相关者来讲,恶意收购发生之后往往伴随着目标公司的重组活动,使公司原高层管理人员职位不保,同时还会裁减雇员,造成大批职工失业;对于目标公司的外部利益相关者而言,公司被收购后,由于业务的重组与资产的整合,不确定因素带来的变化常常会对公司所在社区、公司债权人、政府等其他利益相关者的利益造成损害。

6.股东行动主义的兴起使公司治理问题成为焦点

进入20世纪90年代,美国的公司治理发生了一场静悄悄的革命——股东行动主义的兴起。其一,股东诉讼事件大量增加。以美国为例,《财富》1000家大公司中,20世纪初没有一家公司涉及股东诉讼赔偿案,而在1977年有近1/10的公司董事和经理、1979年有1/9的公司董事和经理卷入了股东诉讼赔偿案件,1985年同类诉讼事件已发展到1/6。其二,自第二次世界大战结束以后,美国机构投资者持有的资产规模一直呈现上升趋势。机构投资者在美国企业资产中所占的比重已经从1960年的12.6%上升到1997年的48%。[①] 20世纪80年代以来,随着机构投资者力量的增大,西方发达国家的股权结构呈现出分散化与集中化并存的特征。机构投资者股东的出现,克服了一般小股东专业知识的欠缺、“用脚投票”的偏好以及“搭便车”效应,为解决公司控制和监督问题提供了现实的可能性。在1992年前后一年多的时间里,由于机构投资者的干预,美国几家最著名的大公司的董

---

① 参见李云峰:《公司控制权依存状态及其治理机制研究》,上海财经大学出版社2006年版,第4页。

事会解雇了六名声名显赫的总裁，这标志着公司治理从经理革命到机构投资者的觉醒。机构持股者持有公司股票的目的主要是为了确保受益人的利益，他们作为战略投资者进行长期投资，客观上给公司经营者造成了外部压力。股东进一步法人化和机构化的趋势，使得在美、英等发达国家中股东高度分散化的状况发生了很大变化，出现了从“管理人资本主义”向“投资人资本主义”的转化。这种所有权结构的变化要求恢复所有者主权，直接关注公司治理问题。

7.各种腐败、丑闻、公司倒闭案件的增多使公司治理问题备受重视

近年来，世界各国相继出现了财务造假事件。比如，美国的安然、世界通信、施乐、默克、百时美、施贵宝公司造假丑闻，荷兰皇家阿霍德公司和法国维旺迪环球集团公司事件，韩国也发生了类似的会计造假案件，日本金融服务及租赁巨头公司欧力士集团（OrixCorp.）和索尼公司在会计操作上也受到怀疑。这些丑闻的曝光，对投资者信心造成极大伤害，公司丑闻凸显了公司治理改革与完善的重要性和紧迫性。

二、公司治理研究及其发展

1.公司治理研究的起源

早在亚当·斯密的《国富论》中就有所描述，他较早地注意到了股份公司中控制权与所有权分离的现象，并郑重指出，由于受雇管理企业的经理在工作时一般不会像业主那么尽心尽力，“疏忽与挥霍”势必在管理者阶层蔓延开来，两权分离将造成股份公司的低效率。在他看来，股份公司经营不善的主要原因是企业由非所有者把持控制权并从事经营管理所致。

凡勃伦提出两权分离导致了控制权由所有者向经营者的转移，公司管理的专业化能够带来更高的效率。凡勃伦于1904年出版的《企业理论》是20世纪西方经济理论中最早对公司控制权与所有权分离问题进行深入研究的著作。与斯密的悲观论调相反，凡勃伦极力推崇控制权与所有权分离现象，并认为这种分离是有效率的。近代公司组织形式是“缺位所有制”，公司资本不是来自个人出资或合伙人出资，而是通过发行股票而筹集起来的，公司资本具有社会资本的性质。公司资产由有形资产和无形资产组成，在无形资产中包括了企业家才能，并突出强调了企业家才能在公司中的重要作用。资产的管理与资产的缺位所有者相分离，各种类型的经济工程师（指企业家）掌握了企业的控制权和经营权，通过其专业知识和管理才能的运

用,企业能够提高技术效率进而增加产出。

伯利和米恩斯进行了实证研究,结果证明现代公司控制权与所有权的分离。1933 年,伯利和米恩斯出版了《现代公司与私有财产》一书,该著作首次系统论述了股份公司“两权分离”的命题。他们采用实证分析的方法,选取了美国 200 家最大的非金融公司,包括 42 家铁路公司、52 家公用事业公司和 106 家制造公司作为样本,分别就其股权结构和控制形式进行了研究,研究结论是:到 20 世纪 20 年代末,股份公司的发展导致了“所有与控制的分离”现代大企业的控制权已经不可避免地从所有者手中转移到经营者手中。[①]《现代公司与私有财产》被广大学者们认为是公司治理理论研究的开始。经过此领域众多学者的研究,公司治理研究已经更加深入与系统。

2.公司治理从单一的某一方面的理论问题研究转向知识体系研究

随着时间的推移和实践的发展,公司治理理论研究领域不断拓宽,已经从股权结构、经营者激励与约束、治理模式比较等某一单一问题的研究转向系统的理论研究,这可以从公司治理理论研究的转变中得到印证。目前,公司治理理论的研究正在发生以下转变:从法人治理结构到公司治理机制,从单个法人治理到集团治理,从国内公司治理到跨国公司治理,从传统形态的公司治理到网络条件下的公司治理,从定性研究到定量实证研究,从公司治理到企业治理,从被治理者的研究到治理者的研究,从营利性企业治理到非营利组织的治理,关注政府和社会的治理等。上述转变表明,公司治理的理论体系已经趋于成熟。

3.公司治理的研究范围从一般理论研究拓展到应用研究上

一是拓展到了公司治理实务即公司治理原则的研究上。自 1992 年英国制定出世界第一份公司治理原则以来,目前全世界的国际组织、政府机构、中介组织、金融机构、企业等已经制定出 10 多份较有影响力的公司治理原则,而由一般公司制定的公司治理原则则不胜枚举。二是拓展到了公司治理状况衡量标准即公司治理评价的研究上。目前,国际上许多著名的机构与组织,如标准普尔、戴米诺、里昂证券等,都建立了自己的公司治理评价体系。在中国,南开大学公司治理研究中心结合中国上市公司的情况构建了“中国上市公司治理评价指标体系”(即中国公司治理指数)。三是拓展到了公司治理设计即公司治理实验模拟的研究。目前一些发达国家的学者和

---

① 参见[美]伯利、米恩斯:《现代公司与私有财产》,甘华鸣等译,商务印书馆 2005 年版。

研究机构正在采用实验模拟的方法对单个公司治理方案的设计问题展开个性化的研究，以便为公司治理实践服务。这方面的研究已经取得了一定进展。

4.公司治理已经成为全球关注的焦点，公司治理实践与研究正在趋同化

20 世纪 90 年代以来，公司治理已经成为全球关注的焦点。一方面，不论是发达国家还是发展中国家，不论是国际组织还是民间机构，不论是政府还是企业，都在进行有关公司治理的理论研究和实践规范的工作。目前的研究已超越了原有的仅限于对各国公司治理模式进行简单介绍的水平，从国际角度对各国公司治理模式的形成机理、结构特征、发挥作用的机制进行了深入探讨，形成了在多样性的公司治理模式下许多共同的概念范畴和知识体系。另一方面，公司治理实践与研究正走向国际化趋同。在经济全球化的背景下，公司跨国经营、跨国合作日益频繁。一个从事跨国经营和跨国合作的公司，为了更好地生存、发展和竞争，在保留具有本国文化特色的公司治理风格的同时，也必须学习具有其他国家文化特色的公司治理的长处。这种相互学习的结果，使得公司治理正在呈现出国际化趋同的特征。公司治理实践的国际化趋同，在客观上不仅要求公司治理研究的国际化趋同，而且也为公司治理研究的国际合作搭建了一个具有共同语言的平台。国际化的视角、国际化的合作研究和国际化的研究成果，已经成为公司治理领域的发展趋势。

5.公司治理教育已经成为全球高校工商管理教育体系的重要组成部分

随着实践的发展和研究的深化，20 世纪 90 年代以来，国内外的许多高校陆续在工商管理教育中引入了公司治理课程。近年来发生的诸如安然、安达信及帕玛拉特等公司的财务丑闻，使理论界、实务界以及教育界充分认识到，公司治理问题是制约公司竞争力的决定因素，是保证公司可持续发展的关键。公司的发展需要一批能将理论和实践结合在一起的现代公司治理人才。在此背景下，国外的许多高校在本科、硕士、博士、MBA、EMBA、MPA 等不同层次开设了公司治理课程，编写了大量高水平的教材，一些高校开始招收公司治理方向的博士生。在国内，许多高校也在本科生、硕士生、博士生中开设了公司治理课程，一些高校招收了公司治理硕士和博士研究生。

三、公司治理制度的演进

(一)影响公司治理制度的理论思想——股东至上理论与利益相关者至上理论

公司的所有者是谁,公司治理的利益出发点应该是谁,这是公司治理研究首先需要解决的问题。自1932年伯利和米恩斯发表公司治理理论的开山之作《现代公司与私有财产》以来,股东是公司的所有者的观点成为公司治理理论的主流,因而公司治理的最终目标便是股东利益最大化。然而20世纪80年代在美国兴起的公司之间“恶意收购”的浪潮对传统的“股东利益至上”的逻辑形成了严峻的挑战,人们开始关注公司的雇员等利益相关者的利益,由此,“利益相关者导向”的观点逐渐兴起。时至今日,两种观点孰优孰劣的争论依旧不曾停止。

1.股东利益至上

依据现代企业理论的剩余控制权和剩余索取权理论,谁拥有剩余控制权和剩余索取权,谁就是企业的所有者,企业的目标就应该为其制定。而在传统公司理论中,公司的雇员、债权人等非股东利益相关者领取的是固定的合同收入,而股东获取扣除其他利益相关者合同收入之后的剩余收入,亦即股东是剩余索取者,同时还承担着因合同不完备所导致的剩余风险。公司的控制权按照“控制权与剩余风险相对应”的原则自然而然就属于股东。因此公司的董事会和经理层作为股东的代理人应该对股东负责,将股东利益最大化作为公司经营的最终目标。

股东至上理论的不足:

股东自身动机的缺陷。虽然股东承担了公司的剩余风险,是公司剩余索取者,但是由于公司是有限责任制的,股东承担的不是全部风险而是其中一部分的风险。而在股东利益至上的理念下,公司的所有剩余收益全部归股东所有,这就造成了股东的收益与所承担的风险不对等的情况。在这种情况下,股东往往会过度追求自身的利益,忽视了合理的利益架构的重要性。他们没有意识到其自身利益的实现需要利益相关者的积极参与,这就形成一种股东在追求自身利益时无形中反而损害自身利益的情况。

经营者权力极度膨胀。大型公司的股权结构是分散的,大部分股东所持有的股份占比很小,很容易导致小股东的“搭便车”行为;另外,由于股票市场的发达使得股票交易非常便利,许多股东往往更关注于通过公司股票的买卖在股票市场获得投机性收益。多方面的因素导致股东疏于对经理人员行为的监督。这就使得经营者对公司拥有了极大的控制权，在缺乏有效监督和制约的情况下，经营者往往为了谋求自身的利益而损害公司的利益。

社会问题日益严重。在“股东利益至上”的观念指引下，企业在经营层的管理下常常以损害利益相关者的合法利益的方式来追求股东利益的最大化。结果造成了环境污染、食品安全、工人失业等社会问题，不但没有增加社会财富，反而对社会的安全和稳定造成了破坏。

2.利益相关者至上理论

与传统的“股东利益至上”观点不同，“利益相关者导向”的观点认为企业在把股东利益最大化作为目标的同时，还应该考虑到企业的社会价值方面，因为公司作为一个责任主体，在一定程度上还应该承担相应的社会责任。任何一个公司的发展都离不开包括企业的股东、债权人、管理层、一般雇员、消费者、供应商、政府部门、社区、媒体、环境保护等个人和团体的投入和参与，企业的生存和发展离不开这些利益相关者。企业在作出决策和安排公司架构时，必须要考虑利益相关者的利益，并给予他们相应的发言权，因为他们要么承担了一定的企业经营风险，要么为企业的经营活动付出了代价。总之，“利益相关者导向”强调企业应该追求利益相关者整体利益的最大化。

相比于“股东利益至上”的理念，以利益相关者为导向可以降低代理成本。相比于公司的股东由于信息的不对称性等因素难以对经营者的行为进行监督，公司的雇员、债权人等利益相关者则具有更加全面和丰富的信息，这些信息优势能够确保他们在参与企业治理时能明显降低代理成本。与此同时，雇员等利益相关者参与公司治理，可以减少雇员的偷懒行为，促使他们对企业的利益更加关注，从而使得企业的激励监督成本也得以降低。

利益相关者至上理论的不足：

“利益相关者导向”的理念虽然顺应了时代的潮流，满足了时代发展的需要，但是其存在着一定的不足。

利益相关者的概念还不明确。企业的市场活动涉及的相关主体极其复杂，哪些可以纳入利益相关者行列，哪些则被排除在外，这都很难确定，使得利益相关者的主体范围难以确定。概念和范围不明确将影响公司治理理论的演进。

利益协调困难。公司的利益相关者众多，他们之间的利益如何去协调，这是以利益相关者为导向的公司治理所面临的最大问题。

对股东地位的忽视。以忽视股东地位为代价来实现对利益相关者的利益的保护,这显然不符合公司本质。公司的本质是其营利性,在营利性的基础上才具有社会性,因而,不能舍本逐末为了追求公司的社会属性而放弃了公司作为市场主体的营利性。

(二)公司治理制度的演进

公司治理制度是随着企业制度的演进而不断发展变化的,可以分为以下三个阶段:

1.原始公司治理阶段(股东会中心主义治理模式阶段)

在原始公司治理阶段,这些类公司的团体没有明确的公司章程,可以说这一阶段并没有什么公司治理。直到 1602 年荷兰东印度公司成立,传统的法人治理结构才开始在英国和荷兰的特许贸易公司中产生。当时公司治理的主要特征是:股东大会是公司最高权力机构,公司的董事须由股东大会选举产生;公司增资、减资和章程的修改由股东大会批准;公司经营的重大事项均由股东大会决策;同时,股东大会还亲自对公司的经营管理人员进行制约和监督。由此可以看出,这种公司治理的结构奉行“股东权力神圣”的理念,并因此确立了“股东会中心主义”的治理模式。在这种传统公司治理结构中,公司经营的最高目标是实现股东利益的最大化。因此,传统公司治理结构所研究的中心问题便是如何设计一套合理的机制,使得公司的经营者在日常的经营活动中实现股东利润最大化的目标。

2.董事会中心主义治理阶段

20 世纪 40 年代以来,科学技术迅猛发展,生产力大幅提高,公司的规模越来越大;同时,证券市场已经发展到一定程度,公司股份呈现不断分散的趋势。众多因素使得“股东会中心主义”的治理模式受到了空前的挑战。一方面,股东往往缺乏治理公司所需要的专业知识,对公司业务不了解,股东大会作出的决策往往赶不上外部环境和市场日新月异的变化,使得公司在激烈的市场竞争中面临众多的困难。另一方面,股票买卖的便利化使得公司股东在不停地变化,股东控制公司变得比较困难,也容易出现“搭便车”行为。从股东中挑选专业的人才来管理公司成为一种可能。由此,“董事会中心主义”的治理模式在西方各国逐渐兴起。

“董事会中心主义”治理模式的基本要求如下:董事会是公司运营的中心,公司其他机构围绕董事会运转。从经营方针、投融资计划到公司的经营者任免、公司各部门的设置都是由董事会来决定。总之,董事会全权负责公司的一切运营活动。

同时，这一时期随着经济的发展，公司经营规模、范围的扩大，专业化的经理阶层出现，更加大了经营者与所有者的分离速度。由此而产生的利益冲突便出现了。公司作为法人，是市场经济的主体，它要求经营者追求公司利益的最大化。而公司的经营者作为自然人，也在追求自身利益的最大化。经营者为了满足自己的利益，就有可能滥用权力损害公司的利益，进而损害公司所有者的利益。这种利益的冲突可以说是公司治理形成的内在因素，也是各种公司治理模式共同的产生原因。

3.现代股东大会中心主义治理阶段

从20世纪80年代开始，以银行为首的机构组织在公司股权结构中所占比例不断升高，他们不满足于通过董事会对公司进行间接控制，希望直接参与公司的决策，再加上以董事会为中心的治理模式本身无法解决因控制权与所有权相分离而产生的委托代理问题，因而，“董事会中心主义”的治理模式受到很大程度的冲击和挑战。在这些因素影响下，西方国家率先采取措施削弱董事会的权力，并赋予股东大会更大的权力，将权力又从董事会逐渐转移到股东大会。这种治理模式又有别于以股东会为中心的公司治理模式，可以称之为“现代股东大会中心主义”的公司治理模式。

现代股东大会中心主义的公司治理模式可以说是对传统的股东会中心主义的推陈出新。一方面，相比于传统股东会中心主义只关注于物质资本的增值，现代股东大会中心主义还注重人文方面的治理。另一方面，以银行等金融机构为代表的法人股具有专业的技术和丰富的管理经验，这些都有利于公司的长期发展。

四、我国公司治理研究的阶段与脉络

（一）我国公司治理研究的阶段

第一阶段：公司治理探索研究阶段（1978～2000年）。这一阶段的研究一方面集中于对公司治理领域概念和治理理论基础的研究，在治理概念领域，较多的学者关注了“公司治理模式”。而在治理理论基础领域，则更多关注的是“委托代理理论”。另一方面则主要关注内部治理的现状与合规性、治理经验的国际比较等相关内容。上述研究内容决定了这一阶段采用的研究方法主要是以规范研究、调查研究等方法为主。

第二阶段：公司治理基础研究阶段（2001～2008年）。在第一阶段公司治理研究的基础上,第二阶段是我国公司治理研究的真正开始。在研究内容上,主要集中于对内部治理有效性的探索,研究方法则以大样本实证研究为主。由于股东治理是公司治理的基础,因此在内部治理研究中,学者们又以股东治理作为研究重点,其次是高管治理,最后则是董事会治理。这与股权分散背景下的国外以董事会治理为核心的公司内部治理研究不同,中国独特的治理环境决定了我国公司治理研究的脉络和导向。

第三阶段:公司治理深入研究阶段(2009 年至今)。公司治理研究的深入,体现在研究内容、研究方法等多个方面。首先,公司治理是由内部和外部治理两方面构成的,深入研究阶段尽管仍以内部治理为主,但学者们对于外部治理的关注日益增多,2008 年金融危机的爆发,使得外部监管等外部治理机制的有效性开始受到关注。其次,研究方法上呈现出以实证研究为主、研究方法日益多元化的趋势,开始导入实验研究、准自然实验、数理模型等研究方法。

(二)我国公司治理研究的脉络

我国公司治理研究脉络的演进经历了从治理结构到治理机制、从治理原则到治理评价、从单法人治理到集团治理的过程。

1.从公司治理结构到公司治理机制

公司治理解决的是两方面问题:一是解决制度安排,即公司是谁的,向谁负责;二是治理机制,要使利益相关者互相制衡,保证决策科学。在改革之初,对公司治理的认识局限于分权与制衡的治理结构层面,实现公司治理的“形似”。随着公司治理实践的演进,社会各方逐渐认识到仅仅依靠“三会一层”等公司治理结构远不能适应公司业务拓展、规模扩张和技术创新的需要。公司治理主体之间动态博弈、激励约束、信息沟通等对治理有效性的发挥起到至关重要的作用。特别是伴随着科技型公司崛起,传统治理结构迎来巨大挑战。沿着提高治理有效性这一路径,公司治理研究也从公司治理结构深入到具体治理机制,实现公司治理“形似”向“神似”的转变。

2.从公司治理原则到公司治理评价

市场经济是规则经济,科学的公司治理需要一套完善的公司制度框架,引导和规范公司治理行为。于是,借鉴成熟市场经济国家经验,倡导建立中国公司治理原则成为建立我国公司治理制度框架的首要选择。随着资本市场的发展和完善,投资者迫切需要了解公司治理建设和运行情况,以便对公司绩效作出全面、客观的评价。公司治理评价通过对上市公司治理状况客观、定量的刻画，既便于公司之间的横向比较，也可以动态展示公司治理发展的趋势。从公司治理原则到公司治理评价的发展，实现了公司治理从定性研究到定量研究、从治理理念到行动指南的转变。公司治理评价的发展也进一步推动公司治理理论、原则以及模式等的创新升级。

3.从单法人治理到集团治理

随着公司规模的扩大，治理逐渐超越单法人边界，集团治理问题随之产生。集团兼具企业和市场两种资源配置方式，相应的权责关系更为多样。既存在母子公司之间的垂直隶属关系，也存在关联企业之间的协作机制。由于企业集团的复杂性，公司治理研究的内容不仅仅是单个企业内的权责配置问题，还必须要关注企业集团中各企业间的利益关系。集团治理的核心在于平衡母子公司之间的利益关系，规范集团公司关联交易，实现集团公司协同效应。相应的企业集团治理机制有三种模式，即财务管控模式、战略管控模式和运营管控模式。

4.从国内公司治理到跨国公司治理

公司治理模式的形成会受到不同政治、法律、经济和文化的影响，但随着全球经济一体化的发展，各国公司治理模式也在不同程度上相互交织和渗透。随着改革开放的推进，公司在日益激烈的市场竞争中优胜劣汰，发展壮大，并逐渐从国内经营走向跨国经营。中国企业运用自己的优势开展跨国经营时，仍然碰到诸多的治理问题，造成难以弥补的损失。因此，实践迫切要求对跨国公司治理的原则与规律进行深入研究。伴随着我国企业“走出去”的深入，学者们的研究也从国内公司治理拓展到跨国公司治理。例如公司治理有效性影响因素的研究拓展到社会文化层面，更加关注文化落差、制度落差导致的治理规则落差及其中的公司治理风险等研究。当前，我国企业在跨国经营以及参与“一带一路”建设的过程中，更需要在符合国际通行规则条件下灵活把握不同国家、地区的经济、政治、历史和文化传统特点，作出适应性的治理安排。

5.从行政型治理到经济型治理

改革开放初期，我国企业的治理模式具有典型的“资源配置行政化、经营目标行政化、高管任免行政化”的行政型治理特点。由此造成“内部治理外部化，外部治理内部化”的现象。通过对中国公司治理文献发展历程的梳理和回顾可以发现，从行政型治理向经济型治理转型是一条鲜明的实践主线。基于这一主线，学者们开展了大量相关研究，例如，治理模式转型研究、高管激励机制研究、政府补贴研究等。当前我国正处于行政型治理和经济型治理“胶着期”,提升公司治理能力的关键在于尽快突破“胶着期”,实现公司治理转型。在这一过程中,“行政型治理度”不断弱化,“经济型治理度”不断强化。

6.从公司治理到一般治理

国内公司治理的研究体现出从公司治理到一般治理的特点。从治理本质来说,不同组织机构都需要一套特定的利益相关者利益协调机制,以保证组织决策的科学性。现代公司作为典型的以经济契约联合构成的组织,其治理模式和治理机制具有一定的借鉴意义。在治理思维上,公司治理思维首先是一种承认多元化的系统思维,并围绕着“规则、合规和问责”不断演进。它要求从系统观的角度出发,识别治理系统中各个主体的关联性,从整体角度综合考虑多元利益相关者的诉求,构建与之适应的治理结构和治理机制,实现公司治理的最终目的。在一般治理思维的指导下,公司治理的研究也逐渐将治理对象从公司拓展到大学、从营利组织拓展到非营利组织、从一般治理拓展到政府治理、社会治理以及国家治理等方面,实现治理体系的包容性发展。

第二节　公司内部治理

公司内部治理结构的基本构成主要包括股东大会、董事会、监事会、经理层,同时债权人和其他利益相关者在公司治理结构的组织安排上也应有所体现。

一、股东权益与股东大会

(一)股东权益

股东是出资设立公司并且对公司债务负责的人。股东权益是股东基于其对公司的投资依法享有的权利,我国《公司法》规定,公司股东按投入公司的资本额享有所有者的资产受益、重大决策和选择管理者等权利。股东向公司投资,从而持有公司股票,凭借持有的股票行使其权利,享受法定的经济利益,并且承担应尽的义务。股东大会是股份公司的最高权力机构,由全体股东组成。其主要职责是:要案决定权、人事任免权、听取重大事件汇报权、行使确认权和财务处理权。

1.普通股东的权益

普通股是股份公司发行的无特别权利的股份,也是最基本、最标准的股份。一般情况下,股份公司只发行一种普通股,所有的普通股股东都享有同样的权利和义务。普通股东享有的权益可以概括如下:

(1)剩余收益请求权和剩余财产清偿权。在公司持续经营的条件下,作为公司的投资者,普通股股东有权按照其出资比例从公司获得投资收益。但是,他们的收益请求权只有在所有其他生产要素提供者,包括公司的供应商、债权人、员工、经营者等的收益请求权以及国家的税收要求得到满足之后才能实现。他们的投资收益是公司经营收益这块大蛋糕被所有其他利益相关者分割完毕后剩余的部分,故称为“剩余收益请求权”。在公司因故解散清算的条件下,普通股股东有权按照其出资比例分得公司的剩余财产。同样,这种清偿权也是要在所有其他有关人员的清偿要求得到满足之后才能实现,故称为“剩余财产清偿权”。正是由于普通股东的剩余收益请求权和剩余财产清偿权的特征加大了投资的风险,普通股股东必然要求较高的报酬率,所以普通股的资本成本一般是最高的。

(2)监督决策权。由于普通股股东享有公司剩余收益请求权,其投资收益的高低完全取决于公司经营业绩的好坏,是公司经营风险的主要承担者,因此他们必然要拥有对公司重大经济行为的监督权和决策参与权。这种监督权和决策参与权是多方面的,包括对选举公司董事、公司利润分配、公司合并分立等重大事项依其持有的股份行使表决权,是普通股股东用手投票的表现。

(3)优先认股权。这方面的权益主要体现为,在公司增发新股时,普通股股东有权按其持股比例优先认购一定比例的新股。普通股股东的这种优先认股权主要是为了在公司扩股时,使他们有机会保持自己对公司的控股比例不受侵害,即不稀释控制权。当然,普通股股东可以根据自己的意愿转让甚至放弃这一权益。

(4)股票转让权。公司的股东有权按照自己的意愿随时转让手中的公司股票。其中上市公司的普通股股东可以在证券交易所进行转让,而非上市公司的股东只能在场外交易市场上转让手中的股票。转让股票是普通股东“用脚投票”的具体途径和体现。

2.优先股股东的权益

我国绝大多数公司发行的都是不可赎回的、记名的、有面值的普通股,只有少数公司按照当时规定发行了一些优先股。优先股是不同于普通股的一种股票类型。优先股的根本特征在于优先股股东在公司收益分配和财产清算方面比普通股股东享有优先权,与这种优先权相伴随的是,优先股股东一般不享有股东大会投票权。从公司资本结构上看,优先股属于公司的权益资本,是介于公司债和普通股之间的一种筹资工具。优先股股东对公司的投资在公司成立后不得抽回,其投资收益从公司的税后利润中提取,在公司清算时其公司财产的要求权也排在公司债权人之后,这些都表现出了优先股的股票性质。与普通股相比,优先股股东在利润分配和财产清算方面优于普通股股东,在利润分配方面公司要在支付了优先股股利之后才能向普通股股东支付股利;当公司因故结算清算时,在偿清全部债务和清算费用之后优先股股东按照股票面值先于普通股股东分配公司的剩余财产。这些优于普通股的权益,使优先股又具有一定的公司债的性质。

优先股股东的权益主要包括以下几个方面:

(1)利润分配权。优先股股东在利润分配上有优于普通股股东的权利。在利润分配方面,公司要在支付了优先股股利之后才能向普通股股东支付股利。其中,优先股股利通常是按照面值的固定比例支付的,无特殊情况,不随公司的经营业绩的波动而波动。一些国家的股份公司章程规定,在公司未发放优先股股利之前,不得发放普通股股利。有时为了保护优先股股东的权利,公司还规定某些特殊情况下不得发放普通股股利。

(2)剩余财产清偿权。当公司因经营不善而破产时,在偿还全部债务和清理费用之后如有剩余财产,优先股股东有权按股票面价值优先于普通股东得到清偿。

(3)管理权。优先股股东的管理权是有严格限制的。通常在公司的股东大会上优先股股东没有表决权,但是当公司研究与优先股有关的问题时有权参加表决。当然,有表决权的优先股股东有权参与公司的管理,能够参加股东大会并选举董事。但是这种优先股在实践中并不多见。

3.我国上市公司的股权结构

我国上市公司的股权,按投资主体的不同,可分为国有股、法人股和公众股。

(1)国有股。国有股是指有权代表国家投资的部门或机构以国有资产向公司投资形成的股份，包括以公司现有的国有资产折算成的股份。由于我国大部分股份制企业是由原国有大中型企业改制而来的，因此国有股在公司股份中占有较大的比重。

(2)法人股。法人股是指企业法人或具有法人资格的事业单位和社会团体以其依法可经营的资产向公司投资所形成的股份。可细分为国有法人股和非国有法人股。目前在我国上市公司的股权结构中，法人股平均占20%左右。根据法人股认购对象不同，可以将法人股进一步分为境内发起人股、外资法人股和募集法人股。

(3)公众股。公众股是指社会个人或股份公司内部职工以个人合法财产投入公司形成的股份。公众股有两种基本形式：公司职工股和社会公众股。公司职工股是本公司职工在公司公开向社会发行股票时，按发行价格所认购的股份。社会公众股是指股份公司采用募集设立方式设立时向社会公众募集的股份。目前，我国已取消上市公司发行内部职工股的规定。股份有限公司申请股票上市时，公司股本总额不少于人民币三千万元，公开发行的股份不得少于公司股份总数的25%，公司股本总额超过人民币四亿元的，公开发行股份的比例不少于10%。

(二)股东大会

根据《公司法》规定，公司实行权责明确、管理科学、激励和约束相结合的内部管理体制。公司设立由股东组成的股东大会，股东大会是公司的权力机构，行使决定公司重大问题的权力，决定公司有关合并、分立、解散、年度决算、利益、利润、利润分配、董事会成员等重大事项，股东大会按照股东持有的股份进行表决。公司设立的董事会是公司的决策机构。

股东大会是权力机构，因此，如果法律没有保护小股东的特别条款，拥有绝对控制权的大股东便可以在任何时候、任何条件下绝对控制公司，大股东通过董事会直接对公司进行监管，股东大会只是其可以利用的法律工具。在资本市场不完善的状况下，为了保护小股东的利益，并维护市场的健康成长，国家需要借助于法律的手段。当小股东利益受到大股东侵害时，小股东可以借助于法律来维护其合法权益。

1.普通股东会议与非常股东会议

股东大会可以分为定期召开的普通股东大会与不定期召开的非常股东会议。

普通股东会议每一个日历年度举行一次，又被称为“股东年会”。股东年会的间隔期虽然以一个日历年度为单位,但也有一定的弹性,通常不得超过15个月。股东大会所要议定的议题主要有:公司的年度财务预算、决算,公布股息,听取和审议董事、监事的年度报告,任命、重新任命监事,讨论决定监事的年薪,补充或罢免董事等。股东年会是股东们通过重新选定董事以控制董事会,进而真正实现对公司控制的一种形式与工具,在这个场合真正体现出股东会议是公司的最高权力机构。应当指出的是,股东年会预定的议题并非仅仅局限于上述几方面,股东年会是股东会议的一种表现形式,任何可以在股东会议上讨论的问题都可以在股东年会上讨论。

非常股东会议指除普通股东会议以外的、非定期或因临时急需而召开的股东会议。公开招股股份公司所举行的法定会议,也视为非常股东会议。按时间顺序划分,召开非常股东会议的条件大致有以下几种情况。

第一种,也是公司史上最早的非常股东会议,大多由董事们视公司的具体经营状况决定是否召开。在多数情况下,董事们都不愿意召开非常股东会议,由董事们决定召开非常股东会议,显然颠倒了权力配置关系,使董事们逃避约束合法化。董事们乐于召开非常股东会议之日,往往正是他们极力摆脱经营责任之时。

第二种,有某些股东倡议召开非常股东会议,且附议的有表决权的股本一经超过某一比例,则董事会必须通知全体股东召开此类会议。附议股本的比例没有一定之规。比如,在英国附议股本的最低比率为1/10,当附议股本超过法定比例而董事会未能召集非常股东会议时,如果附议股本的比例较高,倡议者可以自行召开此类会议。会议的费用或由公司支付,或从渎职董事的工资中扣除。召开非常股东会议的倡议书上应当清楚地陈述召开会议的目的,明确列举拟讨论和表决的议题,除非章程另有规定,未列入会议通知书上的议题,不得在非常股东会议上进行讨论和表决。

第三种,由法院主持召开或介入的非常股东会议。法院主要在两种情况下介入公司的非常股东会议:一是董事渎职未能按期举行普通股东会议;二是到会的股东人数低于法定人数。

第四种,当公开招股股份公司的净资产等于或低于公司全部股本金的一半时,董事们应当在知情后的一个月内召开非常董事会议,讨论和议定应采取的紧急措施。

2.股东会议的表决制度

股东会议的表决制度通常有三种。

第一种是举手表决。股东会议案的表决在多数情况下是采用一人一票的举手表决制,获多数票的议案得以通过。举手表决制,又称“按人头表决”,与股权的占有状态没有联系。就是说不论股本的持有量是多少,一律一人一票。采用这一表决制度,委托投票的受托人不论其受托的人数有多少,也只能投一票。举手表决制,将股权的多少与议案的表决分割开来,弱化了大股东的表决权限,加之受从众心理的影响,其表决结果难免有违公平、公正、公开的原则,也未必能够准确地反映广大股东们的真正意向。举手表决制的优点是便于操作,节省时间,所以只适用于那些无关宏旨的象征性表决或比较琐碎、不大容易引起争议的议案。有争议的举手表决议案,经某些股东提议后,可以通过投票表决方式重新审议。如果董事会所提议案被举手表决制否决,董事会成员或会议执行主席可以要求以投票表决方式重新议定。

第二种是投票表决。投票表决可细分为两种:一种是法定表决制度,另一种是累加表决制度。法定表决制度是指当股东行使投票表决权力时,必须将与持股数目相对应的表决票数等额地投向其所同意或否认的议案。这种表决制度对控股的大股东有利,头号股东的持股比例一旦达到50%以上,便可以操纵董事人选,控制某项议案的通过或否决,其他股东不论其持股比例高低,都只能服从头号股东的意志。当然,在股本分散的条件下,持股比例低于50%的第一大股东也可形成控股局面。累加表决制度与法定表决制度既有相同之处,也有不同之处。相同之处在于,两者都规定一股股票享有一票,表决权有效表决总票数,等于持股数目与法定董事人选的乘积。不同之处在于,在累加表决制度中,股东可以将有效表决总票数以任何组合方式投向其所同意或否决的议案。与法定表决制度相比,累加表决制度既可以充分调动中小股东行使投票表决权的积极性,并在董事会中谋得一个或几个董事席位,提高自己在公司决策过程中的参与度和影响力,提高公司决策民主化的程度,同时也可以降低大股东的控股局面,弱化其在股东会议决策过程中的控制和干预作用。在欧洲,法定表决制度占主导地位。在北美,法定表决制度和累加表决制度并存,大公司多半采取累加表决制度,累加表决制度呈逐渐流行的趋势。有些股票交易所甚至规定,采用法定表决制度公司的股票不得公开上市交易。累加表决制度有许多长处,代表着股东会议表决制度未来的发展方向。

第三种是代理投票制。代理投票制是现代股份公司会议表决的一个重要组成部分。按常规参加会议或投票表决必须股东本人亲自完成,但是长期以来在全世界范围内由股东委托代理人代为投票,一直是各公司所认定和遵从的投票表决习惯。早期的代理投票大多是股东间相互委托,而且许多公司的章程中都规定这种委托只能发生在本公司的股东间,就是说代理人也必须是本公司的股东。后来,董事会逐渐成为不愿到会的股东们行使投票表决权的委托代理人。股东们委托董事会行使表决权的凭证是委托书。委托书通常由董事会连同会议通知书一并寄出,上面附有回复的地址,并加盖"邮资已付"的邮戳,其费用由公司支付。西欧国家召开股东会议的日期刚性较强,委托书必须在会议召开之前寄回,以便确认委托书的有效性。而在美国召开股东会议的日期具有一定的弹性,在很多情形下董事会为了获得足够多的委托支持票,常常将股东会议拖延召开。代理投票制度貌似民主、公允,但在实际操作过程中,一方面存在着许多欺诈现象,另一方面也会强化董事会的独裁。鉴于此,英国许多股票交易所规定,上市公司寄发的委托书,必须采取双向选择制。即股东既可以委托董事会对某项议案投赞成票,也可以对该项议案投反对票。双向选择制限制了董事会在股东会议决议形成过程中的控制作用,使股东会议的终极控制权限有所加强,对于调动中小股东积极行使投票表决权具有重要作用。

二、董事会和监事会

(一)董事会

董事会由全体董事组成,是公司行使管理权力的机构,它对股东大会负责,是股东大会闭会期间公司常设的权力机构。

1.董事会的规模与职能

(1)董事会的规模

董事会的规模取决于公司规模、财务状况和所有权等因素。董事会在不同国家乃至公司中规模是有一定差别的,有些国家的法律法规对此有严格的规定,有些则没有严格限制。据一些学者和研究机构对董事会规模的调查研究显示,1935 年美国 155 家最大公司董事会的平均人数是 13.5 人。1947 年一项关于 101 家全美大公司的调查结果是 12.3 人。1985 年,美国 200 家最大公司的董事会规模为 13～14 人。1996 年英国上市公司的平均董事会规模为 8 人,一些大型公司则平均为 12 人。南开大学公司治理研究院 2002 年对中国 931 家上市公司进行了调查研究,结果显示董事会的平均规模为11人。[①] 我国《公司法》对董事会规模的上下限作出了明确规定,股份有限公司董事会成员为5～19人,有限责任公司的董事会成员为3～13人。同时,并不是所有公司都设董事会,股东人数较少或规模较小的有限责任公司可以设一名执行董事,不设立董事会,执行董事可以兼任公司经理,同时为公司法定代表人。

(2)董事会的职能

在现代企业制度下,董事会履行的是股东的受托责任,为了对公司进行有效管理,董事会必须积极地履行其职能。从各个国家的法律法规的规定来看,不同国家或者不同机构对董事会的职能定位是有一定差异的。我国《公司法》规定,股份有限公司设董事会,董事会对股东大会负责,行使下列职权:第一,负责召集股东会会议,并向股东会报告工作。第二,执行股东会的决议。第三,决定公司的经营计划和投资方案。第四,制定公司的年度财务预算方案、决算方案。第五,制定公司的利润分配方案和弥补亏损方案。第六,制定公司增加或者减少注册资本的方案以及发行公司债券的方案。第七,制定公司合并、分立、解散或者变更公司形式的方案。第八,决定公司内部管理机构的设置。第九,决定聘任或者解聘公司经理及其报酬事项,并根据经理的提名决定聘任或者解聘公司副经理、财务负责人及其报酬事项。第十,制定公司的基本管理制度。第十一,公司章程规定的其他职权。

综合而言,以上所列举的董事会职能包含了董事会要关注的细节问题,包括季度报告和下一季度的经营计划、公司长期战略目标、资本结构、债务融资、资源分配、买卖资产的要求、股息政策等。尽管各有侧重,措辞也有所不同,但总的来说已经涵盖了董事会的基本职能,并且从中可以清晰地将董事会的职能总结为战略决策和监督两大职能。

从董事会的战略决策职能来看,对于公众公司而言,董事会不应该涉及公司日常的经营管理,这些事务应由公司的高级管理人员负责。董事会应该关注那些影响公司发展的重大方面,应该注意更广范围内的公司战略目标。董事会负责指导公司,它是风险承担的主要代理人。这意味着董事会对公司应该有着整体的领导、判断和计划,并且能够制定公司的核心决策。

就董事会的监督职能而言,董事会主要对高级管理人员进行监督。公司经营过程中,董事会不可避免地要向高级管理人员授予经营和决策的职

---

① 参见李维安:《公司治理学》,高等教育出版社2016年版,第68页。

权。当然,最终责任承担者还是董事会。在董事会的指导下,高级管理人员应该努力实现董事会的目的,按照董事会的决策行事。高级管理人员负责公司的日常经营管理,确保公司盈利。虽然高级管理人员保证了公司的实际运营,但是他们必须在董事会授权的范围内经营并且接受来自董事会的监督。

2.董事的权利、义务及法律责任

(1)董事的种类

公司董事主要是由股东大会选举产生的,董事按照与公司的关系来划分,可以分为内部董事和外部董事。内部董事也称“执行董事”,主要担任公司的管理人员,如总经理、常务副总经理等;外部董事也称“非执行董事”,包括不参与管理和生产经营活动的企业外股东和股东大会决议聘任的非股东的专家学者等。随着现代公司治理结构和治理机制的不断发展,作为外部董事一种的独立董事越来越重要。独立董事是指独立于公司股东且不在公司内部任职,并与公司或公司经营管理者没有重要的业务联系或专业联系,对公司事务作出独立判断的董事。独立董事可以强化董事会,在监督公司管理层、参与公司战略决策方面发挥更大作用,同时许多公司选择独立董事的一个重要原因是由于他们在管理大型项目、设计和实施股票期权计划、安排国际国内贷款等方面具有丰富的经验和特殊的知识与才能;独立董事由于能够置身于公司繁杂事务之外,可以从不同的角度来分析问题,因而能够帮助经理人员识别市场发出的预警信号,认识到公司可能面临的潜在危机和商业周期的影响;当公司由一个强有力的 CEO 控制时,独立董事可以避免其过度一手遮天,及时识别和限制其不当行为。

(2)董事的权利

公司董事的一般权利。董事权利是指董事基于法律、公司章程的规定和委任契约的约定而享有的受托处理公司事务的各种权利。我国《公司法》对董事会的职权有集中的规定,但对董事的权利并没有集中的规定,此类内容可散见于《公司法》《上市公司治理准则》《上市公司章程指引》《关于在上市公司建立独立董事制度的指导意见》等法律法规中有关董事的条款。公司董事的一般权利主要包括:出席董事会会议,表决权,董事会临时会议召集的提议权,参与行使董事会职权等权利。

董事长的特有权利。董事长除了享有一般董事的权利外,还享有自己独特的权利。董事长所享有权利的范围和大小,各国立法并不完全一样。

在法国，董事会授权董事长行使董事会几乎全部权力，在不违反法律法规授予董事会权利的前提下，董事长享有代表公司进行活动的充分权力，并且董事长对公司的管理事务承担完全责任。在德国，董事长仅为董事会议的召集和主持人，此外没有优于一般董事的其他权利。对股份有限公司董事长的职权，我国《公司法》明确规定，董事长召集和主持董事会会议，检查董事会决议的实施情况。除此之外，并没有明确规定董事长和一般董事权利的差别。在《上市公司章程指引》中规定，上市公司的董事长行使下列职权：主持股东大会和召集、主持董事会会议；督促、检查董事会决议的执行；董事会授予的其他职权。以上权利可归纳为两大类：第一类为对外代表权，即除另有规定外（如由执行董事或经理担任法定代表人），由董事长对外代表公司；第二类为对内业务执行权，主要包括董事会召集并主持权、检查董事会决议实施权、董事会赋予的其他职权。

(3)董事的义务

董事的勤勉义务。所谓“勤勉义务”，是指董事有义务对公司事务付出相应的时间和精力，关注公司的经营，并按照股东和公司的最佳利益谨慎行事。勤勉义务的具体内容如下：保证时间和关注公司经营，不能不作为和依赖他人，谨慎行事。

董事的诚信义务。董事必须真诚地为公司利益行事，他们必须真诚地工作，而不应在制定公司决策时掺杂任何私人动机，董事不得因自己身份而受益，不得侵占和擅自处理公司的财产，董事不得同公司开展非法竞争，董事不得与公司从事自我交易，董事不得泄露公司秘密，董事不得篡夺公司机会。

私人交易限制义务。所谓“私人交易”，是指特定地位的人为自己或为他人而与公司进行交易。具体地说，董事欲与公司订立合同或进行交易应有公司章程的规定作为依据。如公司章程无此规定，董事应向股东大会说明事实，取得股东大会的同意。如果股东大会同意，则可进行此种交易，否则不能进行。如果董事在股东会不同意的情况下执意进行交易，则该交易在法律上无效。《公司法》作出这一规定的目的，是防止董事为谋私利而牺牲公司利益。

(4)董事的法律责任

董事因没有履行应尽义务，导致股东和公司利益遭受损失，一方面股东在获知董事违反义务时可以向法院提出诉讼，禁止董事不当行使权利。公司也可以在发现董事签订不适当合同或以公司名义从事与其有利益关系的交易时,撤销有关合同或交易。另一方面,对董事因违反义务而造成的损失、获得的收益和流出的资金等,公司可以要求返回或恢复原状。比如董事因受贿而在公司不知情情况下向其他公司出售资产或以其他方式给公司造成损害的,应负赔偿责任。接受贿赂或秘密佣金的董事要向公司交出不当得利,董事挪用公司资产应当予以填补或赔偿相应的价值损失。

我国《公司法》中对董事责任也作出了原则性规定,除规定董事在违反法律的情况下承担刑事责任外,还规定董事会决议违反法律、行政法规或者公司章程致使公司遭受严重损失的,参与决策的董事对公司负有赔偿责任。但是,对于董事未能真正履行勤勉和诚信义务,疏忽或进行关联交易而形成的损失,《公司法》和《上市公司章程指引》均未明确规定董事的赔偿责任。

(二)监事会

监事会由股东代表和适当比例的公司职工代表组成。由于历史沿革的原因,中国的内部监督选择了以监事会为主的制度安排,但是与国外实行该制度的国家——德、日、美等国存在着一定的差异。

1.德国、日本和美国的经验

(1)德国:股东与职工双向控制下的监督机制

德国监事会制度产生的基本社会背景是在外部环境的复杂性与不确定性不断增强的情况下,公司的经营权逐渐转移到了董事会手中,为了在经营中维护投资者的利益,监事会制度作为一种监督制衡机制得以产生。在制度变迁过程中,依存一定的历史路径,不同的利益主体(如资本家集团和工人集团)通过不断的博弈,最终在国家的主导之下实现了监事会从机能到结构的创新发展。

德国的监事会制度有两个特点:

其一从结构上来看,在德国的公司治理结构中,监事会在董事会之上。监事会不仅是一个监督机构,而且还是一个决策机构。它负责任命和解聘董事,监督董事会是否按公司章程经营;对诸如超量贷款而引起公司资本增减等公司的重要经营事项作出决策;审核公司的账簿,核对公司资产,并在必要时召集股东大会。德国公司监事会成员一般要求有比较突出的专业特长和丰富的管理经验,监事会主席由监事会成员选举,须经2/3以上成员投赞成票确定,监事会主席在表决时有两票决定权。而董事会则是执行监事会决议、负责公司日常运营的执行机构,它对内向监事会负责,对外代表公司。从某种意义上讲，德国公司的董事会相当于美、日等国公司中的高级管理层，其主要职责是负责公司日常经营管理，向监事会提供预决算报告，向股东披露有关信息。

其二从构成上来看，1951 年出台的《矿冶共同决定法》规定，对于拥有 1000 人以上的作为德国工业基础的矿山和钢铁产业的企业的监事会，按照规模由 11 人、15 人和 21 人构成。其具体构成是劳方代表和资方代表各一半，多出的一人一般为资方代表，处于中立的位置，由所有的监事会成员选出。劳方代表通常来自于企业内劳动者、工会以及职工代表等。后经多次补充和修订，这一法规得到了进一步完善。1976 年，德国又针对拥有 2000 人以上的所有资本企业设立了扩大的《共同决定法》，规定监事会根据职工的数量由 12 人、16 人或者 20 人构成。其中有一半是资方代表，另一半是劳方代表。劳方代表由劳动者、管理职员以及工会选出。监事会主席由资方代表选出，副主席由劳方代表选出。表决时票数相同的情况下，监事会主席拥有最终的投票权。而对于拥有 500 人以上 2000 人以下职工的企业，监事会由 1/3 的劳动者代表和 2/3 的资方代表组成，职工代表由企业的职工选出，并且监事会如果有两人以上的劳方代表，则其中一人从工会中选出。

(2)日本:可选择的监督方式

日本在监督方式上借鉴了德国的监事会制度，内部监督方式开始以监事会监督为主。但是，在 2002 年商法改革以后，又移植了盛行于英、美的独立董事制度。这样，自 2002 年以来，日本在公司治理结构上形成了与法国等相似的治理模式，即符合条件的公司既可以选择独立董事制度，也可以保持原来监事会制度的自愿选择内部结构的治理机制。根据改革后的商法，那些大公司或者视为大公司的企业，如果满足一定的条件，可以在监事会设置型、重要财产委员会设置型和委员会设置型三种治理结构中选择一种，而小公司只能选择监事设置型的公司。单纯从监事会结构来看，与德国的监事会置于董事会之上不同，日本监事会是与董事会平级的，监事会承担着对董事会的监督。

(3)美国:公司内部不设监事会，相应的监督职能由独立董事承担

在美国的公司治理结构中，公司内部不设监事会，董事会的监督职能主要由独立董事构成的审计委员会、报酬委员会及提名委员会等履行。该种结构的一个基本理念是:由于独立董事在董事会中占多数，他们不参与决策的执行，相对于高级管理人员具有较强的独立性，因此能够从制度上保证董

事会履行其监督职能。在这种情况下,就没有必要在董事会之外再设专门的监督机构来对董事会和高级管理人员进行监督,否则会引起机构职能的交叉和重叠。

2.我国的监事会制度

监事会制度在中国的出现,可以追溯到1904年1月清政府所颁布的《公司律》。其中第五节规定了"查账人"的选举和任期等制度,其职能类似于现代公司法中的监事,可以说这是中国关于监事问题的最早表述。后在南京国民政府的公司法中也涉及监事制度,随着新中国的成立和计划经济的实施,监事会制度中断约40年。

20世纪90年代,党的十四大明确提出建立社会主义市场经济体制,制定《公司法》更是迫在眉睫。1993年12月29日,《公司法》的公布正式确立了监事会在公司中的法律地位,形成了董事会、监事会与高级管理人员相互制衡的公司治理结构。2006年1月1日起正式实施的新《公司法》正式引入了争论已久的独立董事制度,并且对监事会的职权划分,在原来权力的基础上新增加了"罢免权""提案权""股东会的召集权和主持权""诉讼权",这些权力的增加,进一步强化了监事会的职责。

(1)中国监事会的设置与运作

中国的监事会设置与日本较为相似,同时兼备了德国监事会中职工参与这一理念(但两国对于职工参与的权限规定是不同的)。2002年,又借鉴英、美等发达国家的经验,在原来治理机制的基础上将独立董事制度移植到了上市公司治理结构中,形成了兼具监事会制度和独立董事制度的治理结构。

(2)监事会监督的方式与工作原则

监事会监督的方式:日常运行监督与重大事项监督相结合。监事会能有效地履行监督职能的前提是了解公司的情况,这就需要监事会有畅通、全面的信息渠道。监事会的监督方式可以分为日常运行监督和重大事项监督。

监事会应遵循的主要工作原则有:维护出资者权益,确保资产的安全、完整;不干预企业日常的生产经营活动;对监督中发现的问题要及时向股东会或出资方报告。

维护所有者的利益是监事会的使命,是出资者委派监事会的根本目的,监事会的一切活动必须以此为出发点。不干预企业的日常经营活动,是因为企业中的决策权、执行权和监督权三者是一个有机的组成。按照公司治理的理论,公司中的权力运作是一种不完整权力的合理配置,主要是指公司决策权、执行权和监督权的分设。企业的决策层(一般是董事会)只有决策权而没有执行权和监督权,企业的执行层(一般是指企业的总经理班子)只有执行权而没有决策权和监督权,而企业的监事会只有监督权而没有决策权和执行权。

三、执行机构

公司执行机构由高层执行者组成。公司高层执行者受聘于董事会,在董事会授权范围内行使对公司的管理权和代理权,负责处理公司的日常经营事务。总经理是公司日常经营管理工作的行政首脑,其主要职责有:执行董事会的决议;主持公司的日常业务活动;对外签订合同或处理业务;任免部门经理人员;定期向董事会报告业务情况,并提交年度报告。经理人员作为企业典型的委托代理人,容易产生“短期行为”和滥用职权的所谓“代理问题”。相应地,公司治理结构在考虑经理人工作“不积极”问题的同时,还必须解决经理人“不称职”的问题,即激励机制与约束机制。公司治理制度的核心内容之一就是高层管理者的激励和约束机制。从狭义方面理解的公司治理,是指所有者(主要是股东)对经营者的一种监督与制衡机制,即通过一种制度安排,来合理地配置所有者与高层管理者之间的权利和责任关系。公司治理的目标是保证股东利益的最大化,防止高层管理者对所有者利益的侵害。公司的激励与约束机制实质是以公司经营状况为标准决定对高层管理者奖惩的制度,是搞活公司、保证所有者权益的重要机制。

(一)高层管理者的激励机制

激励的核心是将经理对个人利益最大化的追求转化为对公司利润最大化的追求。激励机制的主要内容包括:报酬激励机制、经营控制权激励机制、剩余索取权激励机制、声誉或荣誉激励机制、聘用与解雇激励机制、知识激励制度。

1.报酬激励机制

对高层管理者的报酬激励一般由固定薪金、股票与股票期权、退休金计划等构成。其中,固定薪金优点在于稳定、可靠、无风险,能作基本保障,但缺乏灵活性和刺激性。奖金和股票与其经营业绩紧密相关,对经营者来说有一定风险,也有较强的激励作用,但易引发经理人员短期行为。退休金计划则有助于激励高层管理者长期行为。

在西方发达国家,高层管理者的薪酬激励较为成功和典型的是美国。经营班子的薪酬通常由年度薪酬、长期激励薪酬和其他薪酬三大部分构成。固定薪金比重较小,奖金、分成、购股证和增股等与公司效益挂钩的部分比重大,通常可达其总收入的40%～60%。其年收入甚至可达到上千万美元,报酬金额可达雇员平均收入的几十、几百到几千倍。

在我国公司中,建立健全高层管理者的利益激励机制,应当把他们作为独立的利益主体对待,将其利益与一般职工利益区分开来,适当拉开收入差距,逐步提高收入。高层管理者的收入可由三个部分组成:一是工资,工资形式既可以是月薪制,也可以是年薪制,工资要进入成本。二是奖金,它要与高层管理者的经营绩效挂钩。奖金只能从公司的利润中开支,没有利润不能发给奖金。三是股份收入,通过一定方式,高层管理者有优先认股权,可通过股份或股票升值获得收入。

2.经营控制权激励机制

经营控制权是指能在事前通过契约加以明确规定的控制权,即在契约中明确规定的契约方在什么情况下具体如何使用的权力。在企业中,特定控制权通过契约授权给了创业企业家,这种特定控制权就是高层经理人员的经营控制权,包括日常的生产、销售、雇佣等权力。经营控制权对高层管理者通常会产生激励作用,使其拥有职位特权、享受职位消费,给高层管理者带来报酬激励以外的物质利益满足。

3.剩余索取权激励机制

剩余索取权激励机制表现为向高层管理者转让部分剩余索取权。表现为如何在股东和高层管理者之间分配事后剩余或利润,这影响到对高层管理者的激励。如果契约能产生最大化效率,那么这种契约无疑是一种最优化的选择。高层管理者得到的剩余索取权越接近其开创性努力,激励效果越好;如果缺少剩余索取权或剩余索取权很小,忽略对创造剩余的直接承担者的激励,就不能实现这种效率最大化。

4.声誉或荣誉激励机制

除物质激励外,在公司治理中还需要精神激励。公司高层管理者一般格外重视自身长期职业生涯的声誉。良好的职业声誉之所以可作为激励高层管理者努力工作的重要因素,一是因为使高层管理者获得社会赞誉及地位,能满足其成就感;二是声誉、荣誉会带来明天的货币收入,高层管理者预期货币收入和声誉之间有着关联关系。

5.聘用与解雇激励机制

尽管货币支付是作为对高层管理者行为进行激励的主要方法，但资本拥有者对高层管理者人选的决定权也是另外一种重要的激励手段。聘用和解雇对高层管理者行为的激励，是资本所有者通过职业经理人市场竞争，自由选择经理人才来实现的。已被聘用的经理既要承受外部经理市场的竞争压力，又得应对公司内部下级的竞争威胁，这种竞争使已被聘用的经理面临被解雇的潜在危机。声誉往往是经理被聘用或解雇的重要条件，高层管理者对自身声誉看得愈重，聘用和解雇的激励作用就愈大。

6.知识激励制度

培养一位经理需要大量的投入，而维护这种管理劳动的声誉、提高管理劳动的质量，也需要坚持不懈的投入。在知识快速更新的新经济时代，不断进行“充电”，防止知识老化，对担负着创新职能的高层管理者尤其重要。因此，必须自始至终地为企业高层管理者提供知识更新和获取新信息的机会，以提升其业务能力，增强自信心。如定期输送他们到高等院校深造，提供与各类同行专家和学者教授交流学习的机会，建立高效率信息情报网络，订阅有关书报杂志等。

（二）高层管理者的约束机制

所谓约束机制，是指公司的利益相关者针对高层管理者的经营结果、行为或决策所进行的一系列客观而及时的审核、监察与督导行为。对公司高层管理者的约束机制包括公司内部约束和外部约束。

1.公司内部约束机制

内部约束主要包括组织制度约束和管理制度约束。

(1)组织制度约束。规范的公司治理结构中的股东大会、董事会和监事会制度本身就是一种约束机制。股东大会对经理人员的约束通过对董事会的信任委托间接进行。董事会通过对公司重大决策权的控制和对经理人员的任免、奖惩进行直接约束。监事会对董事、经理执行公司职务时违反法律、法规或者公司章程以及损害公司利益的行为进行监督。组织制度约束是公司内部约束机制的核心。

(2)管理制度约束。监事会的约束多属事后的检查监督，而科学的管理制度，尤其是严格规范的财务制度则是经常性的、事前的约束，是有效防止高层管理者挥霍公款、过度在职消费、贪污转移国有资产的重要的制度保证，也是组织制度约束的基础。在决策层与执行层职务分离的前提下，由董事会主持制定公司财务制度，并委派财务总监，使财务部门具有相对独立性，以保证公司财务报表的真实性，为所有者及时了解公司经营状况并实施监督提供依据。要充分发挥财务与审计部门的监督作用，增强收入的透明度，尤其要注重对企业家的职务消费进行有效的约束。

2.公司外部约束机制

公司外部约束机制包括市场约束、债权人约束和法律法规约束。

(1)市场约束。经理人员的行为要受到来自商品市场、股票市场和经理市场三个方面的约束。公司经营好坏首先在商品市场上表现出来。产品在市场上的竞争情况在一定程度上反映出高层管理者的能力和努力程度。要强化媒体约束功能，使管理者最大限度地接受社会公众的监督和约束。股票市场是通过信息披露制度和公司的市场价值的涨跌反映经理人员的能力和努力程度的。股票市场对企业上市公司的约束作用更大些。经理市场的优胜劣汰机制，“以成败论英雄”的市场无情性形成对高层管理者的硬约束。我国目前最缺乏的是经理市场约束。国有企业经理任命制是经理市场形成的最大障碍。应当尽快建立经理市场，通过完善和规范职业经理人市场，在促进职业经理人生成和有效流动的同时，运用市场机制来约束其在经营中的行为。

(2)债权人约束。债权人通过对公司偿还能力的考核和监督，以保证其按期还本付息，实现对公司的约束。公司在很大程度上依赖银行，银行是企业最大的债权人，可以较大程度地监控公司的运行。面对已形成的公司负债率高、不良资产比例大的现状，已经开始推行的银行监督的途径有：将一部分负债实行债权转股权，银行通过这部分股权可以股东身份监督公司行为；实行主办银行制度，改变企业多处开立账户、银行无法监督的混乱状况，便于关注公司资金流动情况，及时发现财务问题，并采取行动。

(3)法律法规约束。市场经济是法制经济，完备的法律体系是市场经济正常运行的保证。应以法的形式规定高层管理者的职责权力，防止经理人员滥用权力侵害投资者和利益相关者的行为，对违法者依法追究其责任。从强度上说，法律法规约束是最有力的约束，也是其他约束机制生效的最终保证。

第三节 公司外部治理

所谓公司外部治理，是指公司运作的外部环境治理，它包括市场经济环境的治理和法治环境的治理，旨在为公司的内部治理营造一个法制化、制度化、效率化的外部环境，对公司的生产经营进行制度上的支持和制约，以促使公司内部各权力机构在法律和公司章程的框架内运作，达到内部效益的最大化。

市场经济环境和法治环境的外部治理主要包括：证券市场治理、银行治理、机构投资者治理和法律治理等。

一、证券市场的治理

通过证券市场进行控制权配置是公司外部治理的重要方式之一。它对于公司技术进步、产品结构调整、竞争能力提高以及生产要素的优化组合都具有重要的意义。证券市场是通过证券的发行与交易进行融资的市场，包括债券市场、股票市场、基金市场等。证券市场是金融市场的重要组成部分，在金融市场体系中居重要地位。

（一）证券市场对公司治理的作用

1.融资机制的治理作用

证券市场的融资机制，使投资者有权选择投资的对象，从而改善和提高公司的治理结构。

资本市场的重要功能之一是融资功能。无论债务融资还是股权融资都会对公司治理产生影响。尽管股权融资相对于债务融资没有还本付息的压力，但融资的大小受到公司业绩的影响，投资者会根据公司的业绩进行投资的选择。为获得融资的机会，公司经营者会通过改善公司管理、提高公司的营运水平、提供优质的产品和服务来改善公司的业绩。同时，融资结构还可以对经营者的经营激励、公司的并购产生影响，进而对公司治理产生影响。

2.价格机制的治理作用

资本市场的价格机制可使出资者了解公司经营信息，降低了股东对管理层的监控信息成本，降低了公司治理的成本。

在有效的资本市场中，公司股票的市场价格提供了公司管理效率的信息，反映了公司经营者的经营水平。出资者通过对公司市场价格的观察和预期,可以评价公司经营者的管理水平,降低了代理成本中的监督成本。资本市场的价格反映了投资者对公司的评价,同时也反映了对公司经营者的评价。公司的股价波动会给经营者带来一定压力,促使经营者尽职尽责,并通过努力工作用良好的经营业绩来维持股票价格。

3.并购机制的治理作用

资本市场的并购机制,可以强制性纠正公司治理的低效率。

资本市场对公司治理产生影响的实质是公司控制权争夺,主要通过并购来实现。并购除能实现协同效应外,还能强制性地纠正公司经营者的不良表现。在有效的市场中,当企业经营不善致使股价下跌时,外部力量会通过并购强行介入公司经营并取得控制权,重新任免公司的经营层。通过并购机制,使得经营者面临"下岗"的威胁,为此经营者会在股价下跌时不断改进公司的经营。同时,在股价下跌时,中小投资者通过出卖股票减少损失,此时容易出现恶意收购。恶意收购具有强烈的排挤效应,排挤效应的威胁迫使公司经营者努力工作,改善公司经营管理,以避免恶意收购的发生。

(二)对证券市场监管的治理作用

在现代市场经济中,仅仅依靠市场的自发调节作用很难达到资源的最优配置,证券市场也不例外。因此,世界各国的通行做法是:让政府对市场运作进行干预,纠正市场缺陷,作为社会公共利益的代表,提供公共产品为社会服务。对于证券市场而言,由于其影响面较广,因此政府的监管就更是不可或缺。

在我国证券市场上,监管部门主要是证监会,它起着对证券市场的监管和保护证券市场投资者(特别是中小投资者)的作用。

证监会的监督主要包括:依据国家有关法律、法规、政策,对新股发行和配股进行事前形式审核;对上市公司定期报告和临时报告进行形式审核;对上市公司改制、运作情况进行监督检查,对投资者投诉进行核查,对涉嫌违法、违规行为立案稽查。

证监会的主要职能是依靠法律、法规和行政手段对上市公司的运作进行规范,促使上市公司提升公司治理水准,合规地进行公司治理决策,及时完整地进行信息披露。从国际上看,政府监管机构都是公司治理运动的倡导者和主要推动者。在我国,证券监管部门是公众公司良好治理行为的主要推动者和监管者,证监会已经制定并推出了《上市公司治理准则》。

（三）信息披露制度的治理作用

根据现代企业理论，公司治理中存在道德风险（如操纵财务信息）和信息不对称现象，它们会对公司的股东（特别是外部中小股东）造成利益损害。而信息披露正是纠正这些问题的重要措施。强制性信息披露可以提高信息质量，并使证券市场逼近最优效率状态，同时它还可以节约交易成本。

1.信息披露的作用

(1)有利于保护投资者。信息披露使股东能全面了解公司情况，作出科学决策。同时也有利于减少关联交易、内部交易等行为的发生。

(2)加强对经营者的约束和激励。在信息公开披露的情况下，经营者受到证券市场的强大约束，大大降低了其滥用权力的可能性。同时，许多上市公司高管人员的报酬都是与股价挂钩的，典型形式即股票期权。而信息披露（特别是在公司业绩较好时）有助于提升股价，加大对经营者的激励。当然，这种做法是一把“双刃剑”，也有经营者为了高收入而操纵信息披露。

(3)信息披露促进了控制权市场的发展。控制权市场发挥作用的基础是充分、准确的信息。强制性信息披露有助于收购者获得更多信息。如果信息不充分，就可能会影响收购的正常进行。在公司经营状况不佳时，信息披露会导致股价下跌，增加公司收购的可能性，促进控制权的优化配置。

2.信息披露的相关内容与要求

(1)信息披露的内容

信息披露包括以下四个方面内容：一是财务信息，包括使用的会计准则、公司的财务状况、关联交易等。二是审计信息，包括注册会计师的审计报告、内部控制评估等。审计及信息披露评价当前比较注重审计关系本身的合规性、独立性。三是公司治理信息，主要关注披露的公司治理信息是否符合相关规定，目前虽具有较高的定性标准，但缺乏具体的量化标准。四是信息披露的及时性，公司应建立网站，便于投资者及时查阅有关信息。

(2)信息披露的要求

信息披露的真实性。真实性是指一项计量或叙述与其所要表达的现象或状况的一致性。真实性是信息的生命，要求公司所公开的信息能够正确反映客观事实或经济活动的发展趋势，而且能够按照一定标准予以检验。从信息传递角度讲，监管机构和中介组织收集、分析信息，并验证信息的真实性。

信息披露的及时性。信息的及时性是指在信息失去影响决策的功能之前将信息提供给决策者。由于投资者、监管机构和社会公众与公司内部管理人员在掌握信息的时间上存在差异,为解决获取信息的时间不对称性可能产生的弊端,信息披露制度要求公司管理当局在规定的时期内依法披露信息,减少有关人员利用内部信息进行内部交易的可能性,增强公司透明度,降低监管难度,以有利于规范公司管理当局经营行为,保护投资者利益。从公众投资者角度,及时披露信息可以使投资者作出理性的投资决策。从上市公司本身来看,及时披露信息可使公司股价作出及时调整,保证交易的连续和有效,减少市场盲动。

信息披露的完整性。信息披露完整性要求上市公司必须提供公司完整的信息,不得忽略、隐瞒重要信息,使信息使用者了解公司治理结构、财务状况、经营成果、现金流量、经营风险及风险程度等。公开所有法定项目的信息,使投资者足以了解公司全貌、事项的实质和结果。信息披露的完整性包括形式上的完整和内容上的完整。

二、银行的治理

在公司治理的理论框架中,商业银行充当公司外部治理的重要角色。

(一)商业银行在公司治理中的角色

1.专家式债权监督。在既定的公司所有权结构下,监督成本的不可分摊性和监督收益按股份均摊的特点容易导致股东的“搭便车”行为,使管理人员的机会主义行为缺乏必要的监督,结果往往是股东的利益遭受损失。而债务的硬预算约束特点和独特的破产制度可以给经理人员不同于股权的压力,使债权监督在一定程度上能弥补这种单纯依赖股权监督而导致的此类公司治理问题,从而赋予商业银行在公司治理中的独特地位。

2.市场评价式监督。公司治理的市场评价式监督主要依赖资本市场中的中立机构,如会计师、审计师、税务师事务所和证券公司、各类基金公司、投资银行等投资咨询机构,客观公正的评价和相应的信息发布活动而对经理人员产生监督效果。其中前三类事务所在开展业务的过程中有正常的渠道了解和掌握客户公司的财务资料,从而有可能对公司经营绩效和经理人员业绩作出最贴近现实的评价,并能在此基础上利用特殊的审计机制产生监督经理人员的客观效果,最后起到减少代理成本、提高公司治理效率的作用。

3.作为公司股东参与公司治理。从商业银行的角度看,各国的具体情况有所不同。在美国,商业银行被禁止直接持有公司股份。而日本的主银行不仅可以通过相互大量持有公司股票,而且在公司遇到财务危机或经营困境时会进行干预,发挥着类似美国控制权市场的作用。德国的全能银行虽然持有公司股份比例较日本低,但通过特殊的委托投票制度安排而拥有对公司很大的控制权。对于一般公司而言,金融机构是以治理者的身份出现的。

(二)银行作为债权人对公司治理的参与

1.银行作为债权人的约束作用

(1)债权的现金流约束和期限约束。与股权不同,债权的利息支付和本金偿还都有严格的现金流和期限约束,到期必须还本付息的特点使得债权具有独特的硬预算约束功能。这种硬预算约束机制会使经理人员感受到一种特殊的压力,即最低限度要保证还本付息,从而减少了经理人员的机会主义行为,也减少了代理成本。

(2)债务契约的限制。债权人为了保护自身利益和减少贷款风险,往往在债务契约中规定一些严厉的保障条款。这些特殊的具有针对性的条款会对公司和经理人员的行为形成程度不同的限制,从而使债务契约成为一种对于经理人员的约束机制。

(3)破产机制的作用。如果公司(债务人)突破现金流和期限约束的底线,债权人可能就要启动破产程序,公司的控制权也要随之由股东转移给债权人,原有的经理人员也要面临被解职的危险,这是经理人员最不愿看到的。为了避免以上情况的发生,经理人员只有努力工作以不断提高公司绩效,这就是破产程序的压力作用对于公司治理的效果。

2.银行作为债权人的监督作用

银行对其客户公司的监督权威主要来自两个方面:一是债务契约所授予银行的监督权;二是因为银行往往为客户公司提供周转性的短期贷款,这种业务上的便利不仅使银行可以获取第一手资料信息,同时也使客户公司存在接受银行监督以提高自身声誉的激励。

由于不同国家对债务融资的依赖程度不同,也由于制度、法律、文化传统等的差异,银行往往在不同的公司治理模式下发挥着角色有别、程度不同的作用。在英美模式下,公司主要依赖股权融资,银行在公司治理中发挥作用的空间不大,监督作用也比较有限;而在德日模式下,债务融资是公司融资的主要形式,银行对公司治理有实质性的参与,此时银行的监督作用是非常重要的。日本将某企业贷款最多的银行称为“主银行”。从资本结构的角度看,日本企业维持着过高的负债率,从而决定了银行在公司治理中的特殊位置,使主银行在日本公司治理中扮演了一个至关重要的角色,特别是主银行可以利用其所处的特殊位置而获取信息并及时发现问题。而德国实行的是被称为“全能银行制”的特殊体制,使银行对公司治理有比日本银行更广泛的参与。

三、机构投资者的治理

机构投资者是指进行金融意义上投资行为的非个人化(社会化)的团体或者机构。它既包括通过各种金融工具进行筹集资金并进行投资的非个人化机构,也包括用自有资金进行投资的机构。具体包括:银行和储蓄机构、保险公司、共同基金、养老基金、投资公司、信托公司等。

机构投资者并不是从一开始就积极地参与到公司治理活动中的。事实上,早期的机构投资者作为公司所有者的色彩非常淡薄,它们只是消极股东,并不直接干预公司的行为,并且非常倾向于短期炒买炒卖以从中获利,因此,早期的机构投资者在公司治理结构中的作用是微弱的。早期的机构投资者所持股票占上市公司全部流通股票的比例较小,投资高度分散化的原因主要有两个方面:一是法律制度方面的制约,二是分散风险的内在需要。促使机构投资者从被动变为主动的一个基本原因是,机构投资者在美国股票市场所占份额越来越大,这是资本市场发展的结果。美国资本市场在过去40多年中尤其是进入20世纪90年代以后发生了巨大的变化。在20世纪60年代以前,美国股市主要是散户持股,机构投资者在股市的控股比例不超过13%,由于散户很难行使法律赋予的监督权,股市对企业的经营业绩只能作事后的被动反应;70年代以后,美国的机构投资者在股市的控股比例不断上升,80年代初达到34%,90年代末达到48%,机构投资者随之成为左右资金市场的关键力量。[①]

(一)机构投资者的特点

机构投资者作为资本市场中一个重要的市场主体,具有自己的特点。

1.机构投资者在进行投资时追求的是具有中长期投资价值的股票。一般来说,机构投资者多是长期投资者,在进行投资时追求的是具有中长期投

---

① 参见李维安:《公司治理学》,高等教育出版社2016年版,第200页。

资价值的股票，特别关注公司的经营稳定性和上市公司的未来业绩，因此，机构投资者更加重视上市公司基本面的情况和长期发展情况，以及公司所处行业的发展前景。

2.机构投资者都拥有行业及公司分析专家、财务顾问等，具有人才优势。机构投资者为了在股票投资中取胜，特别重视对行业及其公司基本面的研究，因此，它们都相应地拥有行业及公司分析专家、财务顾问等，具有人才优势，利用这些专业人士对上市公司及其所处行业基本情况和发展前景进行分析研究，从而选择行业发展前景好、基本面好的上市公司作为它们的投资对象。

3.机构投资者可以利用股东身份，加强对上市公司的影响，参与上市公司的治理。机构投资者是所持股票公司的股东，因此就有影响上市公司的权利和义务，就可以利用股东身份，加强对上市公司的影响，参与公司治理。

(二)机构投资者参与公司治理的途径

机构投资者主要可以通过以下两种途径参与公司治理和改善公司治理的水平。

1.行为干预

机构投资者作为投资人有参与被投资公司管理的权利。发现价值被低估的公司就增持该公司的股票，然后对董事会加以改组，发放红利，从而使机构投资者获利。因为一方面，上市公司由于价值被低估而交易清淡，不被市场认可，导致公司融投资渠道闭塞，对公司长远的价值提升造成障碍。机构投资者通过干预公司管理，实行红利政策调整，从而促成市场的积极反应，达到疏通公司与市场沟通渠道的效果。另一方面，作为上市公司的合作伙伴，机构投资者一般遵循长期投资的理念，公司运作的成功需要机构投资者更积极的参与。

2.外界干预

机构投资者还可以直接对公司董事会或经理层施加影响，使其意见受到重视。例如，机构投资者可以通过其代言人对公司重大决策如业务扩张多元化、并购、合资、开设分支机构、雇用审计事务所等表明意见；可以通过向经理层所披露信息的完整性、可靠性提出自己的要求或意见从而使经理层面临市场压力。同时，公司业绩的变化也迫使经理层能够及时对股东等利益相关者的要求作出反应，这样就促使经理层必须更加努力来为公司未来着想，以减少逆向选择和道德风险。

(三)机构投资者参与公司治理所需要的外部条件

当然机构投资者在公司治理中发挥作用还需要一系列外部条件,美国的经验说明至少需要如下条件:

1.严格限制机构投资者参与公司治理的法律环境渐趋宽松。20 世纪 80 年代中期,美国联邦政府决定鼓励持股人参加公司投票选举;1992 年,美国证券交易委员会新规则允许持股人之间互相自由地串联,互通消息,这样就大大降低了机构投资者收集“选票”的成本,更容易取得对公司的控制权。

2.机构投资者成长很快,规模不断扩大。由于机构投资者规模很大,使其被“搭便车”的成本降低,即使其他的持股人从机构的行动中“搭便车”,机构投资者就整体而言仍是得大于失。机构投资者规模巨大导致的另一重要后果是,机构投资者的整体持股量占整个资本市场的一半以上,因而无法像一般个人投资者那样方便地卖出所持股票,而只能在不同的机构之间相互转手,因此对于经营管理不善的公司,不能再轻易地“用脚投票”,卖出股票,只能积极地利用其大股东的身份介入公司管理,敦促经营者改善经营。

3.以“股东至上主义”为核心的股权文化的盛行。股权文化是指公司具有的尊重并回报股东的理念,它包括公司重视听取并采纳股东的合理化意见和建议,努力做到不断提高公司经营业绩,真实地向股东汇报公司的财务及业务状况,注重向股东提供分红派现的回报等。这就要求加强对经营者的监督和约束,保障出资人的权益。

四、法律法规体系的治理

在公司治理体系中,投资者的权利的实施需要法律来保证。法律法规体系包括股东诉讼制度、信息披露制度、董事及高级管理人员民事赔偿制度等一系列从公司立法到公司章程的有关法律法规,对股东大会、董事会、监事会、经理人员的职权、责任作了全面、详细的规定,对所有者和经营者权利又作出了相应的制约。健全完善的法律法规体系,辅之以强有力的执法部门,将对公司治理中出现的违法违规行为形成有力的直接的威慑。

第四节 公司治理的模式

由于各国经济制度、历史传统、市场环境、法律观念及其他条件的不同,公司治理模式也不尽相同。比较典型的公司治理模式有三种:一是外部控制主导型模式，二是内部控制主导型模式，三是家族控制主导型模式。

一、外部控制主导型公司治理模式

外部控制主导型公司治理又称“市场导向型公司治理”，是指外部市场在公司治理中起着主要作用。这种治理以大型流通性资本市场为基本特征，公司大都在股票交易所上市。其存在的具体外部环境是：发达的金融市场、股份所有权分散的开放型公司、活跃的公司控制权市场。这种公司治理的典型国家是美国和英国。

（一）外部控制主导型公司治理模式的产生

1.分散化股权融资体制

融资体制是公司治理模式形成的基础。美国和英国是现代市场经济发展最为成熟的两个国家，在企业发展中特别强调市场的作用。以美国为例，美国有着近一个半世纪的公司发展史，作为一个移民大国，美国历来强调经济主体的自由和个人主义，与此相适应，美国形成了保护这种自由主义的分散化股权融资体制。这种融资体制有以下两个特点：

(1)股权资本居于主导地位，资产负债率低。企业资本主要来源于两个方面：股权资本和借贷资本。美国企业资本大部分来自股本，资产负债率较低，一般在35%～40%。其原因在于政府对商业银行经营范围的限制。1933年美国《格拉斯—斯蒂格尔法》规定，投资银行和商业银行必须分开，商业银行只能经营短期贷款和政府债券，不能经营7年以上的长期贷款，也不得从事股票和证券业务。如果商业银行用自有资本购买公司的股票，不得超过自有资金和盈利总额的10%，购买的证券必须是信誉等级较高的证券。虽然20世纪80年代之后美国对银行的管制有所放松，一些大银行取得了证券交易商的资格或开始从事证券经纪业务，银行持有的股票也超过了法律的限制，但是它们却很少是公司股票的有实质意义的持有者，这就限制了银行参与公司治理的行为。

(2)股权分散，机构投资者占据重要地位。美国是具有反垄断传统的国家，美国公众向来对财富因集中和垄断而抑制公平竞争的现象感到反感，政府顺应民意而制定了许多限制持股人持股比例的立法。与此同时，为使这些立法不至于对公司融资产生不利影响，美国政府较早就造就了相当成熟的证券市场，为公司筹集股权资本和公民购买股票创造了便利条件，也使得美国公司股权呈现高度分散化的特征。

2.分散化股权融资体制与外部控制主导型公司治理模式的关联

英美公司股权的高度分散化势必产生以下两个问题:

(1)股东人数众多和股份过于分散使股东无法对公司实施日常控制,他们只能把日常的控制权授予董事会,董事会又授权给经理人员,即存在控制权和所有权的分离。

(2)分散的股东很少有甚至没有激励监督经营者,因为监督是一种公共品,如果一位股东的监督引起公司绩效改善,那么所有的股东都能受益,而监督却是有代价的,所以每个股东都希望其他股东进行监督,而自己则坐享其成,即“搭便车”。遗憾的是,所有股东的想法相同,其结果是没有或几乎没有监督发生。

针对个人股东持股的高度分散和机构投资者的“消极倾向”,美国公司治理的重心便放在了其发达的市场上,即通过股票市场、经理市场和产品市场等在内的市场体系对经营者进行约束,同时通过对经营者给予必要的激励以促使经营者加强自我约束。

(二)外部控制主导型公司治理模式的特点

1.股东大会与董事会设置的特点

从理论上讲,股东大会是公司的最高权力机构。但是,英美公司的股东非常分散,而且相当一部分股东是只有少量股份的股东,其实施治理权的成本很高,因此,不可能将股东大会作为公司的常设机构,或者经常就公司发展的重大事宜召开股东代表大会以作出有关决策。在这种情况下,股东大会就将其决策权委托给一部分大股东或有权威的人来行使,这些人组成了董事会。股东大会与董事会之间的关系实际上是一种“委托—代理”的关系。股东们将公司日常决策的权利委托给了由董事组成的董事会,而董事会则向股东承诺使公司健康经营并获得满意的利润。

董事会在设置上有两个鲜明的特点:

(1)在董事会内部设立不同的委员会,以便协助董事会更好地进行决策。一般而言,英美公司的董事会大都附设执行委员会、任免委员会、报酬委员会、审计委员会等一些委员会。这些委员会一般都是由董事长直接领导,有的实际上行使了董事会的大部分决策职能,因为有的公司董事太多,如果按正常程序进行决策,则很难应付千变万化的市场环境。也有可能因为决策者既是董事长同时也是最大股东,对公司事务有着巨大的影响力,所以不愿让太多的人分享他的决策权。在这种情况下,董事会是股东大会的常设机构，而执行委员会又成为董事会的常设机构。除这样一些具有明显管理决策职能的委员会外，有的公司还设有一些辅助性委员会，如审计委员会主要是帮助董事会加强其对有关法律和公司内部审计的了解，使董事会中的非执行董事把注意力转向财务控制和存在的问题，从而使财务管理真正起到一种机制的作用，增进董事会对财务报告和选择性会计原则的了解。报酬委员会主要是决定公司高级人才的报酬问题。董事长的直属委员会，是由董事长随时召集讨论特殊问题并向董事会提交会议记录和建议的委员会，尽管它是直属于董事长的，但它始终是对整个董事会负责，而并不只是按董事长的意图行事。近年来，美国的有些公司又成立了公司治理委员会，用以解决专门的公司治理问题。

(2)将公司的董事分成内部董事和外部董事。内部董事是指公司现在的职员，以及过去曾经是公司的职员，现在仍与公司保持着重要的商业联系的人员。外部董事包括三种人：一是与本公司有着紧密的业务和私人联系的外部人员；二是本公司聘请的外部人员；三是其他公司的经理人员。外部董事一般在公司董事会中占多数，但一般不在公司中任职；内部董事一般都在公司中担任重要职务，是公司经营管理的核心成员，美国大多数公司企业的内部董事人数为三人，很少有超过五人的。

外部董事有的是私人投资者，通过在股票市场上购买公司股票而成为公司大股东，但他们往往对于公司的具体业务并不了解，大部分外部董事作为其他公司的代表进入公司董事会，而这些公司又常常是法人持股者。自20世纪70年代以来，英美公司中的外部董事比例呈上升趋势。按理讲，外部董事比例的增加会加强董事会对经营者的监督与控制，但是，英美大公司中同时存在的一个普遍现象是公司首席执行官兼任董事会主席。这种双重身份实际上使董事会在某种程度上丧失了独立性，其结果是董事会难以发挥监督职能。

2.首席执行官(CEO)的设置

美国公司的董事会有权将部分经营管理权转交给代理人代为执行。这个代理人就是公司政策执行机构的最高负责人。这个人一般被称为“首席执行官”(CEO)。在多数情况下，首席执行官是由董事长兼任的，即使不是由董事长兼任，担任此职的人也几乎必然是公司的执行董事并且是公司董事长的继任者。但是，由于公司的经营管理日益复杂化，经理职能也日益专业化，大多数公司又在首席执行官之下为其设一助手，负责公司的日常业务,这就是首席营业官。在大多数公司,这一职务一般由公司总裁兼任,而总裁是仅次于首席执行官的公司第二号行政负责人。也有的公司由董事长同时兼任公司的首席执行官和总裁。此外常设一名首席营业官协助董事长兼首席执行官的工作。公司还设有其他一些行政职务,如首席财务官等。在英美公司的行政序列中,以首席执行官的地位最高,其次为公司总裁,再次为首席营业官,接下来是首席财务官。在总裁以下,各公司还常常设有多名负责具体业务的副总裁,包括执行副总裁和资深副总裁。这些副总裁一般都负责公司的一个重要业务分部,或者是作为公司董事长和首席执行官的代表担任重要子公司的董事长兼首席执行官。由于首席执行官是作为公司董事会的代理人而产生,授予他何种权力、多大的权力以及在何种情况下授予,是由各公司董事会决定的。首席执行官的设立,体现了公司经营权的进一步集中。

3.经营者报酬中的股票期权的比例较大

经营者报酬给付的形式很多,其中之一为股票期权。1952 年,美国辉瑞(Pfizer)制药公司推出第一个股票期权计划,之后愈来愈多的企业开始引入股票期权制度。根据福布斯发布的 2006 年美国 500 强企业 CEO 薪酬榜,期权收益在美国 500 强企业 CEO 的总薪酬中占到 48%的比例,其中苹果 CEO 史蒂夫·乔布斯(Steve Jobs)基本年薪只有 1 美元,却以近 6.47 亿美元的股票收益在排行榜中位居第一。[①] 股票期权相对于效益工资而言是一种长期的激励机制。经营者来自股票期权收益的多少完全取决于股票的升值,升值多少与经营者长期的经营业绩直接相关,这为管理者的努力带来更大的动力。

4.信息披露完备

信息披露作为公司治理的决定性因素之一,一般受内部和外部两种制度的制约。外部制度是指国家和有关机构对公司信息披露的各种规定,内部制度是公司治理对信息披露的各种制度要求。实践证明,及时、详尽、准确的信息披露可以为投资者提供可靠的决策依据,以维护投资者的信心,并且成为吸引潜在投资者的重要条件。强有力的信息披露可以大大降低投资者决策的风险。在资本市场发达的美、英等国,公司信息披露的外部制度相对完备,公司经济活动的透明度高,从而极大地减少了因信息不对称而造成

① 参见李维安:《公司治理学》,高等教育出版社 2016 年版,第 290 页。

的决策失误，降低了失误带来的损失。无疑，信息披露的完备为投资者“用脚投票”创造了有利条件。

(三)外部控制主导型公司治理模式的有效性和缺陷

1.外部控制主导型公司治理模式的有效性

外部控制主导型公司治理模式的有效性主要体现在以下几个方面：

(1)股权分散有利于避免因一家公司的经营不利或环境变化而带来的连锁反应。

(2)股权的强流动性能够使投资者容易卖掉手中的股票，从而减少投资风险，保护投资者利益，同时有利于证券市场的交易活跃、信息公开。

(3)股权的强流动性有益于资源的再分配，市场中的资本容易重新得到优化组合，公司也容易筹措到资金。股权的强流动性使股东们可以通过在证券市场上的股票交易活动来控制、监督经营者，可以在很大程度上让经营者按自己的意志办事，经营者的创造力得以发挥。

(4)股权分散和强流动性有利于保证资本市场的竞争性。

2.外部控制主导型公司治理模式的缺陷

外部控制主导型公司治理模式至少存在以下两个缺陷：

(1)由于公司股票分布在成千上万的个人和机构手中，每一个股票持有者在公司发行的股票总额中仅占很小的份额，因而在影响和控制经营者方面股东力量过于分散，股东大会“空壳化”比较严重，使得公司的经营者经常在管理过程中浪费资源并让公司服务于他们个人自身的利益，有时还会损害股东的利益。

(2)在特定情况下，股市的投资者是缺乏忍耐性和短视的，股东们并不了解什么是他们的长期利益，他们更愿意使自己的短期收益更大些。当公司强调要在研究和发展以及代价高昂的市场拓展战略等方面持续投资而延期向他们支付红利时，股东们就会倾向于卖出公司的股票。另外，外部控制主导型公司治理模式过于强调股东的利益，从而导致公司对其他利益相关者的投资不足，进而降低了公司潜在的财富创造。

二、内部控制主导型公司治理模式

(一)内部控制主导型公司治理模式的产生

1.法人在公司融资中的核心作用

相对于美、英对个人自由的保护，日、德则更加强调共同主义，具有强烈的群体意识，正是这种群体意识，形成了法人（包括银行）在公司融资中的核心作用。这种融资体制有以下两个特点。

(1)金融机构融资为主，资产负债率高。日本和德国公司的资产负债率高，企业多以向金融机构融资为主，公司资产负债率一般在60%左右。这一特点是由两国的经济环境决定的。第二次世界大战结束后，由于两国受到重创，资金短缺，企业一时间无法获得发展壮大所需的大量资金，证券市场又不发达，民众也没有太多的资金投资，因此企业只能向银行等金融机构求助。日、德政府要在短期内恢复经济，在政策上也支持银行等金融机构向企业投资，从而逐渐形成了日、德企业资产负债率较高的局面。

(2)法人（含银行）股占据主导地位。第二次世界大战结束后，日本在解散财阀的过程中出现了财阀系大银行，其财力为持股奠定了资金基础，加之个人的贫穷，法人持股比重急剧上升。1964年，为阻止资本市场开放后外国公司对日本企业的吞并，日本政府推行资本自由化政策，开展"稳定股东活动"，从市场购进股份再出售给稳定的股东，从而大大促进了持股的法人化。至此，法人股份制成为日本占主导地位的企业制度。此后，法人持股开始进入缓慢上升阶段，至1990年法人持股达到72.7%。①

德国至少从俾斯麦（Otto von Bismarck）时代起，银行就是德国公司治理的核心。银行可以持有一家公司多少股份并无法律上的限制，只要其金额不超过银行资本15%就行。第二次世界大战结束后德国工业重建初期，银行成为企业资金的主要供应者，从提供贷款、认购风险资本到帮助发行股票、认购债券、提供流动资金，很快确立起其在德国金融体系中的核心地位。

2.法人核心作用的法律基础及与内部控制主导型公司治理模式的关联

日、德以法人为核心的融资体制与这两个国家的法律制度密切相关。

(1)日、德对金融机构的管制政策较为宽松。日、德金融机构在持有企业股权方面具有很大的自由度，这是日德模式产生的关键因素。1987年之前，日本反垄断法规定，商业银行可持有一家企业股份的上限为10%；1987年以后，这一比例下降为5%，但对超过5%的股票问题的处理设定了10年延缓期，这等于对银行没有限制。保险公司最多可持有一家公司10%的股份，而共同基金和养老基金在投资分散化方面则不受任何限制。德国在银行持股方面更无限制。根据德国实行的全能银行原则，银行可以提供从商

---

① 参见李维安：《公司治理学》，高等教育出版社2016年版，第292页。

业银行业务到投资银行业务的广泛服务，可以无限量地持有任何一家非金融企业的股份，德国银行的持股率平均为9%。[①] 德国反托拉斯法也没有对其作出任何限制。

(2)日、德对证券市场的限制过于严格。日、德两国传统上对非金融企业进行直接融资采取歧视性的法律监管。日本长期以来债券市场只对少数国有企业和电子行业开放，而且债券发行委员会通过一套详细的会计准则对企业债券的发行设置了严格的限制条件。在德国，企业发行商业股票和长期债券必须事先得到联邦经济部的批准，而批准的条件是发行企业的负债水平在一定的限度以下，发行申请必须得到某一银行的支持，企业发行股票要被征收1%的公司税。由于对企业直接融资的严格监管，使得日德证券市场与英美证券市场相比发展比较落后。

(3)日、德在信息披露方面规定不太严格。1989年，经济合作与发展组织(OECD)曾对各国跨国公司合并财务报表进行了一次调查，其中在经营结果披露方面，被调查的23家日本公司和19家德国公司中无一家完全符合要求。在内部转移定价披露方面，日本公司只有10%，德国公司仍然无一家完全符合要求。这表明，日、德在信息披露方面的规定不太严格，结果造成外部投资者得到内部信息的机会减少，增加了信息成本，影响了投资积极性，这对企业的直接融资行为起到了阻碍作用。

日、德法人持股的目的相对于个人而言更长远，更重视企业的长期发展和长远利益。法人股换手率低，流通性差，比例高，更易于对企业的经营管理产生影响和加以控制。相对于美、英等国的股东“用脚投票”方式，日、德企业股东更多地采用“用手投票”的方式来使企业的目标与投资者的目标相一致，从而形成了内部控制主导型的公司治理模式。

(二)内部控制主导型公司治理模式的特点

1.董事会与监事会分立

日、德企业多采用双层制董事会。在德国模式中，股东大会直接选举出监事会，监事会由非执行董事构成，行使监督职能；董事会由执行董事组成，行使执行职能；监事会决定董事会的人选和政策目标。股东大会、监事会和执行董事会分设，决策者与执行者相互独立，有利于发挥监事会对公司经营者的有效监督作用。在日本模式中，董事会和监事会均由股东大会选举产

---

① 参见李维安:《公司治理学》，高等教育出版社2016年版，第292页。

生，监事会独立于董事会而存在。董事会和高层经营人员组成的执行机构合二为一，决策者与执行人员合二为一。

2.企业与银行共同治理

与美、英等国企业融资结构特点相比，日本和德国企业的融资途径多是通过银行，债权比例相对股权较高。银行兼有债权人和股东双重身份，由此在银行和企业之间存在着一种特殊的关系——主银行关系。主银行关系的内容主要包括：企业选定一家银行作为主要往来银行，并把从该银行获得贷款作为资金来源的主要渠道；银行和企业之间相互持股，银行参与企业的治理；在企业发生危机时，银行提供救助，以至破产清算时作为牵头银行。通过相互持股为基础的主银行关系，形成了银行与企业共同治理的模式，同时也排斥了公司治理结构中股东的积极作用和市场对企业行为的正常监督。

3.公司之间交叉持股

在日、德等国的企业集团中，公司之间的交叉持股现象十分普遍。以日本为例，据日本商事法务研究会1990年的一项调查，在日本的实业法人中，存在相互持股关系的公司占92%，其中，相互持股率达到10%以上的公司占70.3%。[①] 交叉持股意味着可以持有自己的股份，这不仅可以增强其现有大额所有权的力量，还容易形成表决的互相制约。如果一方在另一方的股东大会上采取不合作态度，另一方也会在这一方的股东大会中进行抵制，这无疑会损害相互持股关系的信赖基础，因此，大企业股东一般都不随意干预持股公司的经营决策。然而，相互持股带来了企业的集团化和系列化，企业彼此间的依赖性较强，一家企业的失误可能给整个集团或系列带来不良后果，因此，任何一家企业的经营者都不允许关联企业的经营者在经营上玩忽职守，如果经营者出现大的失误，导致公司绩效恶化，或损害企业声誉，就会在企业内部或集团内被追究责任，甚至被撤职。

（三）内部控制主导型公司治理模式的有效性和缺陷

1.内部控制主导型公司治理模式的有效性

日、德内部控制主导型公司治理模式的典型特征是法人持股，其有效性也是基于这种法人持股，具体体现在以下三个方面：

(1)银行的监控作用得到较充分发挥。日、德公司的核心股东是商业银行，同时商业银行也是公司的主要放款人。作为股票持有人，银行具有一般

---

① 参见高明华：《公司治理：理论演进与实证分析》，经济科学出版社2001年版，第84～86页。

股东所缺乏的时间和精力，能够对公司生产经营活动进行有效的监督；作为公司的主要放款人，为了贷款的安全性和有效性，银行必然会积极地及时获取和掌握公司生产经营活动的有关信息，并对其贷款进行事前、事中和事后监督。

(2)公司的长远发展得到较高的保证。一方面，银行是一个安定股东，其进行的投资是长期投资，这就有效地制止了公司合并和收购事件的频繁发生。另一方面，法人相互持股形成了公司之间相互控制、相互依赖的协调关系。一旦有联系的某企业发生困难，则由集团内主要银行出面，予以资金融通，这从某种程度上避免了企业倒闭，对于整个集团的稳定经营和长期发展起到了极其重要的作用。

(3)交易效率比较高。法人相互持股的一个重要功能是把分散竞争的企业凝聚在一个企业集团内部，在集团内部，法人股权所有者不在于以股权控制和支配企业的经营活动，而是力图维持企业之间长期稳定的交易关系，扩大交易量，节约交易费用。

2.内部控制主导型公司治理模式的缺陷

内部控制主导型公司治理模式的一个显著特点是法人之间相互持股。近年来这种相互持股的制度不断受到指责，其危害主要有以下三个方面。

(1)违反股份公司原则。公司相互持股，容易导致资本金在形式上无限扩大，而实际上并没有筹到任何真正的资金，仅仅是一张交换股票的纸片甚至是账面游戏而已，这种做法违反资本充实原则。

(2)引发公司支配权的不公正占有。实际出资人的支配权地位丧失了，而没有出资的经营者却支配着公司，从而违反了权利与义务相一致的原则。

(3)股东大会“空壳化”。相互持股公司的经营者为维护自己的利益而相互支持，而不是相互监督，即出现股东大会的“空壳化”和形式化，其结果是带来“无责任经营”或“相互放任型”经营，形成彼此之间相互都不追究责任的制度。

三、家族控制主导型公司治理模式

家族控制主导型公司治理模式也称为“控制权与所有权合一的古典治理结构模式”，指企业控制权与所有权没有实现分离、企业与家族合一、企业的主要控制权在家族成员中配置的一种治理结构模式，因而也称其为“家族治理结构模式”。在这种治理结构模式下，企业的所有权主要控制在由血缘、姻亲为纽带组成的家族成员手中，主要经营控制权由家族成员把持，企业决策程序大多按家族议事程序进行。

(一)家族控制主导型公司治理模式的产生及现状

1.家族控制主导型公司治理模式的产生过程

这种公司治理模式以东南亚最为典型。东南亚各国家族企业产生于20世纪50年代之前,即东南亚各国处于西方列强殖民统治的时期。这一时期,移居东南亚的华人开始在外国资本的夹缝中创办企业,创业者既是企业的所有者又是企业的经营者,家族的其他成员则协助创业者经营和管理企业。第二次世界大战结束后,东南亚各国纷纷独立,华人家族企业通过购并、控股、参股形式,控制了过去为西方资本控制和垄断的行业。同时,独立后的东南亚国家采取了大力发展经济的战略,这也为华人家族企业提供了有利的发展机会。由于企业规模扩大,创业者开始对企业所有权在家族内部进行分割,从而形成了企业所有权在家族内部多元化的格局。20世纪80年代以来,东南亚华人家族企业经营的产业层次不断提高,上市公司数量不断增多,家族企业所有权出现了多元化格局,但家族成员仍然控制着企业的多数股权,企业主要经营管理权仍然掌握在家族成员手中。不过,来自家族外的高级经营管理专门人才开始大量进入企业,并掌握了部分高层管理职位。

2.家族控制主导型公司现状

在现代人的印象中,家族企业仿佛是一种落后的企业形式,一谈到家族治理模式,理论界往往首先将目光停留在东亚家族企业身上,但一个不容置疑的事实是,无论是发达国家还是发展中国家,家族企业都广泛存在着。在现代经济中,不论东方还是西方经济体中,家族公司都仍是最普遍的组织形式,世界范围内80%以上的企业归属于家族企业,其中既有著名的世界最大超级市场沃尔玛和投资界领袖富达投资公司,也有独守一隅的小杂货店。美国3/4以上的企业属于家族企业。即便是世界500强企业中,也有众多家族企业,沃尔玛、强生、福特、杜邦、柯达、通用电气、摩托罗拉、菲利普·莫里斯、迪斯尼等著名跨国公司均列其中。在欧洲,43%的企业是家族企业。[①]

(二)家族控制主导型公司治理模式的特点

1.所有权主要由家族控制

所有权集中于家族成员是家族企业的普遍现象。从股权结构看,股东绝大多数为私人股东,企业所有权较为集中,公司股票主要被少数私人家族

① 参见王彬:《论家族公司》,载《证券市场导报》2001年8月15日。

所持有，家族持股比例超过“临界控制权比率”。这种现象在小公司里比在大公司里更加明显，即使是大公司，所有权的集中程度也超过了60%。如菲律宾和印度尼西亚全部资本市场的1/6可以最终追溯到一个家族的控制，即苏哈托家族和阿亚拉斯家族；在中国香港地区，50%以上的上市公司由一个股东或家族持有公司的多数股份。[①]

2.企业主要经营管理权掌握在家族成员手中，企业决策家长化

由于受儒家伦理道德准则的影响，家族企业的决策被纳入了家族内部序列，企业的重大决策如创办新企业、人事任免、决定企业的接班人等都由作为企业创办人的家长一人作出，家族中其他成员作出的决策也必须得到家长的首肯。即使这些家长已经退居二线，由家族第二代成员作出重大决策时也必须征询家长的意见或征得其首肯。当家族企业的领导权传递给第二代或第三代后，前一代家长的决策权威也同时赋予第二代或第三代接班人，由他们作出的决策其他家族成员一般也必须服从或遵从。

3.经营者激励约束双重化

家族企业中经营者受到了来自家族利益和亲情的双重激励和约束。对于第一代创业者而言，其经营行为往往是为了光宗耀祖或使自己的家庭更好地生活，以及为自己的子孙后代留下一份产业。对于家族继任者来说，发扬光大父辈留下的事业、实现家族资产的保值增值、维持家族成员的亲情，是对他们的经营行为进行激励和约束的主要机制。

4.企业员工管理家庭化

儒家的“和谐”和“仁者爱人”思想不仅用于家族成员的团结上，还被应用于对员工的管理上，以此在企业中创造和培育一种家庭式的氛围，使员工产生一种归属感和成就感。如韩国的家族企业都为员工提供各种福利设施，如宿舍、食堂、通勤班车、医院、浴池、托儿所、员工进修条件等。对员工的这种家庭式管理，不仅增强了员工对企业的忠诚感，提高了企业经营管理者和员工之间的亲和力和凝聚力，而且还减少和削弱了员工和企业间的摩擦和矛盾，保证了企业的顺利发展。

（三）家族控制主导型公司治理模式的有效性和缺陷

1.家族控制主导型公司治理模式的有效性

家族控制主导型公司治理模式产生于特定的历史条件，又立足于深厚

---

① 参见李维安：《公司治理学》，高等教育出版社2016年版，第296页。

的文化土壤,因此有其发展的必然性,这种必然性也即其有效性所在。

(1)对企业内部控制的作用。从企业内部控制角度看,家族控制模式的有效性表现在三个方面:一是家族和企业合一的特征,使得家族成员把企业资产视为家族财产,企业凝聚力强;二是由于家族伦理道德规范的制约,使得家族企业能够像家庭一样存在并保持较高的稳定性;三是家长决策制在一定程度上节约了决策时间,保证了决策过程的迅速。

(2)对企业成长和发展的作用。家族企业都是在资金数额较少情况下建立起来的。经过几十年的发展,许多家族企业已经成为资产规模达几十亿甚至几百亿美元的世界性大企业。而且许多家族企业实现了从单一经营向多元化经营、从国内企业向国际企业的转变。家族企业的成长和发展虽然是许多因素共同促进的结果,但家族治理模式在其中起了主要作用。

(3)对国家经济发展的作用。建立在家族治理模式基础上的各国家族企业,对各国经济发展起了重要的推动作用。例如韩国,20 世纪 70 年代以来,家族大企业的销售额一直占全国销售额的 70%左右,进出口额占工商企业进出口额的 90%以上。再如泰国,1986 年,商业、运输、金融、旅游、建筑等行业的生产总值达 4408 亿泰铢,占其国内生产总值的 40.9%,而这些行业中的 70%属于华人家族企业经营。①

2.家族控制主导型治理模式的缺陷

家族控制主导型公司治理模式的缺陷主要表现在三个方面。

(1)任人唯亲的风险。家族治理模式所具有的企业凝聚力强、稳定程度高和决策迅速等优点是以参与管理的家族成员具有相应的管理才能为条件的,如果不具备这些条件,则家族企业的上述优势不仅发挥不出来,还会给企业带来经营上的失败,甚至导致企业破产倒闭。

(2)家族继承的风险。一些家族企业在领导人换代时,由于承接领导权的人选得不到家族成员的拥护而容易导致企业分裂甚至解体。例如,20 世纪 80 年代中期,泰国暹罗集团创业者陈龙坚把家族事业交由其女陈锦吟管理后,由于家族其他成员不满其所为,合力策动"宫廷政变",把陈锦吟排挤出董事局,结果导致陈锦吟和其丈夫的 KTN 集团分离出去,削弱了暹罗集团的力量。还有一些家族企业的继承人由于对企业环境、自己的经营经验和管理能力缺乏正确的认识,采取急功近利的攻击型经营,也容易导致企业破产。

① 参见李维安:《公司治理学》,高等教育出版社 2016 年版,第 298 页。

(3)家族企业社会化、公开化程度低。家族企业(尤其是东南亚华人家族企业)由于受到政府的一些限制,其企业的社会化和公开化程度较低,企业运营只能通过高负债来维持。在东南亚,华人家族企业的负债一般都超过了企业的资产。而在韩国,家族企业的负债率更高,一般企业的负债率都达百分之几百,有的甚至超过百分之一千。当银行拒绝融资时,企业会马上陷入困境,甚至破产倒闭。

四、公司治理模式的趋同化

1.经济合作与发展组织(OECD)准则正逐渐成为公司治理的国际标准

顺应全球化公司治理运动,1999 年 5 月,OECD 的 29 个成员国部长通过了《OECD 公司治理原则》,这是公司治理领域第一个多国的工具,其最重要的目的是建立一个全球的治理话语,借此反映公司治理功能上的趋同。《OECD 公司治理原则》出台之后逐渐为各国所接受,成为公司治理的国际标准,同时也是各国、各地区公司治理原则的范本,一些国际组织也相继运用 OECD 公司治理原则衡量公司治理绩效。进入 21 世纪,公司治理领域出现了一些新情况、新发展,尤为突出的是接连出现了一些骇人听闻的大公司丑闻事件,如美国安然与世界通信造假案件、日本雪印食品舞弊案件等,从而再一次引发了人们对公司治理问题的反思。在这种情况下,2002 年 OECD 部长级会议一致同意对 OECD 国家的最新发展进行重新考察,以便根据最新的公司治理发展状况对《OECD 公司治理原则》进行审查。2004 年 4 月,OECD 结合公司治理领域的最新发展情况,立足于宣扬公司治理的理念,公布了最新的《OECD 公司治理原则》。

2.机构投资者作用加强,相对控股模式出现

不论是以英、美为代表的外部控制主导型模式,还是以日、德为代表的内部控制主导型模式,都存在一个相同的负面后果,即因缺乏监督而产生“经营者控制”问题。

基于“经营者控制”的严峻现实,两种治理模式开始向中间靠拢,即从高度分散和高度集中向中间靠拢,谋求一种相对控股模式。这种模式被认为是最有利于在公司经营不利的情况下更换经理人员的一种股权结构。

具体的做法是通过改变机构投资者持股比重并激励其参与公司治理来实现这一模式。在美、英等国,传统的机构投资者与其投资的公司保持较为疏远的关系,但近年来越来越多的机构投资者(特别是养老基金)发现参与

"关系投资"有助于提高自己的投资组合价值。而且由于机构投资者持有股份很多,使得它们难以在短期内找到足以买进这些股份的买主。加之抛售巨额股票会引起股市大跌,机构投资者自身也会蒙受很大损失,这就在客观上迫使机构投资者长期持有股票,并借助投票机制直接参与公司治理,以保证其权益不受损害。

企业也意识到加强与机构投资者的联系和沟通的重要性,这样可以保持公司经营的透明度,增强公司在资本市场上的良好形象。英国投资者关系协会对英国200多家大型企业高层经理的调查表明,72%的人都认为他们比三年前更重视企业与投资者的关系。①

3.财务报告准则趋同

随着跨公司、跨国界投资组合及资本市场的一体化发展,以及投资者对于标准化财务报表的呼吁,国际财务报告准则(IFRS)和美国会计准则(GAAP)逐渐为世界各国所接受,而美国的GAAP会计准则也已开始向国际财务报告准则过渡。

其实,这种趋同早在十几年前甚至更早一些时候便已出现。长期以来,一些公司不断在国际资本市场上寻求融资机会,因此它们不得不采纳IFRS或美国GAAP会计准则编制其财务报告。

为了满足本国公司利用国际资本市场的需要,一些OECD成员国进行了相应的改革,允许国内公司使用IFRS或GAAP。目前,世界上绝大多数国家和地区,包括欧盟、加拿大、日本和中国的一些公司都已采用IFRS。在全球资本市场趋于一体化的情况下,采用共同的财务准则将大大降低公司的会计成本,提高公司运营绩效。

4.利益相关者日益受到重视

公司治理的利益相关者理论认为,公司存在的目的不是单一地为股东提供回报,公司应当承担社会责任,应以社会财富的最大化为目标。这种观点在20世纪60年代至80年代初逐渐被消费者主权的倡导者、环境保护主义者和社会活动家等接受,并于80年代为部分公司经理人员用来支持其反接管政策。

虽然目前投资界对投资的社会责任还没有达到普遍关注的程度,但在最近几年,OECD国家对投资的社会责任越来越重视却是一个趋势。消费

① 参见李维安:《公司治理学》,高等教育出版社2016年版,第300页。

者和公司员工已经开始认识到，公司不仅应该遵守法律，也应该有助于提高整个社会的福利。世界上一些著名的基金组织、评估机构和投资管理公司都已经或正在将投资的社会责任纳入自己的决策中。

5.法律的趋同

各国与公司治理相关的立法在近几年里也出现了明显的趋同。例如，德国立法已经将决策过程的控制权倾向于股东，提高账目的透明度，尤其是合并账目。在法国，1997 年马里尼(Marini)公司法改革报告认可了法国公司法“契约”的必要性，赋予企业更多的制定财务结构的自由。在意大利，1997 年德拉吉(Draghi)法大大地增加了股东的权利。在日本，1996 年制定了彻底改革现行金融体系的计划，实行股票交易手续费完全自由化，取消了有价证券的交易税，废除了对养老基金、保险公司及投资信托业务等资产运用的限制。

另外，英、美等国也变得更加容忍“关系型”投资者，比较突出的表现是其开始重视银行持股的作用。自从 20 世纪 80 年代以来，英、美开始逐渐放松对银行的限制，1997 年又取消了银行、证券、保险业的经营限制，使银行的能量得到进一步的释放，完善了银行持股的监管机制。1986 年，英国伦敦证券交易所实施了重大改革，允许商业银行直接参与证券业务。这次改革被称为伦敦金融城“大爆炸”。1997 年，英国又对金融体系进行了全面改革，撤销了英格兰银行监督商业银行的职责。

【延伸阅读之一】

新闻集团的公司治理状况

在集团层面上，新闻集团的董事会由 6 名执行董事(包括董事会主席)和 9 名非执行董事组成，非执行董事的存在可以保证公司管理的独立性和客观性。公司章程规定，董事会有权任命管理董事，有权选择一位主席主持董事会会议。表示如下：

董事会下设董事推荐委员会、薪酬委员会、期权分配委员会和审计监察委员会，还建立了一个内部控制的整体框架和一套处理商务风险的管理程序，并制定了相应的道德和伦理标准。

董事推荐委员会的主要职责包括:

(1)确保董事会至少有五名成员。

(2)至少有二名董事会成员是澳大利亚人。

(3)董事会成员需要具备专业素质,并有管理经验。

在任何时候,如果董事会的组成不能满足上述条件,董事推荐委员会必须向董事会推荐新的董事候选人,由董事会投票任命。以这种方式进入董事会的董事如果想继续在董事会中担任董事,就必须在下一个年度的股东大会上被重新选举任命。董事推荐委员会还可以要求任何一位不能很好履行职责的董事退休。

薪酬委员会的设立是为了向董事会提供有关首席执行官的薪酬标准的评估和建议,同时向首席执行官提供其他高级管理者的薪酬的有关建议和咨询。

期权分配委员会的职责主要是决定谁应该被授予期权奖励以及应该被授予多少,以促进和完善公司的期权分配计划。

审计监察委员会由四位非执行董事组成。审计监察委员会按照经过批准的章程开展工作,每年至少要召集公司内部和外部的审计监察人员开两次会议。这些会议的内容有:评价公司的财政报告,和外部审计讨论适用于财政报告中的财务政策的质量的评论,评价外部审计的佣金和业绩,评价公司内部的年度计划、内部年度审计计划以及内部审计工作的结果等。审计监察委员会邀请公司的高级管理人员,包括首席财务官和公司的顾问参加审计监察委员会的会议。

内部控制和风险管理按照公司章程,授权给一个内部审计小组,它的任务是对公司的风险、全球运作的效率、内部管理和财务状况提供一个独立的评估。

内部审计小组的报告递交审计监察委员会,并和审计监察委员会一年至少开会两次,检查年度的内部审计计划和它的运行结果。内部审计小组和外部审计小组的工作是分开的,但为了使审计服务在公司的投资中起到最有效的作用,两者的相互合作是必不可少的。

道德和伦理标准在1996年2月27日的董事会议上提出,董事会批准了《商业行为的道德标准》。这个标准确定了引导员工遵从所有合适的规章制度和遵守最高的商业道德准则的公司策略,意图让所有公司、分公司和附属公司的董事、运营官和员工遵守这个准则的精神实质和具体条款,老员工要向每一个新的员工传达。标准主要应用在下面的领域:公司资产和信息(公司资金和财产、公司记录和账目、机密和专有信息、内部贸易、法律辩护),利益冲突,处理另外的一些关系(政府官员、商业往来、禁付款项),平等的机会和非法骚扰,工作场所和环境保护的安全,与竞争对手和另外一些商业活动的关系。

执行委员会的首要任务是使公司运行良好并取得效益。执行委员会也可以在战略目标、品牌管理、公司交流、人力资源和风险管理上向董事会提出建议。执行委员会履行的任务是:讨论主要的运作问题,评估商业机会和风险,考虑公司优先业务的发展,检查和实施公司的战略重点和所有主要的业务目标。

新闻集团是少有的家族经营集团。新闻集团核心领导人是澳大利亚人鲁伯特·默多克。默多克现任英国新闻集团董事会主席兼首席执行官。目前长子拉克伦被任命为澳大利亚分公司总裁,次子詹姆斯接手默多克最为看重的卫星电视业务,是新闻集团中国总裁。当前,新闻集团的执行委员会有 21 人,分别掌管着公司各个重要的业务部门和各个子公司。

(资料来源:喻国明、张小争《传媒竞争力——产业价值链案例与模式》,华夏出版社 2005 年版;刘景枝《新闻集团传媒产业价值链研究》,中国社会科学出版社 2017 年版)

【延伸阅读之二】

万科股权之争

万科企业股份有限公司简称“万科”,是中国最大的房地产企业之一。万科是一家“股权分散”的公司,前第一大股东华润(央企)持股比例长期偏低,持股比例为 14.89%(经过增持最后占 15.31%),公司管理层也没有控股权。但就是这样一家公司,在以王石为代表的经营团队带领下,创造出全国首个年销售额超千亿的房地产公司佳绩。可是优质的资产、较低的股价再加“股权分散”让万科深陷股权之争——宝能系与万科之争。

宝能系是指以宝能集团(民营企业)为中心的资本集团,下辖宝能地产、前海人寿、钜盛华等多家子公司,民营企业家姚振华是宝能集团唯一的股东。宝能系看到万科股价偏低,升值潜力大,在2015年1月至2016年7月,经股票市场合计收购万科25%的股份,成为万科第一大股东。

而万科董事会主席王石和总裁郁亮认为宝能系信用不够、风险大,是恶意收购,拒绝接受宝能系成为第一大股东。万科管理层为对抗宝能系欲与深圳地铁集团(地方国企)进行股份置换,稀释宝能系股权,但遭到第一大股东宝能系与第二大股东华润的反对,很快宣布资产重组终止。

2016年6月26日,宝能系提请罢免包括王石、郁亮等万科全部董事,但遭到第二大股东华润并联合其他股东的反对,宝能系罢免经营管理层的目的落空。

2016年8月4日,许家印的恒大集团入股万科,共持有14.07%万科股权。

2017年1月12日,股东华润股份将其合计持有的15.31%万科股份转让给深圳地铁集团。随后恒大也发布公告,转让14.07%万科股权给深圳地铁,自此深圳地铁合计持股29%,一跃成为无法撼动的第一大股东。

2017年6月30日下午,万科举行了股东大会,改选董事会。第一大股东深圳地铁提名的11人均当选(没有王石),组成新一届董事会,二股东宝能系书面同意深铁提出的董事会换届方案。在股东大会结束后进行的董事会会议中,郁亮当选万科董事会主席,王石退出万科经营管理层。

(资料来源:作者根据公开资料整理)

【本章主要参考文献】

1.李维安:《公司治理学》,高等教育出版社2016年版。

2.李云峰:《公司控制权依存状态及其治理机制研究》,上海财经大学出版社2006年版。

3.李维安、郝臣、崔光耀、郑敏娜、孟乾坤:《公司治理研究40年:脉络与展望》,载《外国经济与管理》2019年第12期。

第三章　战略管理:文化企业经营方向的把握

第一节　企业战略管理概述

一、企业战略管理的由来

战略管理是企业经营管理实践的产物。作为现代管理学科的一个新的分支,企业战略管理已经成为管理学教学中不可或缺的环节,并在企业管理实践中占据重要位置。

第二次世界大战后,经过短暂的战后恢复时期和企业生产资源的重新配置与调整,以美国为代表的西方企业的外部环境发生了很大变化,企业面临着新的、更为严峻的挑战。这些变化的特点主要有:

1.需求结构发生变化。基本消费品的需求已经呈现饱和趋势,人们对生活"数量"的需要已经转向对生活"质量"的需要,多样化开始成为社会需求的主导。

2.科学技术水平不断提高。二战中研究与开发的许多技术,一方面使许多行业的产品陈旧过时,另一方面又使主要以技术为基础的新行业应运而生。由于技术革新的加快以及产品周期的缩短,"创造需要"性的新产品、新工艺不断涌现,增加了企业的技术密集度,同时,也加剧了企业间的竞争。

3.全球性竞争日益激烈。随着产品出口数量和范围不断扩展,资本输出尤其是到国外投资办厂日益成为潮流,跨国公司的数量和规模都达到了一个新的水平。这就使争夺国际资源、国际市场的竞争日趋激烈。

4.对企业、社会、消费者提高了要求,政府加强了限制。战后,企业一味强调获利而不择手段,如垄断行为,消费者操纵,夸张和欺骗性广告,售后服务质量低劣,产品不安全、不可靠,环境污染等。这一切必然给社会带来消极影响,引起社会不满,从而对企业提出了高要求,政府出台了许多对行业、企业的管制或限制政策。这些变化迫使企业管理人员突破传统的管理理念,寻求新的管理技术和管理方法。

"长期规划"得以在企业中普遍运用,并作为最基本的管理技术一直持续到 20 世纪 60 年代中期。这种方法是根据历史情况,通过趋势外推法对企业未来环境的变化作出预测,以此制定出长期计划以应对变化。一般是在年度计划的基础上编制五年期的长期规划。在长期规划时代,企业的主要活动集中于通过合并而实行企业经营多样化的计划与组织、跨国经营、前向一体化发展、产品—市场的革新等战略措施方面。这一时期形成的长期规划理论成为战略管理理论的雏形。

一般认为,"企业战略管理"一词最早出现在安索夫(H.I.Ansoff)1976年出版的著作《从战略规划到战略管理》之中。安索夫在该书中指出,企业的战略管理是指将企业的日常业务决策同长期计划决策相结合而形成的一系列经营管理业务。其实,西方发达国家对企业战略的应用与研究随着第二次世界大战的结束就开始了,只不过系统的研究直到 20 世纪 60 年代才出现,并在 70 年代末一度形成对战略研究与应用的"战略热"。80 年代,由于企业战略理论不能圆满回答企业战略实践提出的一些基本问题,战略成功实施的概率也不能令人满意,战略管理普遍被企业冷落。进入 21 世纪,企业的外部环境和内部运行方式都在发生急剧变化,战略问题再次突显出来,企业战略管理再次受到人们的关注。

从实践的历程来看,企业战略起源于企业计划,企业战略管理脱胎于企业长期规划,期间还经历了一个短暂的战略规划过渡时期。

二、企业战略的概念及特点

(一)企业战略的概念

"战略"一词是从军事术语演变而来的,原意是指"对战争全面的谋划"。长期以来,"战略"这个概念被理解为对竞争或冲突的一种答复。只有出现了直接或间接的竞争对手时,才需要制定战略并实施它,以战胜对手或克制对手的威胁。后来,又考虑到环境复杂多变的特征,"战略"的含义扩大了,相当于可以对付或至少可以防范不确定未来的一系列决策和行动的总称。

所谓企业战略，是企业在预测和把握环境变化的基础上作出的有关企业发展方向和经营结构变革的长远和全局利益的综合谋划，其目的不在于维持企业的现状，而要创造企业的未来。

企业发展方向是指由企业未来宗旨（或使命）所决定的产品结构和目标市场的发展方向，也称为企业未来的经营范围或经营领域。经营结构是指由企业宗旨和经营领域所决定的软结构和硬结构的有机总和。所谓软结构是指企业的价值观念、经营思想、企业文化和公共关系等，所谓硬结构是指企业的资源结构、生产技术结构和组织结构等。经营结构实质上反映了企业在一定的价值观念和经营思想的指导下，围绕所从事的经营领域所采取的资源配置状况。

所以，企业战略也可以理解为：企业根据环境和竞争形势变化，作出的关于企业未来所要从事的经营领域以及投入这些经营领域的方式和深度的决策和行动的总称。

对于企业战略的理解也有广义与狭义之分。战略概念的广义论者认为，企业战略应包括企业目标及目标确定过程和为实现这些目标而采取的手段，并且认为战略本身不存在构成要素。而狭义论者认为，战略只包括为实现目标而采取的手段，并且认为战略是由一定的要素构成的。

（二）企业战略的构成要素

1.宗旨和目标

宗旨是企业对自身存在的目的或使命、信条和经营哲学的陈述。目标是指企业在战略期内实现宗旨的程度或水平。

2.经营范围

经营范围是指企业从事生产经营活动的领域。它反映出企业目标与其外部环境相互作用的程度，也可以反映出企业计划与外部环境发生作用的要求。有的人认为，确定一个企业的经营范围，应该以那些与企业最密切相关的环境为准。因此，对于大多数企业来说，它们应该根据自己所处的行业、自己的产品和市场来确定经营范围。也就是说，只有产品与市场相结合，才能真正形成企业的经营业务。确定或描述企业的经营范围一般有三种方式：

（1）从产品角度来看。企业可以按照自己产品系列的特点来确定经营范围，还可以根据产品系列内含的技术来确定自己的经营范围。

(2)从进入市场的角度来描述。企业可以根据自己市场来描述经营范围。这种描述可以有两个切入点:一个是企业的使命,另一个是企业的顾客。

(3)从生产的产品和进入的市场相结合的角度描述。

3.资源配置

资源配置是指企业根据战略期从事的经营领域和确定的竞争优势所要求的资源在质和量上的分配。资源配置的好坏极大地影响企业实现自己目标的程度。因此,资源配置又称为"企业的特殊能力"。

企业资源是企业现实生产经营活动的支持点,企业只有以其他企业不能模仿的方式,取得并运用适当的资源,形成自己的特殊技能,才能很好地开展生产经营活动。美国学者霍弗于 1973 年对企业面临的战略挑战和应战问题进行研究后发现,当企业面临重大的战略挑战时,大多数获得成功的企业会有三种反应:第一种是在经营范围和资源配置上都发生了变化,第二种仅仅是企业的资源配置模式发生了变化,第三种仅仅是企业的经营范围发生了变化。而那些在重大战略挑战面前没有获得成功的企业,一般不会发生上述的反应。这说明,当企业针对外部环境的变化考虑采取相应的战略行动时,一般都要对已有的资源配置模式进行或大或小的调整,以支持企业总体的战略行为。

4.竞争优势

竞争优势是指企业通过其资源配置的模式与经营范围的决策,在市场上所形成的与竞争对手不同的竞争地位。竞争优势既可以来自企业在产品和市场上的地位,也可以来自企业对特殊资源的正确运用。

5.协同效应

协同效应是指企业各经营领域之间联合作用而产生的整体效果大于各自单独经营时的效果之和的效应,即整体大于部分之和的效应。一般地讲,企业协同效应表现为以下四种:

(1)投资协同效应。这种效应产生于企业内各经营单位联合利用企业的设备、共同的原材料储备、共同研究开发的新产品,以及分享企业专用的工具和专有技术等。

(2)作业协同效应。这种效应产生于充分利用已有的人员和设备,共享由经验造成的优势等。

(3)销售协同效应。这种效应产生于企业的产品使用共同的销售渠道、销售机构和推销手段。由此，企业可少花些促销费用，获得较大的收益。

(4)管理协同效应。如不同类型的行业在管理上会遇到不同的战略、组织和作业的问题，当企业的经营领域扩大到新的行业时，如果在管理上遇到过去曾处理过的类似问题时，企业管理人员就可以利用在原行业中积累起来的管理经验，有效地指导和解决这些问题。这种不同的经营单位分享以往管理经验的特性就是管理协同效应。

这里需指出的是：协同效应既可是正效应，也可以是负效应。如当一个企业进入新的行业进行多种经营时，由于新行业的环境条件与过去经营环境截然不同，以往的管理经验发挥不了作用，在这种情况下，管理协同效应就是负效应。

(二)企业战略的特点

1.质变性。企业战略是企业战略管理者在把握外部环境本质或根本性变化的基础上作出的方向性决策。它不是企业对外部环境非本质性变化的应急反应，也不是以各种经济指标或财务数据为基础的逻辑推理的产物，而是对企业经营活动具有质变性的决策，其目的不是维持企业的现状，而是要创造企业的未来。

2.全局性。企业战略是对企业各项经营活动的整体规划。它不是各项经营活动的简单汇总，而是在综合平衡的基础上确定优先发展项目、权衡风险大小并突现企业整体结构和效益的优化。因而全面规划观点是企业战略的基本特征。

3.方向性。企业战略规定着企业未来一定时期内的基本方向，企业短期的经营活动都应在这一基本方向的指导下进行，并对战略的实施提供保证。企业战略不是对经营或外部环境短期波动作出的反应，也不是对日常短期经营状况，如销售量、劳工波动、每周产量或竞争者的价格等所作出的反应。

4.竞争性。企业战略的核心内容之一就是要变革自身的经营结构，形成差别优势，以奠定未来竞争的基础。同时，企业战略不仅具有主动适应未来环境变化的功能，还具有改造未来环境的功能。企业在这方面的能力愈强，未来竞争力就愈强。从这个意义上讲，战略还具有创造性和革新性。

5.稳定性。依照科学程序制定的企业战略一般不便轻易调整，对于战略实施过程中出现的多种不确定因素，一般只能通过调整具体的战术或策略来解决。

由战略的概念和特点可知，这种能使企业适应和改造未来环境、决定企业将来前进方向的决策是企业最高决策，也是企业最高管理者的基本任务。

第二节　文化企业战略环境分析

战略管理的基本思路是：企业高层管理人员要根据企业的使命和目标，分析企业经营外部环境，确定存在的经营机会和威胁，评估自身的内部条件，认清企业经营的优势和劣势。在此基础上，企业要制定用以完成使命、达到目标的战略计划。根据战略计划，并通过计划、预算和实施等形式实现既定的战略。在执行战略的过程中，企业管理人员还要对战略的实施成果和效益进行评价，同时，将战略实施中的各种信息及时反馈到战略管理系统中来，确保对企业整体经营活动的有效控制，并且根据变化的情况修订原有的战略，或者制定新的战略，开始新的战略管理过程。因此，战略管理是一种循环复始、不断发展的全过程总体性管理。

制定企业战略首先要研究企业战略环境，明确战略制定的前提。

企业战略环境研究是在企业外部环境研究和企业内部条件分析的基础上对企业战略形势预测，它既是企业制定战略的前提，也是实施战略的一种环境条件假设。企业战略环境研究的结果是预测和明确企业的机会和威胁、优势和劣势，它们是企业进行战略管理的基本依据。因此，企业战略环境研究水平直接决定着企业战略管理水平。

一、宏观环境

宏观环境分析是一个企业制定战略的首要任务，在制定战略时必须对其所处的宏观环境进行详尽和确切的分析。由于文化产业的特殊性，其对宏观环境比其他行业更加依赖。

企业宏观环境也称一般环境、总体环境，是指那些造成市场机会或环境威胁的主要社会力量。它们直接或间接地影响企业经营。其中主要因素有：

（一）政治和法律环境

政治和法律环境是指那些制约和影响企业的政治要素和法律系统及其运行状态、变动情况。

企业的政治环境，包括国家的政治制度、经济体制、政治形势、方针政策、政治团体等因素。这些因素对企业的生产经营活动具有控制和调节的作用。

就文化产业而言，由于我国政府的大力倡导和这些年文化体制改革，使我国文化产业发展进入一个新阶段，国家关于文化产业的政策正在逐步完善，有意识地提高了文化产业市场化进度，文化企业发展的机遇期真正到来。

但另一方面，虽然国家已逐步放开政策管制，由于行政壁垒和文化资源的垄断性，仍使外资文化企业以及民营文化企业难以获得平等条件。文化资源的不可复制性也在一定程度上形成了文化行业的进入壁垒，造就了文化企业的垄断态势。同时，行政壁垒与文化资源的垄断性，特别是文化行政管理上的条块分割，也让文化企业资源整合面临较大困难，资本的自由流通存在制约因素。

企业的法律环境，包括国家制定的法律、法规、法令及国家的执法机构等因素。这些因素对企业的生产经营活动形成约束，同时也保护企业的合法权益和合理竞争，促进公平交易，保护消费者的合法权益等。对文化企业来说，完善的市场法律环境包括：(1)有关市场主体的法律，如公司法、银行法、劳动法等；(2)有关市场秩序的法律，如反不正当竞争法、票据法、证券法等；(3)有关宏观经济调控的法律，如预算法、税法、知识产权法等；(4)有关社会保障的法律，如社会保障法、最低工资法等。光有完善的立法还不够，还必须有严格的司法。做到有法可依，执法必严，违法必究，在此基础上建立了现代企业制度的文化企业才能发展起来。

(二)经济环境

经济环境是指构成企业生存和发展的社会经济状况及国家的经济政策，包括社会经济结构、经济体制、宏观经济政策等要素。

从社会经济结构看我国正处在工业化加速发展时期，第二产业在国民经济总量中占据主要地位。但同时我国的工业化过程又是在信息化环境中进行的，以信息化促进工业化的发展成为必然选择。近几年我国政府正下大力气调整经济增长方式，强调创新对经济发展的驱动作用，大力发展第三产业，特别是包括文化产业在内的现代服务业。

在经济体制上，随着社会主义市场经济的不断深化和完善，我国的文化管理和文化发展也越来越注意借助市场手段。

宏观经济政策主要包括国家的财政政策、货币政策及税收政策等。从经济政策到金融政策,都向文化产业倾斜。

中国经济的发展已经为全世界瞩目。从2001年开始,GDP保持着8%以上的年增长率。目前中国的经济总量已经超过日本,成为第二大经济体。2008年的金融危机袭来,中国政府底气十足,豪掷四万亿投资以刺激经济增长,从而使中国经济迅速触底成"V"形反转,在世界各国中率先走出低谷,这又让中国国力迅速增强,从而进一步刺激和推动经济发展。

从2010统计数据看,我国直辖市人均GDP已经超过1万美元,东中部地区在3000至六七千美元不等,只有极少数西部欠发达地区在3000美元以下。根据世界银行的测算标准,我国大部分地区进入中等发达国家。有专家认为当人均GDP接近或高出5000美元时,对文化消费的需求会有一个大的增长。

(三)科技环境

科技环境指企业所处的环境中科技要素及与该要素直接相关的各种社会现象的集合,包括国家科技体制、科技政策、科技水平和科技发展趋势等。技术创新能为企业提供特殊的竞争优势;而不注重技术创新会跟不上环境变化,这样的企业,甚至生存的希望也没有。

近二十年来,以信息技术为主导的产业革命,已经深刻地影响着世界。以互联网和移动通信为媒介的新兴传播途径的出现,使社会生产、生活方式急剧变化,并且成为推动文化产业各行业产业升级与形态变化的动力。数字化所带来的文化内容生产变革,使产业内不同媒介的界限越来越模糊。它可以以数字化的文字、图片、声音、视频为载体,打破介质的区别,传递给大众一种全媒体的信息产品。随着互联网和移动通信技术的日益成熟和应用,网络电视、手机电视、移动电视的出现给传统媒体带来很大的机遇和挑战。中国传媒大学的一项研究表明,传统媒体曾在国内广告市场中占据超过80%的份额,但至2004年,它们合计只占45%。传统媒体的广告市场已经被以网络为代表的新兴媒体以每年高于50%的增速瓜分。新兴媒体的前景十分广阔,有可能最终取代传统媒体成为人们获取娱乐和信息的主流。2003年年底,国家广电总局颁布《关于促进广播影视产业发展的意见》,要求各地广电机构积极利用数字技术和网络技术,大力发展广播影视产业未来发展具有重要意义的高新产业,诸如卫星直播、手机电视、移动电视等。新媒体给传统媒体带来巨大的发展机遇,同时也带来了前所未有的挑战。因此,文化企业必须对数字化信息技术保持有足够的关注度,使企业的发展站立在技术的最高端，保持强劲的竞争力，处于不败之地。

（四）社会文化环境

社会文化环境指企业所处的社会结构、社会风俗和习惯、信仰和价值观念、行为规范、生活方式、文化传统、人口规模与地理分布等因素的形成和变动。企业是否能保持长期的增长和发展，很大程度上取决于它是否注意到以上因素变化对其产品、服务、市场、顾客以及所应履行社会责任的影响。

随着中国社会的发展，目前我国的人口呈现出以下四个特征：第一，人口数量庞大，人口众多；第二，中产阶层的规模正在逐步壮大中；第三，城市人口的比重急速增加；第四，受过高等教育的人在总人口中的比重越来越大。这些为文化产业发展提供了广阔的市场。

随着中国经济的迅速崛起，居民收入和生活水平的提高，文化需求和消费必然有质的变化。随着对外开放的逐渐深入，国外及港台地区的文化产品大量涌入，价值观也进入多元化的时期，使文化需求呈现出多元化发展的态势。文化产业市场将出现以下变化：

其一，文化需求总量出现较大增长。无论是图书、报刊，还是音乐、演艺，数量都在增大，质量要求也越来越高了。有线电视动辄几十个频道，综合性日报动辄 80 多个版。

其二，文化需求量在广度、深度、专业化、影响力等方面提出了更高要求。(1)信息的广度需求方面。伴随着百度、Google 等搜索引擎巨头的兴起，证明了受众对信息的广度需求逐渐增加。读者已不满足于门户网站所提供的信息，因此需要收集到更有价值、更加广泛、更无边界的信息。(2)信息的深度需求方面。读者希望看到公信力强、评论有深度的报道。(3)信息的专业化方面。对财经、政治新闻等信息依赖性日益增强。(4)对信息的影响力方面。舆论监督越来越有效，越来越得到读者的关注与认可。

其三，文化需求的形式更加多样化，产品制作更加科技化与现代化。以音乐为例，储存音乐的媒介就经历了磁带、CD、DVD 等多种阶段，容量更大体积更小，制作更加精良。

其四，文化交流的要求更多了，程度也日益加深。随着中国加入 WTO，有了更多的国际交流。同时，中国文化也在不断走向世界。每年的文化产业博览会，都吸引着众多的参展商与采购商前来进行交流、洽谈甚至是签下订单。

其五，就发展方向而言，文化行业的大发展与繁荣进一步促进文化产业的聚合与全媒体形态的传播。而且,随着中国国力的增强,中国必将进一步要求在国际上掌握充分的话语权,为传媒集团走向国际化奠定了基础。由此可以看出,中国社会的快速发展为文化产业发展提供了巨大的空间。

(五)自然环境

自然环境是指企业所处的自然资源与生态环境,包括土地、森林、河流、海洋、生物、矿产、能源、环境保护、生态平衡等方面的发展变化。

应该指出,自然资源对文化产业的影响也是巨大的。事实证明,文化产业与高技术产业一样,在气候环境、生态环境优良的区域更适宜创造性人才的聚集与发展。

二、行业环境

行业环境是指影响企业经营领域的行业因素和市场环境因素。

企业行业环境研究的主要任务是:其一,弄清行业中成功的关键因素和行为特征;其二,确定行业面临或将要面临的机会和威胁,并确定行业吸引力;其三,弄清竞争对手的实力及其战略变化可能给企业带来的机会和威胁。

(一)企业行业环境的主要内容

1.产业要素

产业要素又称"产业结构要素",包括产业中主要竞争对手的关联程度、产业的平均产能利用率、有关新产品或替代产品的出现对产业的影响、进入该产业的障碍、产业中供应商的数量和集中程度、产业中消费者的基本特性等。

2.用户需求及市场变化要素

用户需求及市场变化要素包括:用户对本企业现有产品的要求,企业是否经过市场调查切实了解了这些要求;现有产品与用户要求之间的差距,企业是否采取了必要措施缩小乃至消除这一差距;企业根据用户要求及市场变化进行的产品及服务调整,对企业的营销渠道有哪些影响等。用户对商品的要求主要是价格、质量和服务,其中对服务的要求日益提高。

3.竞争地位要素

企业在产业环境中所处的竞争地位以及企业为自己设立的目标地位,将影响到企业的战略内容和战略管理方式。竞争地位要素的内容有:其他新企业进入本企业所在产业的可能性,它们的产品特性及与本产品的关系,现有竞争对手的战略变动趋势，企业进入新市场需具备的条件等。

4.资源供应要素

各种资源及信贷供应条件的变化直接影响到企业的成本和生产过程的连续性。如某种物资供应量的减少对企业生产的影响，资源供应的稳定程度，是否存在由于资金、文化资源、人员供应缺口造成企业成本较大波动的可能性，在紧急情况下企业可以从哪些渠道获得这些资源及贷款支援等都是进行经营环境预测时需要考虑的因素。如我国自1986年以来三次大范围地严格控制信贷和通货量，对当时在建项目及企业资金流动均形成较大的约束。

5.劳动力要素

劳动力要素的特点决定企业劳动力的来源和结构、劳动力的培训条件和劳动力的成本。劳动力要素一般包括：企业所在地劳动力的供应状况，市场可供劳动力的技术结构；劳动力供应与企业对劳动力需求之间的差距，弥补这个差距的条件及可能性；企业附近是否有职业培训的学校或机构；企业所在产业和地区内劳资关系特点及对企业雇佣政策的影响等。例如，美国"硅谷"中大批运用新技术的风险企业的诞生，与"硅谷"内及周围高等院校和科研机构的相对集中不无关系。这些学校和研究机构一方面为风险企业提供了大批所需的技术人才，同时又为企业提供了职工再培训的条件。

(二)行业竞争结构分析

行业竞争结构分析的目的是深入分析行业的竞争过程从而挖掘出竞争压力的源泉，并确定各种竞争力量的强大程度，这是行业竞争分析的一个重要组成部分，如果管理者不能对行业的竞争力量了如指掌，就不可能制定出有效的战略。

哈佛大学商学院的迈克尔·波特教授认为，虽然不同行业中的竞争压力不可能完全一致，但是竞争过程的作用方式是相似的。一个行业中的竞争状况是五种竞争力量此消彼长、共同作用的结果：(1)行业中现有厂商之间的角逐；(2)潜在的新加入者的进入威胁；(3)替代品生产商的竞争威胁；(4)行业的主要供应商可能拥有的谈判权力和优势；(5)行业的购买者可能拥有的谈判权力和优势。

图2-1所示的波特五种竞争力量模型是一个非常实用的分析工具。它有助于系统地分析行业主要的竞争压力，判断每一种竞争压力的强大程度和重要程度。

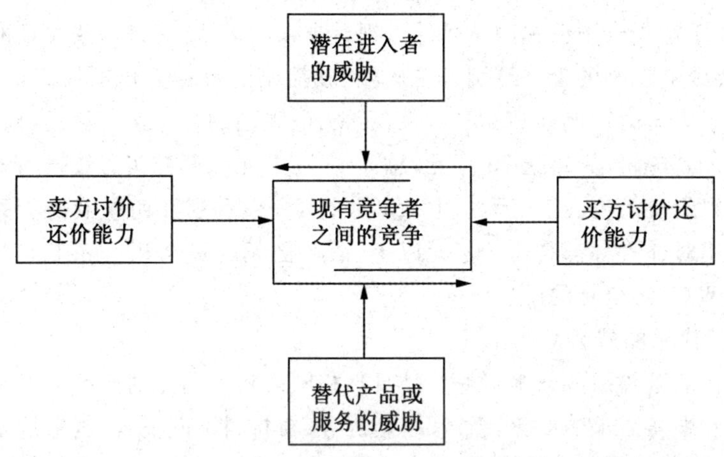

图 2-1　波特的五种竞争力模型

1.买方、卖方对产业的影响

买方产业与卖方的集中程度很重要。如果买方产业的集中程度高,卖方只能将产品卖给很少几个客户,此外别无市场,那么买方就拥有较大的谈判优势;反之,卖方的产业很集中,买方只能在少数几家卖方买到需要的产品,除此别无选择,那么,卖方就比较主动。对于买方来说,购买量的大小是一个重要因素,购买量越大,砍价的余地越大。如果产业内的产品是差别化的,卖方在交易中就占优势;而产业内的产品同质化程度高,买方购买替代品而产生的转换成本又小,买方就占优势。

以电视媒体为例,时至今日,对于作为卖方的电视媒体来说,由于产业集中度分散了,面对买方市场——观众和广告主及广告代理商,就不占优势了。电视媒体资源竞争的核心就是对观众注意力的竞争,由于传媒市场上文化产品越来越丰富,大众获取信息和娱乐的渠道越来越多,传媒市场从早期的卖方市场变为买方市场。从广告主方面来讲,向电视媒体讨价还价的能力越来越强,特别是一些跨国广告公司,倚仗其强大的购买力,极力打压广告价格。某些跨国媒介购买集团对于某些省级和地市一级电视广告的购买量已经超过其总营业额的 1/3,他们就凭借这个进行“以量制价”,要求给予特别折扣,否则进行停单制裁。这些媒介购买集团取得的折扣突破五折,甚至二三折。

电视媒体的卖方主要是指节目内容供应商。现在大部分电视台的节目主要靠电视剧来吸引观众，电视剧广告收入占电视台总体收入60%以上。但是，由于购买全国电视网节目的电视台越来越多，特别是一些视频网站的加入，导致电视剧的价格特别是首轮剧、独播剧的价格大幅度提高，给电视台带来很大压力。例如2005年，央视购买电视剧的费用达7亿元，购买《京华烟云》的首播价为每集73万元，总计3500万元。部分实力较强的省级卫视的电视剧投入也在1亿元以上。2006年，安徽和浙江两家卫视购买电视剧的费用对外宣称都高达2亿元以上，而2亿元的资金几乎等于大多数省级卫视2005年全年的广告收入。

2.替代品的威胁

替代品是指那些与本行业产品具有相同或相似功能的产品。由于科技的发展和顾客需求的变化，新产品、新服务、新材料不断涌现，越来越多的行业感受到了来自替代品生产商的巨大竞争威胁。比如邮政行业的传统业务(信件、电报)受到移动电话、电子邮件和传真机的挤压。墨水厂商面对电脑、复印机、传真机的迅速普及而销量日下。传统传媒业(报纸、电视)则受到新兴的包括数字媒体诸如手机电视、移动电视、楼宇电视、网络电视等新媒体的竞争压力。有线电视网和电信宽带网的发展和竞争已经成为备受关注的重点。中国年轻一代中，有不少人已不再以电视、报刊为主要娱乐工具，而把网络作为获取信息和娱乐的主要工具。截至2006年6月，在线影视收看及下载的规模已经达到4500万，在线音乐收听及下载(在线广播)也超过4000万，而这部分人正是当今社会的消费主力。从2005年以来，国内报业集团无论是发行量还是广告营业额都出现下滑的趋势，主要原因之一就是互联网等新媒体抢走了一部分客源。

而来自替代产品的竞争压力的强度取决于三个方面的因素：

(1)替代品在价格上的吸引力。容易获得并且价格上有吸引力的替代品往往会产生竞争压力，如果替代品的价格比本行业产品的价格低，那么行业中的竞争厂商就会遭遇降价的竞争压力，行业的利润水平受到损害。

(2)替代品在质量、性能和其他一些重要属性方面的满意程度。顾客会比较彼此的质量、性能和价格。来自替代品的竞争迫使行业中的竞争厂商加强攻势，增加投资以改善性能，并努力说服购买者相信它们的产品有着卓越的品质。

(3)购买者转向替代品的转换成本。决定替代品竞争强度的另一个因素是本行业中的客户转向替代品的难度和成本。一般来说，替代品的价格越低,质量和性能越高,用户的转换成本越低,替代品所带来的竞争压力就越大。

如在媒介产业发展历程中,广播、电视、网络等替代品的出现,对原有的纸质媒介产品都造成了不同程度的削弱和替代作用。互联网除具有电视融声、像、图、文于一体的特点外,还挟其信息传播的高度实时性、参与性和交互性等前所未有之优势呼啸而来,席卷全球,给传统媒介产业的发展带来了严峻挑战和新的发展机遇。文化企业管理者必须清醒地注意到自己产品的替代对手,使自己的产品占有尽量多的市场份额。

3.潜在进入者的威胁

来自产业外的另一种影响力量,也是最敏感的影响力量,是潜在的竞争者。一般而言,当某个产业具有较高的投资回报时,就会吸引众多的潜在加入者,因为资金都是流入具有高收益的地方。新加入者的竞争常常使行业内的各个商家在价格上大做文章从而导致该产业内平均利润的下降,除非该产业市场正处在迅速扩张的时期。

潜在加入者是否会真的采取行动入侵到该产业中,取决于入侵者对产业壁垒的认识,包括进入壁垒和退出壁垒。进入壁垒就是进入者为进入某一个新产业所要克服的困难(或风险),退出壁垒就是进入者要退出某一产业所要承担的损失。

产业内先进入者常常会对后来试图进入的竞争者设置一定的进入壁垒,但究竟这种进入壁垒能否阻止新加入者的入侵,还要取决于进入与退出壁垒的高低。

进入和退出壁垒主要包括:

(1)政策法律壁垒。政府机构通过制定相关政策和法律条款限制或阻止进入者。如我国媒体行业,特别是传输渠道,受到政府的严格管制,民营或外资企业很难进入。

(2)预期的市场增长率。当市场渐趋成熟,随着增长机会的不断缩减,受利益驱动而进入该市场的吸引力不断下降。当市场处于快速增长期,常常对新加入者没有强烈的抵制,因为这时的市场空间相当充足,市场提供了足够多的机会。可是一旦进入缓慢增长的成熟期,市场中的老企业就会想尽办法来抵制新的加入者,因为新的加入者会分割它们已经稳稳掌握在手的市场份额。

(3)产业内企业的规模经济性。规模经济性指的是由于大规模生产经营而形成的成本优势。通常情况下，老企业因为比那些新加入的企业拥有更大的规模，它们有可能提供同质的且更便宜的产品，这将给那些产量低、成本高的新加入者进入该产业造成很大的障碍。

(4)产品差异。当顾客已经对产业产品形成了独特的认识、信念或偏好，已成为产业内已经存在企业的"忠诚顾客"，那么新加入者要想占领市场，就必须克服消费者对这种老品牌的忠诚。

(5)启动障碍。这是指进入一个产业的初始投资额较高的情况下，能支付并愿意支付这笔投资的新加入者就会大大减少。

(6)产业内企业已经建立起一些与规模无关的其他优势。这些优势与企业的规模大小没有关系，比如产业内企业已经获得该产业最优秀的人才等。

(7)退出壁垒。新加入者还要考虑退出屏障，包括经济上的、战略上的和感情上的。

对于我国文化产业核心部分传媒产业而言，长期以来其高速发展的势头和高额利润使一些跨国媒体巨头和国内实力雄厚的民营资本一直虎视眈眈。虽然传媒业作为政府喉舌和舆论宣传阵地受到政府严厉的管制，进入的政策壁垒高，另一方面，传媒业需要很专业的知识结构和组织机能，以及价格高昂的专业设备，投资的巨大也阻挡了新竞争者的加入。但是，随着我国加入 WTO 以及改革开放程度的不断扩大，政府对于该行业的管制会逐步放松。现在正在进行的文化体制改革，也给了外资和民营资本一个涉足国内传媒业的机会。特别是一些国际传媒巨头，凭借资本和技术优势，派驻先头部队进入，不能自己办电视台电台就先争取落地，文化项目进不来就与经济科技合作项目捆绑进入，中央媒体进不去就先进地方媒体，投融资不允许就采取合资方式曲线入股。其进入的危险越来越大。

4.产业内企业的竞争

产业内企业的竞争程度取决于很多因素：

(1)产业内企业的数量和相互之间的力量对比。产业内企业数量较多而且力量比较均衡的时候，会有企业采取某些竞争手段，引发产业的动荡，比如一些地方报业市场极其激烈的竞争。而媒介数量很多而且力量又不平衡时，中小媒介企业则往往以龙头老大的领导者所建立的游戏规则行事，这常常使媒介产业比较稳定。而当媒介数量很少而规模都很大时，产业表面比较平静，竞争常隐藏在产业内部，直到发生该媒介产业结构变化的大地震，否则难以轻易出现激烈竞争。

(2)产业市场的增长速度。某个文化产业市场增长迅速时期，竞争强度相对弱一些，各自都在忙着找收获。而当这个产业市场增长减缓或衰退时，市场份额的竞争就凸显出来而异常激烈。

(3)产业内企业的差别化与转换成本的大小。当某个产业差别化的细分市场有自己一定的服务对象时，竞争的激烈性一般较弱。而当差别化程度很低时，竞争就较为激烈。这也是战略管理非常强调定位的主要原因。如果一个企业可以轻易地转换到另一个企业的细分市场上，而且转换成本很低，这时产业竞争就会激烈，会有很多的模仿者。反之，一个企业形成别的企业无法模仿的差别化，这时竞争压力就会相对弱些。因此文化企业通常会通过高技术、大资本和多元化经营的结构性优势来规避竞争的激烈程度。

(4)战略赌注。产业内企业对在本产业内发展的战略赌注下得很大，竞争就会很惨烈；反之，则会心平气和一些。

(5)产业的分散与集中程度。分散与集中，指的是产业销售额在产业内企业间的分配比例。当少数几家企业控制了该产业销售额的很大一部分的时候，即行业内有为数不多的垄断企业存在，我们称这个产业具有较高的集中程度，反之则称为分散的。分散的产业竞争比较弱，而集中的产业则具有较高强度的竞争，尤其是在由分散向集中的过渡时期这种竞争更是激烈。

综上所述，产业中的企业要面对五种力量的影响，它必须识别这五种力量，并选择恰当的细分市场作为自己的业务领域。总的来说，竞争越激烈，获利性越低。因此，那些低进入屏障、买方与卖方处在较强的讨价还价地位、替代品威胁严重、产业内企业竞争激烈的产业是没有吸引力的。在这样的产业中，企业难以建立战略性竞争优势，更难以获得超额利润。相反，那些进入屏障高、买方与卖方只有较低讨价还价力量、替代品威胁较少、产业内企业竞争不甚激烈的产业，才有吸引力。

三、内部条件

企业之所以能在社会中存在，就在于它具有连续不断地将资源转换为社会所需要的产品和服务的能力。因此，如果把企业看作一个投入产出系统，其内部条件可由三大要素组成：一是需要投入的资源要素，二是需要将这些要素加以合理组织、使用的管理要素，三是资源要素与管理要素的有机结合而产生的能力要素。

(一)企业资源条件分析

资源要素指企业从事经营活动所需要的人、财、物、技术和企业通过长时期努力创造的商标、商誉等无形资产资源。企业战略管理中的资源要素分析,从本质上讲,是要在竞争市场上为企业寻求一个能够充分利用自身资源合适的位置。因此,企业战略的制定就必须建立在对企业资源条件全面认识的基础上。

1.有形资源

企业的有形资源,主要是物质形态的资源,如生产场所、基础设施、机器设备等固定资产,以及它们的寿命和运行状态等。企业的财务资源,如现金、债权、股权、融资渠道和手段等,也可归于有形资源一类。有形资源是企业参与市场竞争的硬件要素。

2.无形资源

企业无形资源的种类很多,主要包括以下一些内容:

(1)人力资源,包括企业内各种人员的数量和类型以及他们的知识、经验、适应性、预见能力、学习能力。

(2)组织资源,包括企业内部的组织结构、各部门间沟通、协调的效率,以及顾客基数、采购渠道、销售网络。

(3)企业的企业文化和企业形象、商誉等,包括企业的价值观、企业精神、经营理念,以及在社会公众、顾客、利益相关者中的形象等。文化企业的无形资源的重要性越来越突出,往往是企业竞争力的重要来源。

除了对各资源要素进行分析外,还应考虑其配置、组合是否合理,以客观地确定差距和利用潜力。

(二)企业内部管理条件分析

企业管理有计划、组织、人事、激励、控制等项活动。为了充分地利用企业资源,使其经营活动合理、有效,管理要素作为一种手段是不可缺少的,它通过计划和组织将资源和活动有机地结合起来,通过控制监视资源的使用情况,通过人事与激励充分发挥人的主观能动作用:企业文化使全体职工形成共识,树立企业精神,形成一个团结、协调的整体,它是企业不可缺少的功能性条件要素。

(三)企业能力条件分析

能力要素虽然不是基础性的条件要素,却是比以上两个基础性要素更高层次的要素。企业外部环境的应变性、竞争性均是这些能力要素的综合体现。企业正是靠这些能力求生存、求发展的,企业内部条件分析的最终落脚点就是其能力水平。但这种分析必须考虑到基础要素与功能性要素之间的因果关系。

1.资源供应能力分析

供应能力的强弱,将影响到企业的发展方向、速度,甚至企业的生存。战略期企业获取资源的能力,直接决定着战略的制定和实施。企业资源供应能力包括从外部获取资源的能力和从内部积蓄资源的能力两个方面。

企业从外部获取资源的能力取决于以下要素:(1)企业所处的地理位置;(2)企业与资源供应者的契约和信誉关系;(3)资源供应者与企业讨价还价的能力;(4)资源供应者向前一体化趋势;(5)企业供应部门人员素质和工作效率。

企业内部积蓄资源的能力涉及企业整体能力和绩效,但内部资源的配置和利用则是最基本、最主要的。企业内部资源的积蓄包括有形资源和无形资源,它们形成企业的经营结构。经营结构必须保证在竞争市场上形成战略优势,只要经营结构满足了这样的条件,就可以称为企业的战略体制(或战略态势)。在战略体制下,企业内部各资源之间应具有协同作用。

2.生产能力分析

生产是企业进行资源转换的中心环节,它必须在数量、质量和时间等方面符合要求的条件下形成具有竞争性的生产能力。构成生产能力的要素包括以下方面:

(1)生产能力。生产能力的决策主要包括产量预测、生产设施和设备的计划、生产日程的安排。

(2)库存。库存决策是要确定原材料、在制品和产成品的管理水平。具体的内容包括订货的品种、时间、数量以及原材料的存放。

(3)劳动力。劳动力决策主要涉及工作设计、绩效测定、工作标准和激励方法等内容。

(4)质量。质量决策是要确保企业生产和提供高质量的产品和服务。具体内容包括质量控制、样品、质量检测、质量保证和成本控制。

3.营销管理能力分析

从战略角度来进行营销能力分析,主要包括三方面的内容:一是市场定位的能力;二是营销组合的有效性;三是营销管理能力。

市场定位的能力直接表现为企业市场定位的准确性。它又取决于企业在四方面的能力，即市场调查和研究的能力、把握市场细分标准的能力、评价和确定目标市场的能力、占据和保持市场位置的能力。企业战略管理者和市场营销人员可以根据构成这些能力的因素及自身的经验来评价在这些方面的长处和短处。

评价市场营销组合的有效性主要把握两方面：(1)营销组合是不是与目标市场中顾客的需求特征一致；(2)是否与目标市场中产品寿命周期一致。

市场营销管理能力主要包括市场营销系统、市场营销职能、市场营销的效率。

4.科研与开发能力分析

对文化产业来说就是原创能力如何。

四、企业环境综合分析

企业环境综合分析就是在外部环境研究和内部条件分析的基础上，将两者结合起来以确定企业机会和威胁的研究方法。SWOT 分析法是常用的方法。

SWOT 分析法，是一种综合考虑企业内部条件和外部环境的各种因素，进行系统评价，从而选择最佳经营战略的方法。这里，“S”是指企业内部的优势(Strengths)，“W”是指企业内部的劣势(Weaknesses)，“O”是指企业外部环境的机会(Opportunities)，“T”是指企业外部环境的威胁(Threats)。

对宏观环境和产业环境分析以后，需要评估企业面临的机会和威胁。机会是外部环境因素的积极趋势，威胁是负面趋势。

对企业内部资源清晰的评估(诸如财务资本、文化技术知识、高素质的员工队伍以及有经验的管理者等等)，还应该指出企业在完成不同功能活动方面的能力(诸如市场营销、生产、制造、研究与开发、财务、会计、信息系统、人力资源管理等等)。企业擅长的活动或者专有的资源构成组织的优势。而劣势是指企业不擅长的活动或非专有的资源，这些虽然是竞争所需要的，但企业并不能独占它。

第三节　文化企业使命与战略目标

一、企业使命

确定企业使命就是规定企业的任务,通常包含两方面的内容:一是经营领域,表明企业所从事的产品、市场领域;二是企业的价值观念和经营理念,即哲学层次追问和回答企业存在的目的和遵循的经营准则。企业使命的表述就是企业存在的理由,是企业长远发展的动力和灯塔,是全体员工一致认同并为之奋斗的企业愿景,是企业对社会应作出贡献的陈述,企业谋求与社会共同发展的生存观。

南方报业传媒集团的企业使命和社会责任:作为中国社会发展和变革的守望者、记录者和促进者,向社会提供真实、丰富的新闻信息产品,为人民提供健康、有益的精神食粮,承载民族记忆,推动国家和社会进步。

上海世纪出版集团以"打造文化脊梁"为使命。

云南出版集团的战略使命是:为建设富裕、文明、开放和谐云南作出贡献。

中国移动企业使命:创无限通信世界,做信息社会栋梁;企业价值观:持续为社会、为企业创造更大价值。

海尔:敬业报国,追求卓越。

强生公司:我们的使命是减轻病痛。

松下幸之助:企业的使命就是克服贫困,就是使整个社会脱贫致富。形象地说,就是把贵重的生活物品像自来水一样无穷无尽地提供给社会。无论什么样的贵重东西,生产的量多了,就可以达到几乎无代价的价格提供给人们,这样才能逐渐消除贫困。

二、战略目标

战略目标是企业战略的基本内容,它所表明的是企业在实现其使命、追求其愿景过程中要达到的长期结果,其时限通常为3~5年或以上。前面所讨论的企业使命和愿景是对企业总体任务的综合表述,一般没有具体的数量特征及时间限定,是为企业在一段时间内需完成的各项活动进行数量评价。战略目标可以是定性的,也可以是定量的,如企业竞争地位目标、获利能力目标、生产率目标等。

如云南出版集团的战略目标。云南出版集团是2005年在云南省出版局直属13家企事业单位的基础上通过划转归并组建的。2009年11月23日,云南出版集团公司整体转制为企业,更名为云南出版集团有限责任公司。云南出版集团2009年的营业净收入为28.36亿元,期末资产总额为30.28亿元,其战略目标是要成为全国有特色、中西部有名气的"双百亿"大出版集团,力争用5～10年实现销售收入和资产总额达到"双百亿"的目标。

保利集团的战略目标。中国保利集团公司是经国务院批准,于1993年2月在保利科技有限公司基础上组建起来的大型企业集团,经过20多年的发展,保利集团已经形成了军民品国际贸易和房地产开发两大主业,培育和发展文化产业的业务格局。

保利集团战略目标是:坚持"进一步提升保利品牌,坚持做大做强贸易和房地产业两个主业,继续培育文化产业,力争用五年时间实现资产规模和盈利水平再翻一番"的战略发展思路,使集团资产规模迅速壮大,盈利水平进一步提高,集团在境内外拥有3～4家上市公司,并跻身中央企业综合排名前50位。

正确的战略目标对企业的行为具有重大指导作用:第一,它是企业制定战略方案的基本依据和出发点。战略目标明确了企业的努力方向,体现了企业的具体期望,表明了企业的行动纲领。第二,它是企业战略实施的指导原则。战略目标必须能使企业中的各项资源和力量集中起来,减少企业内部的冲突,提高管理效率和经济效益。第三,它是企业战略控制的评价标准。战略目标必须是具体的和可衡量的。

第四节　文化企业战略的制定

企业战略的核心是确定企业的发展方向,主要包括经营领域和经营地域。

一、经营领域

经营领域主要是回答企业应该在哪些产业领域里进行经营活动的问题,是专业化经营,还是一体化经营、多元化经营。

(一)专业化战略

专业化战略指企业的经营活动集中于某一特定的产业或产品线的一部分。也就是说,企业选择一个有前景的或者自己有专长的行业,然后集中全部资源去发展它,就是专业化经营。如果用一种通俗的方法来讲,就是马克·吐温所说的"把所有的鸡蛋都装进一个篮子里,然后看好这个篮子"。

如今产业集群成为各国家和地区经济竞争的重要模式,而产业集群内的企业大部分都是采用专业化经营。

20世纪七八十年代以后,由于世界经济市场的全球化,市场竞争由企业战略向产业集群战略演化。随着意大利北部传统产业群的迅速发展、美国硅谷的崛起以及世界各国高新技术产业园区的发展,产业集群成为各国政府和学术界关注的亮点。产业集群扩展了地区经济增长的空间,成为区域参与国际竞争的骨干力量。

在世界文化产业的发展实践中,产业集群现象也越来越明显。除了举世瞩目的好莱坞娱乐产业集群以外,还有英国布里斯托尔的自然历史电影产业集群,美国加利福尼亚的多媒体产业集群,印度宝莱坞电影产业集群,英国谢菲尔德、曼彻斯特等的音乐(创意)产业集群等。在我国有中国中央电视台周边密集的影视、广告企业簇群,北京通州宋庄与酒仙桥的"798"画家村,深圳大芬村及杭州的数字娱乐产业园等。在这种产业集群内,大量中小型企业聚集在一起,彼此之间存在着纵横交错的联系和细密的专业化分工。它们或者从事同类产品的生产,或者每一个中小企业承担着生产过程的一部分,合作起来完成产品的生产。各企业之间平等合作,存在着激烈的竞争和紧密的合作关系。

随着产业集群这种生产组织的兴盛,集群内的中小型企业大都采取了专业化经营方式,从事产品生产活动中某一个环节的专业化生产。它们与原来大企业中的同类部门相比,具有更加精深的专业技术,更大的规模和更灵敏的市场适应能力。而且,这些中小企业用人机制灵活,对市场需求反应敏锐,具有很强的创新及适应能力。

(二)一体化战略

一体化战略是指企业充分利用自己在产品、技术和市场上的优势,根据物流方向,使企业不断向深度和广度发展的一种战略。企业经过密集性成长阶段,市场占有率越来越大,企业实力越来越强,这时就需要考虑如何扩展企业、向何方向发展的问题。一体化战略是企业重要的成长战略。

一体化战略有两种主要类型:纵向一体化和横向一体化。

纵向一体化战略,是将生产与原材料供应或者生产与产品销售联结在一起的战略形式。依据一体化的方向划分,纵向一体化战略包括将企业经营范围扩展到原材料供应的后向一体化和扩展到产品销售的前向一体化两种形式。

横向一体化战略又称为“水平一体化”,是性质相同的企业或产品组成的联合体。即某一企业与处于同一经营领域的其他企业或经营单位进行整合,从而促进企业实现更高程度的规模经济和迅速发展的一种战略。实行横向一体化后,虽然企业的经营业务仍在原行业范围内,但可以实现规模经济、减少竞争对手、扩大生产能力的目标。

采用一体化战略可以使企业获得规模与销售上的增长,可以提高企业的规模经济,可以分散经营与财务风险,同时也可以加强企业原有或核心事业的竞争优势,包括盈利、以低成本进行产品生产、产品的差异化、销售的低成本优势等。

一体化战略的实施可以通过企业内部壮大而进入新的经营领域,或者与别的经营领域的企业联合,或者兼并别的经营领域的企业这三种形式来实现,具体形式的选择视企业实力及所处经营环境等权变因素相机决定。

文化产业一体化的经营战略源自美国好莱坞电影业的工业化生产模式。19 世纪末 20 世纪初,美国逐渐形成了以流水线作业和大规模生产为特征的生产组织,有效地刺激了美国经济的增长。这些生产组织方式以垂直一体化的大工厂的大规模生产为特点,成为资本主义国家占主导地位的生产组织形式。经济学中把这种生产组织方式称为“福特制”生产组织。福特制生产组织形式在其极盛的 20 世纪 30～40 年代,不可避免地影响到了同在美国的文化生产企业,好莱坞的大制片厂就是其直接的产物。

好莱坞的崛起过程,与福特制生产组织方式的诞生与发展几乎同步。一战以后,随着好莱坞的发展,独立制片公司之间的竞争非常激烈,加上华尔街大财团的插手,从 20 世纪 20 年代初开始,一阵阵的兼并风潮迅速吞没了为数众多的小制片商和放映商,经过垂直整合,派拉蒙、米高梅、华纳兄弟、20 世纪福克斯、雷电华、环球、联美和哥伦比亚 8 大公司登上历史的舞台。

阿道夫·楚柯尔领导的派拉蒙公司首先建立了大型的集制片、发行、放映于一体的电影企业。1916 年,普莱耶—拉斯基影片公司与派拉蒙电影发行公司合并,楚柯尔就任新公司的总经理。楚柯尔是来自匈牙利农村的一个小伙子,以开设"镍币剧院"起家。后来他把自己的触角伸到了发行领域,并破天荒以35000美元购买欧洲片《伊丽莎白女王》在美国的发行权,这部长故事片的成功,坚定了楚柯尔进军制片业的雄心。他提出了"名角演名剧"的口号,并成立了"名角公司",拍摄了《基度山伯爵》《德伯家的苔丝》等明显迎合美国中产阶级口味的长故事片。后来,楚柯尔将自己的"名角公司"与杰西·拉斯基的名剧公司合并,成立了"名角—拉斯基公司"。后来,又和发行公司派拉蒙影片公司合并,又在大小城镇上购买了上千家电影院。这样,好莱坞就诞生了第一家集制片、发行、放映于一体的大电影公司。

从制片、发行到放映垂直一体化的结构表现为:(1)它们拥有庞大的制片厂,里面的拍片设施如摄影棚、外景地和各种摄影、道具、服装、音响设备等,不仅一应俱全,而且极度豪华。跟制片厂签约的技术与艺术人才来自世界各地,不仅数量众多,而且高度专业化。(2)它们拥有控制着全美国乃至全世界很多地方的电影发行网络,通过"成批定片"的发行方式向全国和全世界强行批发销售自产的影片。(3)它们还拥有最有吸引力和高票房收入的影院。虽然几家大公司拥有影院总数不及美国影院总数的15%,但这些影院几乎囊括了所有大城市中心区的首轮豪华影院,它们以首轮放映的高票价攫取了美国年票房总收入的70%。由此可见,这种垂直一体化结构使好莱坞的大制片厂在全美和全世界拥有了显而易见的垄断地位。

由于纵向垄断能够实现规模化经营,减少不必要的市场流通环节从而降低交易成本(当然这也同时增加了企业内部的管理成本),实现信息在企业内部的自由流通,一定程度上实现资源的合理配置,提高进入壁垒以减少竞争,增强市场交易能力和抗风险能力,因此,从19世纪末开始,主要资本主义国家的主要工业便已进入了垄断阶段。

20世纪90年代我国传媒业也经历了一体化的发展模式。

我国传媒纵向一体化模式表现为:(1)传媒产业链的下游环节向上游环节扩张的后向一体化,比如报纸出版商向新闻纸行业渗透,有线电视网络扩张电视节目制作公司等;(2)传媒产业链中的上游环节向下游环节渗透的前向一体化,如报纸出版商向发行行业扩张,电视内容提供商投资有线电视网络等。

《北京青年报》社在全国最早将印刷业务经营起来,逐渐成为其他中小报纸的供货商,进一步经营PS版、油墨,成为世界最大的PS版公司和世界排名第二的油墨公司的北京代理商。他们又签下纸浆的生意，让造纸厂为其生产特供纸。再往后，还把手伸到林地，形成林地→纸浆→造纸→销售市场的专业物流。其报纸的发行也较早打破邮局代发的垄断而自办发行，并推出了享誉京城的小红帽队伍，曾发展到2800多人，发行量从12万份上升到60多万份。而且最早引入了“物流配送”的概念，不仅送报，还送书、送水、送奶、送票，这方面的年营业额当时达到5000多万元。

传媒横向一体化表现为在同一传媒层次上实现的平面联合，如报业集团由一张主报统辖若干系列子报，广电集团由若干分工明确的系列频道构成。

《北京青年报》是厚报的先行者，曾领风气之先推出系列化报刊，《北京青年周刊》《北京少年报》《中学时事报》《北京科技报》《法制晚报》和一张英语报纸《今日北京》(*Beijing Today*)。一报多刊，增加出版密度，增加时效性，扩大覆盖面，全面细分北京报业市场并加以占领。

成立于1998年的南方日报报业集团创办有《南方日报》《南方周末》《南方都市报》《南方体育》等系列报纸并获得成功。2002年，南方日报报业集团又以《21世纪经济报道》打先锋，创刊《21世纪环球报道》，其环球新闻纳入了中国报道，连同其“明星周刊”，都刷新了国内的相关领域的新闻面目。

新华日报报业集团利用有利的时机，先后将《江苏经济报》《经贸导报》《党的生活》等报刊纳入旗下，对《新闻通讯》《每日侨报》进行改版，分别更名为《传媒观察》《南京晨报》，而且投资创办了《星传媒周刊》，这些横向扩展很大程度上提高了集团的竞争力。

湖南广电集团包括了湖南电视台卫星频道、湖南经济电视台、湖南有线广播电视台、湖南文体频道、湖南生活频道、湖南有线影视频道和湖南广播电视报等七大传媒。

90年代后期，我国传媒的集团化发展，基本都是从这种一体化战略模式发展起来的。

(三)多元化战略

多元化战略是指企业通过多种经营形式，进入本企业相关或不相关的行业或市场时所采取的一种整合战略。采用多元化战略意味着企业将进入一个与现有产品和市场不同的经营领域，这对企业来说存在着一定的风险，例如将面对更多的竞争对手，将追加较大的投入等。但是，一旦企业运用好这种战略,它可以使企业的生产经营活动产生一定的附加价值,即在企业的某个或多个价值活动上实行低成本或差异化,并由此产生溢价。该战略也可以使企业获得整合后各经营单位之间的协同效应,提高行业的进入壁垒,使企业更好利用剩余战略能力,优化企业的投资组合,从而使企业建立起强大的竞争优势。多元化战略包括相关多元化和无关多元化。

1.相关多元化

相关多元化是在现有的市场和产品之外进行拓展,但仍然保留在与本企业原有产品和市场相关或相似的经营领域。相关多元化是建立在以公司现有产品或市场形式发展起来的资产或活动的基础上的。它又可分为下列两种形式:

(1)同心圆多元化战略。公司可以进入与本企业现有产品线的技术或营销有协同关系的新领域,以使这些领域中产品能够吸引一群新的客户。

(2)水平多元化战略。对分处不同领域但在技术等方面与本企业相似的多个企业或经营单位,在共同的经营主线支配下进行整合。

2.无关多元化

无关多元化是指脱离现在的行业,进入那些从表面上看与现在的产品和市场毫无关联的产品和市场内。这种战略可以采用两种实施类型:一种是紧密型,即企业的各个经营单位在共同经营主线的指引下,形成一个统一的整体;另一种是松散型,即每个经营单位是相对独立和完全独立的经营实体。

20 世纪上半叶,以美国为代表的大规模生产出现,专业化(一体化)生产成为提高生产效率的重要途径,企业纷纷提高专业化程度。50 年代开始,特别是到了 60～70 年代形成多元化经营的高潮(见表 2-1)。日本和韩国的经济奇迹也得助于企业多元化经营的发展。这一时期,美国企业多元化经营无关多元化比重上升,外部兼并、收购成为多元化最主要的途径(见表 2-2)。

表 2-1　1949 年和 1969 年《财富》500 家中各种企业所占的比例

	单项业务企业	主导产品企业	相关多元化	无关多元化
1949 年	28%	38.7%	29.2%	2.9%
1969 年	7%	35.8%	44.5%	12.4%

表 2-2　1998 年《财富》最大 200 家公司中各种企业比例

产品策略	企业数	扩张特征	占全部企业比重
单一产品	14	横向扩张	20%
主导产品	40	纵向扩张	62%
多元化相关产品	124	多元产品扩张	62%
多元化无关产品	22	多元产品扩张	11%

资料来源:根据《财富》相关年份公布的资料整理。

二战以后,好莱坞大制片公司逐渐结束了一体化的格局,在被更大的传媒集团控制后逐步走向了多元化的经营模式。其多元化经营模式的形成有三种方式:第一种是同类媒介之间的横向和纵向联合。比如报纸购买报纸,电视台联合成电视网,由此形成横向联合。纵向则指通过并购从而控制一种媒介产品的整个生产和销售过程,例如制片厂购买电影院线,杂志生产商购买造纸厂,电视台购买节目制作公司等,以促使成本降低,确保产品销售渠道畅通。第二种是不同媒介之间的横向、纵向合并,例如电视台控制报业,网络公司和传统媒介集团的联合等等,由此而形成不同媒介各个环节之间的合并。第三种是媒介产业和其他产业的融合,如电信业和电视业的联姻,最著名的例子就是 AT&T 购买美国第二大有线电视公司。这三种层次的合并都可能导致企业规模的扩展,最终形成跨国经营。

90 年代西方国家兴起的合并、收购浪潮,在第三个层次上完成了媒体间的整合,以及媒体和电信的整合,出现了媒体/信息的巨人。全球媒体产业集中于新闻集团、时代华纳、迪士尼、索尼(日本)、维亚康姆和电信公司等大型跨国媒体集团手中。这些公司都是娱乐节目和媒体软件的主要制造商,全部拥有全球分配网。截至 90 年代末,好莱坞各大公司企业调整与合并的情况如下:派拉蒙在 50 年代分裂为两部分,一部分以制片为主,后来归属于维亚康姆集团,另一部分是派拉蒙联合影院公司,以放映业为主,后来归属于西方海湾石油公司;华纳兄弟公司归属于时代华纳集团,后又与美国在线合并,成立美国在线—时代华纳集团、20 世纪福克斯公司归属于新闻集团。

中国的传媒集团在进入新世纪后,也纷纷走上了多元化发展的道路。

以南方报业传媒集团为例。南方日报报业集团于 2005 年 7 月 18 日更名为南方报业传媒集团,同时组建南方报业传媒集团公司,转制为企业法

人。南方报业传媒集团实施了多元化经营的战略转型,其多元化经营战略的特点表现为:

第一,围绕报业核心能力,开展"同心多元化"经营。南方报业同心化经营有两个方向:一是纸质媒体的多元化经营。近十年来,成功进行"龙生龙,凤生凤"的孵化,从一张《南方日报》开始,发展到了拥有11报、8刊、1出版社。母报《南方日报》开拓出《南方周末》《21世纪经济报道》《南方都市报》《南方农村报》和南方日报出版社。《南方周末》创办《名牌》《南方人物周刊》;《南方都市报》创办《南都周刊》《风尚周刊》;《21世纪经济报道》开办《21世纪商业评论》杂志、《商业旅游》杂志、《理财周报》,并与《福布斯》杂志合作,承办其广告经营。在做好自身报纸品牌衍生的同时,南方报业加大力度推进跨区域、跨媒体运营战略。在与光明日报集团合办的《新京报》取得不俗成绩的基础上,2007年集团又成功收购《云南信息报》46%的股权,成功进入了云南报业市场。二是经营非纸质媒体,包括新媒体。2002年,南方报业作为股东之一,投资南方网,2008年,广东省委宣传部整合资源,把南方网整体划到南方报业,南方报业占79%股份。在此之前,南方报业先后开办了《南方都市报》奥一网、《南方日报》网。《21世纪经济报道》承办中央人民广播电台经济台的经营项目,并正在进一步探求全面合作事宜。《南方日报》《21世纪经济报道》《南方都市报》等,先后开办手机报。最近,南方报业又与中国移动、中国联通签订合作伙伴协议,为新媒体开发铺好网络。

第二,通过价值链的整合,对辅业进行多元化延伸。报业有很多辅助性产业,如广告、发行、印刷、物业等等。《南方日报》《南方都市报》发行公司近年整合物流配送业务,每年收入达700多万元。《南方都市报》发行公司还承揽当当网广州配送业务,并开设南方"365"商业网,进行网购业务。南方报业印刷厂承印多种外件,每年单此一项收入就达3000万元。《21世纪经济报道》开发论坛、会展、社会公益等项目,近三年的收入已接近报纸广告收入。

第三,无关多元化经营。《南方都市报》利用其在汽车、房地产等领域的优势资源,创办汽车研究院、房产研究院等文化研究机构,并成立文化公司,拟进入影视院线等行业;《南方》杂志在全国率先成立分级阅读研究中心等文化机构;《南方周末》与新加坡和广东的公司合作,准备投资设立"南方周末文化创意产业园"等。2007年,南方报业投资成立南方房地产公司,逐步进入房地产领域，并提出了“文化房地产”的理念。南方报业房地产公司与一民营企业合作，开发清远市观音山近4万亩规模的旅游区，目标是将该区打造成集旅游、休闲、文化、房地产于一体的综合项目。

二、经营地域战略

地域是指企业经营的地理范围、地理区域、地理区位和行政区域。地域战略依企业经营的地理范围可分为省区化、全国化、国际化三种类型。

企业经营地域包括三个方面：企业主要产品的研发基地、企业主要产品的生产基地以及企业产品的主要销售范围。

（一）省区化战略

省区化战略就是企业集中自己的资源，在某些省或区域的范围内从事经营和服务的一种地域战略。这往往是中小企业刚起步时所采取的经营方式。因为这时候企业的规模较小，对所经营行业的情况不十分了解，再加上资金实力有限，所以，企业刚起步的时候往往利用当地的有限资源，仅面向某些省市、区域提供生产经营和服务。企业在这个阶段采取省区化战略主要是为日后的发展壮大积累实力。

（二）全国化战略

全国化就是指企业在全国范围内，根据企业制定的发展战略、自身的竞争优势和劣势以及企业提供的产品或服务的特点，在全国范围内配置企业的生产资源，并以全国市场为企业生产产品和提供服务的目标市场。这是企业将全国各地区的地理优势、自然资源、生产要素成本、市场潜在需求等多方面客观因素与企业自身的优势、劣势、面临的机会与威胁的有机结合，是企业充分考虑到发展目标之后作出的反应，是一种将企业做大做强的战略上的安排。

企业采取省区化战略很大程度上是受企业发展初期规模和实力的影响。企业在逐渐发展壮大之后，若想要继续做大做强，就必须要占领更大的市场空间，扩大其经营的地理区域，从“根据地”走出去，在全国范围内与国内外竞争者展开竞争和联盟的经营活动，否则，企业的持续发展将会在很大程度上受到限制。这里需要指出的是，企业不仅要从地理范围上走出去，“观念”也要走出去。

（三）国际化战略

国际化扩张是指通过对外投资、在国外设立分支机构或子公司等方式从事跨国经营,以实现在全球范围内获取竞争优势的目标。对许多公司来讲,国际扩张已经成为战略制定和实施的一个重要方面,它为公司提供了新的机会来获得额外的附加价值,但扩张的同时也使竞争风险增加:国际扩张可能使公司面临更多新的和老练的竞争对手。

国际扩张最主要的特征在于,它具有全球性的战略动机,是以与竞争对手在全球范围内争夺客户和市场为目标的,要求在全世界范围内调配各种战略资源。在制定国际扩张战略时,一个企业可以在以下三种扩张类型中进行选择:

1.国际化战略

国际化战略是指企业将其具有价值的产品与技能转移到国外的市场,在国外市场中进行生产、营销活动以获取价值的战略。当采用国际化战略时,大部分企业已在母国开发出具有差别化的产品,将其转移到海外市场,满足这些市场上的客户需求,从而创造价值。在这种情况下,企业多把产品开发的职能留在母国,而在东道国建立制造和营销机构。对于大多数采用国际化战略的企业来说,产品与市场战略的决策权一般都由企业总部进行严格的控制。

由于大多数实行国际化的企业都把产品研发职能留在了母国,所以它对东道国有差别的市场需求响应能力较差。一个企业是否应该采用国际化战略,必须考虑它所拥有的战略能力以及国际市场上客户需求情况。具体来讲,如果企业可以利用其特殊竞争力在国外市场上建立起竞争优势,而且在该市场上降低成本和提供差异化产品的压力较小时,企业采取国际化战略是非常合理的。但是,如果当地市场要求企业必须根据当地的情况提供产品与服务,企业采取这种战略也许就不合适了。

国际化程度可分为两类:(1)将一部分经营活动安排在母国以外,而且把它们视为独立的业务进行管理;(2)在许多国家进行经营,尽管这时它可能仍然是以母国为基础的,这样经营的目的是为了对东道国的本地需求及时作出反应。

2.全球化战略

全球化战略是指一个企业向全世界的市场推销标准化的产品和服务,并在较有利的国家集中进行生产经营活动,由此形成范围经济和规模经济,从而获得高额利润。在全球化战略之下,企业将整个世界看作是一个统一的市场和供应源,它针对的主要是全球性的需求变化,对某一国的地方性需求只是作出有限的反应。

企业采取这种战略主要是为了实行成本领先战略。在成本压力大而当地特殊需求小的情况下，企业采取全球化战略是合理的；但在要求提供满足当地特殊需求产品的市场上，这种战略也许是不合适的。

在全球化战略的指导下，企业通过在全球范围内统一调配各种生产经营要素，使分散在各国的子公司和关联公司协同作业，使其产生的力量大于没有共同战略的各子公司和各关联公司的力量简单相加，即产生协同效应。这种协同效应往往表现为提高公司整体能力，增强对客户需求的响应能力，降低成本等，如果运用得当，它将有利于企业在全球范围内建立起竞争优势。

3.本土化战略

本土化战略是指一个企业为满足东道国市场上多样化需求而实施的战略。这种战略与国际化战略不同的是，它将产品研发职能一同转移到东道国，能够根据不同国家的不同市场需求，提供更能满足当地市场需要的产品和服务；相同的是，这种战略也是将在母国所研发出的产品和技能转移到国外市场，而且在重要的国外市场上从事生产经营活动。这种战略的成本结构较高，很难获得规模经济效益和区域效益。在当地市场要求必须根据当地需求提供产品和服务并要求较低成本时，企业应采取本土化战略。

三、实施企业战略的对策

企业战略对策是在战略目标、战略方向既定的基础上，如何保证这些战略实现的方法、策略。战略对策包括成长策略、竞争策略（科技策略、核心能力策略、联盟策略）、资本运营策略、管理策略等。

1.成长策略主要是，依靠自我滚动积累发展还是外部兼并扩张发展，在技术上是自主创新开发还是外部联合模仿策略。

2.竞争策略主要是总成本领先、差异化、聚焦化策略，还是技术领先、人无我有、出奇制胜甚至不战而胜策略，还是结成同盟军，双赢多赢共赢。

3.资本运营策略则包括上市融资、兼并重组、金融服务、产融结合等各种策略，解决发展中的资金资本实力问题。

4.管理策略主要是母子公司构建，集权、分权与授权，管理升级，人才梯队培育与使用等问题。

企业战略是由企业高层管理人员制定的，它通常决定了企业的发展方向,其他层次战略的制定都围绕着集团战略展开,因此企业战略选择是否合适,直接关系到企业整个战略体系的有效性。只有企业资源和能力相匹配的企业战略,才能够保证企业发展战略的正确性,企业集团才能够有效地建立其他层次的战略。重要的战略决策通常由集团的董事会来评审,并由他们批准决策的实施。

第五节　企业战略实施、评价和控制

战略实施是实现企业战略的过程。战略实施首先需要一个实施计划体系作为手段,同时需要有高效的组织结构和组织工作提供保证。

一、计划体系的制定和实施

(一)计划的类型

按照计划期长短,可分为短期、中期与长期计划。

长期计划的时间跨度在五年以上,有的甚至可以长达数十年。长期计划多涉及战略性的内容,如组织结构性的变化、产品项目与总体结构的更新、企业规模和组织方式的变化等。或者说,长期计划是要明确组织的长远发展目标和发展方向,并明确达到长远发展目标的具体途径。长期计划由于时间跨度比较大,对未来不确定因素的估计较为困难,其精确性难以保证。因此,长期计划一般都有较大的弹性,侧重于明确今后一段时期的发展方向和一些政策性规定。

短期计划是指一年以内的计划,其内容主要与组织的日常工作密切相关。短期计划一般包括经营计划与权变计划。经营计划是为长期计划中某一段时间的经营目标服务。权变计划是为了应付未预料的环境因素的变化而做出的计划,事先对可能发生的意外情况进行一定的准备。通常在制定经营计划时,要相应制定与之配套的权变计划,以便于在情况发生变化时能够迅速进行适当调整,顺利完成经营目标。

中期计划是介于战略计划和短期行动计划之间、以改变经营结构、建立战略体制为主要目的的综合计划,从时间和内容上看,它包括2～3年的生产经营活动的经营计划和改变经营结构的项目计划。

按照计划涉及的内容的层次或广度,可分为战略性计划与作业计划。

战略计划应用于组织整体,为组织设立总体目标,规定组织总的纲领和政策。战略计划涉及组织发展的整体战略，主要关注组织所面对的资源、长远目标、政策、环境等问题。战略计划一般规划较长的时间，通常为五年或更长，其内容覆盖面广而不规定具体的细节。战略计划涉及面广，相关因素多，且关系复杂、不明确，因此，战略性计划要有足够的弹性。

作业计划可以理解为具体的行动计划，即如何实现目标的具体细节计划。作业计划的制定者一般为基层管理者，其计划的时间较短，如月度计划、周计划、日计划等。作业计划是根据组织的有关目标，如预算、利润、销售量等，确定工作方法，划分工作单位，确定权利与责任，分派任务，调配资源。作业计划可以有不同的使用形式：在一段时间内使用的涉及各方面的综合性计划、针对某一特定目标或行动方案的计划、为了实现战略目标对行动方法规定的策略性计划等。

按照计划的对象和应用范围可以分为综合计划、局部计划和项目计划。

综合性计划是涉及多个目标和多方面内容的计划，国家的年度预算、企业的年度生产经营计划等都是综合性计划。综合性计划对组织各子系统都有很大的影响，综合性计划要对各子系统进行合理协调，产生最大的组织效应。

局部计划是指限定范围的计划，包括各种管理职能制定和职能计划及各执行部门制定的部门计划等。局部计划是在综合性计划的基础上制定的，是综合性计划的一个组成部分，如销售部门的经营计划、供应部门的工作计划、人事部门的人力资源开发计划等。

项目计划是为了实施战略转变的某一项活动的一次性计划，其作用是改变经营结构。各个项目计划的制定和实施是建立战略体制的保证。项目计划一般应在三年内完成。

在组织管理过程中，组织的综合性计划要放在首要的位置，自上而下地编制计划，局部计划与项目计划要注意与综合性计划的目标保持一致。

（二）计划的编制及确定

1.计划的编制

组织目标确定以后，要围绕着目标编制具体可行的实施方案。由于某一目标的实现总是可以有多种途径和方法，因此，在设计和编制方案时，应进行大胆设想和精心设计，尽量多设想一些方案，以便于进行最优选择。

在拟定出各种备选方案以后，需要按照目标要求对每一个备选方案进行评价，评价主要从三个方面分析方案的优点和缺点：其一，要着重分析每一方案的制约因素或隐患,找出方案中妨碍达到目标的具体因素。对制约因素分析得越彻底,对每个方案的了解也就越透彻;其二,在将方案预期结果同组织目标进行比较时,既要比较可以量化的因素,又要比较不能量化的因素,如组织的信誉、公共关系、成熟程度等;其三,要着重考察每个方案的综合效益,着重考虑每个方案预计完成总目标的程度。对方案进行全面分析对比之后,最后择优确定实施方案。

2.制定政策

确定计划方案以后,必须制定相应的政策,以保证计划方案的顺利实施。政策是对各项工作提出的原则要求以及各种奖惩规定,用来指导实施计划的具体行动,从而保证组织成员能够按要求去努力完成计划任务。如一个企业制定了开拓新市场的计划目标,并具体制定了提高产品质量、改善服务、降低成本、加强广告宣传等一系列措施来实现目标。然而,要保证这些措施得以有效地贯彻执行,还须制定相应的技术政策、投资政策、销售政策、人事和奖励政策等,来保证计划目标的实现。

3.编制预算

择优确定计划方案以后,管理者就要根据计划任务要求来编制预算。预算是用数字表示预期结果的报告书,是数字化的计划。预算中的数字可以是财务性的,如投资、收入、支出、成本等,财务性收支预算又可以称为"赢利计划";预算中的数字也可以非财务性的,如直接工作量、生产量等。通过预算可以对所需人力、物力、财力资源进行定量分配,以保证计划任务所需资源得到周密安排。同时,预算又是控制的有效工具,依据预算指标可以对计划执行情况进行监督控制。如新闻集团对世界各地子公司的控制主要通过预算。

(三)计划的实施、反馈及微调

计划工作还应包括计划的执行过程。在计划的执行过程中要加强监督检查、加强协调与配合,建立有效的信息反馈系统和控制机制,及时发现计划执行过程中的问题与偏差。根据实际情况,对执行过程中的偏差进行纠正,或者对计划进行微调,保证计划的顺利实施。目标管理通常被看作是一种实施计划的理想技术。

目标管理是在企业管理实践中自然生成的,美国管理学家哈罗德·孔茨认为,没有一个人可以称得上是目标方法的创始人,但有许多人长期注重目标管理,从而促进了目标管理的发展,使其成为一个系统的过程。最早从理论上提出并进行了分析、论证目标管理的是德鲁克,他于1954年在《管理实践》一书中首先使用了这个概念,并在其后的论述中,提出了“目标管理与自我控制”的主张。几乎与德鲁克出版《管理实践》一书的同时,1954年,美国通用电气公司进行改组,在分散化的管理决策中,要求用具体的客观目标和对目标实施进程的客观计量来代替主观的评价和个人的监督,使目标管理很快成为工作评价的主要方法,从而丰富了目标管理的内容。

目标管理是以系统的方法集合许多关键管理活动,使组织中的上下级共同商定组织的总目标及围绕总目标的部门和个人目标,并有意识地引导人们通过协调和支持来有效地达成组织和个人目标的全面的管理系统。

目标管理的过程可以分为以下三个阶段:

1.目标体系的制定。确定目标是目标管理中起决定性作用的工作。它包括预定组织的整体目标、制定下属人员的工作目标、制定行动计划三项工作。这个过程比较复杂,实际操作中应把握以下几个要点:第一,目标管理必须被全体员工所理解,并真正得到上级领导的全力支持。第二,上下级共同参与制定目标,并对如何实现目标达成一致意见。第三,目标的制定是一个反复的过程。由高层设置的目标是初步的,当由下级拟订出整个可考核的目标系列时,根据它来进行修改。管理人员应反复地与他的上级一起审查所有下级的工作目标和他自己的目标,直到部门中的每项工作都制定合适的目标。第四,最终形成的目标体系应既有自上而下的目标分解体系,又有自下而上的目标保证体系,从而保证总目标的实现。

2.目标的实施。通过各级授权,使每个人都明确自己在实现总目标的过程中应承担的责任,实行职责范围内的自主管理、自我监督、自我调整,以保证全面实现预定的绩效目标。在此过程中要把握以下几个要点:第一,实行充分授权。根据权责一致原则,若承担某一任务,必须拥有完成这一任务所需要的权力。第二,实行自我管理。管理者授权以后,员工按照自己所承担的目标责任,在实施目标中进行自主的管理。自我管理的最大成效就是使员工感到工作是出自内心愿望,从而能够发挥最大的积极性。第三,要保持经常的成果反馈。

3.成果的评定与奖励。当目标的实施活动达到限定期,应按照定量目标值对实际取得的成果作出评价,并使这种评价与奖励挂钩。基于成果的奖励有助于目标管理的成功。

二、战略实施的组织保证

企业战略和计划的实施是要通过合理的组织结构和高效的组织工作来进行的。因此,企业战略管理者要根据企业战略的要求,调整企业的组织结构以及做好与之相适应的人事安排,使企业管理水平得以改善,以适应实施战略的要求。

此外,企业高层管理者以及各部门的管理者还要根据企业战略要求,选择适当的营销、生产、财务、研究和开发的战略,以提高企业战略实施的有效性。

三、企业战略评价和控制

企业战略的评价和控制是对战略实施的效果进行测定、发现偏差并纠正偏差的战略管理活动。由于战略实施的时期较长和战略行动绩效表现的滞后性,其目标结果和预测结果都是未来的东西,所以战略的评价和控制与日常经营活动的评价和控制有很大的不同。战略的评价、控制注意的是还没有发生的事件,是以预测而不是以现有的结果为基础的。同时,战略控制的矫正行动也是始于事件发生之前,而不是事件发生之后。因此,企业战略的评价和控制一般包括这样三项活动:

1.监视和分析企业内外环境的变化,并根据由此得到的信息重新评价企业的战略依据是否依然成立。

2.测定各种战略活动的现状并预测未来可能产生的绩效以及对其他活动产生的影响。

3.测定已经发生和预测将要发生的差距,并采取矫正活动。

【延伸阅读之一】

从美国企业兼并收购历史看企业战略模式的变化

在美国,无论一个企业是独资、合伙还是公司形式,只要该企业能紧跟时代步伐适时转变经营形式,则该企业就会有相当大的成长壮大的机会。而这种经营形式的转变往往是通过收购新的企业、卖掉旧的企业或与现有的其他企业合并成新的企业等方式来实现的。据统计，美国20世纪80年代初上市的企业已有40%兼并了其他企业或被其他企业收购。在20世纪的80年代，一些所谓的“企业狙击手”们通过收购价值被低估的公司，再全部或分拆卖掉，获得了超额的短期收益。但近年来的企业兼并收购一般都基于长期的发展战略目标。

企业兼并和收购的区别在于兼并和收购过程中财务处理的设计。兼并是指两个或更多的公司根据双方或多方的利益组成一个新的公司。收购是指一个公司通过部分或全部购买另一家公司而成为一个控股公司，收购公司要承接被收购公司全部或相关部分的债权和债务。而一个公司只出售部分资产给另外一个公司，则叫部分出售。可以说，美国企业的兼并收购活动贯穿于美国经济发展的全部过程，而且表现形式多样。企业兼并浪潮和兼并方式往往与经济发展变化相关。

美国历史上兼并活动有多次高峰期，其中之一发生在1881～1911年，当时经营石油和钢铁等基础工业的资本家们通过他们巨大的垄断信用购买许多(达到控股程度)竞争对手的股票来控制市场，这种同行业里竞争对手之间的兼并称为平行兼并。平行兼并的目的是获得规模经济效益和排除竞争。美国政府反垄断托拉斯运动不断高涨和美孚石油公司在1911年解散标志着美国历史上这次平行兼并潮的结束。

美国历史上另一次兼并高潮发生在20世纪20年代，当时美国经济蒸蒸日上，出现了许多行业里处于某一阶段(比如原材料、生产、流通等)的公司吸收或加入同行业里不同阶段的公司，这种兼并称为垂直兼并。垂直兼并的目的通常是确保企业在供给、生产和流通等方面能平衡发展，比如，直到现在福特汽车和通用汽车都拥有给他们生产汽车提供零部件的公司。

美国历史上发生在20世纪60年代末和70年代的另一次兼并潮的特征是有些企业收购了一系列与本企业经营业务毫不相干的企业，目的是缓解或抵冲经济波动可能对本企业经营带来的风险，这种兼并称为联合兼并。企业联合兼并的目的主要是加速该企业的成长和分散风险。从理论上来说，某企业在某一业务方面的亏损可能会由该企业其他业务的盈利来弥补，因此总体上该企业可保持一种平衡的发展。通过联合兼并的企业通常叫联合大企业，有些联合大企业在高峰期拥有几百家公司。但从20世纪70年代末开始，许多超级联合大企业已经解散，有的通过卖掉一些所属的公司筹集资金来拯救另外一些所属的公司，有的干脆卖掉一些不盈利的公司。美国国际电话电报公司就是一个很好的例子,该公司成立于1920年,并曾在一段时间内拥有各种业务的分公司,如汽车反锁刹车制造、赌场、保险,拥有纽约一家棒球队等等,但该公司巨大的业务范围最终被证明是不利的,所以在20世纪90年代中期分拆成几家公司,每一家公司都有自己的主营业务。

20世纪80年代,美国许多公司的价值实际上高于它们的股票市值,因此这些公司成为非常有吸引力的收购目标。在整个80年代,美国用于兼并收购的资金超过3.7万亿美元,这些兼并收购许多是通过杠杆收购的形式来实现的,即一个或多个个人通过用目标公司的资产抵押获得贷款来收购目标公司的全部或部分资产。虽然杠杆收购的主要目的是改善目标公司的经营,但也不排除有些情况下杠杆收购的动机却是获取短期暴利。

在20世纪90年代,美国出现了新一轮的企业并购潮,并且愈演愈烈。这一并购潮的特点是收购方用股票和现金有选择性地收购一些将会强化收购方自己市场地位的公司,而不是通过举债进行收购,然后再通过包装转让以获取暴利。例如,美国一家全球电话公司WorldCom兼并了MCI公司(美国长途电话通信方面的一家老牌公司),MCI股东可用每股MCI股票换取每股WorldCom股票另加51美元。兼并后的公司MCIWorldCom成为世界上最大的网络服务提供商之一和美国第二大长途电话公司。兼并后的新公司不但可望通过统一协调业务活动节省几十亿的营运开支,而且能够通过扩大全世界的市场份额而提高利润。

采取类似于MCI和WorldCom并购方式的公司实际上是在寻找一种“协同增效效应”,就是说,此类公司想得到的是并购后的新公司的经营效果要好于并购前每个公司独立经营的效果之和。

(资料来源:华讯财经网,2009年4月21日)

【延伸阅读之二】

新闻集团多元化全球化经营战略

一、新闻集团介绍

新闻集团(News Corporation)是当前世界上国际化程度最高、有着巨大影响力的大型传媒集团，它的业务遍布全球，对世界的政治、经济、文化产生着广泛的影响。可以说除了非洲偏远闭塞的乡村外，从澳洲到英国，从欧洲大陆到美国，从拉丁美洲到亚洲，世界都在它的各种传播信号的覆盖之下。作为一股重要力量，它的卫星电视、有线电视、无线电视、报纸、书籍、杂志、网络、电影等等一直都在加速地使地球村成为现实——无论在空间距离感上，还是在文化的认同感上。

新闻集团起源于澳大利亚的新闻有限公司。到今天，它的发展历史已逾半个世纪。1954 年，新闻集团的创始人默多克继承了父亲留给他的遗产，在南澳大利亚州首府阿得雷德市出版了当地的第二大报《新闻报》。随后，在默多克的领导下，新闻有限公司迅速发展，相继收购了澳大利亚的多家报纸，并于 1964 年出版了澳大利亚第一份全国性日报《澳大利亚人报》。

接着，新闻有限公司开始向海外市场扩展。60 年代后期，首先收购了英国的《世界新闻》。70 年代初又进入了美国，买进多家美国报纸。到了 1979 年时，业务已经遍布北美、欧洲、澳洲等地。它的经营产品从报纸拓展到了电视、杂志等。这一年，新闻集团成立。

经过 80～90 年代的快速发展，新闻集团的产业覆盖了传媒领域的所有方面。媒介产品包括电影和电视节目，无线、卫星和有线电视，报纸、杂志和图书出版，广告制作和发行，数字电视，加密和收视管理系统的开发，在线节目的创意和发行，网络等。新闻集团拥有一批著名的媒介机构，如英国销量最大的《太阳报》，最有政治影响力的《泰晤士报》，世界最大的英文图书出版公司之一哈勃·考林斯出版社，全美第四大电视网——福克斯电视网，世界最大的电影公司——20 世纪福克斯影业公司等等。截至 2002 年 7 月 31 日，新闻集团的总资产是 403 亿美元，年营业额 150 亿美元。在美国《财富》杂志于 2002 年 7 月公布的世界企业五百强中，新闻集团排名 364 位，在传媒产业界中排名第五。默多克通过他在澳大利亚的家族公司鲁登投资公司保持着对新闻集团的绝对控股权。

二、新闻集团的经营范围

1.新闻集团的主业很突出

新闻集团的主业很突出，产业板块主要集中在新闻传播领域，覆盖了新闻传播业的各个部分。

新闻集团的下属产业可以分为七个大的板块，分别是：电影娱乐业、电视、有线电视、杂志与增刊广告、报纸、图书出版和其他。前六项明显属于新闻传播业的范畴,从新闻集团2002年公布的报表来看,占了总营业额的95.66%;而“其他”项占的营业额比重很小,这部分只有4.34%,并且其中还包括一些网络、传播技术等新闻传播业内的产业。因此,新闻集团是一家主业很突出的公司。新闻集团各经营板块见下图:

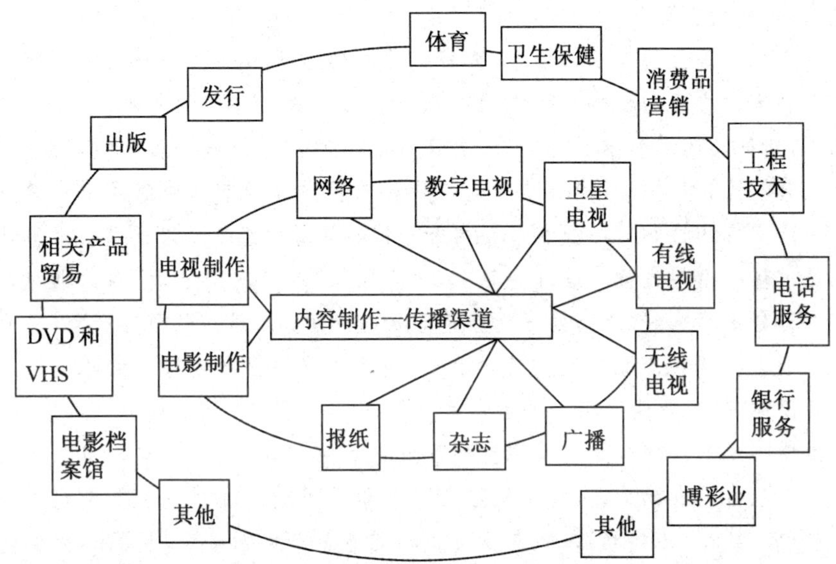

进一步分析可以发现,以上每一主要产业板块又由众多的子产业或企业组成。如在电视产业部分中,传播渠道上有卫星电视、无线电视之分;内容上又有体育台、音乐台、新闻台等等之分。也就是说,在每一个主要板块的产业分布上,新闻集团都有相应的公司。所以,新闻集团的产业覆盖了新闻传播业的各个分支产业。

2.以“内容制作—传播渠道”为核心,依照产业发展逻辑形成多元化的产业结构

(1)新闻集团产业的核心是“内容制作—传播渠道”

进一步分析新闻集团各组成部分的产业结构可以发现,新闻集团的下属公司总体上划分为传播渠道和内容制作两大块。

在传播渠道方面,从新闻集团各个公司的名称就可以看出来,如福克斯广播公司、英国天空广播公司、亚洲星空传媒集团、美国数字出版公司等,它们都是围绕传播渠道在不同地点来生成不同的公司,也就是说传播渠道是这些公司的共同点,是核心之所在。新闻集团的这些渠道包括广播、电视、报纸、杂志、图书出版、网络等。

内容制作方面主要包括两类，首先是生产内容的主体，如20世纪福克斯影片公司、新西兰自然历史单元公司等，它们共同的特点就是生产电影、电视等传播内容。此外，还有电影电视档案馆、20世纪福克斯相关产品开发及贸易公司等公司，它们虽然不生产内容，但可以进一步开发内容，是围绕内容而生成的。

在新闻集团的产业发展中，内容制作和传播渠道这两部分是密不可分的。强大的内容制作能力为集团的媒介扩张提供了坚实的基础；在这个基础上，新闻集团展示出了“一个公司掌握越多的信息传送形式赚钱就越大”的经营理念，即电视等传播渠道的拓展使节目内容的市场价值得到充分开发。默多克的这种同时拥有节目内容和传播渠道的经营思路逐渐被业界认为是市场的主导力量。最近几年来，一直坚持“内容就是上帝”的迪斯尼公司也开始奉行这一思路，投资视点也开始向传播渠道这一块转移。

默多克这种思路在新闻集团2002财务年度每个产业部分的收支情况中得以体现：内容制作部分的营业额和利润只占整个集团的四分之一左右；而传播渠道部分的营业收入占整个集团的近70%，利润占了整个集团的四分之三左右。也就是说，新闻集团在内容和渠道这两者的关系上表现出的是：内容制作—传播渠道，也就是在同时重视两者的前提下，新闻集团的发展重心倾向于传播渠道。

(2)紧紧围绕核心，形成多元化的产业结构

新闻集团的产业紧紧围绕着“内容制作—传播渠道”这一核心有层次地展开。可以把整个集团的产业分为两个层次：在第一个层次，内容制作方面有美国、澳大利亚的电影制片厂，福克斯电视制片公司，动画制作公司等。通过无线电视、有线电视、卫星电视、报纸、杂志、网络等不同的传播渠道在全球各地形成了一系列的公司。

围绕第一个层次，形成了大量的第二层次的公司。在内容制作上，分别针对这些公司生产的产品，又形成了一系列相关的开发、版权和发行公司，如电影电视档案馆、20世纪福克斯相关产品开发及贸易公司、福克斯互动公司、福克斯音乐和出版公司等。

在传播渠道上，第二层次的公司包括消费品零售业、保健业、体育业、工程技术等。但新闻集团在这些行业的发展模式上与一般的消费业、体育业等的模式不一样，新闻集团有自身的核心优势：依托自有传播渠道来施行市场推广战略。

三、新闻集团多元化产业结构的特点

1.大而专

新闻集团以“规模化发展,专业化经营”为发展方向。其“大”首先是在总体规模上,2002年,新闻集团在全球五百强公司中排名第364位;其次,“大”在具体的单个产业上,新闻集团是美国第一大电视制片商,是美国最大的电视台集团,是世界上最大的英文报纸发行商等。而“专”是指集团主业很突出地集中在新闻传播业上,其产业布局紧紧围绕“内容制作—传播渠道”这一核心业务有逻辑地展开。

2.产业的拓展始终建立在核心专长上

从前面的分析可知,新闻集团即使有消费品零售业、保健业、体育业等看起来似乎与传媒不相关的产业,实质上其重心都在传媒业上,即都是围绕传媒业而拓展的,紧紧依靠现有的互动电视业、有线电视业、网络等优势来发展的。与脱离自身现有的资源而另起炉灶不一样,这种依赖电视业而发展起来的消费品零售业、保健业、体育业等的核心还是建立在传播渠道上,是传媒业内在逻辑的延伸。与一般的消费品零售业、保健业等相比,新闻集团这些产业的竞争优势很明显。

3.在总的多元化产业结构下面,每个具体的产业部分又形成系列化的结构

这种系列化使产品具有延伸性、相关性,资源的共享性很强。在集团层面下的各个公司并不是单一产业的公司,而是多个单元组合的系列化结构的公司。依据地理范围或产业范围的不同,形成横向系列化经营或者纵向系列化经营的方式。

纵向系列化指的是内部各单元之间有上下游关系,通过不同的传播渠道,使一样的内容以不同的媒介形式出现。如1998年在传统杂志《电视指南》销售业绩不佳的情况下,新闻集团将《电视指南》和联合电视卫星集团合并。合并后成立的新闻媒体拥有《电视指南》杂志、电视指南预告频道以及新闻集团所属的电视指南娱乐网。这样,原来的《电视指南》杂志就成了上游产业,它向下游的电视和网络提供内容。由此形成一个统一的电视指南平台,包括印刷、电子、网络等渠道的纵向系列化经营。这种纵向系列化经营的突出特点是重视传播渠道的嫁接。

横向系列化指的是两个或以上的单元构成并列或交叉关系。如福克斯娱乐集团下面的福克斯电视网,包括全美各地近两百家电视台,还有35家

福克斯拥有的电视台，覆盖了美国40%多的电视观众，在2000年成为美国最大的电视台集团。还有如2000年新成立的天空环球网络集团整合了英国天空广播公司、香港卫视电视公司、意大利溪流电视、巴西天空电视、墨西哥天空电视、天空电视多国伙伴、天空完美电视等卫星电视传输平台的资产。新闻集团的这种横向系列化经营的特点之一是注重地理空间上的资源整合。

4.围绕核心的多元化产业结构，形成了一条有效的价值链

新闻集团的多元化产业结构是如何产生价值的呢？

(1)在集团总的产业层面上，围绕核心的多元化产业结构使各个产业之间形成了上下游的协作关系，构成了价值链，为消费者提供了多种服务，使资源尽可能被有效利用，从而产生价值的最大化。在新闻集团的产业链上，明显分为庞大的上下游两大部分。上游产业是拥有独家的体育节目、福克斯电影以及哈柏·柯林斯电子图书等的内容产品，下游产业是将这些内容送入消费者家中的互动电视等各种传播渠道。

以电影产业为例。新闻集团下属的20世纪福克斯电影公司生产电影片。这些影片一是直接进入影院渠道，二是提供给集团的电视业，三是进一步开发成出版物和DVD、消费品，或者版权出售等。这样在集团内部就形成了一条垂直的价值链：电影制作公司处于链条的上端，电视和相关开发的公司处于链条的下端。

(2)在次级的系列化结构层面，也形成了一条条的价值链。前面已经分析了新闻集团在多元化的产业结构下面，每个具体的产业形成了系列化的产业经营形式。这种系列化的产业又分为纵向系列化和横向系列化两种。

纵向系列化使内部各单元之间形成价值链，从而实现价值增值，主要是在不同媒体间由内容链接而成的价值链。

横向系列化可以将同样成本制作的一部电影或一套新闻节目同时卖到各地，从而实现它的价值增值，即不同区域间形成的价值链。

这样，整个集团围绕核心专长形成的多元化产业成了一个巨大有效的价值创造系统。

(选编自喻国明、张小争编著《传媒竞争力：产业价值链案例与模式》，华夏出版社2005年版)

【延伸阅读之三】

迪斯尼的冬天——发展战略出现问题

迪斯尼的发展

1919年,年仅19岁的穷画家兼动画制作者沃尔特·伊莱亚斯·迪斯尼和他的好友伊沃克用一架旧电影摄像机首次摄制了一部仅放两分钟的动画故事片,接下来又制作出了如《三只小猪》、《白雪公主和七个小矮人》、《阿拉丁》、《罗宾汉》等一系列作品,形成了独特的迪斯尼世界。1923年,沃尔特和他的兄弟罗伊创立了迪斯尼公司。1955年,迪斯尼把动画片所运用的色彩、刺激、魔幻等表现手法与游乐园的功能相结合,推出了世界上第一个现代意义上的主题公园——洛杉矶迪斯尼乐园。1971年,迪斯尼公司又在本土建成了奥兰多迪斯尼世界。1983年和1992年,迪斯尼以出卖专利等方式,分别在日本东京、法国巴黎建成了两个大型迪斯尼主题公园。至此,迪斯尼成为世界上主题公园行业内的巨无霸级跨国公司。80年代,迪斯尼曾一度被认为是一个虽然伟大但已经失去光彩的企业,然而自从1984年迈克尔·艾斯纳成为迪斯尼的CEO以后,公司的发展记录让人另眼相看,迪斯尼公司创下了连续14年20%的年增长率和每年18.5%的资产回报率的成绩。迪斯尼公司也从艾斯纳1984年接手时资产为14亿美元发展成为1998年年收入180多亿美元的公司,到1999年,迪斯尼公司的市场价值已经从原来的30亿美元激增到700亿美元。

从迪斯尼集团公司的运营方式看,其四个主要业务领域的运营如下:

第一,影视娱乐。负责生产各种影片、动画片、电视节目,录制和上演舞台剧。迪斯尼公司在这个产业里属于龙头老大,拥有若干子公司和一批著名品牌,下属的电影制片厂和各种影视机构是美国四大电视网的主要节目供应商,每年共生产50多部故事片,还创作大批含有角色形象的电视节目。除自己创作的作品外,公司还购买其他厂商的影视片向影院、电视台和家庭录影带市场销售。集团名下的各个发行、录像、国际公司代理迪斯尼拥有或授予使用权的电影、电视、音像节目在美国和世界各国发行的业务。

第二,媒体网络。公司通常自己出资生产制作节目,或者从其他节目厂商购买节目播放权,并且为播放这些节目的附属台站支付数额不等的补偿金。公司的收入则来自出售节目中的商业广告时间。

第三，主题乐园和游乐场。公司通过各种国内的、国际的广告与促销活动对整个迪斯尼世界的各种游乐项目进行市场营销，以吸引来自各地的游客。每个主题乐园还通过长期协议形式与迪斯尼的其他各公司建立起业务关系。

第四，相关消费产品。公司在世界范围内进行其创造的各种形象的知识产权交易，并出版图书和杂志。许可发放的品种包括与迪斯尼有关的玩具、礼品、家具、文具、体育用品等。出版类的许可证包括连环画、艺术图画书和杂志。许可证经营活动的利润主要依靠从批发和零售产品的销售定价中提取固定比例的使用费。除提取使用费外，公司还积极开发拥有自主知识产权的商品，不断寻求可以用于许可证产品的新角色形象，并参与具有许可证意义的出版物的写作和插图的创意工作。此外，公司以“迪斯尼专卖店”向市场直接推出与迪斯尼有关的产品。截至 1999 年 9 月 30 日，专卖店的总数已达 728 家。公司拥有出版社为儿童和家长提供各种图书，出版《趣味家庭》、《迪斯尼历险》和科普杂志《发现》等期刊。公司下属的软件商迪斯尼互动公司，则主要从事开发和营销家庭和学校使用的计算机教育与娱乐软件以及游戏软件。公司还生产教育用的视听产品，其中包括录影带和电影、招贴画和其他教具。

迪斯尼是一个“品牌乘数型企业”，即用迪斯尼的品牌做乘数，在后面乘上各种经营手段以获得最大的利润。这种经营思想的定型，让迪斯尼开始把大部分利润的获取转向影视产品制作之外。迪斯尼在快乐文化背后附加上了完整的商业文化，将艺术彻头彻尾地商业化。迪斯尼不断推出一部部制作精美的卡通片，每一部影片推出后都要大力宣传去打票房，通过发行拷贝和录像带，赚进第一轮。然后是后续产品的开发，主题公园是其一，每放一部卡通片就在主题公园中增加一个新的人物，在电影和公园共同营造出的氛围中，让游客高高兴兴地去参观主题公园，迪斯尼由此赚进第二轮。接着是品牌产品，迪斯尼在美国本土和全球各地建立了大量的迪斯尼商店，通过销售品牌产品，迪斯尼赚进第三轮。这还不够，迪斯尼还在不断地收购电视频道，已经有了卡通电影频道、家庭娱乐频道，甚至还买了新闻频道。借助电视的触角，迪斯尼布下它的天罗地网。去迪斯尼乐园，买迪斯尼卡通，这是美国人的生活习惯之一。影视娱乐作为价值链上游，借助自己的品牌优势，逐渐向其他产业延伸，其他延伸部分反过来也促进影视娱乐业的发展,从而使整条价值链良性运转。虽然在价值链中内容所占比重越来越不及渠道,但是迪斯尼的发展重心仍然是内容生产而不是渠道运营,迪斯尼是期望上游产业影视娱乐的出色表现来带动媒体网络等其他延伸产业的进步,从而实现整体价值增值。

但是,由于近年迪斯尼的大片节节受挫,缺乏优秀内容的媒体网络由于市场筛选,反而失去活力,又赶上“9·11”和美国经济不景气,旅游业和广告业纷纷受到冲击,迪斯尼整体价值滑落就在所难免了。

迪斯尼的冬天——发展战略出现问题

2001年1月30日,迪斯尼公司宣布将关闭旗下网站——美国第四大门户站Go.com,并裁员400人,种种迹象表明,迪斯尼公司由传统媒体向网络媒体转型的计划已一再受挫。2001年1月份正式开通时的确是赶上了全球互联网的热潮,但是,作为一个后发的门户类型网站,Go.com比起竞争对手,落后的时间几乎要用“年”来计算。时间的落后带来了市场占有、注册用户、浏览人次、网络销售等一系列的落后。所有的落后一开始都被网站的母公司迪斯尼浓厚的优势意识所掩盖,直到网站报告巨额亏损以后,才被一一曝光。迪斯尼过低估计了时间的延迟影响,过高估计了自己由传统媒体向网络媒体转型的成功可能性,这是一个致命伤。更大的风雨也曾经历过,老沃尔特·迪斯尼有一句名言:尝试一些似乎不可能的事是一种乐趣。虽然近年来迪斯尼出现经营滑坡,但仍然是全球第二大媒体娱乐公司。它已经是美国文化的一部分,当代美国人都是和迪斯尼卡通人物一起长大的,迪斯尼是美国人生活的一部分,更是美国文化的一部分。迪斯尼的出现和兴起源于美国文化,它的兴衰也必定和美国经济、美国文化共起落。

1.外部不利因素影响主题公园和电视广告收入

“9·11”灾难波及各行各业,但对于迪斯尼的打击犹如雪上加霜,因为在“9·11”之前,它已经是一个患病的巨人。迪斯尼最大的两项业务来自主题公园和电视广告收入,在2001财政年度的前三个季度,65%的营业额及82%的盈利均来自于此。这两个行业都很容易受到经济疲软的影响,试想:一个家庭在饭碗没有保障时,会不会忙于张罗出远门玩?一家企业在盈利没有保障、被迫裁员时,会不会积极策划新的广告战?

2001年度,迪斯尼裁员4000人,多数是主题公园的员工。如果说旅游业的复苏只是一个时间问题,那么迪斯尼的广告收入要回到原先的高位,更存在着天时地利人和多方面的因素。从外部看,美国经济的滑坡影响到所有靠广告吃饭的媒体企业，因为企业在营收锐减、裁员阴云密布时，首先想到要削减的往往是广告预算。

2.影视内容的滑坡

从内部看，迪斯尼的危机更为严重。它旗下的美国广播公司(ABC)乃美国几大电视网之一，但在最近的一次收视率调查中，该电视网的收视率首次掉到前三名之外。美国每年有三次收视调查，广告定价跟收视率直接挂钩，因此ABC的不良成绩立即造成其广告价格下挫22%。ABC的厄运集中体现在它最成功的节目《谁想当百万富翁?》上，这套类似知识竞赛的节目在1999年刚推出时，以其简单的创意、低廉的制作成本、居高不下的收视率，为电视网创造了每年2亿美元的利润。如今，该节目的观众只剩下以前的一半，主管们便开始互相推卸责任，责怪有关人员在该节目走红时没有趁热打铁，推出其他好节目，反而以高价为一些气数已尽的节目续约。想一想，眼下黄金时段的十大节目中没有一套属于ABC，而ABC最近的走红剧集是1995年的情景喜剧《家庭改进》。

"9·11"期间，ABC电视网连续几天处于紧急新闻播报状态，所有娱乐节目全部让道，商业广告一个也不敢插播，损失巨大。当然这属于百年一遇的突发性事件，可是ABC的前途令人担忧，它曾经占整个迪斯尼集团总营收的25%，2000年这个比例仍有21%，2001年急剧下降到14%。电视网及黄金时段的电视剧也许是迪斯尼最惹人注目的产品，而且碰巧也成了它业绩的风向标。迪斯尼的营运收入在1997年达到45亿美元，此后便开始走下坡。年近60岁的艾斯纳珍视迪斯尼的声誉如同自己的性命，他坦承："我的价值就在于保证公司出产的任何节目和产品都符合社会道德，并具有最高的艺术水准。"迪斯尼从来不沾不干净的钱，迪斯尼的影视产品并不存在着方向性错误，而是产品质量和数量有问题。

2001年，华纳旗下的电影公司推出了最具代表性的奇幻巨片《哈利·波特》和《魔戒》首部曲，两部影片均突破了北美票房3亿大关。迪斯尼唯一的既叫好又叫座的超级大片是《怪物公司》，但这部动画片是由发起动画革命的Pixar公司制作的，利润需要跟它平分。

迪斯尼把2001年的电影之宝押在《珍珠港》一片上。该片虽然在北美市场有接近2亿的票房，加之海外收入、录像带和DVD销售等，应该能带来少许利润，至少不会赔本，但该片恶评如潮，为迪斯尼带来相当的负面效应。除了《怪物公司》，迪斯尼还有两部小规模的成功之作——《非常小特务》和《公主日记》,成本不高但均有1亿美元以上的票房。2001年是迪斯尼自1997年以来首次失去美国电影市场的冠军地位,该宝座当年度由AOL—时代华纳接任。之后的2002年和2004年,年度票房冠军是索尼—哥伦比亚。

3.动画片:三维契机未把握

迪斯尼跟动画片的关系,就好像英特尔和电脑芯片,许多人无意中在两者之间画上等号,虽说与事实不符,但也不算太离谱。好莱坞的经典动画片几乎全部出自迪斯尼公司,连最早的《白雪公主》现在仍以DVD方式热卖。

中国观众熟知的迪斯尼动画片,其实起源于1989年的《小美人鱼》,之后几年的《美女和野兽》、《阿拉丁》和《狮子王》,将迪斯尼动画片推到了商业和艺术的巅峰。仅《狮子王》一片,就为迪斯尼创造了10亿美元的产值,原因是艾斯纳的综合效益政策使影片派生出源源不断的衍生产品,如玩具、电视剧、唱片等。

一项生意特别赚钱,大家都会来分一杯羹。没有哪项法律规定只有迪斯尼才能制作动画片,于是别的电影厂也来插一脚。有些(如华纳)拍了一两部,不得要领,草草收场,但梦工场却越做越大。该公司的卡岑伯格以前便是迪斯尼负责动画片的主管,那几部经典片都是他的"政绩",后来因与艾斯纳发生不和,才离开了迪斯尼。

卡岑伯格为梦工场推出了《小蚁雄兵》、《埃及王子》等新式动画片,这些影片跟迪斯尼传统动画片一样适合全家成员欣赏,但影片的感染力更偏向成年人。2001年,梦工场的《怪物史莱克》成了年度票房亚军,险胜第三名的《怪物公司》,这是卡岑伯格旨在颠覆迪斯尼模式的重磅武器,口碑更是远胜《怪物公司》,在后来举行的奥斯卡角逐中,《怪物史莱克》夺得首次设立的最佳动画片大奖。而迪斯尼寄予厚望的《亚特兰蒂斯:失落的帝国》只有8000多万的票房,彻底惨败,预示着传统的迪斯尼卡通风格在未来凶多吉少。2004年的《怪物史莱克2》更是成为年度票房冠军。

迪斯尼动画片面临着何去何从的分岔点:一方面,传统的二维动画似乎有过时之嫌,这从《狮子王》之后不断滑坡的作品可以看出,但坚持二维的日本动画却找到了自己的位置,虽然在美国电影市场的份额微不足道,但在电视市场及附属的玩具市场却大有扩展之势;另一方面,以电脑制作的三维动画不断开拓新领域,但迪斯尼这方面的影片全部来自苹果创始人乔布斯的Pixar制作公司,从《玩具总动员》、《虫虫特工队》,到《怪物公司》、《海底总动员》,无一例外。而Pixar因为未能获得心仪的分红机会,对跟迪斯尼继续合作已经兴趣索然。

艾斯纳自己说得好:"我其实是首席创作官(chief creative officer),我们公司的成败最终是由产品质量决定的。"不能生产足够的优质影视产品,对于任何一家娱乐公司都可能是致命的打击,何况迪斯尼需要将这些产品再包装成其他产品,发挥综合作用。

4.零售业快速扩张有些盲目

每家企业都希望高速增长,但任何一家企业都不可能永远保持那种增长势头。正如老迪斯尼的后代、现任副董事长罗伊·迪斯尼所说:"如果我们每年都以20%的速度扩大生意,到2010年,我们不仅要独霸地球,还要占领火星的部分市场。一家企业发展太快,反而会成为成功的牺牲品。"

就拿迪斯尼零售店来说,光北美就有516家之多,放眼望去,似乎每个像样的商城都能找到一家。但市场已经饱和,如今迪斯尼打算关闭其中100家,以解供过于求之急。

5.盲目发展互联网

2002年新年伊始,艾斯纳对外作出惊人预言:迪斯尼所属的网络公司将于2002年9月扭亏为盈。说起网络公司,迪斯尼跟所有媒体企业一样,被卷入互联网的热潮,1999年1月开启的Go.com网站,其宗旨是为了跟雅虎及AOL等门户大站一比高低。美梦破灭,该网站于两年后关门大吉,旗下400名员工遭解雇,造成当季7.9亿美元资产从账面上一笔勾销,其中光是遣散费就花了2500万~5000万美元之多。Go.com网址依然故我,但只是一个空架子,担任为他人指路的工作。

迪斯尼还回收了旗下网络公司的股票,调整了经营方向,把网络公司"贬"为传统媒体单位的分支,如ABC电视网有ABC.com,ESPN有ESPN.com等,不再为网络事业另立门户。在管理方面,网站也不再我行我素,而必须承担电视频道的行销工作。

经过一轮又一轮的裁员和重整,迪斯尼跟其他媒体大亨一样,不再盼望互联网革命能创造什么奇迹,也不再高论什么无线策略、门户策略、内容策略,而是利用现有的品牌,抓好成本管理,切切实实做出业绩来。

6.媒体策略上,对电视传输网(有线和卫星)的重要性估计不足

如果说互联网只是让迪斯尼一时头脑发昏,那么电视节目的发行渠道确是行之有效的娱乐产品发行平台。我们若把电视节目看作货架上的商

品,那么这些商品都需要有线电视网或卫星网这类“商店门面”。在美国,无线电视的比率越来越低,目前只有20%,预计两年后跌到10%;换言之,80%～90%的电视观众都依靠有线电视或卫星电视。迪斯尼若想保持跟观众的“近距离接触”,就必须通过“店家”这一关。

在新世纪初的两年里,迪斯尼两次在这方面受到严重挑战。先是劲敌时代华纳有线网拒绝载播迪斯尼的ABC频道,甚至在测定收视率期间停播它的节目。迪斯尼大惊失色,赶忙发动普通观众进行抗议,毕竟ABC有许多忠实观众。然后,它一状告到主管电视业的联邦通信委员会,造成时代华纳和AOL的合并耽搁了好几个月。

2001年下半年,卫星广播商EchoStar决定停止载播迪斯尼所属的ABC家庭频道,原因是该频道收视率并不理想。12月中旬,迪斯尼提出控告,并扬言要阻止EchoStar和另一家卫星发射商DirecTV的“姻缘”。ABC家庭频道原来是另一家媒体巨擘新闻集团的资产,迪斯尼刚以52亿美元的代价买过来,目前有8000万订户,其中650万是通过EchoStar来接收的。EchoStar抱怨迪斯尼收费太贵,如广受男性观众欢迎的体育频道ESPN,迪斯尼每年都将收费提高20%。美国有线或卫星电视向普通订户收费,并将部分费用交给节目供应商;这些节目构成基本频道,另外有收费频道,如播映新电影的HBO或软性色情节目的花花公子频道,由节目供应商直接卖给订户,订户需另外缴费。

如今EchoStar利用手中的节目发行平台,找了一个频道易主的借口,想给迪斯尼一点脸色看。迪斯尼当然很紧张,因为DirecTV和EchoStar是全美第一和第二大的卫星播映商,一旦联手,能垄断卫星这一平台。DirecTV也有冠冕堂皇的理由:有250个频道乃政府规定必须承载的,另外还有每个市场的地方新闻频道,因此必须强强联合才能生存,观众少的频道需要“让路”。

ABC家庭频道共有7个“发行商”,迪斯尼跟它们的合约在不远的将来都将到期,届时需要打官司的也许不止EchoStar一家。通过这场危机,迪斯尼认识到它的媒体王国地位并不牢固,时代华纳和新闻集团均有自己的发行渠道,而迪斯尼则完全要靠自己节目的吸引力;一旦节目不受欢迎,“店家”便会把你从“货架”上赶走。

当我们回头审视艾斯纳的扩张策略,不难发现,迪斯尼在过去十几年里有得有失,如零售店和主题公园的发展有过热之嫌,电视网的建设好坏互见,如ABC的逆境刚好是ESPN春风得意之时,而电视发行网则是它的薄弱环节。

至2004年,迪斯尼依然没有起色。在一次次的股东压力下,艾斯纳终于答应于2006年下台。2005年,他提前“退休”,由原来的“第二把手”罗伯特·伊格接任。

迪斯尼的启迪

任何企业都不可能一帆风顺,迪斯尼的起起落落有外在的因素,如经济的好坏、竞争对手的强弱等,也有内在的因素,如主管人员的管理作风、产品的开发等。纵观迪斯尼过去数年的挫折,它的失误基本上不是方向性、原则性的(但这也不表示不会是致命的),如几乎每家媒体公司都曾被网络热冲昏头脑,只有AOL从中获得巨额利润,但跟时代华纳的合并后来也遭人诟病;它对零售业的投资属于偏乐观,对电视传输网(有线和卫星)的重要性估计不足。光有好节目就够了吗?要不要传播通道?这是一个事关生死存亡的大问题。早在1993年,艾斯纳就公开表态:“我们必须保护节目的通道。”但艾斯纳并没有收购有线或卫星公司,而是买下了无线电视网ABC;收购的球队跟核心生意毫不相干,如今需要出售,等等。

迪斯尼的真正失误是未能开发惊天动地的艺术产品,没有推出另一部产值10亿美元的《狮子王》。其实,迪斯尼比谁都清楚佳片的龙头作用。尽管电影产品占总公司收入的比例并不高,而且当票房亚军也不是丢脸的事,但迪斯尼需要增加新的家喻户晓的人物形象,因为它旗下的商店需要出售这样的玩具,公园需要有新的过山车主题,更别说电视网需要能刺激收视的走红电影。

(选编自周黎明《好莱坞启示录》,复旦大学出版社2005年版;喻国明、张小争编著《传媒竞争力:产业价值链案例与模式》,华夏出版社2005年版)

【本章主要参考文献】

1.何建平:《好莱坞电影机制研究》,上海三联书店2006年版。

2.贾永轩:《企业战略十论》,企业管理出版社2005年版。

3.喻国明、张小争编著:《传媒竞争力:产业价值链案例与模式》,华夏出版社2005年版。

4.陶志峰:《媒介战略管理:方向性的把握》,湖南人民出版社 2003 年版。

5.黄速建等:《现代企业管理:变革的观点》,经济管理出版社 2002 年版。

6.王效昭等:《企业管理学》,中国商业出版社 2001 年版。

7.黄之冠:《南方报业传媒集团全媒体战略转型研究:以互联网为例》,中山大学工商管理硕士毕业论文,2010 年。

8.刘江鹰:《南方传媒集团可持续性发展战略研究》,中山大学硕士毕业论文,2008 年。

9.蔡玉明:《南方报业传媒集团相关多元化发展战略研究》,中山大学硕士毕业论文,2009 年。

第四章 生产管理：文化产品的实现方式

第一节 文化产品的生产

一、文化产品链的构成

经济学认为，产品链条越长，其附加值就越高，经济效益亦越大。文化产品和服务虽然也以商品形式出现，但它的价值主要在于文化内涵。它的物质载体可以在消费过程中被磨损被消耗，但是它的文化内涵并没有因此而消亡，反而因为欣赏或参与的人多了，人们又用自己的新鲜体验丰富它，而使它获得了更丰富的生命和更大的潜在价值。因此，文化产品更适合链条式开发。文化产品链由创意策划、生产加工、流通销售、延伸产品开发等环节组成。

（一）创意策划

创意策划是指文化产品的内容生产阶段。在这个阶段，既有文学、艺术方面的创作，又有物质产品的设计、广告的创意，还有各种文化活动、项目的策划等。

1.原创性的创意策划方式

文化产品"创意"的主体是文化人、艺术家和提供各种文化创意的人们。传统的艺术创作形式往往是：以个人的独特方式，把大众心中渴望但又无法表达的感觉和情感强烈地表现出来，从而获得人们广泛的共鸣。这种创意是个人的体验和表达，有着与众不同的个人色彩，又有广泛的社会基础，代表了千百人的共同心愿。这种创意方式在文化产品的工业化生产语境中仍然大量存在,例如以导演为中心的摄制组、独立制片公司,以创作者为核心的图书、音乐、动漫工作室等,同时也包括像画家、编剧、作家那样具有鲜明个性意识的个体生产者。

2.文化产品的工业化创意策划方式

这种创意策划是按照商品开发的逻辑和方式进行的。首先要对市场展开调查,确认目标市场。一些大型的娱乐内容提供商通常会成立策划开发小组,由他们来负责产品的开发。受雇于策划开发部门的工作人员既可能是公司的全职职员,也可能是来自公司外部的顾问人员。他们会仔细地分析目标市场的人口统计学特征、竞争状况、品牌识别可能受到的影响、产品开发成本以及最终投资回报,然后采用流水线式的作业进行创意策划。比如,好莱坞大片的开端往往不是一个完整的剧本,而是某人或某群人的一个构思,然后会扩展成一个“处理”(treatment),制片人再雇人进行编剧。编剧是一个高度发达而又分工细致的工种,有的专门写对白,有的专门设计情节,有的专门勾画人物。剧本写成之后,还要根据请来的大牌导演和演员对剧本进行修改,最后还要请剧本医生把关。剧本医生往往是在开拍前的最后一刻,甚至开镜后出现。他们的要价非常高,而且按周索价,每星期二三十万美元。他们一般都资历雄厚,很多都拿过奥斯卡最佳编剧奖或提名。他们往往像走马灯似的换个不停,难得有一个“医生治疗”到底,他们不署名。

美国主流电视剧的编剧方式既不同于好莱坞商业电影,也不同于小众艺术片。美国电视剧一般由原创者搭好框架,后来的编剧如同写古典诗词,明白自己工作时哪些必须是禁区,哪些必须时时创新。一般采取长期雇佣、边拍边写的方法,一集戏由几位作者共同创作,通过“脑力激荡”,编写出最精彩的片段。

韩国影视剧在制作过程中形成了自己的编剧制度,编剧的地位和酬劳很高。在拍摄起始阶段,由制片人、导演和编剧一起设计制作方法和主题,编剧写好梗概,制片人和导演根据梗概制定计划方案,然后由编剧开始写作剧本,由导演和编剧反复交流后定稿。但剧本完成后,编剧并不像好莱坞影视剧编辑那样退居二线,而是参与选择演员、选定名称、练习剧本的每一个环节。著名编剧的薪水甚至高过明星。

3.版权

早在20世纪70年代后期,美国电影业管理层即开始把目光投向版权:他们意识到,没有版权的保护也就没有娱乐行业。因为只有在投资者的权益不受侵犯的情况下,娱乐产品在法律上才能得到真正的保护,产品的交易、品牌的授权及延伸才能顺利进行。1976年《美国版权法案》通过,该法案规定创作者及其受让人享有独占的对原作品进行复制、发布及其他用途的使用的权利。技术的进步和全球化的趋势迫切要求该法案作出相应的修改。于是,"版权"的概念不再局限于对传统书稿作品的保护,而且拓展到了包括电影、录像带、电脑程序、数据库以及艺术品和雕塑在内的其他原创作品。于是,在涉及娱乐业的各种合同当中,诸如"知识产权""著作作品""受雇创作"等字眼开始频繁出现,这些术语界定了某个创意或概念之所有权的拥有者、拥有的有效时间、拥有范围以及为什么由他拥有。一个创意可以为个人或某个机构所拥有(但不一定是创作者本人),他人不得擅自以任何形式对其进行抄袭,无论是出于营利还是非营利的目的。创意和概念的所有权是一个复杂而又重要的问题,这是因为版权保护涉及品牌的授权、文化产品的销售、漫画人物形象的使用、电影续集的拍摄,等等。创意自然是文化产品的灵魂,但版权是收益得到保证的关键。到此为止,创意和版权方面的条件已经具备了,文化产品的内容开始进入真正的生产阶段。

(二)生产加工

文化产品生产,是指文化产业中策划、创作内容的物化过程,其最终结果是有着物质载体、可供消费的文化产品的形成。文化产品生产可划分为文化物品制造、文化信息传播和文化服务提供三类。文化物品制造主要包括平面出版物、音像制品、工艺品等的印刷、刻录、制造;文化信息传播主要包括平面媒体信息、广播影视媒体信息、网络媒体信息及新媒体的采集、编辑、制作、复制、传播;文化服务提供包括的种类很多,比如电影的发行和放映环节,图书、报刊的发行、零售环节,文化中介组织等,几乎链接文化产业的所有领域。

创意策划和生产加工常常可合并为一个环节,总称为"文化产品生产环节"。

各种文化产品形态和性质不同,其生产过程与特点也不同。

1.出版业

出版业以杂志、期刊、报纸、书籍出版为主,也可以延伸至音像制品,还可以包括互联网及新媒体的某些内容。

出版的生产过程包括:创作者(作者)创作了著作文稿、图片、信息、音响、录像制品等原件,汇集到出版机构以后,出版商像一名守门人,监视着市场可售性,经过选择、审定,然后投资编辑、加工、印刷、制作、发行、销售。

2.演出业

表演艺术亦可称之为“舞台艺术”或“演出艺术”,它指的是通过演员在舞台上的现场表演来完成艺术形象创造的艺术样式。一般经过三度创作。表演艺术一般都要经过作曲、作词、编舞、编剧等创作人员的一度创作,然后再经过演员、音乐家、美工、技术队伍以及导演、指挥和制片人的二度创作,才能搬到舞台上。在表演艺术演出中,演员和观众之间所构成的不仅仅是生产者和消费者之间的关系,还包括一种特殊的相互关照的情感交流,这种鲜活直接的、共处于同一个空间之内的情感交流就是“剧场性”。“剧场性”打破了生产者和消费者之间的隔阂,最大限度地调动消费者的创造意识,使原本是在进行消费活动的观众参与到了戏剧的创作中来,丰富了表演艺术的创作能动性。生产和消费同时进行,完成了艺术的最终创作。这就是表演艺术的三度创作。

表演艺术主要有音乐、舞蹈、戏剧、曲艺、杂技五个基本门类。

在表演艺术中,演出需要一种舞台。这可以简单到仅需在一个俱乐部或者在酒吧里搭一个小台子,或者在公园里用肥皂箱搭一个台子,也可以复杂到使用各种复杂的设备进行大规模的演出。这些设施包括计算机灯光,宽广的舞台,特殊效果机器,音响系统和供服装、道具设备使用的背景设施,以及表演者使用的更衣室。

3.影视业

影视业的生产过程是从剧本开始的。最初,制片商和导演汇聚在一起,为新片做最初的脚本构思,最终成型的剧本必然是经过了对电影市场和受众审美要求的双重分析。其次就是要选好演员,这也至关重要,演员的气质要接近所要饰演的角色,一个出色的演员就在于他能把最平凡、最不起眼的角色演绎得生动形象。

在预算方面主要考虑场景选择的费用以及对演员的酬劳问题,像最近几年所谓的“大片”都有一种趋势,就是大制作、大成本。除了考虑到场景、演员这些前期制作费用外,还要考虑到后期剪辑工作的费用,还有营销费用。

从前期的拍摄阶段来说，影视制作都需要大量的筹备工作，需要计划、场景、资金和设备的支持。

在后期制作编辑方面，则需要冲洗底片、印制样片、剪辑样片、画面套底、印制校正拷贝、印制标准拷贝等制作工序。还有为了更好地与画面相配合，进行混音、配音。

商业电影中发行商和制片商不是一家，发行商是通过竞争来取得发行权，一部电影发行的好坏也要看发行商的表现。发行电影海报，进行广告宣传。对于一些大片来说，早在电影放映几个月前其广告和宣传海报就已经出炉。

动漫产业的基本生产过程是：创意（故事、人物编制）→人物形象动作设计及后期制作→复制→销售。

美国是公认的文化产业大国，其文化产品生产的产业化程度最高，如其电视剧的生产。美国电视剧产品的生产已经完全工业化了。这种生产基本采用标准流水线来组织，一条经典的流水线一般包括这些“工序”：主笔设计情节→提纲作者编写提纲→对话作者撰写对白→总编剧汇成脚本→制片人和导演作前期筹备→前期拍摄→后期制作→发行播出。美剧的生产实际上实行的是不完全的制播分离，电视网也一定程度地参与到生产过程中。制作公司要向电视网提供一个剧本提纲，这个提纲包括电视剧的大致情节、主要人物设置、人物关系、场景设置等基本内容。即便创意提纲获得了电视网的认可，为保证“优先购买权”，电视网还应向制作公司支付一笔拍摄许可证费用，一般占到电视剧成本的70%～85%。这样一来，电视制作公司只需要承担小部分投资风险。这样，既分散了制作公司的风险，又可以保证电视网按自己的需要量身定做。然后经过首轮播出，对观众收视率进行调查。如果收视率高，电视剧就会继续播出，而且在这一季结束前获得下一季的预定。相反，观众反应一般或者收视率较低的电视剧，则会遭遇市场的残酷淘汰，甚至遭到停播的命运。

商业电视网为电视剧制作付出了高额的制作成本，其中一部分制作成本是以贴片广告的方式支出。电视网付出的制作成本只是取得了电视剧的首播权（顶多再加上一次重播权），首轮播出后，电视剧的版权归电视制作公司所有，他们可以进行电视剧的次轮和三轮开发。如果电视剧可以播出四个演季100集左右，就可以成为辛迪加复播节目。在次轮开发中，电视剧制作公司可以将其打包卖给国内的有线电视台或其他不隶属于商业电视网的地方电视台,以每周五集的速度在晚间或日间滚动播出。很多热门剧集在二轮甚至在三轮播出时,仍然能够获得较高的收视率。由此可见,电视剧制作公司从中获得的经济利益不可忽视。在三轮开发中,电视剧制作公司可以将电视剧销售给海外电视机构,制作成影碟,或者进行与电视剧相关的其他产品的开发。一般来说,经过首轮的国内播出,一部热门电视剧的制作成本就已经能够收回,在此基础上再进行其他市场的开发就是电视剧制作公司的利润了。

美国电视剧在制作上实行的是边播边拍的方式。在每个演季开始的时候,制作公司一般要拍摄完成4～5集的备播量,有1～2集已经最后定稿完成的剧本,以及数量更多的剧本初稿和剧本梗概,剩下的内容在播出期间拍摄制作。这种方式决定了美国电视剧可以根据观众的意见和市场表现随时做灵活的调整,根据观众的喜好决定人物的去留和情节发展的走向,有时甚至可以把观众的意见写进剧本中去。

(三)销售

文化产品的销售,是指文化产品完成生产环节之后经由市场到达消费者手中的过程,它包括流通、承销两个环节。在流通环节,文化产品被文化产品发行人、代理商及经纪公司(人)进行营销传播和分销;在承销环节,文化产品被文化产品经销商购买或代理,并运用各种销售渠道、营销模式和手段将产品出售给文化消费者。

19世纪末至20世纪20年代以美国为代表的西方国家盛行以生产为导向的生产观念和产品观念,20年代到第二次世界大战结束期间盛行以销售为导向的推销观念。50～60年代,国际上现代营销观念出现,麦肯锡将其组合要素归纳成“4P”,即产品(Product)、价格(Price)、分销(Place)和促销(Promotion)。

产品是指商品和服务,如演出、展览、电影、电视节目等。

价格是体现隶属于产品本身的货币价值。定价一般包括选择定价目标,确定需求,估计成本,分析竞争者成本、价格和提供物,选择定价方法,选择最终价格等六个步骤。

分销包括货物运送、分配渠道和商品集散地等。

促销由广告、营业推广、人员推销和公共关系等组成。

这种营销方式80年代进入文化产品的销售领域。90年代逐渐为一种新的营销观念所代替,从“4P”到“4C”。即:

第一，把产品先搁到一边，赶紧研究“消费者的需要与欲求”(consumer wants and needs)，不要再卖你所能制造的产品，而要卖某人确定想购买的产品。

第二，暂时忘掉定价政策，快去了解消费者要满足其需要与欲求所愿付出的“成本”(cost)。

第三，忘掉分销渠道政策，应当思考购买的“方便性”(convenience)。

最后，请忘掉促销，20 世纪 90 年代的正确词汇是“沟通”(communications)。

营销对顾客价值越来越关注，营销的核心从交易走向关系，与顾客建立关系。在这种营销观念下，产生了新的营销技术 IMC，它是一种利用各种传播技术进行经济推广的一种运作体系。

首先，它通过各种信息的收集建立消费者信息库，这种信息库的建立可以通过与顾客不同层次的接触实现——一对一的、对适当定位的消费者、对细分市场的消费者、对分类市场的消费者的接触分析，并根据对消费者市场调查的反馈意见建立大众市场和分众市场，划分精细的消费者需求信息库。

其次，根据消费者的需求，设计、生产产品。

再次，生产方根据这些需求不断开发、设计、维护消费者心目中的商品概念，并向消费者传播、灌输这些概念(供需双方都认同的概念)，使消费者接受这些概念在先，接纳产品在后，利用各种媒体传播整合。这是一个有内在联系、环环相扣的系统，目的是营销，即利用整合了的各种传播手段，系统地进行商品概念的心理造势。

最后，符合个性化的跟踪、配送的商业推广手段，如网络营销等。

例如，韩国影视剧的营销市场化程度很高。韩剧高度重视受众。韩剧受众女性数量高于男性。又经研究得出，相较于历史剧和偶像剧，家庭剧更受女观众喜爱。因此韩剧 15％是历史剧，25％～30％是偶像剧，剩下的 50％都是家庭剧。在韩国国内，因为考虑到主妇们的作息习惯，电视剧一般集中在上午和晚上两个时间段放映。为照顾受众需求，韩国编剧在剧组开机前一般只写好整个故事的三分之一，以便拍摄时根据观众的反应随时调整剧情；在拍摄过程中，编剧会不断拿出已经写好的部分和观众进行座谈或者在网上发布，征询观众意见加以改进。

在电视剧策划拍摄阶段即为延伸产品的营销做好充分铺垫。韩剧拍摄地点的选取十分讲究，这不仅可以传达给观众诗化的美感，而且可以带火旅游业。如《蓝色生死恋》的拍摄就选在风景优美的束草。剧中人物生活的场景如田间、大海等对观众影响颇深。《冬季恋歌》主要在江原道拍摄,其中的雪景也给人们留下了深刻的印象。为此,韩国方面特意开出相关旅游专线,让游客们再次重温观看电视剧时的感动。《大长今》的主要拍摄地被韩国旅游发展局挂起"MBC 大长今村"的招牌,其间大型剧照随处可见,经典片段不间断播放,吸引了大批游客。《大长今》把民众喜闻乐见的饮食、医疗题材糅入剧中,因此,在中国掀起了美食养生热、中医热、韩国旅游热。

韩剧还是一个制造"明星产品"的大本营,几乎每部热播韩剧都会产生一两个偶像明星。韩剧中的男女主人公穿着打扮都紧跟潮流,引领时尚。其在剧中用的小饰品、玩具等都为衍生产品的开发埋下了伏笔。如《冬季恋歌》中主人公的定情信物北极星项链、裴勇俊用的围巾与香水等便十分走俏。连日本前首相小泉纯一郎都迷恋的男星裴勇俊的写真集每册要卖到150 多美元,在日本一销就是 10 万册,仅此一项就入账 1500 万美元。美国的《纽约时报》将裴勇俊称为"创汇 23 亿美元的男人"。大批韩星整容,也为韩国整容业起到了很好的宣传作用。此外,演员们还亲自到国外宣传,频频出席媒体和电视台的大型活动,促使当地人购买韩国商品以及去韩国旅游。如饰演大长今的李英爱扮演各种亲善大使、形象小姐到世界各地巡回活动,进一步扩大了该剧的影响力。韩国的演艺娱乐明星大量出口到国外尤其是中国演出或拍摄影视剧,赚取外汇。总之,偶像明星对韩国文化产业链的铸造起到了推波助澜的作用。

(四)文化产品的延伸开发

文化产品的延伸开发,又称"后产品开发",即进一步挖掘、利用已有文化产品的文化内涵的价值,使其以新的文化商品的形式出现,出售给消费者。如影视剧后续的 VCD、DVD、录像带、网络视频等音像产品和各种纪念品,图书产品的后续影视改编产品等。

文化产品特别适合做产业链条的延伸,因为文化产品和文化服务虽然也是以商品形式出现的,但它的主要价值在于文化内涵。它的物质载体可以在消费过程中被磨损被消耗,但是它的文化内涵并没有因此而消亡,反而因为欣赏或参与的人多了,人们又用自己的新鲜体验丰富了它,而使它获得了更丰富的生命和更大的潜在价值。

延伸产品的开发,在电影产业中较早被挖掘出来。在许多发达国家,影片本身有"火车头"效应,多达 70%的收入可能来自后电影产业。后电影产品的开发,包括海报、音像制品、玩具、邮票、纪念品、电子游戏、主题公园、原创音乐、文学作品等。

好莱坞的公司一直把打造电影产品链条作为自己取胜的秘诀之一。他们在市场中磨炼出一套行之有效的战略和策略:首先是打造精品,然后是广泛的放映演出或出版,然后做成相关的礼品,然后做成游戏软件,然后又带来旅游收入,然后又做成 DVD 或录像带,然后再是形象专利的有偿转让。所以他们是一个口子投钱,多个口子产出,犹如吹奏一支优美的长笛。

好莱坞大片《珍珠港》的投资回报结构为:它的发行收入是 1.4 亿美元,放映收入是 1.6 亿美元,但相关的礼品开发达到 0.2 亿美元,形象专利产品的转让 0.5 亿美元,音像制作 0.8 亿美元,玩具软件 0.3 亿美元,旅游收入 0.7亿美元,总共加起来是非常赢利的,至于二级市场和三级市场还没有计算在内。

美国沃尔特·迪斯尼公司的动画片专家把在中国世代流传的木兰替父从军的故事改编成为巨型卡通片《花木兰》,成为全世界的观众都可以欣赏的大众文化商品,为公司带来了滚滚的财源。有趣的是,这根链条并没有到此为止,而是继续向前延伸。她的形象被作为受法律保护的专利,以有偿使用的方式授予出版商、图片商、玩具商、服装商、电脑软件开发商等,移植到其他商品上,产生出更为丰富的财富。

韩国也高度重视文化产品价值链打造。韩国的有关法律规定,影视制作公司不能获得 15%以上的利润。政府对利润的限制是鼓励影视制作公司开发下游产品,公司把靠产品本身(电视剧)赚来的钱用于广告、市场推广、时尚产品、影视衍生产品等综合开发。另外,按照规定,韩国影视公司不只是制作影视,也承担演艺人才培养、包装、广告、演唱会、影视衍生品的开发等业务。这便使韩剧并非停留在一次收益上,而是形成了以电视剧为龙头包括出版、动漫、游戏、美容、服装、医疗等的“文化产业链条”。

文化产业链的核心,既可以集中在一个文化企业之内,像 20 世纪 30～40 年代好莱坞黄金时期垂直一体化的八大电影公司那样;也可以分解到不同的企业中去,各企业之间通过相互交易而生产出最终产品,形成一条社会化的文化产业链,如英国布里斯托尔的自然历史电影产业集群。

二、文化产品的生产方式

文化产品的生产方式,是指文化产品在生产过程中思维方式、生产材料、产品定位及其生产指向等方面表现出来的综合性特点，是生产文化产品过程中所使用的具体方法。从这些指标出发，文化产品的生产方式可分为原创性生产方式、配方式生产方式和再生式生产方式三种。

（一）原创性生产方式——文化产品的研发

原创性文化产品的生产方式，是一种崇尚自我、追求个性与创新性的原创类文化产品的生产方式（比如文学作品的创作、美术作品的创作、音乐作品的创作等）。这种生产方式通过对生产组织、生产者、产品及接受者等多方元素的选择而体现出来。

在文化产业链中，采用这种生产方式的目的是进行产品的研究与开发。

原创性文化产品的生产方式具有以下特点：

1.个人化的文化生产组织

选择原创性生产方式进行文化产品生产的，往往是个人化的生产组织。所谓个人化的文化生产组织，具有两重含义：一是指以某一个核心人物为中心和主导的文化产品生产单位；二是指在其文化生产及产品中具有与众不同的个性化追求的组织。它最典型的组织形态是各种以导演为中心的摄制组、独立制片公司，以创作者为核心的图书、音乐、动漫工作室等，同时也包括像画家、编剧那样具有鲜明个性意识的个体生产者。

需要说明的是，这里所谓的“个体生产者”，已经不同于历史上那些创作只为自娱自乐、无须他人认可的艺术家、文学家。事实上在今天，一些完全得不到公众理解和认同的创造是无法进入文化产品的社会体系中的，其生产者自然也就得不到社会的认可。因此，现在的个体生产者在标榜个性的同时也大都已经拥有了一定程度的公众意识（尽管这个“公众”可能只是少数人）和或多或少的合作者。美国哈佛大学经济学与工商管理学教授理查德·凯夫斯在其《创意产业经济学——艺术的商业之道》中曾经描述年轻画家的工作状态：通常租用一间阁楼作为工作室和作品陈列室，不仅作为居住之所，也是用来接待同行业或业内人士聚会的地方。所居住的地区不仅要便于与其他画家的接触，而且还要便于与艺术品收藏家、作家和画商的往来。画家要从事各种社交活动，要为作品寻找向大众展示的机会，能在有一定名望的大型美术馆展出自己的作品最为理想，合作成立艺术展馆也是一个有效途径，最好的办法是与商业性美术馆建立合作关系。由此可见，现在的个体文化生产者早已经是纵横交织的社会网络中的一员，是文化产业整个生产链上的一环。

无论是个人化文化生产组织,还是个体文化生产者,共有的特点是:规模小,人员少,产业化程度低,组织结构简单,类似于历史上的手工"作坊"。它们常常是围绕着一个创造性人才而建构的,如一个导演、一个演员、一个编剧、一个创作型歌手、一个作曲家、一个作家或画家等,因而组织内以生产部门为核心,营销部门为辅。作为组织的核心人物,创造性人才的作用非常突出:不一定是整个组织的管理者,但一定是组织的灵魂和精神的象征,决定着生产什么与如何生产等事关产品品质与个性的关键问题,因而使整个组织呈现出非常明显的个人化色彩。这样的个人化组织如日本动漫界宫崎骏的"吉卜力"工作室,中国电影界张艺谋、冯小刚等的导演工作室。

2.崇尚个性的生产者

个人化的文化生产组织在生产产品时,非常突出核心人物精神和意志的体现。核心人物在创作时所关注的重点也主要是怎样进行自我表现、个性表达以及创新等问题,对于市场需求和接受者的口味不太关心。因为在他们看来,文化艺术作品本身就是创作者思想、情感和体验的反映,文化艺术创作最重要的是表达自我,树立个性,而非迎合他人。或者说,在他们眼中,接受者本来就是"萝卜青菜各有所爱"、众口难调的,他们只需要表达出自己作为人类一员的个性就会有知音,更何况接受者有时也有提升自己、拓宽视野的需求。同时,传统文学艺术中"为艺术而艺术""创新至上"等观念对他们影响至深。这些都无疑为个性化生产组织的个性化创作提供了思想依据。

另外,崇尚自我、强调个性也是这些生产者们不得不采取的市场进取姿态。凯夫斯说,年轻的画家们最重要的工作是"确立自己的创作风格",显示自己与他人不同的独特性。因为只有与众不同的锐利个性,才能在由以往和当下的无以计数的画家所构成的重重叠嶂中脱颖而出,引人注目,也才能在大公司的标准化生产的天罗地网中撕开一条缝隙,求取自身的生存,否则就只能被埋没、被驱逐。事实上,那些刚刚起步、实力不强、影响不大和需要长久保持活力的个人化生产组织中的作家、创作型歌手、编剧等,也无不是如此。个性是他们的武器,用来攻取市场,吸引人们的注意力,进而产生经济效益。

3.创新性的文化产品

在个人化的文化生产组织里,由崇尚个性的生产者创作出来的文化产品,以个性与创新见长,因而属于创新性文化产品。

这种产品最经典的形态是艺术影片、探索文学、先锋美术、实验戏剧等。这些作品要么发掘了新的题材领域,要么表达了新的情感内容,要么展示了新的思想观念,要么创造了新的语言形式和表现方法。总之,因为它们在某一个或两个方面表现出了不同于其他作品的独特性,给人以出乎意料的新奇感受和深入思考,而表现出创新特质。

4.非对位的市场指向

个人化文化生产组织在生产创新性文化产品时并没有按照接受者的口味进行"量身定做",也很少仔细研究产品的市场定位、目标人群、营销计划等与市场、消费相关的问题,并进行市场宣传与推广,因而其产品具有非市场对位的特点。然而,这并不表明创新性产品就没有市场。事实上,创新性产品可以从两个方面赢得市场:一是能够获得专业人士认可(获奖往往是其标志),赢得以专业接受者为代表的小众市场,取得直接的名、利效益;二是其创新之处被不断吸收到新的产品中,成为进一步生产的材料或资源,产生间接效益,在这个意义上,创新性产品的生产往往成为对标准化文化产品的研究与开发。

5.原创性文化产品的生产:文化产品的研发

使用原创性生产方式进行创新性文化产品的生产,在以创意为龙头、以内容为核心,驱动产品的制造、拉动批发和营销、带动后续产品开发的文化产业链中,属于最前端的产品研发阶段。

今天的很多大众文化产品事实上是过去精英文本的翻版,是对某种故事的当下讲述,是对其基本结构和叙事功能的再利用,是对其已有意象的翻新,是对其古老情感的反复咏叹,是对其奠定的永恒主题的持久留恋。通常好莱坞电影的"经典模式",往往就是古典戏剧模式的翻版。中华民族特有的大众文化产品如武侠小说、功夫片、言情剧中,又何尝不是时时都能觅到中国古代杂剧、传奇、章回小说乃至神话传说、民间故事的踪迹呢?有不少富于原创性的精英产品成了大众化产品,在文化市场上独领风骚。

那些少数原创性产品是怎样转化成大众化产品的呢?首先被评论家们和敢于冒险的经销商所接受,然后才被越来越多的大众所接受。原创性的精英产品一旦被大众所接受,就会成为商业性与创造性高度统一的作品,不仅受众如潮,而且会得到评论界的赞誉,并因此成为"跟风者"的典范性产品,给其后的文化产品生产带来新的血液,给文化市场带来新的气象。

原创性的文化产品是大众文化产品的母体,原创性生产是对文化产品的研发。只有有了发达的原创性文化生产，文化产业才能繁荣昌盛。反之，一个国家如果没有大量的原创性文化生产，标准化、规模化的文化产品生产就只能是无源之水、无本之木。

（二）配方式生产方式——大众文化产品的生产方式

如果说原创性生产方式对应的是创新、一次性生产、不可重复性，那么，配方式生产对应的就是模式、复制与类型。文化产品的配方式生产方式，就是按照一定的配方（模式）来进行文化产品的生产。而“配方”，是指产品生产过程中对题材、立意、表达方式等因素的组合模式。

配方式生产方式是典型的文化工业化生产方式。工业化大机器流水线式的生产方式的特点之一就是大规模复制，而要大规模复制，前提条件就是产品及其零部件的生产要有规范的标准。而“配方”恰恰就是文化产品及其各组成部分生产的标准。

文化产品的配方式生产方式有以下特点：

1.工厂式的文化生产组织

第一，生产方面的创造性人才不再是组织的核心，掌控企业的人是市场反应敏锐的经营者。这表现在影视、戏剧制作领域就是导演中心地位的丧失和制片人的大权在握，表现在流行音乐、绘画生产领域就是制作人、经纪人地位的上升。从表面看，在公众面前风光一时的依然是明星、导演、歌手、画家等创作者，事实上背后主宰着明星、导演、歌手、画家的生产方式和产品风格的是制片人、制作人、经纪人等，他们决定着艺术家们应该制作什么样的产品，该怎样去制作，以及走什么样的商业路线，而他们对这一切行使权力的唯一依据就是大众的口味和市场需求。

第二，组织内包含尽可能齐全的生产、销售部门和细分的生产、销售环节，而且销售部门及环节要远大于生产部门和环节的设置比重。这些部门和环节有可能在一个大企业之内，也可能分散到企业联合体不同的企业之中。生产部门的齐全和运作过程的细分是为了能够实行流水作业，提高生产效率；销售部门的齐全、细分和加重是为了让产品生产与市场联系更加紧密，并指导产品的生产。

第三，组织大都具有一定的垄断性质。因为工厂式的文化生产组织要么是大型企业、跨国公司，要么是中小企业联合体，规模往往都比较庞大，有时甚至控制着专门的发行渠道，很容易形成规模经济，获得规模效益，从而在文化市场上掌握主动权，甚至占领制高点。好莱坞的大制片厂，唱片业的华纳音乐、索尼音乐、宝丽金、BNG、CNA、NCA等六巨头,以及百老汇的演出企业集群等,都是这种具有垄断性质的文化生产组织。

2.集体生产者

工厂式的文化生产组织在生产文化产品时非常强调集体与合作的力量,因而一个具体的文化产品的生产者总是由许多人同时来担任,大家共同作业,呈现出一个集体生产者的形象。

这种集体生产者就是精细的劳动分工和同一工作内容上多人劳动的叠加。

这种集体生产者形象在好莱坞的电影制作中随处可见,甚至已经制度化。如影片的编剧不再是一两个创造性人物的劳动成果,而是由许多写手共同完成。好莱坞编剧是一个非常特殊的职业,跟我们想象中的文人完全是两码事。他们是流水线上的一道程序、大机器里的几颗螺丝钉,他们会被随时替换。但这工种却又高度发达,分工细致。如他们当中有些只管写对白,有些负责编情节,有些着重人物勾画,等等。一部好莱坞大片,其起源往往不是一个完整的剧本,而是某人(或某群人)的一个构思。当这个构思得到有实力人物的认可和支持后,它才会扩展成一个“处理”(treatment)。通常“构思”只有半页或一页,而“处理”则可能长达好几页。走完这一步,制片人才会雇来编剧。然后,再根据导演和演员的特点进行修改。这时,“剧本医生”就来排忧解难了。通俗地说,他们是来帮助修改初稿的,而且往往是在开拍前的最后一刻,甚至开镜后。

集体生产者的出现,在本质上是对创作者个性的扼杀,是以市场为导向的工业化生产方式完全进驻文化生产领域的标志。

3.配方模式

在工业化的文化生产方式中,配方模式广泛应用于电视节目、电影、流行音乐、通俗文学等各种文化产品的生产。按照各种“配方”去生产,也就成为文化产品生产中一种重要的方式。

文化生产中的“配方”,其实是指已经发展成熟了的各类文化产品的模式。这些模式有大有小,有整体有局部,形态多样。大的方面如永恒的主题、戏剧性情节模式等,小的方面如具体的叙述手法、经典场景等;整体如西部片、言情剧的框架结构,局部如武侠小说中的武功秘籍、科幻片中的怪物等元素。这些配方或固定组合形成各种各样的类型,或灵活搭配,在文化产品中反复、频繁地出现,成为一种能够被广泛、迅速识别的程式体系——配方模式(各种文化产品的类型化模式将在后面专门叙述)。

文化生产中的配方模式,实质上是各种文化产品生产的标准化规范。建立各种产品及其零部件的生产标准是工业化时期大规模流水线式生产方式的前提条件。20世纪20年代此种生产方式在工业生产领域盛行起来,受此种生产方式的影响,好莱坞的电影生产率先由作坊式的生产方式转向了工业化的大规模流水线式生产方式,以满足高涨的市场需求。因而各种类型片及其标准模式应运而生,此是各种文化产品规模化产品标准的始作俑者。由于好莱坞生产方式的转变,很快取代法国成为世界电影生产的中心,并获取巨额利润。其后,这种文化产品的生产方式为各种文化产品生产所采纳。

在工厂式的文化生产组织里,集体生产者用标准化手段生产文化产品时,其生产目的一定是直接指向市场的,而集体生产者、标准化生产的背后也莫不是压倒一切的市场机制在作怪。因此,商业性、市场化是配方式生产方式的生产指向。

4.配方式生产:文化产业的基本生产方式

文化产业的繁荣离不开配方式生产,配方式生产是文化产业的基本生产方式,只有这种生产方式才能造就文化产业的蓬勃发展与不断壮大,这是历史告诉我们的事实。回想1900年前后,英国拥有世界最早探索电影蒙太奇手法的布莱顿学派,拥有世界上最早的最发达的电影放映业,但唯独缺乏工业化生产的电影制作工厂,缺乏产品的标准化配方,结果不仅迅即遭到了海峡对岸的法国百代电影公司的大量产品的入侵,而且,好莱坞一经涉足就长久霸占世界影坛整整一个世纪,英国电影被压得抬不起头来,英国也成为美国电影长驱直入的最便捷的市场。而好莱坞的制片商们由于大都从经营"镍币影院"起家,深谙市场之道,一开始就走商业电影之路,运用配方式生产方式,根据观众的需要来制片,根据逐渐摸索出来的生产标准与质量规范来制片,因而很快便涌现出了大规模的制片厂,建立了工业化的制片制度,其电影产业蓬勃兴起,逐渐成为美国足可与石油、汽车等行业相媲美的暴利行业之一。

同时,配方式生产成为文化产业的基本生产方式,也是文化产业自身的特点所决定的。因为文化产业就是通过工业化和商业化方式所进行的文化产品和文化服务的生产、再生产、供应和传播。这里,大规模的要求和经济上的策略,比其他考虑更为重要。而要做到大规模的要求和经济上的策略,仅仅靠原创性生产所进行的文化产品研发和创新性产品显然是不够的。文化产业的主流产品应该是直接面向市场的大批量的文化商品，而大批量的文化商品只能够依靠配方式生产方式造就出来。因此，不仅是美国，中国香港电影业、唱片业的发展，日本、韩国的动漫产业、影视产业和游戏产业的繁荣，也无不跟其走配方化、类型化生产道路密切相关。

（三）再生式生产方式——“经典”的再造

世界上的任何国家和地区都有自己的文化资源，但是能将自己的文化资源转化为市场上的文化产品，并大赚其钱的国家和地区并不多。在一些文化产业发达的国家如美国、英国、日本、韩国等，都十分重视对本国乃至他国文化资源的再利用，以打造新的文化产品，开拓新的文化市场。由此甚至引发了文化资源的争夺战，如韩国抢注“端午节”为本国的商标，迪斯尼拍摄了改编自中国古诗词和民间传说的《花木兰》等。

再生式生产方式，就是指文化产业中对人类历史上已有的文化资源进行再利用而生成新的文化产品的生产方式。它最主要的生产特点是将文化资源产品化。

将文化资源产品化的再生式生产方式，与采用“配方”程式进行生产的配方式生产方式是不同的。首先，生产的材料不同。配方式生产方式的材料是虚构的新故事、新情节、新人物，再生式生产方式的材料是已有的旧故事、旧内容、旧人物。其次，配方式生产方式采用传统的叙事方式去讲述新内容，即“旧瓶装新酒”；再生式生产方式是用新方式、新媒介讲述旧内容，即“新瓶装旧酒”。再次，接受者的观赏重点不同。面对配方式产品，接受者在熟悉的故事内容中希望看到的是出新，尽管这种出新不能超过一定的限度；面对再生式产品，接受者希望看到的是原汁原味，尽管这种原汁原味总是要被加以现代的包装。因此，再生式生产方式有着自己不同于配方式生产方式，也不同于原创性生产方式的生产特点。

1.以发掘文化资源作为生产的起点

文化资源包含内容之多无可比拟，通常是以传统或历史遗存的形式分布在人类生活的方方面面。文化资源的存在状态大都原始、分散、简陋，不引人注目。因而没有经过整理的文化资源不具有产品的性质。尽管它们可能具有很高的开发价值，但在没有开发之前它们仍然只是历史的遗留与结晶。

再生式生产方式生产文化产品时首先要做的事情就是对原生态文化资

源的发掘，而发掘文化资源需要科学的尺度和市场的眼光。

所谓“科学的尺度”，是指要科学认识文化资源。这又表现在两个方面：

第一，要充分认识、判断文化资源的历史价值、文化价值和美学价值，准确把握文化资源的特点、影响和意义。如图是云南省在分析其 6 县市的文化资源优势和特色基础之上提出来的“文化资源产业化开发评估指标”之一——资源品质评估指标（见图 3-1），虽然不一定完美无缺，但对于认识文化资源的价值显然具有参考价值。

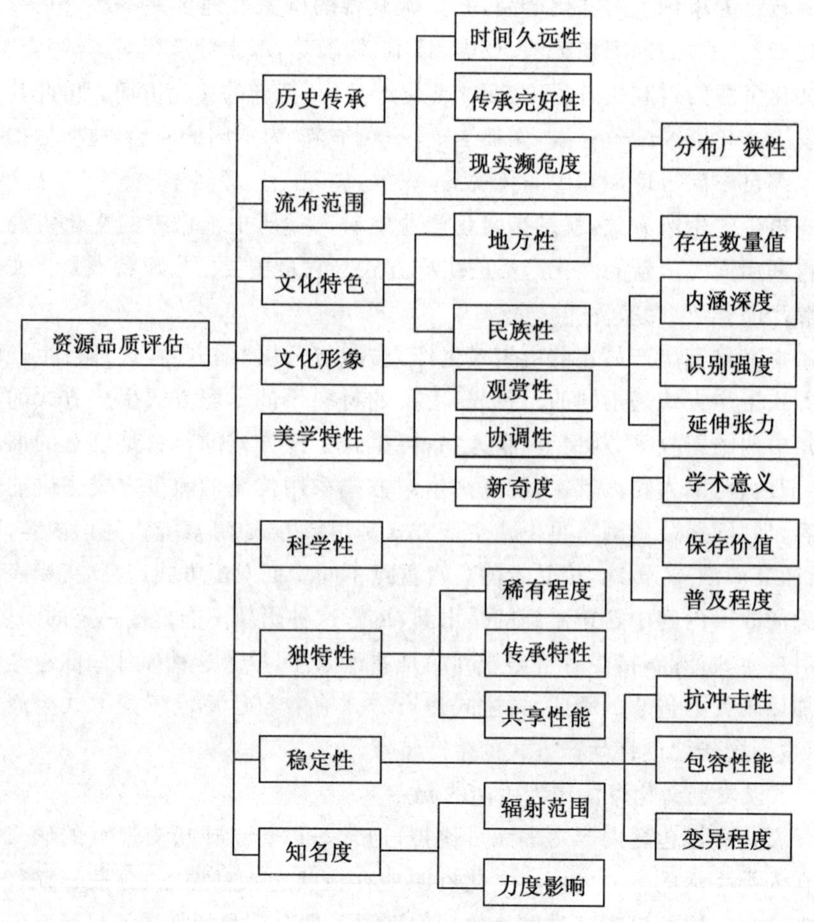

图 3-1　资源品质评估指标

第二，要对文化资源的合理开发及可持续性发展提出科学措施，以避免过度开发与滥用。事实上，国内在旅游文化产品的开发中存在着不少短期开发行为,如许多古迹、文物被改头换面,失去了原貌;许多民间舞蹈、仪式、风俗习惯被庸俗化、简单化,失去了原有的神韵;甚至一些地方的古迹、文物和建筑在“开发”名义下遭到了毁灭性破坏。这种掠夺式开发无异于竭泽而渔,最终必然会导致对文化资源的损害甚至毁灭。

所谓“市场的眼光”,是指要从产业化角度认真审视文化资源的商业潜力和市场前景,进行有针对性的产品开发。

对文化资源开发市场潜力的审视,既包括现有市场,也包括潜在市场;既要考察市场地区,也要对消费群体进行调查;既要考量资源地与接受地之间的文化距离,也要分析本地消费者和外来消费者的消费习惯与消费心理。只有多方测评,科学分析,合理定性,才能找到文化资源开发的有效路径。

2.以现代创意整合文化资源

文化资源的发掘只是再生式文化产品的第一步,接下来是要用现代创意整合文化资源,赋予其现代理念或当代精神,只有这样,传统的文化资源才能在当代社会植活,并发扬光大。这里所谓的“现代创意”,是指符合现代社会人们文化、审美需求的观念、情感和形式性内容。以现代创意整合文化资源,就是将现代观念、情感或形式性内容灌注到文化资源中去,使之符合当下人们的文化、审美趣味和追求。

以现代创意整合文化资源的方式大致有三种:

一是在一个现代创意下将相关文化资源有机聚合在一起,形成一个新产品。这样的文化产品在国内已有很多,如由张艺谋、王潮歌、樊越等主创的旅游实景演艺产品《印象·刘三姐》,在“中国第一部大型山水实景演出”的创意下,将广西桂林的民间传说刘三姐的故事、经典山歌、民族风情、漓江山水渔火等自然和人文元素创新组合,创造了中国演艺产品的奇观。曾在国内演出火爆并走出国门的由杨丽萍主创的《云南映象》,由张艺谋任总导演的2008年北京奥运会开幕式等,也都是这方面的杰出产品。

二是在新构故事中融进文化资源元素,使新产品更具文化底蕴和商业价值。如韩剧《大长今》在大长今的成功生涯和复杂的宫廷斗争故事里,把韩国的服饰文化、餐饮文化、医药文化、建筑文化、礼仪文化、女性文化、宫廷文化等非物质文化资源巧妙地糅合进去,在从艺术细节到文化情节的文化制造中形成历史、文化与知识、科学的生活咨询与艺术陶冶的双重文化传播效应。这些文化资源的渗透,对于《大长今》后来形成的文化产业链与价值链起到了重要作用。

三是对文化资源进行再创造，构成新产品。这其中又可划分为两种形式：第一，对耳熟能详的历史故事、神话传说的再创作。这些历史故事、神话传说在历史上要么是民间的口传文化，要么只有简单概括的记载，再创作使它们具备了现代文化产品形态。具体作品如电视剧《戏说乾隆》是对历史上乾隆故事的重新演绎，动画片《宝莲灯》是把民间宝莲灯的神话传说进行了现代改造，电影《花木兰》则是美国版的中国传说，还有《宰相刘罗锅》《铁齿铜牙纪晓岚》等诸多“清宫戏”“唐朝戏”“秦朝戏”等，都是这样的产品。而这其中无论是“正说”还是“戏说”，都是再创作的方法而已。第二，对经典文艺作品的改编。经典文艺作品是重要的文化艺术资源，它们以完整的作品形态流传于世，已经拥有了良好的接受基础，重新改编是对它们的当代阐释。这样的文化产品，如根据中国四大古典文学名著改编的电视连续剧《西游记》《红楼梦》《三国演义》《水浒》，根据钱钟书同名小说改编的电视连续剧《围城》，根据托尔斯泰的《战争与和平》《安娜·卡列尼娜》和《复活》改编的同名电影，以及根据金庸武侠小说改编的众多影视剧等。这种改编往往在忠实于原著和重新演绎之间摇摆，程度不一。有时新作距离原著可能还比较远，如日本的动画片《天鹅湖》就摆脱了对柴可夫斯基同名芭蕾舞剧原作的简单模仿，为了便于儿童理解，改编后里面的角色都变成了动物形象。

以现代创意整合文化资源，最终目的是为了使文化资源经过现代转换成为生动、活跃的“现在时”或“现在进行时”，与今天人们的物质生活水平、精神生活需求、社会总体结构及消费方式联系起来，以更好地满足人们的需要。

3.用现代商业机制支撑文化资源的产品转化

在文化资源转化为文化产品的过程中，没有现代商业机制的介入是很难形成生产力尤其是高附加值的先进生产力的。

现代商业机制是一套复杂的市场化运作体系，它不仅集中体现在产品的营销环节，还渗透到产品的生产环节和拓宽到整个社会的商业化环境。事实上，文化资源向产品转化的商业支撑也是多层面的，譬如国家的文化体制改革、文化资源产权属性的变更、知识产权的保护、公平竞争的市场环境，以及微观领域的产品定位、传播推广、营销手段、后产品开发等。只有这多方面的有效配合，才能共同烘托出一个发展文化资源性产品的良好氛围，使之释放出巨大的价值能量。

从一个具体的产品来看，现代商业机制支撑或市场化运作也是文化资源转化为产品过程中不可缺少的重要环节。如有评论者认为,《云南映象》的成功除了其市场明确定位为艺术产品而非艺术作品以外,还跟其市场推广策略密不可分,其中杨丽萍的出场是《云南映象》市场推广的最好品牌,而“原生态”“非职业演员”“震撼”关键词的“炒作”和经过周密安排策划的大规模媒体宣传等营销手段,也是推动《云南印象》走向成功的重要手段。

4.再生式生产:文化产业的重要生产方式

利用文化资源进行文化产品生产的再生式生产方式,是文化产业的重要生产方式。这已经在很多国家的文化生产实践中得到了证明。

美国文化产业的发达举世公认,但美国本身的文化资源很有限,于是,它发展文化产业的一个重要方式就是以全球资源为自己的资源,不分民族、不分地域地广泛采集文化资源为我所用。它不仅把整个从古希腊开始的欧洲文明作为自己的文化源泉,也积极吸取非洲和包括中国在内的东方文化的养分,让欧洲以及世界各国文化都成为它的“资源储备地”。而正是在这种情况下,我们看到了为美国迪斯尼公司赢得了巨额全球票房的动画片《花木兰》,并且,或许还将会看到好莱坞版的《孙子兵法》《天仙配》《成吉思汗》《杨家将》《西游记》,等等。

日本同样如此。日本动画协会事务局局长山口康男在中国出席“创意世界:动画艺术与产业发展国际论坛”时就曾经讲到,充分借鉴与吸收他国的文化精髓是日本动漫文化的重点。中国有很多珍宝,大部分日本动画素材源自中国古典文化,并结合日本本土特点再创作。其中,漫画《七龙珠》就取材于中国神话小说《西游记》,类似这种创作还在继续。事实上,日本动漫作品不仅取材于中国,还汲取欧洲、美洲等很多国家和地区的文化资源。这也是它成为动漫产业大国的重要原因。

不仅是影视剧、动漫产业进行生产时会经常采用再生式生产方式,电子游戏、图书、演艺产品等也都是文化资源利用“大户”。尤其是电子游戏产品,一是几乎都要取用一个与玩家相同的文化背景,于是,西方网络游戏的中世纪题材居多,而东方网络游戏的武侠题材居多;二是从流行的艺术作品中取材,例如《金庸群侠传网络版》和《龙族》取材于小说等。

由此可见,文化产品的生产少不了文化资源,文化产业的发展必然要用到再生式生产方式。

三、文化产品的生产组织形式

(一)“大制片厂”——工业化的文化生产组织

在文化产品生产中,最早实行工业化大规模生产模式的是美国好莱坞的电影生产。

自工业革命以来,随着技术的进步,生产组织的方式也在不断发生变化。18世纪末至19世纪40年代,英国以机器大工业为基础的工厂制度代表着当时世界上最先进的生产组织形式。19世纪末20世纪初,美国逐渐形成了以流水线作业和大规模生产为特征的生产组织,有效地刺激了美国经济的增长。这些生产组织方式以垂直一体化的大工厂大规模生产为特点,成为发达资本主义国家占主导地位的生产组织形式。经济学中把这种生产组织方式称为“福特制”生产组织。

福特制生产组织形式在其极盛的20世纪20～30年代,不可避免地影响到了同在美国的文化生产企业,好莱坞的大制片厂就是其直接的产物。好莱坞的大制片公司将福特制的工业化大生产方式引入电影制片业,建立了一套完整的电影生产体制。这体制中既包括公司内部机构的设置、流水生产线的形成,也包括影片的生产方式、商业策略及产品特征。这种体制将20世纪30～40年代的好莱坞电影迅速推向繁荣,形成了电影产业的超大规模。好莱坞的大制片厂制度的特点,具体表现在垂直一体化结构、专业化分工与流水作业、制片人专权、明星制、类型化产品等诸多方面。

1.垂直一体化结构

早在20世纪的第一个十年间,就有一些通过合并而出现的大规模的制片厂,把从事影片发行的公司合并进来,从而把制片和发行业集中在了企业内部,这是实现“垂直整合”的第一阶段。到20世纪20年代末好莱坞的八大电影公司出现时,其中五家公司的垂直整合性质表明,垂直一体化结构在好莱坞的电影企业中占有绝对的支配优势。

在经济学上,一个完整的垂直一体化企业的内部,应当包含两个重要的分支:一是产品的生产、批发和零售;二是拥有一种产品从生产、运输到销售等整个产业链的所有业务。这样的企业比那些只参与某一产业的某一环节的企业相比,在市场上具有更大的贸易控制权和垄断性质。1948年以前,好莱坞的派拉蒙等制片公司就拥有这样的垂直型一体化结构,从制片、发行到放映的全套系统,无一不全。它们拥有庞大的制片厂,里面的拍片设施如摄影棚、外景地,各种摄影、道具、服装、音响设备等,不仅一应俱全,而且极度豪华。跟制片厂签约的技术与艺术人才来自世界各地,不仅数量众多,而且高度专业化;它们拥有控制着全美国乃至全世界很多地方的电影发行网络,通过"成批定片"的发行方式向全国和全世界强行批发销售自产的影片;它们还拥有最有吸引力和高票房收入的影院,虽然几家大公司拥有影院总数不及美国影院总数的15%,但这些影院几乎囊括了所有大城市中心区的首轮豪华影院,它们以首轮放映的高票价攫取了美国年票房总收入的70%。由此可见,这种垂直一体化结构,使好莱坞的大制片厂在全美和全世界拥有了显而易见的垄断地位。

2.专业化分工和流水作业

好莱坞大制片厂的产品生产,具有福特制生产组织专业化分工和流水作业的特点。

首先,生产流程建立在分工精细的基础上。在每一个制片厂内部,一部影片从编剧开始到拍摄完成需要经过许多道工序。一般来说,根据电影的制作过程,制片厂大致将机构分为编剧、导演、演员、摄影、录音、道具、服装等部门,而每个部门又有更细的划分。如编剧部门有提出意图、结构主要情节、添加次要情节、写对话、加噱头等各个专门部分,由各种专家主持其事;导演部门有主要导演、专门负责各种类型场面的助理导演;演员部门有专门负责发掘演员的专家,演员又分成不同的类型。其他部门也都分工精细,并雇用各种专家专司其职。这种精细分工的结果是,在影片制作的每一个细部,如布景设计、场面表现、人物对话等,会因为有相当精通的专家的把持,而做得非常优秀而精致。

其次,产品生产的每一个工作环节和种类都无法独立担负起生产整个产品的责任和使命,参与生产的每一个个体也都不再是创作主体,而只是创作主体中的一个"分子"。于是,整个产品的创作主体由参与创作的诸多"分子"所构成,生产整个产品的责任与使命由工作在环环相扣的各个环节上的诸多人员来共同完成,形成流水线式的生产方式。这样的电影生产过程,显然已经与生产电视、冰箱、汽车等产品的大工厂里的生产流水线相差无几,是好莱坞的电影生产流水线。

这种专业化分工和流水作业制度,是好莱坞按照工业化标准将其产品生产物质化、标准化的产物。这种生产方式虽然保证了好莱坞电影的大批量、规模化生产,但也使其电影成为程序化、标准化生产的附属物,失去了产品的个性。

3.制片人专权

由于分工精细,生产环节众多,必然要产生一个管理者。在好莱坞,这个管理者不是作为艺术家的导演,而是作为把握市场和制片管理的制片人。好莱坞的制片人大体可分两类人:一类是每一部影片的制片人,他只对该部影片负责,负责资金筹集与管理,负责制作环节的协调,还参与调配人员,如选导演、找编剧,定演员及其他创作人员,同时还要在一定程度上介入创作过程。但最重要的事,是他要考虑公众的口味,使该部影片符合市场需要。另一类是各大制片厂的大老板们,他们是自己厂里所有影片的总监制或总制片人。制片人和导演个人的努力和成就必须得到制片厂总头目的赞许,最后的完成片也必须得到他的批准才能发行,于是这位总头目就成了一个漏斗的嘴,众多电影创作者个人的心血以及这些心血的成果都必须通过这个漏斗嘴流出去。而且,这些总制片人们往往独断专行,随意改动影片。因此,最后的完成片总是打着该厂老板口味的浓厚印记,从而成为“化一”的产品。在这种情形下,制片厂的风格常常淹没了导演的风格。例如,米高梅以讲究表面光彩和采用市民题材为特点,1939 年的巨片《乱世佳人》便是米高梅风格的缩影:浪漫、热闹、耗资巨大,以豪华的气派处理史诗式的题材,但不注意阐明主题。派拉蒙大批雇用欧洲移民,在美工设计和题材上都表现出一种欧洲的格调。环球擅长恐怖片。共和专搞西部片。华纳作为米高梅和派拉蒙的主要竞争者,尽管人力和财力都较差,却不自觉地赢得了注意真实的名声,因为它为了省钱,常常在外景中拍片。

制片厂的老板们不是艺术家,他们对影片的衡量标准自然也就不会是艺术性或者思想性,他们的唯一尺度便是市场,是对观众心理的迎合。应该说,好莱坞的老板们个个是经商的好手,非常懂得观众的趣味及其变化的规律,并且善于捕捉市场动向,敏锐、适时地加以迎合。但即使这样,他们仍不放心。面对观众趣味的变化无常和电影摄制技术的快速发展,他们总是在寻找一种似乎可以长久保证票房收入的“灵丹妙药”。他们最终找到的是“明星偶像”,并由此形成了好莱坞的明星制度。

4.明星制

所谓明星制,就是突出演员的作用,为已经确定好某种类型角色的演员“度身定做”影片,使之成为观众所崇拜的偶像的一系列制度。在这种制度下,摄制组的一切工作都须围绕塑造明星偶像进行,其中导演的重要职责就是要善于在一个演员身上发现制片厂所要求的某种类型的偶像所特有的魅力,而摄影师更要运用摄影技巧掩盖瑕疵,突出明星的特殊美点。明星的偶像形象一旦建立起来之后就成了制片厂出售给大众的产品,成为万人瞩目的公众形象或"大众情人"。被明星的耀眼光辉所吸引的观众,往往就会只根据影片中的明星或明星阵容来决定是否买票,影片的质量就退居次要地位了。因此,塑造一批又一批的明星偶像,一直是好莱坞在世界电影市场上屡试不爽的"杀手锏"。

好莱坞的电影明星们几乎走的都是类型化角色之路。也就是说,一个演员在一开始就是被当作某种类型的偶像来加以塑造的,而一旦塑造成功,就愈发不能改换。于是,在银幕上,约翰·韦恩毕生扮演一个枪法高明、杀人无数的西部牛仔,玛丽莲·梦露永远性感妩媚,还有英俊潇洒的浪子形象克拉克·盖博,清丽纯真的奥黛丽·赫本以及高贵儒雅的格里高利·派克等。他们多次出现在不同的影片中,却总是在扮演同一个角色,即他们自己。正因如此,一个不具备任何表演才能的人,只要他们的外形、气质符合某种类型形象的要求,符合流行的审美时尚,都可能在转眼间成为拥有百万崇拜者的电影明星。甚至是一只动物,一个虚构的怪物也可以成为明星。事实上,电影明星们作为一种偶像类型,永远是被观看、被窥视的对象,连同他们的私人生活。当观众们出于一种窥视、赏玩甚至性的欲望去看明星、看电影的时候,好莱坞电影生产中的商业法则又一次操纵了观众。

5.类型化产品

好莱坞的制片制度,势必带来产品的程式化、类型化特点。因此,经典的好莱坞电影其实都是这种大制片厂生产流水线上下来的类型化产品。

好莱坞的经典影片是类型影片。所谓类型影片,是指按照不同的类型(或样式)的规定要求创作出来的影片,是一种集中和组织故事素材的适当方式。各种类型片的区别是在风格、题材和价值观念方面各有一系列特殊的程式。如盗匪片总是以有组织的暴力活动为故事主线,以强盗、匪徒为主人公,讲述强盗、匪徒怎样由一个"小人物"最后成为匪帮老大的故事;而恐怖片往往叙述的是危害一时的吸血鬼、怪物、机器人和疯狂的科学家等最后被正义所战胜的故事,等等。这些程式和类型是好莱坞屡试不爽的高票房的保证。

类型影片中的"类型""样式"或"程式",实质上就是指一种拍片方法,一种电影产品标准化的规范。也就是说,类型影片是以巨大的数量和一种特定的规范在各制片厂的流水线上拍制出来的，是在好莱坞商业原则下的“一种寻找内容的形式”，它常常要比个人构思的、有意识地追求艺术的影片更能反映出观众的兴趣、迷恋和道德标准。因此，类型影片一经问世，就受到了观众的广泛欢迎，在商业上取得了巨大的成功。

以垂直一体化结构、专业化分工与流水作业、制片人专权、明星制、类型化产品等为特点的好莱坞大制片厂制度，是工业化生产方式在电影生产组织中的具体体现。事实上，这种工业化生产方式在各类文化产品中都存在着。如全球六大跨国媒体集团之一德国贝塔斯曼集团，其旗下的七大业务部门——电视台和广播电台、图书出版、报纸和杂志、音乐品牌和音乐出版、科技和商业出版、印刷和媒体服务公司、俱乐部和电子商务等，共同构成了其包括内容、媒体服务和直销服务的垂直体系。而在图书的出版过程中，除了传统的编辑、设计、校对及排版、印刷、装订等生产流程外，更增添了市场调查、选题开发与论证、策划编辑、文稿编辑、宣传与推广等诸多环节，生产工序得以很大程度的细化，使出版社从过去单纯的出书、发行工作变成了以现代管理为依托、“研制、出版、营销”为一体的现代出版活动。另外，流行音乐创作中“星工场”式的制作过程，大众文学创作中作者为专栏连载而必须定时进行的作品创作，以及各种大众文化产品作者为了商业目的而接连炮制的文本制作等，都体现了较为典型的流水作业的特点。

虽然随着现代企业的发展，现在很多大型文化企业采用了更为灵活多样的生产方式，但一般情况下，其垂直一体化的企业结构决定了它必然选择一定程度的工业化生产方式进行产品生产。这使“大制片厂”式的工业化生产依然是当下文化生产的主要组织方式之一。

（二）产业集群——专业化的文化生产组织

在世界经济市场全球化的今天，产业集群扩展了地区经济增长的空间，成为区域参与国际竞争的骨干力量。20 世纪 70 年代以来，随着意大利北部传统产业群的迅速发展及其在国际竞争中显现出来的比较优势，产业集群现象引起了人们的关注。80 年代以后，美国硅谷的崛起以及世界各国高新技术产业园区的发展更是使产业集群成为各国政府和学术界关注的亮点，越来越多的研究揭示了发达国家和地区通过产业集群带动经济腾飞的规律。如意大利的传统产业集群、美国硅谷的信息产业集群、德国南部巴登—符腾堡州机械业集群、中国台湾新竹计算机产业集群以及印度班加罗尔的软件产业集群等。

在世界经济版图中,由于大量的产业集群的存在,形成了色彩斑斓、块状明显的“经济马赛克”,世界的财富大都是在这些块状区域内创造的。拥有美国硅谷的加利福尼亚州,其经济总量相当于世界各国经济总量排名的第11位。意大利每年出口的200多亿美元主要是由66个集群区提供的。意大利70%以上的制造业、30%以上的就业、40%以上的出口都通过专业化产业区域实现。印度约350个集群创造了印度制造业出口额的60%。

在美国,许多州纷纷抛弃原来以单一企业为主的产业政策,开始设计和执行集群型经济发展战略。美国的微电子、生物技术、风险资本集中在“硅谷”,影视娱乐业集中在好莱坞,互惠基金、软件与网络集中在波士顿,金融服务、广告、出版、多媒体集中在纽约,汽车设备及零部件集中在底特律,房地产开发集中在达拉斯,保险业集中在康涅狄克州的哈特福特,钟表业集中在密歇根,新材料、能源集中在匹兹堡,飞机设备与设计、软件、金属加工集中在西雅图。加利福尼亚的葡萄酒业集群集中了680多家葡萄酒厂,产量是美国的全部,超过法国。

产业集群,是指在一定区域内,生产某种产品的若干具有分工合作关系的不同规模等级的企业,以及与这些企业发展相关的各种上下游企业、服务机构等,通过纵横交错的网络关系高密度联系在一起的空间集聚体。这种集群广泛分布在很多领域,传统产业、高科技产业、资本与技术结合型产业以及文化产业中都存在着产业集群现象。

文化产业集群,是指文化产业中某一领域在一定地域的企业集聚现象。这些企业在特定的地理空间聚集,沿文化产业链的上、中、下游分布,分担着某一种文化产品从创意、生产、销售到再开发等环节的工作,共同进行文化产品的专业化生产。

从理论上说,文化产业集群是产业集群“家族”的新成员,但是,在世界文化产业的发展实践中,企业集群现象已经显而易见。除了举世瞩目的好莱坞的娱乐产业集群以外,还有英国布里斯托尔的自然历史电影产业集群、美国加利福尼亚的多媒体产业集群、印度宝莱坞电影产业集群等。在我国,一些文化、创意产业集群的雏形也已经开始出现。如上海莫干山50号的春明都市工业园现代艺术创作中心、泰康路视觉创意设计基地、昌平路新型广告动漫影视图片生产基地、福佑路上海旅游纪念品的设计中心,以及北京CBD的文化传媒产业集群、通州宋庄的画家村等,都可以看作文化、创意产业集群的雏形,这些雏形随着中国文化产业的大发展和产业集群的升级而发展起来。

事实上，与其他物质生产领域的产业相比，文化产业具有更强的集群化特征。一方面，因为它所依托的文化资源具有较强的地域性、民族性和历史性，文化产业的发展必然要求文化产品的创作、生产与文化资源的相互衔接、匹配和协调，而对同一种资源进行开发、生产、利用的企业往往会近乎天然地集聚在一起，表现出相同或相近的文化特色；另一方面，由于文化产业链较长，涉及物质生产与精神生产、技术与创意、制作与销售、政策与法律、传播与接受等多个层面，生产环节众多，服务机构多样，涉及范围广泛，产品的生产仅仅依赖个人和单个企业的行为是很难完成的，它需要集体的互动和企业的地理集聚。只有文化企业的密集共生，以及和非营利机构、个体艺术家的集聚和互动，形成独特的集群发展环境，文化产业才能迅速地发展。也正因如此，产业集群作为一种新的生产组织形式，已经渗透到了文化产品的生产中，成为文化产业的重要生产组织方式。

企业为一个主导产业而聚集，形成模块式的产业集群现象。这种产业集群既是一种独特的经济发展现象，也是一种成功的经济发展模式。它的出现及其实力往往代表了一个国家或地区的产业竞争力。

文化产业集群的特性：

1.企业的空间集聚

企业集群通常反映了企业及其相关机构在产品生产及其商务联系基础上所存在的空间集聚或地理群居现象，文化产业的企业集群也不例外。但与其他物质生产领域的企业集群相比，文化企业的空间集聚有着自身的特点。

首先，从事文化生产的企业一般倾向于在大城市集聚。例如，洛杉矶、纽约、伦敦、巴黎、柏林、罗马、东京以及首尔、孟买、墨西哥等城市，都有引人注目、富于活力的文化、创意产业的企业集聚。在我国同样如此，香港、上海、北京、深圳、广州等大城市也都是文化企业众多、文化产业比较发达的地方。这是因为，文化产品的生产需要多方面条件的支持，不仅需要依托当地信息、技术、经济和文化的发展，而且还需要拥有公共服务、运输、电信等基础结构，高品质的大学、研发设施、风险投资、知识产权保护、能够吸引有创造力的人的条件环境等文化创意基础条件。而这些硬、软件条件，更多集中在发达的大城市。

其次，文化企业多集聚在某些特定的城市社区。这些社区或以拥有畅通的传播渠道见长,如中国中央电视台、英国BBC周边密集的影视、广告企业簇群;或以创造性人才密集为特色,如好莱坞的影视企业集群、北京通州的画家村等;或以进驻成本低廉而有特色的园区为依托,如英国的曼彻斯特、谢菲尔德音乐产业集群、中国北京酒仙桥的"798"画家村等。在这些城市社区中,一方面,文化企业、非营利机构和富于创造力的人群集聚和互动,形成良好的产业结构和富于创造力的人群集聚和互动,形成良好的产品生产和产业发展环境;另一方面,社区中的人们生活和工作结合,文化产品的生产和消费结合,创造出环境自由宽松、信息交流快捷、创意层出不穷的社区文化。在这里,人们创造着文化,又享受着文化,其生活方式本身也能引发众多人的注意力,从而带动其生产,形成良性循环。

文化企业在空间上集聚,对于产业的发展会起到积极的作用。首先,通过共同使用公共与服务设施,减少分散布局所需的额外投资,并利用地理接近性而节省相互间物质和信息流的运移费用,降低生产成本。其次,企业之间近距离互动,能在彼此信任的基础上传递各种有价值的思想、经验和信息,并通过其在集群网络内的碰撞、激荡和反馈,促进各种创新的产生和分工的不断深化,从而提高整个产业的发展实力。再次,关联产品整体性。产业集群内产品的生产包含了一个长长的链条,既包含研发设计,又包括生产制作、销售以及信息反馈等,这些企业因为产品上下游的关系,组成有机整体。同时,围绕中心产业,各种配套产品和服务的丰富性和低成本,显示出集群的优势。其四,聚集效应带来的市场规模的扩大。产业聚集于某一空间领域便会形成一个大的专业产品的市场,集群便会由产品生产集聚地同时成为该产品的销售集散地。它可以最大限度地提高批量购买和出售的规模,得到成本更为低廉的信用,甚至消灭中间环节。其五,外部投资。产业聚集形成的产品规模和市场规模离不开同时也必然引起资本的大量涌入,各种各样的投资者和资本纷至沓来。这样,集群就不仅是产品生产基地和产品市场,进而成为一个庞大而系统的资本市场,集群变成为一个系统的产品和要素市场体系,这种竞争优势是不宜克隆和超越的。

2.企业的组合方式

在文化产业的企业集群中,企业的组合方式大概有两种:一是以大企业为核心的集群方式;二是中小企业集群方式。

(1)以大企业为核心的集群方式

这种企业集群的重要特征是:集群由一个或多个关键大企业(核心企

业)支配,企业的合作一般是以核心企业为中心展开的,沿着价值链上、下游以及水平方向的多方面的合作,表现为长期的契约和承担义务,形成与核心企业相关联的配套企业集群。在文化企业集群中,这一个或几个大企业往往是大型媒体机构,或生产与销售渠道兼具的大型公司。它们一方面因拥有连接生产与市场的“渠道”为主,另一方面以生产商或渠道商的身份转包项目,组织中小企业进行产品生产,在集群内拥有很强的生产控制能力。前者如以英国BBC、中国中央电视台等大媒体为核心所形成的为数众多的中小型上、下游企业的集聚,后者如好莱坞娱乐产业的企业集群。

需要指出的是,二战以后,特别是进入80年代,好莱坞的大制片厂体制开始发生变化,逐渐转向企业集群式生产组织方式。在好莱坞,成熟的电影公司体系逐步分解,大制片厂不再实行垂直整合,一度由它们的很多部门执行的职能现在已经由独立的服务性公司来承担。除了制作少量的、超豪华的“高概念影片”之外,大制片厂主要扮演独立制作影片的包装商、资金提供商、发行商角色。在这种角色中,它们维持了一个高度相互依赖的企业间运作,按照需要组合成不同的专业团队来行使各种生产所要求的职责。

(2)中小企业集群方式

中小企业集群方式是文化产业中比较常见的一种企业集聚方式。在这种企业集群内,大量中小型企业聚集在一起,彼此之间存在着纵横交错的联系和细密的专业化分工。它们或者从事同类产品的生产,或者每一个中小企业承担着生产过程的一部分,合作起来完成产品的生产。由于没有龙头老大,各企业之间平等合作,存在着激烈的竞争和紧密的合作关系。这种生产组织方式既保留单个企业生产富有弹性、灵活性和市场反应能力强的特点,同时又具有规模化的特点。

文化企业集群中的中小型企业大都是专业性公司,从事产品生产活动中某一个环节的专业化生产。它们与原来大企业中的同类部门相比,具有更加精深的专业技术、更大的规模和更灵敏的市场适应能力。如在美国加利福尼亚的多媒体中小企业集聚中分工十分明显,这种分工是在详细地制定规则基础上通过公司之间交换专业化的产品和服务形成的;而且,这些中小企业用人机制灵活,对市场需求反应敏锐,具有很强的创新及适应能力。企业集聚一定程度上能够弥补这些企业因规模小而易受市场变化冲击的缺点。

3.产品生产的组织方式

文化产业集群现象,带来了文化产品生产组织方式的变革。这种变革最明显的表现是在好莱坞。原先在制片厂内部进行垂直一体化的各项生产经营活动逐渐转向了外部市场,这意味着“长期合同”的终结。原来剧作家、演员和技术人员在一段时期内为一家制片厂工作,而现在,他们只为一部电影签合同。这表明一度统领电影生产的工业化生产组织方式开始转变为灵活的专业化生产组织方式。

灵活的专业化生产组织方式的本质是企业内部分工的外部化或社会化,表现在文化产业中,就是通过企业的创新和大中小企业之间的合作来进行文化产品的生产、流通和营销。

哈佛大学经济与商业管理学教授理查德·凯夫斯曾经这样描述图书产品的合作生产情况:同经典音乐家、影视演员一样,图书作者也需要聘请经纪人作为中介,经纪人帮助作者找到与作者水平匹配的出版社,并协助作者拿到最优厚的条件。经纪人直接与编辑联系,编辑成为书稿的全权代表或出版社的经理人。因为出版社所承担的各项工作——编辑、印刷、发行等等——都可以转包给第三人。于是,一部图书的生产过程需要经过作者、经纪公司、出版社、印刷厂、发行公司,经常还得加上电脑设计公司、校对公司甚至生产伊始阶段的选题策划公司等多个专业性中小型企业的分工合作。这种分工合作的生产过程,运用的就是灵活化的专业化生产组织方式。

好莱坞也是如此。在解体的制片公司中,电影制作被一种新的机制——有时称为“灵活专业化”的形式所取代,这样制作电影所需要的投入都是采用一次性合作的形式。电影项目的协调人员(通常是制片人)根据项目的需要和时间的要求(时间上的协调问题)选拔所需的工作人员。这些工作人员可能经常在一起合作,但他们的合作没有成文的约定。而在这样的生产方式中,同样需要众多分工不同的专业公司和个人的参与。因此在好莱坞,各个企业以及个体的编剧、演员、导演、导演助理、摄影师、化妆师、道具师、摄影棚工作人员等,都“属于一个高度综合的联合系统”,他们随一个影片项目的启动而聚集,又随这个影片项目的完成而解散,其间生产者非常依赖分包合同制和自由职业者的创作。这个产业之所以欣欣向荣,靠的就是短期合同、日常开支的最小化、购买者和销售者的互相监管,以及随时对项目贷款、人员关系、成功或失败进行设计和调整。参与者个人之间的关系网是稳定和持续的。由此可见好莱坞生产组织形式的高度灵活性。

当然，尽管每个电影项目显然都必须集中一批分工复杂的创作和经营人员并且把他们统一为一个整体，但是在整合中最重要的一点却始终是创意本身。这不仅是好莱坞生产组织在电影生产的经验，也是所有文化企业生产产品的法则。

4.更加多样化的产品

产业集群和灵活的专业化生产组织方式，对福特制生产组织中的工业化流水线生产出来的类型化、标准化产品提出了挑战。根据不断变化的细分市场需求进行小批量、多品种生产成为新的生产组织形式的产品提供特点，而产品也就由此变得更加多样化了。在好莱坞，制片公司之间松散的组织和运作方式为“独立制片”发挥创造力提供了重要的施展空间，但“独立制片”也很难以失去市场的代价来保证影片艺术的独立性，而且大制片公司依然在以独特的方式发挥作用。因此，直到1995年，好莱坞的产品大致可分为三类：一类是有着大预算的高端电影；一类是影片使用中等的价格聘请明星加盟，并由大公司投资、发行和放映；还有一类是低预算影片或“特色”影片，这些影片是一种介乎欧洲艺术电影和好莱坞主流电影之间的作品。而1995年以后，把好莱坞影片仅分成两类可能更为准确：大预算的国际性影片和小预算的并较少依赖国际市场的影片。尤其后一类影片更是品种繁多。由此可见新生产组织方式下好莱坞电影产品的多样化特点。

从产业革命以来，工业生产组织始终存在两种方式：一是“量体裁衣”，根据顾客需求定制的灵活的生产。二是在工厂制以后发展起来的大批量标准化生产。这两种生产此起彼落，此消彼长。在大规模的工业化浪潮中，标准化生产方式称雄于世界。从20世纪70年代开始，由于信息革命和全球化的发展，又开始向灵活的专业化的生产转变。受经济规律的影响，文化生产组织的产业化生产也被裹挟在这个浪潮中，随之沉浮。

第二节 主要文化产品的生产流程

一、影视剧的基本生产流程

作为传播媒介的电影、电视，可传播的内容很多。影视剧（即电影剧情片和电视剧）只是其中的一部分，但却是非常重要的一部分。它们以独立的文化产品形式，不仅纵横驰骋于文化市场，而且常常是打造文化产业价值链的源头或核心产品。

电影和电视剧都属于视觉艺术产品,在内容承载及表现形式上没有多少区别,主要区别在于播映方式和观赏环境的不同。因此放在一起分析论述。

(一)剧本的运作

1.剧本的创意与写作

对一部影视剧来说,一个好的剧本就等于成功了一半,再加上一个好的制片、导演,就成功了70%,由此可见剧本的重要性。好的创意,是成功实施的前提。这个创意,可能由某个制片人或影视制作公司的策划部提出,也可能是某个导演或编剧提出,或者从社会征集。确定下来的创意,经过几番讨论修改,最后达成共识,形成一个大体的方案,然后找专业的编剧来写剧本。对于自行投送到影视制作公司的剧本,如果认为可行,就直接找来原作者进行修改,或者买下整个剧本的创意,另找适合的编剧改写,以达到他们拍摄的要求。

在国内,一部电视剧一般写20～40集,这是能够保证收益的最合适的创作集数。在酬金的支付上,一般来说,剧本创作之初,购买者先要支付给编剧一定数额的订金,额度视情况而定;初稿完成后要支付到整个酬额的50%～70%,整个剧本完成后支付80%,开机后支付剩余的稿酬。剧本的价格往往视作者的个人情况和当时的稿酬行情而定。2010年之前,刚出道没什么名气的编剧,一般每集2000～5000元,比较成熟的编剧在每集6000～10000元,有名气的编剧则在10000元以上,有的多达30000～40000元一集,其间的差距是很大的。2011年,由于各大网站高价收购电视剧的播映权,致使整个电视剧的价格飞涨,编剧的身价也水涨船高,近两年有所回落。可以说,一个好的编剧就是一个好的卖点。

2.剧本的修改过程

剧本的修改也是一个很复杂的过程。一部好的剧本往往是修改了许多遍的结果,它需要通过多番审查,审查的次数依剧本的创作质量和客观情况而定。公司往往会找一些专业或业余的工作人员来审剧本,写出修改意见,集体讨论。遇到相关专业问题,报有关部门审核。比如《康熙大帝》里的民族、历史问题,要拿到民族事务办公室、社科院历史研究中心审核;《国家机密》中的安全问题要拿到安全部门审核,等等。剧本的审核是一个比较长的过程,在整个影视剧的制作过程中能够占到1/3～2/3时间,是剧本运作的关键。一部剧本往往经过多番修改才能成型,最后敲定的本子就可以投入拍摄了。

3.戏剧设计与写作要领

写剧本不同于写小说,尤其是电视剧的剧本,它要求把一个整体的故事分成若干部分(即几集),每一集都要有它的卖点、高潮和噱头。一部好的剧本每一集都会在结尾为下一集留有余地,对白严谨通俗但又不失幽默,人物设置合理,逻辑缜密。

在一部剧本的创作过程中,往往要考虑它的艺术性和商业性兼容的问题。既要有“做戏”的感觉,又不能非常明显。戏剧冲突的设计要合理,人物性格要突出。既要符合大众的口味,又不能太过庸俗。既不能有太多的矛盾冲突,又不能平凡无奇。一部好的剧本往往是最贴近百姓生活,最真实反映大众的心理世界,能够引起共鸣的作品。

(二)融资与制作

1.融资

影视剧的拍摄需要大量的资金。对于实力强大的国有或私有影视制作公司,其本身就带有投资的性质,并不存在融资的问题。但对于独立制片人或制片公司来说,融资就是一个很关键的问题。一般来讲,制片人在有了好的项目后,往往要寻求资金支持,这个时候,便会写出项目策划书,找到投资主体投资,两者为共同的利益而合作。

随着影视产业的发展和国家配套政策的完善,目前我国影视产品的投资主体也呈现了多元化的发展趋势。它主要包括几个部分:(1)国家或各级地方政府部门、企业单位所属的影视制作机构及电视台;(2)国有或私有工商企业;(3)各种基金会或投资公司;(4)海外投资公司或影视制作公司。不同的投资主体有不同的利益需求,如第一部分的投资主体,投资目的主要在于配合政府宣传,提高地方知名度,体现国家的主流意识,创造良好的社会效益,较少追求商业利益。其他投资公司的目的则主要是树立企业形象,商业利润是它们的最大诉求。

2.拍摄

有了资金以后就要进入影视剧拍摄过程了。

(1)建立剧组或摄制组,确定导演、演员等工作人员。一个剧组应该是一个紧密的合作团队,大家齐心协力才能拍好片子,每个人的辛勤汗水都是不可忽略的。如:制片人主要负责安排日常事务,统筹协调,调控资金;导演负责整个拍摄过程及选定演员;场记主要负责做分场表,安排拍摄次序,记录拍摄进程。此外还有摄影、录音、美工、道具、服装、灯光、化妆、剧务、制片等组,平均每组2～5人,各司其职。

在美国的好莱坞体系中,如果公司同意制片人自己负责电影的拍摄,会派代表出任该片执行制片人,监督制片人的资金使用、时间进度和具体运作。制片人在拿到资金之后,就可以去雇佣导演、演员和摄制人员了。与独立制片人相比,好莱坞的导演、演员比制片人还要多,同样是独立自主。他们通过经纪人等待着制片人的挑选、谈判、签约(好莱坞有许多专门跟踪调研导演、演员的机构,根据他们的票房和观众的喜欢程度,印成小册子,定期提供给制片人和电影公司作参考)。制片人根据导演、明星的走红程度和特点进行选择,同时要求得到电影公司的认可与赞同。导演、演员在与制片人就片中角色进行讨价还价之后(好莱坞的名演员一般最高片酬达到2000万美元一部,还要再加至少15%以上的干股,在电影拍完发行后和制作者一起分红),进行正式的拍摄。

(2)实地拍摄。实地拍摄之前导演要根据剧本进行分镜头剧本的创作,并确定每一个镜头的拍摄方式。同时,要撰写"导演阐述",对影视剧进行艺术、技术、商业等诸方面的综合规划与整体设计。另外,还要与演员、摄影、美工、录音等创作人员进行密切的探讨和沟通。最后,导演要与制片人共同拟订"拍摄日程"。

拍摄日程安排好之后,摄制组就可以在摄影棚或选好的外景地进行拍摄了。这时,拍摄所需的布景和建筑都已经准备和搭建就绪,化装人员已经依照剧情规定给演员化好了装,负责服装的人已经让演员穿上了符合角色身份的服装,而且主要演员也都早已经试过了镜头。所以,一旦导演指示"开拍",摄影师便可以根据导演分镜头剧本要求的拍摄方式开机进行拍摄了。为保险起见,有时在拍摄完一个镜头之后,摄影师还要补拍几个备用镜头。每天的拍摄工作结束后,摄制人员都要洗出"工作样片",供导演、演员和摄制组的其他主创人员一起研究观看。样片没有通过之前,布景不许拆散。一般说来,摄制组一天的工作量在成品后的影片里只占几分钟的放映时间。一部电影的实地拍摄时间大致需要100天。电视剧的拍摄进度,目前国内进度是五六天一集,一部20集左右的电视剧两三个月就可以拍完。

"拍摄日程"全部完成之后,实地拍摄的工作才算结束。

3.后期制作

片子摄制完成后就进入了后期制作阶段。

首先是剪辑师要对样片进行“毛剪”,即按照分镜头剧本上每一个镜头的编号,依次将它们初步连接在一起。制片人和导演会对毛剪的样片进行仔细推敲,对不足之处提出完善措施,包括重拍不合格的镜头和补拍需添加的镜头等。直至这项工作全部结束,摄制组才可以最后解散,布景才能够拆除。

接下来,剪辑师要对毛剪过的样片进行加工,并精确计算出每一个镜头的尺数和上下镜头的连接点。富有创意的剪辑工作往往会使影片大为增色。剪辑工作完成后,就可将样片交付洗印车间进行化入、化出和淡隐、叠印等技术处理了。

与此同时,该剧的作曲人员要写出全部的配乐定稿,录音师要把这些配乐和所有效果音响录成声带,并将原来分录在几条磁带上的对话、音乐和效果音响“混录”在同一条磁带上。最后的工作是要把音带和剪辑好的底片结合在一起,使之“音画合一”。最后,交洗印厂进行标准拷贝制作。

在后期制作过程中,一般来讲,动画特效、录音、音响、配乐、字幕、编辑等都是由影视制作公司委托专门的科技制作公司完成,签署合同后开始制作。有些时候公司也可以自行制作。这些都给影视产品起到锦上添花的作用。制片人们都深谙这样一个道理:制作时不惜大价钱引入高科技手段,大量运用特技镜头,会令人耳目一新,带来丰厚的回报。

(三)送审与洗印

标准拷贝制作完成后,送交国家相关政府部门进行审查。在我国,电影通常由国家广播电影电视总局设立的电影审查委员会和复审委员会根据《电影审查规定》来进行审查和复查。如果有问题,审查委员会会提出修改、删剪意见,或作出其他决定。

审查通过后,影片的标准拷贝就可以交洗印厂进行批量洗印了。至此,一部新剧宣告诞生,整个影视剧的生产流程也就“杀青”了。

二、图书的基本生产流程

(一)选书出版

1.寻找选题

寻找选题,是图书出版工作的起点,也是它的核心。一个好的选题,往往意味着一本图书成功了一半。当然,成功的标准不同,评价选题好坏的结果也就不同。如果说成功的标准是发行量,那么一个能够在图书市场上大行其道的选题就是好选题;如果说成功的标准是创新性或学术价值,那么成功的选题就是那些在某个领域确有创新与突破的写作题目。一般来说,产业化的图书生产强调的是经济效益,是能够带来最大收益的畅销书。因此,能够受到市场的欢迎便成为衡量选题好坏的重要标准。

选题即创意,要想拥有一个好的选题,就必须有新的创意。这个创意既要独特,还不能"曲高和寡"。既要迎合大众的口味,还要让读者感到新奇,阅读后有收获。这个合适的度是较难把握的。通常情况下,一个新的创意都不是毫无准备地凭空想出来的,它总是需要以敏锐的市场感受力和市场不断的检验为基础。也就是说,编者要对图书市场具有敏锐的嗅觉,要了解市场兴奋点,能够把握阅读需求,并且针对市场的需求提出一些有创意性的选题,然后再针对这些选题进行市场调查和市场分析。只有这样,才能找到一个真正受到市场欢迎的图书选题。

出版社的图书选题,有时也可以通过作者或图书策划公司来提供。这时,出版社最重要的职责是要用一双"慧眼"辨别选题,识出"真金"。

2.挑选作者

选题确定之后,就要选择作者来将选题变成书稿。挑选作者的过程带有双向性,作者和出版社要彼此考察对方是否会给自己带来利益。

从作者的角度来看,他们希望寻找到自己欣赏、信赖的出版社。而他们在挑选时往往会考虑出版社的声望、编辑水平、是否有手段强劲的营销活动以及整体制作水平等。因为一个有着良好声望的出版社可以使作者与一流的制作人一起共事,或是与某学科领域最权威的学者进行交流,等等。但有些作者也不全从出版社的声望和规模出发,他们也会选择规模较小的出版社进行合作,这样他们能够得到更好的待遇,作品亦可得到足够的重视。出版社编辑人员的能力也是大多数作者非常看重的,编辑与作者的合作要默契,这样才有助于文稿的成功完成,具有战略眼光的编辑能根据市场需求给作者提出富有创意的建议,为图书提供良好的制作与设计。这些都是作者考量出版社的标准。

从编辑的角度看,挑选作者的方式一般会有以下三种:

(1)编辑主动找名作家,提出出版方案,希望能使作家离开现有出版社,和他们签约。

(2)编辑主动提出选题方案,去找这一领域内的权威专家,由专家著书。若专家并没有足够的写作经验,编辑和文稿编辑还必须有足够的能力对专家进行协助,以保证写出一本好书。

(3)编辑提出的选题方案作者不满意,但在编辑与作者交涉的过程中,双方有了新的创意,而形成一个新的计划。

3.掌握市场动向,评估写作提纲

大多数作者不会将一部完整的文稿提供给出版社,更多的是把写作提纲交给出版社。这个大纲一般只是这本书的内容摘要、章节之间的衔接、篇幅长短等,更多的时候会将自己的作品进行一些夸大,在这种情况下就需要编辑对这本书是否有出版的价值进行评估,综合各方面的意见,作出正确的决策。一般评估过程有以下几方面:

(1)审视提纲的组织结构。即对作者提交的写作提纲进行审查,看其本身的组织结构是否合理,大纲是否经过严密的思考,以此来评估作者是否有清晰的写作意图及写作路线。经验丰富的编辑往往从提纲本身就可看出这本书有无出版的价值。

(2)考虑出版的路线和书系。出版社较少单纯地出一本书,编辑总是会把一本书放到一条出版路线或一个出版书系中出版。例如小说系列、社会学系列、教科书系列等。也有一些专业出版社,如人民文学出版社是以出版文学类书籍而闻名的,而高等教育出版社是一家教科书出版社。这类出版社的出版书系很明确,他们在获得一份选题方案和写作提纲时,这本书是否符合他们的出版书系是出版社考虑的重要因素。

(3)对目标读者群进行定位。为了向出版社表明自己作品的前景,大多数作者在向出版社递交提纲时会夸大自己潜在的读者群。在这种情况下,编辑一定要小心谨慎,正确估量书的读者群,以免引起不必要的损失。编辑既要重视作者对读者群的界定,同时又要对作者所预测的读者群再进行更仔细的评估,以便获得一个较为客观正确的认识。对目标读者群的定位,会直接影响到图书投放到市场后能否赢得足够的消费者,获得预期收益,所以编辑要格外地予以重视。

4.订立合同

在订立合同前,编辑需要与作者就书的内容重点、篇幅长短、交稿日期进行确定,然后根据各方面的信息调研,向出版社提交一份关于书的成本预算、风险等方面的报告。经出版社同意后,编辑与作者之间进行正式的签约,至此选书出版的过程算告一段落。

(二)书稿写作

在作者与出版社订立写作合同后,就进入了书稿的正式写作阶段。

一般来说,书稿的写作者可以是个人,也可以是一个写作组。在大众化图书的写作中,用编写组来进行书稿写作的现象比较普遍。使用编写组写作书稿,最大的优点是能够在最短的时间内完成书稿的写作。编写组内往往有明确的分工,如有专门编写打斗场面的写手,有专门编写对白的写手,也有专门负责写情爱场景的人员。这种细化的分工,可使每个专门化的写手在自己具体负责的场景里不断积累写作的技巧和经验,更深入地不断创新;也可以尽量缩短写作的时间,大大提高写作的效率,提高写作质量。使用编写组写作书稿也会带来弊端,即编写组中的每一个成员虽然会因为各司其职而形成自己的风格和个性,但写作时的“众声喧哗”反而会使书稿成为没有个性、没有风格的标准化产品。

无论是个人创作者还是编写组,在书稿写作期间,编辑都应该与作者之间保持密切联系。编辑要主动关心、支持和协助作者的创作,不仅要尽力帮助他们解决创作中遇到的困难和问题,还要尽可能挖掘作者的写作潜能,使作者的思想、智慧和才能能在作品中得以充分发挥。而作者也要经常与编辑进行各种交流,包括说明写作进度和情况等。而这一切都是为了保证书稿能够按时交给出版社,为了使作品在将来能够得到社会的承认。

另外,作者交稿前,编辑还要对预算进行更进一步的修正规划,对书的出版量、定价等做更详尽的调研。书的印刷数量,是要维持选题策划时所定的数量,还是根据这一时期市场的变动、同类书籍在市场上的销售状况等进行进一步的调整,这都是出版社需要进行确定的。书的定价也要综合考虑市场定价的变动,例如有些书会写几年的时间,而这几年中的物价水平变动较大,那么编辑在作者即将交稿时对书的价格就要进行重新确定。

(三)编辑书稿

1.审稿

审稿,即出版社编辑对作者提交的书稿进行审阅。在我国,出版社长期实行三级审稿制度。所谓三级审稿制度,是指责任编辑对书稿进行初审(一审),编辑室主任、副主任或由出版社领导委托的编审、副编审进行复审(二审),社长或总编辑或者由社领导委托的编审、副编审进行终审(三审)。三审制对各个审级都规定了具体的人物,在程序上交叉互补、递进制约,既可以实现对书稿的客观、公正评价,也可以避免由于编辑人员知识不足和工作疏忽造成的失误,有助于对书稿质量的严格把关。

检查写作的品质和内容是否达到预期效果,这是审稿要做的第一步。一般情况下,出版社会请相关专家对书稿(尤其是专业性书稿)进行审阅并提供意见,然后综合自己和专家的意见,与作者进行再协商,向作者提出修改要求。在这个过程中,编辑自己对书稿的审阅很重要。因为审稿有助于编辑了解书稿的内容、质量和风格,而了解这些情况对于编辑控制图书的整个出版流程会大有帮助。因此编辑审稿不仅是一个例行公事的过程,更是编辑掌握全局动态的重要一步。

对书稿进行审阅的同时,编辑和出版社仍需要对该书的市场前景进行分析和确认,以降低风险,为图书的出版做准备。比如国内某出版社的一名编辑在拿到书稿后,分别在南宁和北京找了小学三至六年级的男女学生共20人来阅读,除了两名学生没有读完作品以外,其他所有的学生都读完了,而且是一口气读完的。编辑在这次实验性的调查中得出了这本书具有广阔市场前景的结论,并指出了这本书的目标人群是10～15岁的小学生和初中生,这显然是为书的最终出版做前期准备工作。

2.书稿的编辑和制作

书稿的编辑和制作,即对书稿的内容、文字进行加工,对图书的封面、插图、版式等进行设计制作。

只有通过审查达到质量要求的书稿,方可交付文稿编辑进行加工。编辑加工的主要任务是发现和妥善处理书稿中的差错,使其达到出版要求。编辑在审读加工时,要避免改稿太随意,尤其注意对作者的学术观点不要轻易改动,不能用自己喜欢的那一套风格去套改作者的语言风格,即使非改不可,也要和作者协商,力争取得共识。

图书的设计与制作包括许多方面,如:图书开本、封面、护封、环衬等的外部装帧设计;图书内文的版式设计;提供插图和图片,一般情况下插图和图片是由出版社完成,但有些作者也会向出版社提供自己的图片,等等。而无论是哪一方面,都需要围绕着烘托图书内容这一实际需要,运用形式美的法则进行操作,达到实用与审美并重的视觉效果。

在进行书稿的编辑和制作时,编辑应经常与作者、设计部门沟通,将与作者讨论过的意见传达给设计部门,向设计人员说明书的性质、内容、作者的要求,然后设计人员根据这些要求对图书进行设计。此时编辑与设计人员应充分尊重作者的意愿,毕竟作者对书的内容和风格是最了解的。

经过编辑和设计制作之后的书稿,需要送交出版社最后终审。终审通过,书稿才能成为定稿。

(四)校对

定稿后的书稿,就可以打印出校样,进行校对了。

中国出版工作者协会颁布的《图书校对工作基本规程》指出:“校对工作是图书出版生产流程中的独立工序,其作用是将文字差错和其他差错消灭在图书出版之前,从而保证图书的传播和积累价值,因而是最重要的出版条件。编辑工作和校对工作,相互衔接又相互独立,共同构筑图书质量保障体系。”现在国内出版社普遍实行“三校一读”制度,即一般图书不应少于三个校次,最后再进行一次通读检查。其中作者校对、编辑校对不能顶替校次。而且,整个书稿都要有专职校对人员负责进行校对,最终校对工作须由具有中级以上职称的校对人员担任。直至确认没有差错后才能付印。

(五)印刷装订

经过“三校一读”之后打出的校样,就能作为付印清样送交印刷厂进行图书生产了。其间,在图书成批装订之前,还需先装订几本样书分由责任编辑、责任校对检查,经检查确认无误后,方能将图书成批装订出厂。

至此,一本图书的生产流程才算结束。

三、流行音乐产品的生产流程

流行音乐(Popular Music),又称“通俗音乐”,有别于古典音乐和民间音乐,是一种通俗易懂、轻松活泼、易于流传、以大众为消费群体的歌曲或音乐。

面向市场的流行音乐产品生产有着工业般的制作流程,就像是一条生产流水线,需要由多人、多环节合作才能完成一个产品。

(一)寻找艺人

简明地说,流行音乐产品是流行歌手演唱流行歌曲的产品。歌曲固然重要,流行歌手更加重要。因为有了一个好的歌手,尤其是有了一个具备明星素质的歌手,不仅歌曲会被演绎得很精彩,还能博得大众的欢迎和崇拜,激发大众的消费热情,拓出一个大市场。因此,所有的唱片公司都十分重视对歌手的挖掘,往往要花大力气到处寻找有潜质的艺人。

唱片公司寻找艺人的工作通常由“星探”们来担任。“星探”们最主要的工作就是寻找具有演唱能力和明星素质的歌手。这个歌手可以是已经成名的、其他公司的艺人,也可以是具有潜力的新人。成名的艺人已经具有了市场号召力,固然是理想的人选,但与他们签约往往需要很高的成本,公司的利润空间并不是很大。使用新人的成本则要低得多,如果能够成功推出,常常是一本万利。所以,唱片公司历来重视挖掘与培养新人。

挖掘新人的途径有很多。歌唱大赛或各种演艺场所,通常是发现新人的场所之一。星探们通过现场聆听,会发掘一些具有做艺人潜质的选手。如中国台湾女子组合 S.H.E,通过一场比赛,打造了一支由三个不同音色(分别代表高、中、低音)的女生所组成的强力组合,而风靡华人音像市场一时。通常"星探"们还会到各艺术院校里去寻找新人,由于这里是专门培养专业人才的地方,人员集中,成功率相对较高。当然,星探们大睁着眼睛在大街小巷的人群里寻寻觅觅,也是其中的一种方式。一个普通人在无意间被发掘,从此踏入歌坛的事实,在流行乐坛并不少见。如中国台湾歌手徐怀玉,就是边在阳台上做家务边唱着歌,被一个偶然路过的音乐人看中,从此就开始了她的艺人生涯的。

(二)培训歌手

由于被发掘的新人没有经验,所以必须经过许多环节的训练及累积才能正式开始演唱,成为歌手。

歌手的培训一般请专人来进行,内容主要包括形体、表演、演唱以及应对媒体等方面的专业训练,有的公司还会增加文学、艺术素养和品德修养方面的培训课程,以提高歌手的素质,教他们懂得艺术和如何做人。

在培训中,公司会根据每个人的能力和实际情况确定培训时间。有的培训时间很短,比如 3～6 个月就够了。而一般的新人要接受起码一年以上的艰苦训练。对于通过一年的训练没有明显进步的艺人,公司一般会将其放弃。新人的普遍受训时间是 3 年左右,也有较为特殊的艺人需要培训 5 年以上。如韩国的"东方神起"演唱组合的培训时间长达 4 年以上。

专业培训往往会使新人的实力大增,初步具备一线歌手水平。

(三)制定发展计划

在推出新人时,或签约成名歌手后,唱片公司都需要从歌手的实际情况出发,为他们制定一揽子发展计划。

这个计划的制定往往需要做很多前期准备,如对新人的形象、性格、声音特色等进行细致研究、分析,对其形象进行市场检验,对已成名歌手及其产品进行市场调查与评估等。这些准备工作无疑将有助于一个切实有效的发展计划的形成。

一个歌手的发展计划包括很多方面的内容,如歌手定位(创作型或偶像型)、形象设计(小女生或阳光大男孩等)、歌唱路线(情歌、乡村、电玩、蓝调、民谣等)、艺术风格(甜美、忧郁、苍凉或冷酷等)和发展规划、具体步骤等。

发展计划的好坏往往直接关系着歌手的成败,无论是唱片公司还是歌手本人,都会非常重视。而衡量发展计划好坏的唯一标准就是市场,凡是取得了良好的市场反馈的发展计划就是好的、有效的,反之就是坏的、无效的。但市场的反馈通常只能在产品进入市场后才能得到,制定规划时则很难料及,何况市场本身就是瞬息万变、难以把握的,因此,为降低风险,发展规划的制定一般都是业内资深人士经过周密分析、多方求证后才完成的。

(四)创作音乐作品

拥有一首好的音乐作品是歌手走向成功的前提条件,很难想象没有一首好听的歌曲的歌手能够走红。因此,音乐作品的创作是唱片生产过程中非常重要的阶段。

“好”的音乐作品,应当既具有流行音乐的一般特点,如篇幅比较短小精练,旋律优美简单,风格轻松流畅,内容贴近人们的日常生活等;又具有一定的个性,给人以清新、生动之感。

歌手的音乐作品一般有两个来源:一为歌手自创,这当然只有少数创作型歌手才能做到;二为收集歌曲,或根据艺人特色量身定做歌曲。大多数歌手的音乐作品都来自于后者。

音乐作品的选择,应当与歌手的音色、定位、形象设计、演唱路线等相适应,使两者显示出统一的音乐风格。如中国台湾艺人张韶涵拥有与生俱来的歌唱天赋,巨大的声音能量,少见的声音穿透力。按照唱片公司的定位,她以童真而不加修饰的高亢嗓音,将一首《寓言》——英国民谣的圣诞歌,表现得独一无二。

(五)录音制作

录音制作,就是到专业录音棚灌制单曲或专辑。这个步骤包括配唱、和声和混音。

配唱就是歌手在录音棚里演唱歌曲以供录制。演唱之前,制作人会向歌手诠释歌曲所构思的意境、刻画的心情以及各段落具体的演唱方法。而歌手自已事先也要熟悉旋律,牢记歌词(需要字正腔圆地念熟),酝酿感情。

有些歌手的领悟能力很强，制作人无须特别交代就能很好地完成任务。为了录制出最好的音乐效果，在某些乐句上面，严格的制作人可能会要求歌手录上几十次。如谢雨欣在为西山居《剑侠情缘》配唱游戏主题的时候，第一句寥寥几个字，就唱了30多遍。

所谓和声，就是用人的声音来当乐器进行配乐，以烘托歌手的演唱。没有和声的烘托，歌手的声音是单薄的，甚至是不堪入耳的。所以在配唱之后，需要专门编写和声谱，再根据歌曲的性质决定男声、女声的搭配。和声一定要贴紧主旋律，保持拍子一致，切忌尾音长短不一。和音也不是一两个人录一次就行的，录音室里经常是三个人唱不同声部，然后再交换低声部再搭配一次，听起来就有六个人的效果。

所谓混音，就是将录制的多轨音乐处理成最后的两轨立体音。混音需要在所有录音工作都完成之后进行。混音师必须将每一轨录好的声音做最好的分配，包括声音的位置、音质、效果、大小声，有时候还有表情。好的混音是能让每一个声音都清清楚楚地、和谐地表现出来。不过有时候，为了让歌曲表现另一种效果，故意让某些声音产生混浊、突兀的现象也是有的。混音的好与坏对于唱片的音乐品质有着直接和决定性的影响，因为它能够通过音乐的起伏带动听众的情绪。因此，它也是一个非常受重视的生产环节。

混音完成之后，一个流行音乐作品就基本成型了。

(六)母带制作及复制

音乐作品成型后，还要进行后期的最终合成，统一作品的风格和形式，并制作出最后的母带。母带是指不再作任何修改，直接用于大批量复制该音乐文件的带子。

母带制作是在专辑推出之前的最后一项创造性和技术性并存的工作。一个好的母带处理工程师可以使混缩作品锦上添花，甚至有时可以挽救一个非常差的混缩作品。母带制作包括了选择作品、最终的处理和排列乐曲顺序，以及在CD上做标记用的一些“标志”和“索引”。

母带制作完成后，要拿到工厂里去进行生产复制，变成以磁带、CD或其他形式为录音载体的流行音乐产品。

当大批量的产品从工厂装箱，运输到各地的销售网点，接受市场考验的时候，一个流行音乐产品的生产过程就结束了。

四、演出类产品的生产流程

演出类产品是演出业的产品形式，是指演员通过舞台表演向观众出售艺术内容、观众当场消费的文化产品形式。演出类产品的最大特点是生产和消费同时进行，观众与表演者现场交流，因此，演出类产品与影视剧、图书等其他文化产品相比，具有独特的艺术魅力。

按照艺术内容的不同，一般可分为音乐演奏会、演唱会、歌舞表演、戏剧演出、音乐剧表演、曲艺表演、服装表演等几大类型。

演出类产品类型多样，形式各异，本书选择一种经典的演出产品——戏剧演出，加以介绍。

戏剧是一门综合性艺术，戏剧产品的生产过程也就因此变得十分繁杂，需要很多人协作劳动才能够完成。但戏剧作品的创作仍然具有比较明晰的工序性。也就是说，在戏剧作品的创作过程中，从确定剧目、剧本创作、排练制作到舞台公演、戏剧巡演，是一道非常明确的生产流程，犹如生产流水线上的工序，环环相扣，缺一不可。

(一)确定剧目

确定剧目，即对戏剧演出产品的选择。在计划经济条件下，对演出剧目的选择可能源于某项政治任务，或者某种艺术追求。但在文化产业的大背景下，演出剧目的选择首先需要充分考虑的是市场需求。一出戏剧，只有得到了观众的认同，拥有了较高的上座率，才能成为戏剧产品，实现其经济效益和文化效益。

断定一个剧目是否符合市场需求，不是坐在家里凭空想出来的，它需要经过大量的市场调查、分析、总结才能见分晓。而且，只有瞄准了目标受众、进行了准确的营销定位的剧目，才能在今后真正拥有良好的收益。

演出项目选择得对与错，不仅关系到将来演出后的经济收益，更直接关系到剧目生产资金的筹集。现在国内戏剧演出项目的生产与演出费用完全依赖国家财政拨款的情形越来越少了，大量的剧目需要通过吸引企业投资、向银行贷款以及自有资金投入等方式来筹集资金，而这些方式无一不需要与演出的市场效益挂钩。只有有市场潜力的剧目，才能赢得投资者的青睐，才能获得银行的信任，实现自有资金的积累。因此，确定具有市场潜力的演出剧目，在戏剧演出产品的生产中至关重要。

（二）剧本创作

剧本，是一剧之本。剧本创作，是戏剧产品生产的起点。

一般来说，剧本写作的程序包括取材、确定主题、整体构思、编写大纲、正式写作等阶段。剧本的具体内容则包括主题、情节、人物、对白、场景及舞台提示等。优秀的剧本不仅能在舞台上演出，同时还是独立的文学形式，可以在报刊上发表、出版，供人阅读，因而既具有文学的特性，又具有戏剧的特征。

在传统的戏剧演出中，剧本创作的个性化、创新性要求很高，强调以思想的深度震撼人，以强烈的艺术魅力感染人，以崇高、优美的节操陶冶人。但是，对于市场化的戏剧演出而言，高度个性化、创新性的剧本并不是首选。相反，个性化、创新程度不是很强但大众化、程式化特点很突出的剧本，却成了市场上的抢手货。这种转变并非像有人说的那样是“戏剧的堕落”，恰恰相反，它是剧本创作面向大众和市场的必然结果，是戏剧演出进行产业化转型的开始，是我国当代戏剧走出“象牙塔”、融入现代社会生活的必经之路。

因此，现在我国的剧本创作更应该致力于加强观众的期待体验而非改变他们的体验。也就是说，剧本创作应该充分利用历史上传承下来的、广受大众欢迎的各种程式和类型，并用这些程式和类型去演绎现代生活，去进行程式中的出新。只有这样，才能创作出让观众感到既十分熟悉又有些出乎意料的剧本，也才能逐渐培育出适合当代观众的商业戏剧类型。

拥有一个适合观众需求的“好看”的剧本，对于一部戏剧作品来说至关重要。它往往既能为接下来的排演过程和演出奠定一个良好的基础，又能有效地降低产品的市场风险。

（三）排练制作

在戏剧理论中，排演属于“二度创作”，是对剧本的再创作，是戏剧艺术作品创作的核心阶段。戏剧的“二度创作”是以导演为中心的集体创作，是导演率领着演员、舞台美术师、服装师、音响师等团队成员对剧本作出的舞台诠释。因而导演是戏剧产品舞台世界的创造者。不仅如此，由于戏剧艺术最终是舞台表演艺术，作为“一度创作”的剧本必须落实到舞台上才算找到归宿，作为“三度创作”的观众必须依据舞台上的表演才能进行再创作，因此，作为戏剧舞台世界的创造者的导演，事实上就成了戏剧艺术作品的主要创作者和灵魂级人物。

导演在世界近现代戏剧创作中的中心地位,使戏剧排演成为导演抒发自我、表达个性的过程。他以自己的理解力和感受力来诠释剧本;把他的思想感悟和艺术追求强加到创作的每一个环节和参与创作的每一个人员身上;他让演员、布景、服装、音乐和灯光以及最后的舞台演出等全都成为表现自我个性的媒介;他是舞台上的"神",操控着所有角色的感情来创造他心目中的另一个世界;而他创造这一切的最终目的,是要实现自我的艺术理想。至于大多数普通观众,在导演的眼里,那不过是来见证这个舞台世界的旁观者,是来聆听教诲、接受陶冶的受训者。这样的导演的最杰出创作,无疑就是现代派戏剧作品了。

然而,这样的导演却不适合在市场经济条件下生存。事实上,在商业戏剧演出领域,导演的地位已经大大降低了,代之而起的是戏剧制作人的地位。据悉,美国百老汇的戏剧制作采用的就是制作人制度,日本松竹、东宝等戏剧演出公司的戏剧作品也是由制作人全权负责。

那么,什么是戏剧制作人呢?据《中国艺术教育大系·戏剧卷·戏剧管理》介绍,戏剧制作人是指现代戏剧艺术生产过程中的至高管理者,他有某部戏剧的构思(或获得了某著作权),他为戏剧制作筹措资金,在戏剧排演过程中他拥有实际上的创作控制权,并最终组织销售和演出。[①] 显然,戏剧制作人已经不同于导演的艺术家身份,而是一个戏剧产品的经营者。制作人制作戏剧的模式一般遵循创意(剧本)论证、市场评估运作、策划报告(含预算)、资金筹措并签署资金合作协议、演出制作、营销宣传运作、票房回收等步骤。

当戏剧制作人控制着戏剧产品的生产过程的时候,导演基本上成了制作人意图的执行者,戏剧排演中也会加进大量的商业化元素,如影视明星演员的加盟、布景的奇观化、音乐的通俗化、台词的日常化,等等。而这一切处理都是为了形成"卖点",以吸引大众的眼球,为正式演出拓展市场。

当戏剧排演结束的时候,一个戏剧产品就基本定型了。接下来,就是联系剧场,搭建舞台,布置灯光,安排音响设备,准备进行正式演出。

(四)舞台公演

舞台公演,是戏剧艺术创作的最后一个阶段,也是最高阶段。在这个阶段,一方面,戏剧艺术的创作过程告一段落,以创作成果的形式跟观众见面;

---

① 参见路海波:《戏剧管理》,文化艺术出版社 2000 年版。

另一方面，演员的艺术创作仍然在进行，边演出边进行。这是舞台表演艺术不同于影视剧的特点。

戏剧的演出是一个庞大而复杂的系统过程。事先排演的所有元素都必须准确、有机地融合在一个不可逆的、高度运转的体系中，难度很大。为了确保演出的顺利进行，一个必不可少的重要角色浮现出来，那就是舞台监督。在整个戏剧作品创作过程中，舞台监督的职责很多，他是演出制作时间的管理者，是排演时导演的左右手，是演员的管理者，更重要的，他是演出中舞台与后台的管理者、指挥者，是演出时把握全盘、运筹帷幄、调度有方的“统帅”。

舞台公演之前，舞台监督要将演出的进展情况以及相关的各项细节依次记入到“剧场提示用脚本”中，然后根据这个脚本安排电工、舞台工作人员、道具人员、服装人员等各种演职人员的工作。他每天都要起草一份“时间表公告”贴在后台演员休息室的布告栏内，演员可以从这里知道剧场活动的日程安排、管理处的通知以及有关对遵守或违反纪律的奖惩等情况。

在演出中，舞台监督必须到场，他要保证使演员准时到场，留心使他们的服装和化妆恰到好处。演出进行时，他要提醒演员按时上场，监督布景和道具实际摆放的位置，检查灯光，保持前台、后台和化妆间有条不紊，还要负责给演员提词，发拉幕信号，决定谢幕的次数和间歇的长短，遇到紧急情况还要负责向观众作出解释，等等。

在演出结束后，他要负责安排演员退场，清理各种舞台设施，处理各种善后事宜，等等。

总之，舞台监督的职责就是要通过合理的调度圆满实施预定的演出计划，通过自身机智的应变应对突发事件和查补原计划中的不足，以确保整个戏剧演出活动的顺利进行。

(五)戏剧巡演

戏剧作品的巡演是指，艺术表演团体在外埠演出或演出公司经纪的剧目在多地连续进行演出。巡演的操作有两种方式：一是独自操作，二是委托演出经纪机构代理操作。其中，独自操作即由剧团自己的相关部门来操作整个巡演过程。戏剧巡演涉及面宽、人员众多，需要各个方面、各个环节高度配合，因而是戏剧演出中高度复杂的运作环节。除了少数大剧团或演出机构，大多数戏剧演出的巡演都需要依赖演出经纪公司。

戏剧的巡演是扩大剧目影响、增加演出收入的重要环节。因而，把一个剧目巡演乃至于长久地演出下去,是所有戏剧生产者的目标。

一个优秀的剧目常常会经久不衰地演出下去。只要演出过程不结束,戏剧产品的生产过程就没有结束。因为舞台上的表演无论重复多少次,每一次都是一个创造过程,都会表现出一些差异。如陈佩斯的舞台三部曲(《托儿》《亲戚朋友好算账》《阳台》),无论哪一部走到哪里,都会根据各地特点进行适当的调整。而陶虹、徐峥主演的话剧《最后一个情圣》,为更贴近大众,在北京上演的版本中竟然临时加入了超女、禽流感等流行话题。因此,当一个戏剧产品正式上演的时候,并不意味着它的生产过程的结束,而只能说是告一段落。

五、动漫产品的生产流程

动漫产品自20世纪30年代诞生以后飞速发展,至今已经拥有两大世界动漫产地——美国和日本。美国动漫产品以迪斯尼为代表,以市场定位低龄化的卡通大片为主,代表作有《白雪公主》《米老鼠与唐老鸭》《玩具总动员》等。日本的动漫产品则以市场定位多样化的漫画为主,让3～80岁的人都有漫画看,是其一贯的生产理念。日本的漫画种类繁多,风格多样,代表作有《铁臂阿童木》(开山之作,科幻类)、《圣斗士星矢》(具有打开中国市场的里程碑意义,格斗类)、《灌篮高手》(体育类)、《机器猫》、《名侦探柯南》(侦探类)等。

我国动漫事业起步较晚,早年将市场定位于儿童,也生产出不少优秀的具有民族特色的动画片,如《铁扇公主》《大闹天宫》等,但之后动漫生产水平与日本、欧美逐渐拉大,落后于日韩、欧美等国。近年来随着国家对文化产业的重视,动漫产业也开始受到关注,涌现出《蓝猫淘气三千问》《我为歌狂》《喜羊羊与灰太狼》等优秀作品。

(一)漫画

1.漫画生产

漫画,是动漫产品一个重要组成部分,它的生产、出版和发行自成体系,但它同时又是动漫产品——动画片生产的环节之一。

作为独立的生产、出版和发行体系,成熟的漫画出版业已经形成"漫画作者→出版商→分销网(含专卖店)→读者"的产业链。但是在其生产过程中,传统的漫画创作依然采用手工作坊式的生产方式,是漫画家个人手工创作的成果。后来,随着科技尤其是电脑技术的发展,漫画生产逐步转向技术性与艺术性、合作性相结合的生产方式,即采用计算机软件进行创作,一个产品多人或多个公司合作生产的方式。最初漫画的刊载往往借助于漫画杂志的连载,达到一定数量和一定的人气积累后便有可能推出漫画单行本。从某种意义上来说,漫画杂志的作用并不在于发行,而是在于为单行本的发行出版做广告。此后,如有市场等各方面需要,商家还会推出豪华版、文库版、总篇集等各种漫画版本。

2.漫画作为动画片的创意来源

如前所述,漫画产品的生产和发行,本来与动画制作并不直接挂钩,是两个不同的生产、出版、营销系统。但是,当漫画一旦被改编为动画或真人电影电视时,它就被纳入了整个动画生产的过程,成为其中的一个环节。

优秀漫画往往是优秀动漫视听产品的创意来源,这一点在日本的动漫产品中尤为突出。自动漫大师手冢治虫将《铁臂阿童木》改编为动画在NHK电视台首播以来,大量优秀漫画被改编为动画,促进了日本动漫事业的繁荣。如《灌篮高手》《机器猫》等。通常漫画的连载与动画改编是同步进行的,如当年风靡中国的《圣斗士星矢》就是如此。

此外,人气动漫小说也是动画改编的重要来源之一,最经典的例子有田中芳树的架空历史小说《银河英雄传说》和小野不由美的《十二国记》系列等。相似的例子还有中国的《我为歌狂》、韩国的《浪漫满屋》等。

当然,并不是所有动漫视听产品都改编自原创漫画或小说,美国迪斯尼的许多卡通大片都没有改编来源,因而省去了漫画这一环节直接进入动画制作。

(二)动画片的生产流程

动画片的制作过程大致要经历创意策划、前期准备、中期作业、后期合成、产品制作五个环节。

1.创意策划

创意策划是一部动画片生产的起点,是以后所有工作的基石。

在创意策划的过程中,一般是先由策划人员提交策划文案,以征求制片人同意;然后,制片人会从商业化的角度多方考虑并求证,看是否值得投资;最后,由制片人决定创意通过与否。

美国迪斯尼的动画片创意来源一般有三个:一是主管部门提出执行的行政命令;二是公司内部会议的讨论;三是公司内部的创意执行部门。提出的创意得到肯定之后,会请剧作家写出故事大纲,进而拟定剧本。在正式制作之前,迪斯尼公司通常会制作一个“plot film”,即动画精华短片,提交给赞助商作为赢得投资的有力工具。

日本的创意策划则往往有两个来源:一是通过漫画改编,被称为“原作”;二是“原案”,即没有改编来源,完全是新创。一般来说,“原作”会因为已经拥有固定的市场和比较容易得到赞助商的支持而通过。

2.前期准备

当一个动画片的创意策划得到制片人的首肯之后,这个动画片就进入了前期准备阶段。

前期准备工作很繁杂,包括脚本、造型设计、背景设计等诸多方面内容,主要由导演根据制片人的意思进行统筹管理。在日本,动画片生产的前期作业包括脚本、导演工作、人物设计、机械造型设计、背景设计、色彩设计及色彩指定等各个方面。

脚本的创意在策划阶段提出后,会根据制作人和导演的意见进行修改,并请不同的脚本作家进行写作完善。这些脚本作家通常是自由身份的作家。而后,导演会同制作人和各个脚本作家进行讨论,直至最后敲定脚本。

脚本敲定之后,分镜图师或副导演就要根据脚本做出分镜图,即“以图像呈现的脚本”。分镜图不需要将人物造型很准确地画出来,只要能让之后的工作人员看得懂就可以了。

然后,导演会根据脚本分别和人物造型设计师、机械造型设计师、美术设计师等进行讨论,将各设计方案定稿。

接下来,各个部分的工作将按照设计方案有条不紊地开展起来,每一部分都由专人负责,分工明确。

3.中期作业

动画片生产的中期作业,包括构图、着色、特效、摄影等多个专业工序。

所谓构图,就是构图人员在分镜图的基础上,根据制定好的人物设计和背景,画出放大的详细分镜图,以便后续动作。

着色是指上色人员按照色彩设计师指定的色彩,在指定的部位涂上颜色。制作过程数字化之后,上色人员开始用电脑上色,即先用扫描机将原画和动画线稿存进计算机,然后在电脑里清理线条,按指定的色彩上色。

动画的特效通常用三种方法来形成:一是直接在背景上画出特效,二是用电脑在上完基本色后的镜头里加上特殊效果,三是使用摄影技巧造成特效。

摄影工序的主要任务是对动画稿和背景进行合成,现在这个工作也基本改由电脑的合成软件进行。

动画中期制作是动画制作的重头戏,经过中期制作,一部动画作品才能基本定型。随着科技和动画制作理念的发展,该过程中的各个程序都实行了流水作业,越来越多地依仗先进的电脑技术。

4.后期合成

后期合成包括配音、剪辑等,属于动画制作的完善方面。通过后期制作,动画作品才最后定型,成为一部完整的动画作品。

后期剪辑是对之前制作的各个镜头进行组织拼贴,使之能够表达完整连贯的故事情节,美化故事形式。在日本的动画制作公司里,加上特效后或完成上色的影像材料通常会被制作成一卷业务用录像带,来交给影视制作公司,使用剪接机制作成一卷按分镜图制作、最后在电视或戏院放映之前的原版影片。所有的剪辑材料事先由制作管理人员或通过其他方法交给影视制作公司,然后制作管理人和导演、副导、影视制作公司会在约好的时间里进行剪接工作。在剪接室里,副导演会看着分镜图给予剪接人员指示。

后期工作还包括音效添加和配音处理,这也是重要的一环。皮克斯和迪斯尼的音响效果一直让人叹为观止,在一定程度上增加了影片的感染力。而在日本,对配音演员的挑选是一个关键。在日本动漫和娱乐界,配音演员一直是个令人羡慕的职业,当红的配音演员可以与大牌明星相媲美,成功的配音演员的配音表演往往会赋予角色新的生机活力,同时也令自己一炮走红。

5.产品制作

由于销售途径多种多样,动画片的产品形式也表现不一。一是在电影院放映,通过票房收入、广告等收回投资,在日本称为“剧场版”;二是在电视台播放,通过播映权、广告等收回投资,在日本动漫界被称为“刊版”;三是不经电视、电影等媒介传播,而以 OVA 的形式发售的动画片原版录像带、VCD、DVD 等。

其中,电视版是目前日本普遍的动画制成品形式,一般每集 30 分钟,留有悬念,长度根据情况而定;剧场版制作成本最高,质量最好,技术难度也最大,所以一般制作方都只在刊版动画热播之后才推出剧场版,借助其余热来获得良好的票房效应;而 OVA 版是在 20 世纪 80 年代中期产生的,现在已成为日本动漫发行的一种重要形式,全称为“原创动画录像带”。原创动画录像带首次推出时未曾在电视或影院上映过,其制作比较自由,长度不受限制,多数是针对某一作品的粉丝而作,制作压力较小,因而水平也参差不齐,反响好的话也会在电视上播出,成为刊版动画。但 OVA 发展到如今,其界定已经开始模糊,一些播出过的剧场版、刊版动画制成的音像制品也被称为 OVA。20 世纪 80 年代到 90 年代中期是 OVA 的黄金时期,但由于网络技术的发达,盗版现象严重,OVA 动画产品也受到了一定冲击。

当产品制作环节结束,动画片在各个渠道开始发售的时候,一部动画产品的生产过程就完成了。

第三节　几种经典文化产品类型分析

从文化产品的种类来分,有类型电影、类型小说、类型音乐等。通常情况下,类型是指每一个文化产品领域里那些具有相同或相似特征的产品群落,如商业电影里的动作片、西部片、歌舞片、言情片、警匪片等,通俗小说里的言情小说、武侠小说、侦探小说、科幻小说等,流行音乐里的摇滚乐、美国乡村音乐、迪斯科舞曲、RSB 音乐等。但有时,不同产品领域里的某些类型会在题材、情节、人物、场景等方面表现出大致相同或相似的追求,如美国的西部电影和西部小说,中国的武打片和武侠小说,以及言情小说与言情片、侦探小说与侦探片、恐怖小说与恐怖片、科幻小说与科幻片等,它们常常也能自成一个类型。本书论及的经典类型,沿用的就是最后一种划分标准。

一、武侠小说及武打电影

(一)武侠小说的特征

武侠小说的特征,可以概括为以下几点:

1.“武”与“侠”

新派武侠小说家梁羽生曾说过,武侠小说有武有侠,可是,侠是第一位的,武是第二位的,是“侠之余”,因而武侠小说创作“宁可无武,不可无侠”。于是,写“侠”成为武侠小说的头等大事。那么,什么是“侠”呢? 侠具有八条特征:一是助人为乐;二是公正;三是自由;四是忠于知己;五是勇敢;六是诚实,足以信赖;七是爱惜名誉;八是慷慨轻财。侠还是一种入世的精神,“明知不可为而为之”“虽千万人吾往矣”“替天行道”“舍我其谁”的精神。侠往往尚义、重义、道义、侠义、舍生取义、朋友主义、兄弟之义,这“义”字便成了

“侠”字的要义，凡是不义的，便是“不够义气”“弃义”“背义”，便是“侠士”要对付的“无义之徒”。侠除了“侠义情操”外，还重视情、理、忠、孝、行的作风。“情”包括个人情感：爱情、友情、亲情等。“理”是公理、道理、伦理、学理。但人情与义理往往又是相互冲突的。至于“忠”，大至忠君爱国，中有门派同道之维护，对某个朋友、尊长的忠诚，小至忠于自己的言行信念，也是作为一个“侠士”应该具备的重要方面。“孝”，则概括了对亲人长辈的心意。忠、孝有时候也形成矛盾。显然，这些“侠义情操”不但温暖了古代人的心灵，即使在今天也是人们对现实生活中种种缺憾的精神补偿。

武侠小说中的“武”，不仅仅是武术，还包含武功、技击、打斗、搏杀、异术等诸多与“武”相关的因素。早期武侠小说里的武功大多还是传统武术的刀剑拳脚，至《水浒传》《三侠五义》已经出现诸如“飞行履水”“飞檐走壁”“点穴术”“隐身变形”“熏香毒药”等招数。民国期间还珠和白羽的武侠小说中更多的是“神奇”武功，已近于“法术”。新派武侠小说的金庸、梁羽生、古龙等人写“武”又有了新的发展：或者把武功与艺术如琴、棋、书、画相结合，与文化相结合，与哲理相结合，与人性相结合；或者不讲究打斗的招式，重在对决战时气氛的渲染，当时的环境、衣饰、心理描写都在“武功”的表现范畴之内。武功的描写如何，是武侠小说成败的重要因素之一，人们仰慕侠客很重要的一条就是他们具有超凡的武功，能够做自己做不了的事情，比如除暴安良、匡扶正义等。

2.传奇性

武侠小说是建立在传奇性的基础上的，具有非现实性。武侠小说属于通俗小说的范畴，强调故事能吸引读者，而一般人都有猎奇心理，因而武侠小说里有许多超凡脱俗的奇人奇事就顺理成章了。从另一方面来说，武侠小说本来就有一定的“读者代入”心理现象，普通人要通过阅读时的“代入”，达到作品主人公与读者“自我”的一体化，来“实现”他们在日常生活中想做而不敢做、不能做也做不成的事。如果武侠小说里的人是平常人，事是平常事，就会减弱这种阅读快感。因此，武侠小说充分发挥了作者生动的想象力，让人们在想象的领域自由驰骋、天马行空，在幻想的世界里领略人间的传奇。然而，武侠小说的这种传奇的背后是现实的影子。神奇的武功可以是假的，江湖历险的“奇遇”可以是假的，但“传奇”故事中人物的喜、怒、哀、乐是真的，他们的情感、心理、人性和常人一样是真的，“奇”而致“真”则是武侠小说的一大特色。

3.消遣性和娱乐性

金庸曾明确地指出:"我写武侠小说完全是娱乐。""我只是一个'讲故事的人',我只求把故事讲得生动热闹。我自幼便爱读武侠小说,写这种小说,自己当作是一种娱乐,自娱之余,复以娱人。"[①]由此可见,武侠小说有着相当强的消遣和娱乐功能。不过,强调消遣性和娱乐性,并不等于兜售低级、庸俗的内容,而是以呼应大众的接受心理期待为创作指向,通过宣泄精神压力、补偿生活缺陷、松弛疲劳心理、实现理想愿望等接受效应,来实现其娱乐性。实际上,优秀的武侠小说还承担了一定的社会教育功能。金庸就曾这样说过:"武侠小说本身是娱乐性的东西,但是我希望它多少有一点人生哲理或个人的思想,通过小说可以表现一些自己对社会的看法。"[②]

(二)武侠小说的基本程式

武侠小说作为一种通俗小说类型,从唐宋传奇发展到今天,既积累了丰富的作品,也沉淀了一整套完善而成熟的程式。

1.情节模式

武侠小说往往以主人公的成长经历为主线展开情节,写他历经磨难、学成高超武艺、最后战胜敌人成为一代大侠的故事。其情节模式一般由"行侠""复仇""夺宝""伏魔""争霸"等多种情节元素构成。

行侠。武侠小说一般都塑造一些侠义之士。他们身怀绝技,仗剑江湖,路见不平,拔刀相助,锄强扶弱,劫富济贫。在封建社会时期,下层民众由于对官府、王法的不信任,对社会、法律的失望和蔑视,非常希望侠士出来伸张正义,实现公平。这也是武侠小说一直在民间受到欢迎的原因之一。

复仇。武侠小说故事发生的背景、人物活动的场所,一般在江湖世界,与武林相关。习武之人,免不了刀剑相伤,于是结下仇怨。所复之"仇"基本分为国仇、家族之仇、门派之仇、各种私怨等。其实"复仇"是人类的本性,它存在于现实世界的各个角落,武侠小说只不过通过武林的复仇故事象征人类的"复仇"现象。

夺宝。武侠小说常常围绕着"宝"物的寻找、抢夺过程,演绎出惊心动魄、引人入胜的情节。而在寻、夺过程中,各种人物的性格、品质也得以全面

---

① 林以亮:《金庸的武侠世界》,载《金庸茶馆》(叁),中国友谊出版公司1998年版。

② 王力行:《新辟文学一户牖——访金庸谈武侠、文学与报业》,载《金庸茶馆》(叁),中国友谊出版公司1998年版。

展现。武侠小说中的"宝"除了俗世的金银财宝外,还包括武学秘籍、神兵利刃等等。冲突激烈的夺宝过程,不仅能够带来阅读快感,而且还变相满足了人们对财物的占有欲。

伏魔。武侠小说象征性地把人间的奸佞邪恶之徒通过夸张而描绘成大魔头。大魔头总是为害武林,杀人如麻,做尽各种坏事,而且往往还武功高超,一般人难以降伏。于是,武侠小说常常让正义之侠士历尽磨难,最终练就绝世武功,将这些魔头铲除。

争霸。武侠故事发生在江湖世界,武林之中,各门各派,或为正,或为邪,都明争暗斗,希望一统江湖,争霸武林。其实这也是对人类历史和现实世界的隐喻,武林的争霸和人世间的争权夺势有何分别?

说情。武侠小说在主要情节之外,往往还依附着一个次情节,即讲述"英雄美人"式的爱情故事。其中,英雄的身边总是围绕着多个美女,他们之间要么是痴情女与负心郎的关系,要么是历尽磨难,有情人终成眷属。次情节的存在是对主干情节的丰富与补充。

上述情节元素虽然不一定全部出现在一部作品中,但往往也会三三两两地互相纠结在一起,让一部作品围绕着主人公的成长经历展开,呈现较为复杂的情节构架,营造悬念迭生、紧张刺激的情节进程。

2.人物塑造

一般说来,武侠小说的人物常常陷于善恶对立格局,好人极好,坏人极坏,属于扁平的类型化人物形象。但随着新武侠小说的兴起,武侠小说的人物形象也变得丰满并多样起来,出现了疾恶如仇、武艺高超的侠义之士,半正半邪的江湖人物和凶残邪恶的魔头等三种人物形象。

侠义之士是武侠小说的主人公。他们往往身世离奇,屡有奇遇,不仅练就一身出神入化的盖世武功,而且匡扶正义,大义灭邪,奉"为国为民,侠之大者"为人生最高境界。另外,仁义、宽恕与平和也是他们的本性,因而身为武人,却常常反对暴力,主张和解,希望用无上的武功保天下安宁。同时,他们还具有侠骨柔情,懂得怜惜女性,更深得女性的爱慕。这样的人物如张丹枫、凌未风、段圭璋、袁承志、乔峰、楚留香等。

半正半邪的江湖人物往往性格杂糅乖张,行事怪僻难测。他可能既有行侠仗义之举,又有贪图财宝之念;可能既是杀人不眨眼的大恶人,又是情牵至爱的性情中人;他可能无恶不作,但又良心未泯,甚至有朝一日善良的本性复苏……这样的人物如《倚天屠龙记》中的谢逊、《碧血剑》中的金蛇郎君夏雪宜、《天龙八部》中的南海鳄神、《笑傲江湖》中的田伯光等。

凶残邪恶的魔头是武侠小说里的反面人物。他们往往都是中了"心魔"的人,要么醉心于争霸武林,要么一心争夺宝物,为了达到目的不择手段,滥杀无辜,甚至丧心病狂地以最亲近的人的生命为代价。一个丧尽天良的人,一定是没有好下场的,武侠小说通过岳不群、慕容复等人物的结局,宣告了对这一组人物的评判。

3.图谱化手法

武侠小说的图谱化手法有很多,如虚构故事时总是要借助于一定的历史背景,因而金庸小说的很多主人公都和历史上的风云人物有着直接的关联,如郭靖与成吉思汗、张无忌与朱元璋、乔峰与完颜阿骨打、韦小宝与康熙、陈家洛与乾隆等。而且这些武侠人物在时代背景下并不是旁观者,而是在参与甚至创造历史。而黄易的小说则直接让现代人回到古代去参与历史,让英雄支配历史。比如武功描写多"武戏文唱",即写武打较少渲染血淋淋的暴力场面,要么极其精练的语言一笔带过,正所谓"无招胜有招";要么写得极具美感,似舞蹈一般,有时还要渗透进各种哲思,于是武打动作与武打场面被艺术化、道德化、观赏化了。再如五花八门的武功与兵器,不仅成为小说充满神秘气息的华彩乐章,而且揭示了人物性格,烘托了人物形象。又如大多数武侠小说采用中国古代章回小说的结构形式、叙事手法甚至语言风格,表现出浓郁的中国传统文化氛围,等等。

4.意义指向

从总体上看,武侠小说倾诉的是邪不压正、正义必将战胜邪恶的思想。但具体分析起来,却又较为丰富而复杂。如其中的侠义思想,除了扶危济困、不畏强暴、行侠仗义的基本含义之外,还与儒家之义相通,崇尚为国为民、重义轻利、舍生取义,追求道德和人格上的完美;同时又有道家、佛教思想的影子,讲求淡化名利、慈悲为怀、功成身退等。武侠小说中还有较为明显的人道主义思想,如批判滥杀无辜,反对战争,主张珍惜人的生命,鞭挞虚伪和利欲,歌咏淳朴的天性等。而在这些意义的表达中,中华民族的传统精神与现代追求深蕴其中。

(三)武打电影的特点

武打电影是中国所特有的一种电影类型样式,中国的《电影艺术词典》

将武打片定义为“我国武侠片、功夫片、武术片的总称”[①]。香港地区的理论家则这样定义武打片：“以动作伸张正义，使之戏剧化，寓教于娱乐，增加接受性及教育性。”[②]

武打电影与武侠小说有相同的一面，即两者具有大致相同的程式。如不论情节如何变化，人物如何设置，总不会逃离一个“侠”字，正义与邪恶之间的对立十分明显，主人公总会经历一些磨难，练成绝世武功，打败敌人，最后遇到自己一生的红粉知己，或退出（闯荡）江湖，或舍身成仁，受到后世敬仰。同样，在人物的类型化、表现手法的图谱化以及基本意义的传达等方面，也都具有很多的相通之处。

但武打电影毕竟是视听艺术，传播媒介的不同必然导致其文本的不同，因而武打电影是一种既与武侠小说有着天然的联系又独立于武侠小说的新产品类型。一方面，它须将原武侠小说中的神韵视觉化；另一方面，它要寻找自身新的语言及其表达内容。于是，武打电影就有了自身的新特点。

第一，在武打动作设计上，要么追求打斗的真实功夫，要么采用快速剪辑及特技手法，营造令人眼花缭乱的动作场面。前者以成龙的电影为代表，后者如《倩女幽魂Ⅱ》《东方不败》中那“天马行空式、不讲任何套路”的武功，而无论是哪一种，都具有极强的视觉冲击力。

第二，在环境造型上，一方面，以千年的古老文化为背景；另一方面，以禅院寺庙、大野荒漠、高山流水作为其必要的因素，来形成自己独具风格的视觉奇观。在新武侠电影中，中国的西部环境逐渐得到重视。从《双旗镇刀客》开始引入西部荒原，到《新龙门客栈》中的茫茫大漠，再到《英雄》里的蛮荒之地，西部风光那苍凉、粗犷、厚重的造型特点，给予了电影画面丰富的视觉表现力。

第三，把其他类型影片的一些元素掺入到武打片中来。如徐克的新武侠影片《蝶变》《新龙门客栈》等，融入了惊险片、喜剧片、西部片、科幻片等类型影片的诸多元素，使武打片在变得更为好看的同时，具有了程式配方式的“混合类型”或“超类型”的特征。

第四，在内容上，一方面继续表达从武侠小说那里继承来的传统价值观；另一方面，利用旧的、传统的题材，将现代人的意识渗入其中，进行重新

① 许南明等主编：《电影艺术词典》，中国电影出版社1986年版，第19～20页。

② 转引自郝建：《影视类型学》，北京大学出版社2002年版，第311页。

包装,促成历史—现实的对位,在古老的武侠故事中以充满笑料的噱头讽喻现实,这无疑更加丰富了武打电影的表现空间,拉近了武打电影与现代观众的心理距离。

武打电影的独特性,既为武打电影也为武侠小说赢得了各自独立的发展空间。武侠小说依然在继续地繁荣发展,武打电影也在当代轰轰烈烈地从港台蔓延到内地,进而影响到美国,成为当下最具有主导地位和国际影响力的商业电影类型。两者的发展,相辅相成,相得益彰。

二、西部小说及西部片

"我手上的枪不是用来逃命的!"这句经典电影台词,昭示的是好莱坞的一个重要电影类型——西部片。西部片不但是美国独创和独有的电影类型,而且也是美国电影中结构最复杂、模式最固定的一种电影类型。

其实,在美国不仅有一种电影类型叫西部片,还有一种小说类型叫西部小说。它们有共同之处,都是指以19世纪下半叶美国人开发西部荒野为题材,反映文明与荒蛮、个人与社会、本民族与异域文明等基本矛盾的类型产品。事实上,好莱坞西部片最直接的来源就是美国19世纪60年代开始出现的一角钱一册的西部小说。电影诞生之后,西部片借西部小说之势崛起,不仅使小说的热心读者成了电影的踊跃观众,而且随着好莱坞电影的强盛,将影响扩展到了全球。

(一)西部小说

美国的西部小说是一种具有悠久历史、欣赏性极强的通俗小说,它根植于广袤的西部大地,有着浓厚的生活文化底蕴,一度被评为最具美国特色的通俗小说之一。

1832～1841年间,西部小说的奠基人詹姆斯·库柏先后写了五部以西部生活为背景的小说,构成了著名的"皮袜子故事集"。"皮袜子"是故事集中一个名叫纳蒂·邦波的猎人的绰号,这个故事集奠定了西部小说的各种要素——西部边疆在不断开拓的过程中惊心动魄的斗争与历史性的变化,以及传奇性的爱情故事。库柏通过"皮袜子"这一形象,展现了西部边疆和边疆开拓者的浪漫精神,开拓者对"自由"的渴望和对"正义"的信仰。这样一个体现了美国民族精神的人物形象,在以后的西部小说中成为模版。故事集中反复出现的徒手搏杀和追击逃脱等情节,具有强烈的惊险性和娱乐性,后来逐渐成为西部小说的典型场景。詹姆斯·库珀为西部小说这一通俗文学形式的最终确立作出了巨大贡献。从此,西部小说就沿着詹姆斯·库珀开辟的道路前行、发展和变化。

西部小说的基本程式:

1.拓荒者的故事

所有的西部小说里都有拓荒者。他们从国家的另一端甚至是异国他乡跑来,到荒凉的西部拓荒。他们想要征服改造自然,在这种大自然里生活久了,他们甚至不能够适应现代文明了。在一些西部小说里,拓荒者们成了与现代社会格格不入的人,他们有着白人和印第安人的双重特性,但又不属于任何一个社会群体。在很多故事中,这些拓荒者们对抗自然、对抗政府,他们不需要政府的约束,渐渐地他们不再依赖政府,学会适应并处理路途中遇到的种种问题。

2.牛仔形象

西部小说最伟大的成就是发现了牛仔形象。牛仔的原型是西部大草原上的牧人,大多数时候他们孤独地在荒原上守着牲畜,与大自然默默地抗衡着,这造就了他们乐观自信、勇敢顽强、狂放不羁、疾恶如仇的总体性格和过人的胆识。小说家很快就把西部精神面临工业化、城市化和现代化的处境,寄托到这些无所畏惧、风餐露宿、浪迹天涯的牛仔身上。于是,牛仔就像"皮袜子"一样自由自在,出没于草原山谷,路见不平拔刀相助,与劫匪、歹徒、印第安人、野兽、暴风雨相搏斗,孤军奋战,以自己特有的方式维护公道和正义。至此,牛仔形象完全被升华了,成为自由和理想的化身,寄托着人们在现代城市中无法实现的浪漫梦想。

随着牛仔形象一起被定型的,还有女人、枪手、醉汉、歹徒、印第安人等典型身份和面孔。其中,女人主要是作为从东部文明社会来到西部的淑女形象而出现的,而印第安人形象基本上被定位为袭击白人的敌人。

此外,西部小说关于西部荒漠、草原、山谷壮丽风光的描写,对西部人生活的描述,都在一定程度上表现出了定型化、程式化的特点。

(二)西部片

1903 年爱迪生公司拍摄的《火车大劫案》是电影史上第一部西部片,它的重要意义不仅在于首先运用了平行剪辑和特写,而且还在于它第一次向美国观众展现了左轮手枪枪击、抢劫火车和策马追逐等西部片的基本元素,出演该片的比利·安德森成为第一个西部牛仔明星。1938 年,约翰·福特的《关山飞渡》诞生,"经典西部片"的重要地位由此确立。《关山飞渡》还把两个对西部片有重大贡献的人物约翰·福特和约翰·韦恩联系在一起,从此两人携手西部,演绎了一部又一部的西部经典。1952年的《正年》是西部片的修正阶段,片中那位孤独的英雄在危急时刻被众人抛弃的境遇,被认为是对20世纪50年代猖獗的麦卡锡主义的讽喻式反映。60年代随着美国反传统思潮的兴起,西部片也开始一反常规,主角不再是行侠仗义的牛仔,而换成了从强盗到小混混等各种各样的反英雄角色。进入70年代,越南战争的失败和越来越多的社会问题让美国人不再相信西部神话,西部片开始走向衰落。1973年《闪耀的马鞭》拙劣的模仿,给西部片致命的一击。一直到1985年伊斯特伍德的《面色苍白的骑手》的问世,才让西部片又进入了再生的阶段。

与西部小说相比,西部片有着一套更为清晰、固定的程式:

1.基本情节模式

西部片往往取材于(或启发于)开拓西部的神话、传奇和真实故事。这些存在过或在传说中存在过的人物和故事传奇的时间跨度为1830～1915年。受西方戏剧的影响,西部片注重故事结构和戏剧冲突的重要性,一般在封闭的环行结构中重复出现,形成坚实的结构模式,在高潮后往往有一个尾声。

西部片的情节开始常常是善良的白种移民受到迫害,然后一个(或几个)英雄出现了,经过殊死搏斗,将歹徒消灭。中间还常常穿插着英雄救美的爱情故事。

2.二元对立的人物形象体系

西部片里面的人物都是善恶分明的,好的西部牛仔形象往往成为美国神话的象征,而坏人形象集中了一切犯罪、贪婪。在正面人物阵营中,首先是代表正义、勇敢和法制的牛仔或警察,刚正不阿是他们的特征;其次是代表文明、善良和温情的淑女,他们作为英雄的主要伴侣和陪衬,强化了感情的社会化和感情的诉求;当然还不乏西部生活放荡但见义勇为的酒吧女郎。在反面阵营中,主要的反派是杀人越货、无法无天的亡命匪徒和嗜血成性的印第安人,代表了暴虐和邪恶。

这种程式化的人物形象,理所当然地塑造了一批批固定的明星。其中约翰·韦恩就是一个最为典型的例子,他演了一辈子西部牛仔,塑造了美国西部开发时期一个纵马持枪、见义勇为的牛仔形象,刻画了他们剽悍好斗、勇敢坚毅的性格。他出演了《大追踪》(1930)、《关山飞渡》(1938)、《真的勇敢》(1969)、《射手》(1976)等影片的主人公,《大追踪》使他获得了奥斯卡最佳男演员奖。

3.图谱化的视觉形象

在西部片中,会反复出现一些相同或相似的视觉形象,它们向观众提供了能够迅即辨识该类型的图谱式符号。这些符号包括无边的蛮荒之地、尘土飞扬的大路、碑式的巨大山岩和起伏的群山等相似背景,科尔特连发手枪、温切斯特来复枪、马篷车、原始火车以及人物身上的宽边帽、紧身裤皮上衣、子弹袋和彩色羽毛头饰等重复性道具,以及一些必见的场面,等等。

(1)枪

自从 1903 年的《火车大劫案》中首次出现枪的镜头之后,枪就成了西部牛仔的代名词,枪几乎成了每部西部片必备的道具了。枪可以杀人,可以防身,可以报复,可以撒野泄愤,很多时候西部片里的枪手都会选择一种花哨的方式运用它。比如《杀无赦》中的克林特·伊斯特伍德,或是《搜索者》中的约翰·韦恩。他们的手略微一翻转,枪就会被神奇地拔出,对准敌人的要害迅捷开火。在西部片中牛仔可以没有表情,可以不说话,但枪不可以不响。观众深深迷恋着枪,迷恋着牛仔们手里玩弄着的那些长长短短、威力各异的枪。

(2)马

在西部片中牛仔们可以没有女人的陪伴,但绝对不能没有马。牛仔们对马的信任是显而易见的,他们既可以骑着马去追逐火车(《火车大劫案》《铁骑》),也可以在崎岖不平的山地肆意地奔走着搜寻政府车和印第安人部落(《搜索者》《杀无赦》)。西部牛仔的真实定义其实就在于此,他们是生活在马背上的一代人,他们的主业其实就是驯服野马、贩卖牛群,过的都是居无定所的日子。

(3)必见场面

牛仔骑着马从地平线上出现,由远到近;乌烟瘴气的酒吧,门突然被撞开,陌生的客人缓步走向柜台,突然与对手迎面相逢,大打出手,一阵混战之后,对手或死或伤,而客人则安然无恙;大队人马从西部小镇的街道快速穿过,激起阵阵尘烟;大群的印第安人骑着马在山头上列成一线,和山下平原上行进的骑兵队或篷车紧张地对峙着;等等。

4.塑造美国神话

西部片作为美国电影特有的类型片,其深层的意义是关于"美国神话"的建构。它一方面将美国人开发西部的历史传奇化,锻造一个美国历史的神话;另一方面,它在乡村与城市、野蛮与文明、禁锢与自由以及传统与现代之间的冲突中,突出自由、进取、开放、现代的美国精神,架构了一个民主国家——美国的神话。这个神话无疑具有鲜明的意识形态性质。

西部片的历史就是美国电影的历史。虽然现在好莱坞大片越来越多地推崇爱情和灾难片,西部片日渐消失在我们的视线中,但西部片在电影史上的地位是我们不容忽视的,它那曾经的辉煌,将永远载入世界电影历史中。它永远是好莱坞的经典,经典的东西是不容人们忘记的。相信在将来的某一天,当人们厌倦了现在的大片,当电影所固有的轮换机制转到西部的时候,沉寂的西部片将会再次出现在人们的视线中,将创造它的下一个辉煌。

三、科幻小说及科幻电影

科幻小说和科幻电影是最受人欢迎的通俗读物和影片类型之一。科幻小说,即"科学幻想小说",是一种建立在"科学幻想"基础上的文学形式,它以某种没有也不可能发生在人类现实生活中的事情或者故事为主要写作对象,去描述一些靠想象得出的过去或者未来世界发生的状况。科幻电影则是以影片摄制时已被揭示或尚在揭示的科学原理或科学现象作为剧作基础,展现某一虚构世界中的戏剧性事件的影片。

(一)科幻小说

科幻小说的基本程式:

1.情节模式

科幻小说的基本情节模式是由于人与物的异化或者科学狂人的野心,给人类带来了巨大的灾难,正义的科学家或战士力挽狂澜,拯救了世界。

由于科幻小说涉猎的时空非常宽广,既有人类社会,也有地球外的宇宙空间,还有时空转换,其情节模式也会随时空的不同而发生变化。

(1)人类社会。科幻小说在描述人类社会的故事时,其情节构成常会有如下形态:因为某种理由,故事发生地的未来或者一个曾经有过先进远古文明的世界,明显发生了文明的崩塌或倒退。常见的理由如过度污染使自然环境恶化产生巨大天灾,大规模毁灭性武器、星际战争、人口过度膨胀、资源供应体系崩溃等造成的大规模生物灭绝、瘟疫、超科技失控等。

描述对人工智能或其他高科技过度依赖的病态未来社会。有时这些高科技也会产生人类似的野心,开始或试图进行它们的集权统治。

克隆人。克隆羊多莉的诞生曾喧闹一时,克隆技术理论上也可在人身上运用。克隆人被制造是为了把健康器官移植给生病的本人,但也会引发其他用途,产生戏剧性故事。

电子生化人,又称为“仿制人”“生化人”,意思是指外表特别像人的人造拟人。因为它很像人但却不是人,经常被拿来和克隆人混用,制造惊奇的戏剧性。

人工智能失控引发暴动。大至开始恐怖极权统治,小到伤害到主人,都是很好的题材,或是更广泛地描述作者所预计的人机矛盾。

(2)外星球和星际空间。当故事发生在外星球和星际空间时,科幻小说的情节模式常表现为如下形态:

以星际社会来隐喻现实中的国际社会,以外星种族来隐喻某些现实中的人类种族,展开星球大战。

星际旅行中的历险与脱险。

利用不是生物的拟生物来展示灾难与拯救。例如因为宇宙飞船失事在未知星球长居的博士,因为意识侵入了星球上已毁灭的外星文明留下的动机,产生了一只没有实体的怪物,故事由此展开。

外星生物对人类社会产生冲击。例如一个随意偷盗最高机密并公开、使各国政府陷入恐慌的小绿人,或者外形酷似蝙蝠或恶魔却帮助人类建立和谐社会的外星人。

(3)时空转换。在现实世界中不可想象的时空转换,在科幻小说中却能够轻易实现。而且,时空转换本身就是一个精彩的故事。

挟着现今科技的火力优势回到过去肆虐一下,逞逞威风,或只是怀念往事的感伤之旅。与过去或未来通讯,以声音、影像或电码交流,互相影响,间接造成改变。

2.常见形象

科幻小说中人物形象的刻画和表现通常都具有模式化倾向,较少有深入的人性揭示和反思。在许多科幻作品中不可或缺的形象,当属全能的男性超级英雄,女性往往只是作为陪衬,而机器人或怪物往往是制造灾难与恐慌的罪魁祸首。

男性超级英雄往往是作为人类的救世主而出现的。他总是有一个伟岸高大的形象,有超强的本领和超人的意志,能战胜一切难以预料的困难。他一般都不会有过于复杂的性格,他唯一的使命是救人类或世界于水深火热之中。

美丽的女人也是科幻小说中不可或缺的形象。她往往是男性超级英雄的助手,虽然神勇却总是只能配合男主人公的工作;她有时是被男主人公或者非人角色热恋的对象,并由于这段爱情而展开故事,或使故事更丰富、生动。

科幻小说中的机器人或怪物形象各异,从冰冷的一堆机械到貌似人类的智能机器人,从史前的恐龙到各种变异、扭曲的生物,奇怪至极,往往也令人恐怖至极。然而,当它们以强壮的身躯和惊人的能量作为敌人与人类战斗的同时,常常摆脱不了受人类控制而力争摆脱压迫的形象。当然,最后它们总是被英雄打败,被人类战胜,或远离人类还给人类以和平。

3.语言特点

科幻小说经过长期发展,形成了自己一些特有的“科学”语言。如“机器人工学三定律”和“外祖父悖论”这样的词汇,不仅非科学迷不懂,科学家也不会明白。因为它们根本就不是科学术语,而只是在科幻圈内部流行的词语。

与此相应,对俗语的回避也是科幻作品的一大语言特点。在现实题材文学中,生活用语或流行语的应用成为丰富小说个性、揭示人物性格特点的重要方法。而在科幻小说中,由于时空背景远离现实,生活用语或流行语的使用不仅不会增添生动性,反而会使作品显得虚假。故而科幻作者往往偏向创造适合于虚拟背景的新俗语。如人物姓名最能反映时代特征,于是,未来世界的人物姓名就不应该与今人一致,科幻作家们尽可能突出这种区别。

4.意义指向

19 世纪以来,科学技术获得了空前的发展。它不仅拓展了人类关于自然、社会和人自身的知识视野,而且从根本上改变了人类的生活方式。然而,科学技术是一把双刃剑,它在为人类造福的同时也潜伏着巨大的危险和破坏力量,就像核技术的发明既能大规模为人类发电,也能大规模毁灭人的生命、令人类恐惧一样。科幻小说通过其故事通常表达的正是人类对于科学技术进步的矛盾心理,或赞美,或恐惧,或和解,并以此来探索人类未来的命运。

（三）科幻电影

科幻电影的基本程式：

1.奇观化

科幻电影在沿袭科幻小说的基本程式和意义指向的基础上，利用电影的视觉特点，创造出了一个极具奇观化的艺术世界。

奇观化是科幻电影最突出的特点。纵观好莱坞影坛，从1968年的《2001：太空漫游》到1993年的《侏罗纪公园》，从1976年的《星球大战》到1999年的《黑客帝国》，史诗般的太空旅行场景，几可乱真的史前恐龙形象，场面宏大的太空战争，幻如灵境的虚拟世界……无一不是借助奇观效应大赚票房。无数令人叹为观止的影像一次次地冲击观众的视网膜，无数次观众以为奇观已经达到了极致，而更大的奇观却又总是呼啸而来。好莱坞的科幻题材电影并非是科学的延伸，而是借以呈现景观的道具。这些大片的生产者看重的并不是科幻电影作为"叙事艺术"的发展，而是作为奇观呈现工具的能力。或许，好莱坞科幻片如果失去了高科技的特效包装，它便失去了最精彩的形式；而这个形式一旦被剥离出去，我们会发现它的内容已经所剩无几——实际上，好莱坞科幻片的内容即在于它的形式，形式便是它的内容——完全彻底的奇观轰炸。

2.性格简单的英雄形象

科幻片既然是以奇观取胜，剧中人物就不可避免地沦为场面的佐料，主角都是些性格简单的英雄。否则，人物刻画就变成了抢戏——抢奇观的戏。例如《黑客帝国》中的尼奥、《少数派报告》中的乔恩、《我，机器人》中的侦探史普纳等，他们天生就具备了常人所不及的敏捷和睿智，关键时刻总能化险为夷。他们没有深层次的个人行为动机，只是天生的被迫害者和反抗者。他们没有复杂的情感斗争，没有令人信服的个人性格，但是，这毫不影响科幻片的票房收入和观众认可度。恰好相反，如果一部科幻片将大量笔墨用于人性的反思和人物的塑造，那么它很有可能被认为是低成本的三流科幻片。例如1996年的《星河战舰》，情节极为简单，只是单线陈述人类与巨大昆虫的战斗过程，其人物基本都属于头脑简单的热血炮灰和场景配料，但是票房却赚了个盆满钵满，至今被影迷列为科幻片的经典之一。而2003年的《星河战舰2》花费大量笔墨刻画一个反主流的人物形象，性格饱满了，场面却平淡了，结果被视作当年最失败的狗尾续貂之作。

不管科幻小说还是电影,都是根据现实世界中已经存在的科学技术以及人类生活状况,或者可以说是根据人类社会一切已然存在的物质、精神财富为基础进行合理的想象,把读者和观众带到一个似乎是过去或者未来某个时间段中完全可能发生的真实世界中去。它们通过对现在和未来的综合描述和科学的假设,向世人展示现在存在的种种危机和问题,提醒人类注意自身的行为,提高危机意识。在这个意义上,科幻作品充满了科学描述的美丽和深意。

四、言情小说和言情电影

(一)言情小说

言情小说经过几百年的发展,逐渐形成了一套属于自己的程式,其由下列元素来构成:

1.爱情至上主题

爱情至上,是所有言情小说的永恒主题;追求浪漫的爱情,是每一部言情小说确定无疑的中心内容。而且,作品中的爱情要非常纯洁,不沾染任何一丝世俗的尘埃。男女主人公尤其是女主人公一定要为爱而活,为爱“生死相许”。如琼瑶小说中的爱情,不受任何因素的影响,纯洁到令人怀疑它的真实性。在她的小说中,爱情是人一生中最重要的使命。为此,所有的主要人物都花费了大量时间甚至毕生的精力,丝毫不顾及别的因素,家庭、父母、前程、爵位等等,全部可以抛开。《新月格格》中的新月格格,由于机缘巧合住到将军鲁达海家里,然后不可思议地爱上了足可以当她爸爸的鲁达海。然后心中只有鲁达海一个人,对别的东西不管不顾,得罪了原本疼爱自己的鲁达海的母亲、妻子、儿女,甚至不惜顶撞太后,宁可不要格格的地位也要爱情。经过一番风雨,最终她得到了所有人的理解与支持。琼瑶小说的读者多是十几岁的少女,正是对爱情充满幻想和憧憬的年龄,看到这样纯洁的爱情,不可能不沉迷其中。

2.曲折的故事情节

言情小说基本上写的都是男女主人公相遇、相爱,历尽磨难,有情人终成眷属的故事。故事情节之所以曲折,主要原因在于相爱的途中阻拦者太多:要么有第三、第四者插足,要么有封建家长的干预,要么一方家庭突然败落,要么得了失忆、绝症之类的病……种种原因加起来,男女主人公自然要付出爱的代价。

第三、第四者插足是最普遍的情况。但这种情况在不同的作品中还会表现各异，有的是插足者单恋男女主人公其中一方的，有的则是男女主人公一方出轨的，如果再加上家长的反对，情况就更为复杂了。一般来说，男主人公的困难是如何赢得女主人公的爱，赶走她身边的其他追求者。而女主人公的困难一般则是如何赢得未来婆家的认同。这个困难是很难克服的，因为这不以自己的意愿为转移，特别是当男主人公的父母心中已经有了心仪的儿媳，这个人往往又是男主人公的青梅竹马，或是表姐表妹之类的人的时候。如果这个女孩子乖巧善良，那么伤害不得，稍不留心女主人公就会落得骂名，她自己也会于心不忍；如果这个女孩子工于心计，那么就会千方百计地给女主人公下圈套，制造误会让女主人公疲惫不堪。这个问题堪称困难之最。婚姻美满、家庭幸福是女主人公的期待，得不到对方家长的认可算得上是一大遗憾，所以她们会想尽办法解决这一问题，故事也就由此展开，一环扣一环，情节由此变得曲折动人。

故事情节曲折的另外一个原因，是爱情往往和家庭、伦理等因素交织在一起，使爱情不再是单纯的恋爱问题，而上升到了家庭伦理和社会道德层面。由此，新式男女追求恋爱自由，往往受到家庭的干涉，封建家长干涉儿女恋爱的最大理由就是门不当户不对。另外，两代人的不同观念和价值取向也常常会造成调和不了的矛盾。还有一种情况就是当女方是守寡的女子的时候，男女双方就要面对巨大的社会压力和更多的磨难，很有可能因解决不了而导致分手。其间，戏剧矛盾的尖锐对立和激烈冲突，会使情节格外紧张。

3.绝美的人物

这里的美不仅是外表的美，更重要的是性格、才华、品质、内涵等等。美好的爱情是需要美丽的人去演绎的。言情小说里面的人，不管男女首先都是相貌出众的。在《玫瑰的故事》中，女主人黄玫瑰就有着令人惊叹的美貌。她的美让所有的人感叹，亦舒用尽笔墨就是为了描述她是美的，遇到爱情是必然。结果也是这样，见过她的所有男人都会爱上她，无论是青年才俊还是中年巨富，没有一个例外。而她的一生也正是全为了爱情而苦恼。

只有美丽的容貌是远远不够的，言情小说中的人物从外表到内心都是至情至圣的人。女主人公或者温柔善良，或者端庄秀丽，或者活泼可爱，或者性格倔强。但不管哪一种性格，面对爱情都是义无反顾的坚定，即使放弃，也是迫不得已，绝非出于真心。男主人公也同样如此，才华横溢，家世显赫,魅力无限,还有一个共同点就是对爱情同样执着。言情小说中的男主人公心思细腻到让人感叹,特别是当他们对待女主人公的时候。《一帘幽梦》中的费云帆,对紫菱甚至到了溺爱的程度,在她为旧情人伤心走投无路的时候带她远走高飞,到处散心。

不仅主角是绝美的人物,配角也同样如此。这其中最典型的就是默默付出的男二号。男二号和男主人公一样英俊潇洒,才华横溢,甚至比男主人公更优秀,但就是赢不到女主人公的心。他是女主人公最好的听众,但听的是别人的故事;他可以是女主人公哭泣时可靠的肩膀,但她是在为别人哭泣。通常他的爱不计回报,他总是躲在角落里观察,在需要的时候挺身而出,然后在女主人公得到幸福时又悄然隐退。男二号遵循的是奉献到底的原则,这就导致了一种现象:读者对男二号的喜爱超过男一号。几乎每本言情小说中都有这样的男二号。这种奉献的人物一般都安排是男性,其实默默付出的女性也绝不在少数,但被记住的却远没有男性那么多,也没有那么让人可惜。这一方面是因为传统观念,另一方面是因为女性是言情小说的主要受众,而一般来说,女性对女性比对男性苛刻很多,所以同样是默默奉献,在多数女性读者眼中,由男性做出来更让她们看着感动。

4.图谱似的细节及语言

言情小说还有一些图谱式的细节和语言,上面提及的“牺牲配角原则”就是其中的一个典型。此外还有“爱情排列组合”“家境殷实”等几乎在每本言情小说中都是不可或缺的因素。

爱情排列组合意味着作品中不只是有男女主人公,还有男二号、男三号、女二号、女三号,等等。在一群年龄、经历大致相当的青年男女中,复杂交错的爱情故事由此展开。一般说来,爱情都不会一帆风顺,总是在经历各种挫折误会之后才会柳暗花明。

绝大多数言情小说中的主人公都是家境殷实的,至少一方是这样,动辄财团公子、富家千金。衣食无忧,生活富足,所以才有大把的时间和精力去修饰自己,去谈论爱情。吃穿不愁后,爱情才可以无后顾之忧。如果少了金钱这一保障,连基本的生存都成了问题,就没有时间和精力去制造曲折动人、美轮美奂的爱情了。

在语言方面,言情小说的特点是浪漫精致。可能每个作家都有各自的偏好,但是浪漫精致是普遍的特点。所以,言情小说从情节描述到人物语言,甚至是剧中人物的名字,都很浪漫、唯美。

从上面几点可以看出，言情小说的基本因素就是：唯美的爱情，脱俗的人物，动人的曲折情节，无悔的付出和来之不易、值得珍惜的幸福。这是所有言情小说的共同之处和最终追求。

（二）言情影视剧

从某种意义上可以说，言情影视剧是言情小说的一个成功的副产品。因为言情小说被改编成电影、电视剧历史悠久，而且被改编成影视剧之后的言情小说常由此变得长盛不衰。从早期的《啼笑姻缘》被多次翻拍，到琼瑶小说被改编成影视剧后部部都成为经典，可以说言情影视剧已经成了言情小说扩大影响的最得力工具。

与言情小说相比，言情影视剧更多关注的是视觉化表现，即怎样把一个缠绵曲折的爱情故事通过银幕、荧屏上的画面表现出来。与科幻片注重视觉的奇观化不同，言情影视剧格外强调画面的唯美。因而，言情影视剧除了在内容上基本遵循言情小说的基本程式，在艺术上具备一般影视剧的要素外，最突出的特点就是唯美至极。

1.演员要美

演员不仅要相貌美、服装美，美得超尘脱俗；还要性格美，表现出或纯真、善良、温柔的本性，或宽容、体贴、正直的气质；更要心灵美，为了爱勇于牺牲自己。因而，言情剧的男女主人公最易成为少男少女心中崇拜的偶像，而演员也很容易一夜之间大红大紫，俘虏众多观众的心。所以，大批演员能够通过饰演琼瑶影视剧中的角色走向自己事业的高峰。像较早的林青霞、秦汉、秦祥林、米雪等，到后来的陈德蓉、林心如、赵薇等，都是被琼瑶的言情剧捧红的。

2.环境要美

动人的爱情故事只有发生在美丽的地方，才能充分迎合人们的爱情梦想与渴望。于是，美丽脱俗的男女主人公常常生活在富丽堂皇的豪宅大院，行走在浩瀚无垠的大海边，或深情款款的湖水旁。他们去骑马、散步、跳舞，去参加各种时尚而高雅的活动。高雅的环境，舒适的房间，优美的景色，加上美丽、英俊的青年男女，带给观众的是一种绝美的视觉享受。

3.画面要美

画面的美，美在纯净简洁、和谐优雅。言情影视剧的画面构图通常都是封闭式的，精致而不繁复，与剧情无关的人物、场景被严格地排除在镜头之外。多采用外景拍摄，以清新的自然景色来衬托人物情感，恬淡平和，富于简约的东方神韵。

4.音乐要美

言情剧的片头曲、片尾曲及插曲的选择,都往往讲究婉转动人。使用的音乐不一定复杂,乐器组合也比较简单,但旋律都很好听,走通俗音乐路线。声画合一是常用的模式,因此,剧中的主旋律总是能恰当地出现在最能打动观众心绪的地方,产生强烈的感染力。

总之,言情剧从演员的选择到环境的安排,从画面的设计到音乐的挑选,无不强烈地反映了其追求唯美的视觉艺术特点。正是这一特点使它与言情小说区别开来。

【延伸阅读之一】

《哈利·波特》的问世

罗琳(J.K.Rowling)曾经是一个生活贫困的单身母亲,没有任何一家出版社约她写稿,她的作品是从经纪人的作者投稿中被挖掘出来的,然后以微薄的价钱卖给了布鲁姆斯伯里出版社。随着《哈利·波特与魔法石》的成功卖出,罗琳成为名作家,出版社与她的合作更加牢固,她也被孩子们亲切地称为“魔法妈妈”。

当初,出版社在看到《哈利·波特与魔法石》文稿后,敏锐地意识到了它的市场价值。首先是学生情态。书中的主角哈利·波特是一个11岁少年,背景是一家特殊学校,青春校园题材是欧美图书市场历久不衰的一个类型,这本书恰到好处地抓住了青少年的学生情态,会很讨好青少年读者。其次,奇趣怪诞。书中的校园并非现实中的校园,而是一家“魔法学校”,念咒、飞行、魔杖指点、穿墙过壁、隐身、变化,等等,法力是主要学科,这跟平日学校枯燥的作业完全不同,足以激发青少年异想天开的想象,饶有兴趣。再者,英雄复仇。书稿表现的是传统的复仇个性,突出了小英雄的神气和勇气,这种“正道”精神,能够获得家长的认可,安心让子女阅读此书。最后,具有极强的悬念性,这恰是能够吸引读者的“法宝”。出版社根据这些因素,将《哈利·波特》的读者群定位为以青少年为主。

随即,布鲁姆斯伯里出版社与罗琳签订了出版合同,确定书稿交稿的日期、篇幅长短,根据出版社掌握的市场动向向罗琳提了几点意见,并对以后的几本书也表示了极大的兴趣。针对稿酬、出版计划、出版社提出的意见,等等,罗琳也提出自己的想法,表示出版社一定要忠于原著,这点在《哈利·波特》要拍成电影时也始终没有改变过。

罗琳交稿后,按照合约,出版社对书稿内容没有进行多少改动,更多的是对《哈利·波特》的开本形式、正文纸张、封面设计、定价及出版数量进行翔实的计划,并最终在与作者沟通交流后确定下来。这个商议结果让《哈利·波特》在上市后一下子从外观上就抓住了读者的眼球。中国在引进《哈利·波特》时,也借鉴了当时的制作与设计。

《哈利·波特与魔法石》的成功,使出版社与作者罗琳达成了一个共同的愿望:将《哈利·波特》写到第七部,建成一个书系。如《哈利·波特与魔法石》、《哈利·波特与密室》、《哈利·波特与阿兹卡班的逃犯》、《哈利·波特与火焰杯》、《哈利·波特与凤凰令》和《哈利·波特与混血王子》等。果然,一部比一部大卖,为出版社和作者带来了丰厚的利润。

(选编自何群《文化生产及产品分析》,高等教育出版社 2006 年版)

【延伸阅读之二】

“女子十二乐坊”的神话

“女子十二乐坊”是中国大陆曾红极一时的一个民乐组合。乐队由来自中央音乐学院 13 个平均年龄不到 24 岁的美丽女孩组成,她们的特色是采用流行音乐乐队的形式,使用古筝、扬琴、琵琶、二胡、竹笛等民族乐器,流行音乐的元素通过器具物化为“古典”。在音乐的表现上,加入现代西方音乐的 MIDI 伴奏音效,用二胡、琵琶和古筝、扬琴等民乐器来表现拉丁、爵士和摇滚。

“女子十二乐坊”的成员容貌靓丽,身材出众,音乐功底扎实,本身就具有作为艺人的条件和素质。制作公司又为她们量身打造了独特的音乐形象:优雅的东方情调+新颖的演奏方式;经典音乐作品+现代表现方式。这种拼贴式的音乐形象,可谓四方讨好:既满足了经典音乐爱好者,又迎合了流行音乐消费者的口味;既令中国人感到新颖,又满足了国外接受者的好奇心。

而且,新的演奏方式和对经典作品的全新演绎也有助于“女子十二乐坊”明星形象的确立。她们站着和走动着拉二胡,用弹吉他的方法弹奏琵琶,用各种演奏技巧弹奏古筝,大量炫技的独奏和反复的高潮等,让人们看到了一个全新的音乐演奏者形象,令人记忆深刻。而用现代的西方音乐形式改编京剧和昆曲等中国传统音乐,用民乐演奏爵士和拉丁,用流行乐的编曲改造传统民乐,用摇滚演绎《刘三姐》,电声表现《绣荷包》,用爵士乐演奏广东民谣《落雨大》,用萨克斯吹奏传统民歌《茉莉花》等,让观众感受到一种既叛逆、时尚又亲和的青春气息。这无疑对于“女子十二乐坊”的明星化起到了重要作用。

“女子十二乐坊”的音乐形象非常符合她们的国际化战略。“十二乐坊”的策划人王晓京说:“中国的传统音乐对美国人非常有吸引力,我们使用的乐器,大部分美国人都没见过。之前也有很多国内的民乐团去演出过,都是大获成功。何况我们并不只是民乐,还用民族乐器演绎西方音乐,中西结合的音乐让美国人觉得很新鲜。”恰当地利用了不同国家与地域的文化差异,是“女子十二乐坊”走日本、进欧美、在海外大获成功的重要原因。

(选编自何群《文化生产及产品分析》,高等教育出版社 2006 年版)

【延伸阅读之三】

百老汇的音乐剧演出

百老汇是美国现代歌舞艺术和娱乐业的代名词。每年,都有几百万来自世界各地的游客到纽约欣赏百老汇的歌舞剧。

百老汇大道,英文直译为“宽街”。它指纽约市中以巴特里公园为起点,一条由南向北贯穿曼哈顿全岛的大道,全长 25 公里。这条大道早在 1811 年纽约市进行城市规划之前就已存在,其中心地带是在第 42 街“时代广场”附近,周围云集了几十家剧院。从百老汇大街 44 街至 53 街的剧院称为“内百老汇”,而百老汇大街 47 街和 56 街上的剧院则称为“外百老汇”。内百老汇上演的是经典的、热门的、商业化的剧目，外百老汇演出的是一些实验性的、还没有名气的、低成本的剧目。百老汇的戏剧起源于19世纪中叶，当时演出的主要是英国传统的戏剧。随着美国本土乡村音乐和摇滚音乐的崛起，一种新的戏剧类型——音乐剧出现在了百老汇的舞台上，其独特的魅力使之成为百老汇演出的主要戏剧类型。

音乐剧是“音乐的戏剧”，它融入了大量其他艺术的元素：就音乐而言，有美声又有通俗，有传统的管弦乐队，又有电声、爵士以及各类混编乐队；舞蹈方面，芭蕾、踢踏、迪斯科、现代舞都可融入其中，是真正的综合性的舞台艺术。百老汇的音乐剧虽没有统一的模式，但每部剧都能找到最佳的结合点，将艺术性、观赏性、娱乐性有机地结合在一起，获得良好的经济效益。

百老汇音乐剧十分善于运用声、光、电等现代技术手段创造色彩斑斓的舞台效果，达成一种视觉奇观。它把现代录音棚的音响技术运用到配乐中，使乐队的配乐更有震撼力，它还在音乐剧中大量运用现代舞台科技。

在百老汇，音乐剧制作的产业化非常明显，制作人的作用举足轻重。制作人在投资之前会做充分的市场调查，他统领音乐剧从剧目策划、组织制作、演出一直到商业运作等各个环节。其中有“音乐沙皇”之称的卡麦隆·麦金托什，是著名的音乐剧制作人，百老汇历史上音乐剧的四大名剧都出自他手。

音乐剧的繁荣带动了百老汇相关产业的开发和发展。广告公司负责剧目的宣传和推广，“门票大王”负责推销和出售演出票，银行等金融机构负责票款结算、支付演职人员报酬，保险公司负责提供保险服务等。音乐剧延伸产品的开发十分成熟，演出的剧场以及百老汇的一条街都能买到与音乐剧相关的书籍、曲谱、音像制品和纪念品。但是，当某一部音乐剧正在上演时，观众只能买到CD，而不会有DVD或其他图像制品出售，以保证剧院的上座率。

百老汇音乐剧的成功，是现代美国戏剧成功的缩影。

（选编自何群《文化生产及产品分析》，高等教育出版社2006年版）

【延伸阅读之四】

布里斯托尔电视与数字媒体产业集群

上世纪50年代,BBC的自然历史摄制组建议在布里斯托尔设立独立制作公司,专门制作生态纪录片。后来,摄制组依托当地大学的人才,吸取高等院校提供的生物、生态及自然环境的专业知识,制作了一系列生态纪录片。这些电视片后来通过BBC的地区和国际网络,分销到英国其他区域或海外电视台播放。这种以公共电视台带动市场发展的策略取得了一定成效:不单电视台的节目供应部分仰仗于个体公司的独立制作,BBC个别专业人员待条件成熟后又自行创业,成为当地的纪录片制作市场的生力军;后期制作公司也大量出现。

布里斯托尔的影视集群从事录像制作的从业人员大约只有4000人,加上从事设备、器材业务、分销、发行及零售业的人员在内,总数也只有1万多人。至于它的产业规模,除BBC及数十家本地资本、美资的私人企业雇佣较多人员外,从事制作、后期编辑、摄影及配套业务的公司大都是中小企业,甚或由自由合约人员组成。但它们的特点是凭借专精的业务,依托BBC公共电视台、国际影业机构的区域和国际网络,巩固了本身在国际自然生态影视市场中的地位。

(选编自牛维麟《国际文化创意产业园区发展研究报告》,中国人民大学出版社2009年版)

【延伸阅读之五】

谢菲尔德市文化产业集群

英国北部城市谢菲尔德,是上世纪70年代英国第五大“钢铁城市”,但随着钢铁业的衰落,这座城市被废弃的工厂、破落的社区所包围。到了80年代,离城中心不远的一处约30公顷的区域,新的胚芽正逐渐成长,慢慢改变了当地的经济和文化生态。新的种子来自新浪潮音乐，当中的佼佼者有“人类联盟合唱团”、17号天堂等乐队。这批音乐人有强烈的愿望在谢菲尔德建立合适的工作室和演播室，而且当地的艺术工作者也开始在区内落户，利用弃置的工厂做创作基地。到了90年代，当地已集聚约300个组织和小型企业，从事音乐、电影、电视、电台节目制作、新媒体、设计、摄影、表演艺术及传统工艺创作活动。

谢菲尔德市议会也积极配合，提出了一套地区发展纲领，动用约3500万英镑投资基础建设，推动“文化区”的发展。其中市议会以谢菲尔德媒体及展览中心有限公司的名义，全资拥有“Red Tape工作室”、“Showroom电影院”、“Workstation工作室”等多项设施，目的是吸引文化工作者进驻，并为当地文化产业提供基础设施，包括工作空间、播音和影视工作室及展览场地。“Red Tape工作室”以优惠价租给文化团体、规模较小的公司，“Workstation工作室”则以商业原则经营，大部分工作室都以市值租金定价。吸引至少50家零售、餐饮及从事娱乐服务业的机构进驻当地，促进文化产业区内的地产市场，提供500个居住单位，为邻近的哈勒姆大学扩建一处新的文化校园，建立多个展览场地，包括摄影展览馆、艺术画廊及表演艺术中心。

（选编自牛维麟《国际文化创意产业园区发展研究报告》，中国人民大学出版社2009年版）

【本章主要参考文献】

1.何群：《文化生产及产品分析》，高等教育出版社2006年版。

2.郎劲松：《韩国传媒体制创新》，南方日报出版社2006年版。

3.周黎明：《好莱坞启示录》，复旦大学出版社2005年版。

4.花建：《产业界面上的文化之舞》，上海人民出版社2002年版。

5.[美]理查德·凯夫斯：《创意产业经济学——艺术的商业之道》，孙绯等译，新华出版社2004年版。

6.李景平：《文化产业集群的竞争优势与内部肌理分析》，载胡惠林主编《中国文化产业评论》，上海人民出版社2012年版。

第五章 营销管理:文化产品的变现途径

第一节 市场营销概述

一、市场与市场营销

(一)市场的概念

市场是一种以商品交换为内容的经济联系形式,它是社会分工和商品生产的产物。市场属于商品经济范畴,哪里有社会分工和商品生产,哪里就有市场,市场随着社会分工的发展而扩大。市场的基本关系是商品供求关系,基本活动则是商品交换。"市场"是一个具有多重含义的概念。

1.市场是指商品交换的场所,即买卖双方发生交易行为的地点或场合。这一重含义体现了市场的空间性质。任何商品交换活动,即使是与商品实体运动相脱离的期货交易,以及信息、技术等无形商品的交易行为,也都是借助现代化的交易手段,在特定的交易场所进行的。"场所"的概念为企业开展营销活动提供了空间基础。

2.市场表现为对某种或某类商品的消费需求。由于市场是在商品所有者为满足各自需要而相互交换产品基础上产生的,因此消费需求是市场的基本特征。市场经济条件下,"消费需求"含义更集中体现了现代市场的本质特征。认识这重含义对企业开展市场营销具有直接意义。因为企业正是以消费者的市场需求为出发点,制定生产经营决策的。从这个意义上讲,市场是指具有特定需要和欲望,而且愿意并能够通过交换来满足这种需要或欲望的全部潜在顾客。

3.市场是各种市场主体之间交换关系乃至全部经济关系的总和。这重含义充分体现了市场的经济关系性质。在商品经济及市场经济条件下，所有商品生产者、经营者、消费者或其他各类经济主体，都必须通过市场从事交换活动，发生经济联系，实现各自企业作为市场活动的主体之一，在营销过程中必须协调和兼顾各类主体之间的经济利益关系。

4.市场是社会经济生活的综合体现，也是社会资源的主要配置者和经济活动的主要调节者。这是从宏观角度反映的“市场”含义。在这里，市场不仅表现为交换场所、交换关系和流通领域，而且囊括了生产、分配、消费等各个领域，体现了社会再生产的全过程，成为社会经济运行的总体反映。不仅如此，在市场经济条件下，市场还成为配置资源和调节经济的主要力量。

（二）市场的类型

根据不同的标准可以将市场划分为不同的类型。

1.根据市场范围划分

根据市场范围可以把市场划分为区域市场、国内市场和国际市场。商品在一定区域范围内流通形成区域市场，如本地市场和外地市场、城市市场和乡村市场、东部市场和西部市场等。国内市场是指在主权国家的范围内建立起来的市场。国际市场是指在国际分工与贸易的基础上形成的商品在世界范围内流通的市场。

2.根据市场客体划分

市场客体指进入市场流通的物质。根据市场客体可以把市场分为商品市场和要素市场。商品市场由生产资料市场和生活资料市场构成。要素市场包括资本市场、劳动力市场、技术市场、土地市场等。

3.根据市场状况划分

市场状况是由市场供求关系决定的，根据市场状况可以把市场分为卖方市场和买方市场。商品供不应求情况下，卖方占有市场主动权，形成卖方市场。商品供大于求情况下，买方具有市场主动权，从而形成买方市场。

4.根据市场竞争程度划分

根据市场竞争程度可把市场划分为完全垄断市场、寡头垄断市场、垄断竞争市场和完全竞争市场。完全垄断市场主要表现为一个行业只有一家企业，或者说一种产品只有一个销售者或生产者，没有或基本没有替代者。这种市场在现实经济生活中是罕见的，典型的例子是公用事业企业。如电力公司、自来水公司等。当一家企业独自拥有制造某种产品的全部或绝大部分原料或材料时,该企业的产品市场便是独家垄断市场。寡头垄断市场是指一种产品在拥有大量消费者或用户的情况下,只有少数几家大企业控制了绝大部分的产品和销量,剩下的一小部分则由众多小企业分享。产生这种市场的主要原因是资源的有限性、技术的先进性、资本规模的集聚以及规模经济效益所形成的排他性所造成的。汽车、飞机、电视机、电冰箱和计算机等产品的市场往往属于这种市场。垄断竞争市场是指一个行业中有许多企业生产和销售同一种产品,每一个企业的产量或销量只占总需求的一小部分。这种市场大量存在,如食品、服装、百货、化妆品、日杂用品、宾馆和理发店等市场均属这一类。完全竞争市场是指一个行业中有众多的独立生产者,他们都以相同的方式向市场提供同类的、无差异的产品。这种市场例子并不多见,最接近的如粮食、棉花、西瓜和大白菜等农副产品的市场。

5.根据商品流通环节划分

根据商品流通环节可以把市场划分为批发市场和零售市场。

每一个企业都应当具体而不是抽象地认识自己所居的市场是哪一种模式,且自己的产品处于哪一种市场竞争态势之中,以利于正确决策,制定并实施适应市场环境的营销策略和方案。

(三)市场营销的含义

市场营销来自英文“Marketing”,也有人译成“市场行销”“市场销售”“销售学”等。“Marketing”有两层含义:一是指经济活动,指企业依据市场需求,生产适销对路的产品,扩大市场销售所进行的一整套经济活动。二是指一门学科,指一门建立在经济科学、行为科学和现代管理理论基础上的应用学科,是经济学、管理学、心理学、社会学、行为科学等密切结合的综合性的经营管理学科。当“Marketing”指经济活动时称为“市场营销”,当它指学科时称为“市场营销学”。

对于市场营销的含义,不同的人有不同的理解和表达。目前,国内外学者对市场营销定义有上百种,企业界对营销的理解更是各有千秋。最具有代表性的是美国市场营销协会分别于1960年和1985年所下的两个定义。1960年,美国市场营销协会对市场营销所下的定义是:“市场营销是将货物和劳务从生产者流转到消费者过程中的一切企业活动。”这一定义把营销等同于销售。1985年,美国市场营销协会将市场营销表述为:“市场营销是(个人和组织)对思想、产品和股份的构思、定价、促销和分销的计划和执行过程,以创造达到个人和组织的目标的交换。"根据这一定义,营销活动已超越流通过程,是一个包含了计划与控制的管理活动。

菲利普·科特勒是美国西北大学教授,被誉为"当代最权威的营销专家",他与北卡罗来纳大学的加利·阿姆斯特朗教授合著的《市场营销原理》对市场营销的定义是:"市场营销就是通过创造和交换产品和价值,从而使个人或群体满足欲望和需要的社会和管理过程。"这一定义包括以下内容:(1)营销的最终目标是满足人们的需求和欲望。营销是一种满足人们需要的行为,消费者的需求和欲望是企业营销的出发点。(2)营销是一种创造性行为。企业不仅要满足已存在的需要,还要激发潜在的需要,引导顾客响应企业的营销行为,不断创造市场。(3)营销是一种自愿的交换行为,交换是营销的基础,是市场营销的活动方式。(4)营销是一个系统的管理过程。它表现为营销者创造的产品和价值满足双方需求和欲望的社会和管理过程。从市场开始,到市场结束,其间包括市场调研、市场机会分析、目标市场选择、产品设计与制造、产品定价、分销、促销、服务、信息反馈等一系列相互联系的活动,涉及企业生产经营的全部经济活动过程和管理。

二、市场营销学的产生与发展

现代市场营销学是在 19 世纪末 20 世纪初自由竞争资本主义向垄断资本主义过渡、资本主义基本矛盾日益尖锐化的基础上产生的,迄今经历了四个大的阶段。

(一)形成阶段

从 19 世纪末到 20 世纪 30 年代,是现代市场营销学的形成时期。这个时期,随着垄断资本主义的出现,以及先进科学的管理方法和生产技术的应用,企业生产率得到逐步提高,生产能力的增长超过市场需求增长的速度,一些产品的销售遇到了困难。为了解决产品的销售问题,一些企业就根据企业销售活动的需要,开始重视商品推销和刺激需求,注意研究和采用推销术和广告术。与此同时,一些经济学者根据企业销售实际的需要,着手从理论上研究商品销售问题,市场营销专著相继在美国出版,市场营销学课程也出现在美国一些大学课堂上。

1905 年,克罗西在美国宾夕法尼亚大学讲授"产品市场营销"课程;1910 年,巴特勒在美国威斯康星大学讲授"市场营销方法"课程;1913 年,韦尔达在美国威斯康星大学讲授"农产品市场营销"课程。1912 年,美国哈佛大学教授赫尔特齐在讲授市场营销课程并走访一些大企业主的基础上,出版了《市场营销》教科书;1916年,韦尔达出版《农产品市场营销》一书;1917年,巴特勒出版《市场营销方法》一书。其中哈佛大学教授赫尔特齐的《市场营销》教科书的问世,被公认为是市场营销学作为一门独立学科出现的里程碑。但这一阶段的市场营销学主要研究有关推销术、分销及广告等方面的问题,而且仅限于某些大学的课堂中,并未引起社会的重视,也未应用于企业营销活动。

(二)应用阶段

从20世纪30年代到第二次世界大战结束,是市场营销学逐步应用于企业产品销售过程的时期。1929～1933年,资本主义经济危机席卷西方世界。由于生产严重过剩,产品大量积压,商品销售困难,导致企业大量倒闭。从20世纪30年代开始,主要资本主义国家明显呈现供过于求。面对尖锐的市场销售问题,企业需解决的不是如何扩大生产和降低成本,而是怎样把产品卖出去。为顺应这个潮流,不仅企业主广泛使用各种各样的推销术和广告术,而且营销学者也提出了“创造需求”的概念,并开始重视市场调查,研究、分析、预测和刺激市场需求。

1926年,美国成立了全国销售学和广告学教师协会。1931年,成立了美国销售学协会,专门开设了为企业管理人员讲授销售学的讲习班。理论与实践的结合促进了企业营销活动的发展,同时也促进了市场营销学的发展。但这一阶段的市场营销仍局限于产品的推销、广告宣传、推销策略等,仅限于流通领域。

(三)变革阶段

从20世纪50年代开始,市场营销学的原理、概念都发生了许多重大变革,逐步形成了现代市场营销学。随着第二次世界大战的结束,一方面由于美国急剧膨胀的军事工业转向民用工业,另一方面由于科技革命的深入,劳动生产率大幅度提高,产品数量剧增,产品品种日新月异;同时,西方国家吸取了经济危机的教训,推行高工资、高福利、高消费以及缩短工作时间的政策,从而大大刺激了人们的消费购买力,使西方国家的市场需求无论在数量上还是质量上都发生了重大变化。市场的基本特征和趋势是产品进一步供过于求,而消费者的需求和欲望则不断变化,从而市场竞争的范围更加广泛和深入,企业的经营压力有增无减。显然,原来的销售学越来越不能适应新形势的要求。许多市场学者纷纷提出了“生产者的产品或服务要适合消费者的需求和欲望”以及“营销活动的实质就是企业对于动态环境的创造性的适应”的观点，并通过他们的著作加以论述。市场营销学已经大大超越了原先的流通领域，延伸到了生产领域和消费领域。市场营销学这一基本概念的变革，被西方学者公认为是市场营销学中的一次“革命”。

在这一阶段，许多学者相继提出了六个全新的被菲利普·科特勒称之为里程碑式的概念：1950年，尼尔·鲍顿首次提出“市场营销组合”概念；同年，乔尔·迪安提出“产品寿命周期”概念；1955年，西德尼·莱维提出“品牌形象”概念；1956年，温德尔·史密斯提出“市场细分”概念；1957年，约翰·麦克金特立克阐述了“市场营销”概念的哲学；1959年，艾贝·肖克曼提出了“营销审计”概念。

（四）创新、成熟阶段

60年代以后，市场营销学的地位空前提高，受到社会各界的普遍重视，各种市场营销著作纷纷出版。特别是1960年，尤金·麦卡锡的《基础市场学》首次明确提出“4P”组合概念，即产品（Product）、价格（Price）、分销（Place）和促销（Promotion）的营销组合，对市场营销学的发展有重要意义。70年代，市场营销学又与消费经济学、心理学、行为科学、社会学、统计学等应用科学相结合，发展成为一门新兴的综合性的应用科学，先后传入日本、西欧以至东欧、苏联等国家，并被世界各国所接受。这一阶段是现代市场营销学走向成熟的阶段。

进入80年代，市场营销学在理论研究的深度上和学科体系的完善上得到了极大的发展，市场营销学的概念有了新的突破。1986年，菲利普·科特勒在《哈佛商业评论》(3～4月号)发表了《论大市场营销》一文，提出了“大市场营销”概念，即在原来的“4P”组合的基础上增加两个“P”：“政治力量”(Political Power)和“公共关系”(Public Relations)。这一概念的提出，是80年代市场营销战略思想的新发展。

1986年，加拿大工业市场营销学会主席埃恩·戈登又提出了以“竞争观念”取代“市场营销观念”。这一新的提法，在美国学术界引起一定的反响。1987年5月27日，菲利普·科特勒在加拿大蒙特利尔为纪念美国市场营销协会成立50周年而举行的世界营销学大会上，作了题为《市场营销思想新领域》的学术报告。在报告中他预言，90年代将出现一系列新的营销观念，如定制营销、营销网络、纯粹营销公司等。

市场营销学于20世纪初在美国产生以来，至今不过一百多年，但发展迅速,著作浩繁,影响深广,受到各界普遍重视。究其原因,就在于它适应了社会化大生产和市场经济高度发展的客观需要,在西方每个人都生活在高度发达的市场经济之中,离开市场便无法进行生产和生活。市场成为整个社会经济的主宰者,它指挥和调节着国民经济的发展,影响到每一个人的经济生活,决定着每一个企业的生存和发展、前途和命运。因此,每一个生产者和经营者都不能不关心市场,不能不研究市场营销学。这就是市场营销学受到普遍重视和迅速发展的根本原因。

三、市场营销观念的演进

市场营销观念是商品经济的基本观念之一。它的形成,不是人们主观臆想的结果,而是商品经济发展到一定阶段的产物。随着商品经济的深入发展和市场环境的不断变化,市场营销观念也经历了相应的演变过程。纵观西方国家企业的市场营销实践,这一演变过程大体包括四个阶段和五种观念。

(一)生产导向——生产观念和产品观念

19 世纪末至 20 世纪 20 年代,西方资本主义进入垄断阶段。由于内燃机和电力等新技术的广泛应用,以美国为代表的资本主义经济高速发展,其中尤以制造业的发展最为迅速,由此带动了市场不断扩大,需求较为旺盛。与需求相比,生产能力仍显不足,可供应的产品不够丰富。因此,市场的总体趋势是商品供不应求,卖方市场居于主导地位。在这一市场形势下,企业只要扩大生产,提高产量并降低成本,就可以获得巨额利润,而无需考虑商品销路。消费者则处于被动地位,只要有商品可买,无论花色品种如何,都愿意接受。因而,这一阶段的企业大多数奉行“生产观念”。

生产观念的基本思想是认为消费者会接受任何买得到且买得起的产品,因为他们的注意力只集中在产品的价格高低与消费者购买能力的比较上,而不去关注质量、品种、外观等非价格差异。

因此,企业的主要精力和重点就放在如何有效利用生产资源、提高劳动效率、提高产量、降低成本方面,对花色品种和产品销售则很少顾及。美国福特汽车公司总裁福特一世曾宣称“不管顾客需要什么颜色的汽车,我只生产一种黑色的”,就是这一观念的典型表现。

产品观念则认为消费者会选择那些质量优良且价格合理的产品。因此,企业应致力于提高产品质量,只要物美价廉,顾客自然会找上门来,而无须花费大力气开展推销活动。

以上两种观念的共同点在于，都以生产者为中心和导向，采取“以产定销”的经营方式，生产什么就销售什么，忽略对消费需求的调查研究，轻视销售在企业经营中的作用。显然，以生产为导向的营销观念是十分陈旧的，它仅适用于商品经济不够发达、市场商品供不应求条件下的企业行为。

（二）销售导向阶段——推销观念

从20世纪20年代到第二次世界大战结束期间，随着生产社会化程度的提高和规模的扩大，社会产品数量迅速增多，资本主义固有的产品生产过剩与有支付能力的需求相对不足的基本矛盾也日益突出，许多产品供过于求，市场形势由卖方市场开始向买方市场过渡。特别是1929年爆发的空前严重的世界性经济危机，使大批企业面临产品积压、市场萧条、破产倒闭的严重威胁。在这种形势下，多数企业意识到仅依靠扩大生产规模和降低成本是远远不够的，要在激烈的市场竞争中求得生存和发展，必须重视和加强产品推销工作，因而纷纷转向奉行“推销观念”。

推销观念强调，消费者通常不会主动选择和购买某种商品，而只能通过推销的刺激作用，诱导其产生购买行为。由于任何顾客都可能通过推销工作被说服，因此，企业只要努力推销某种产品，消费者就会更多地购买该产品。

在推销观念的指导下，这一时期的企业坚持以销售为中心，纷纷采用加强推销机构、增加销售工作内容、增加和培训推销人员、研究推销技术和大力进行广告宣传等办法，来努力推销自己的产品。但是，由于仅以推销出去产品作为企业经营的目的，而对产品是否符合消费者需要、是否让顾客满意等重视不够，因此，这一观念仍有其局限性。在执行中，有的企业甚至不惜采用各种手段，硬性兜售产品，形成所谓“高压推销”或“强力推销”，使消费者利益受到潜在损害。

（三）市场导向阶段——市场营销观念

20世纪50年代以来，美国等发达资本主义国家相继进入市场经济阶段。随着科学技术的高速发展和战时庞大的军事工业转产民用产品，社会产品供应量剧增，品种花色丰富多样，产品更新换代的周期逐渐缩短；由于发达国家普遍实行高工资、高福利、高消费政策，促使消费者的购买力大幅度提高，消费需求和欲望不断变化，对商品的选择性大大增强。上述形势使资本主义世界的市场格局发生根本性变化，成为真正意义上的商品供过于求,卖主之间竞争激烈,买方处于主导地位的“买方市场”得以形成。面对这种变化,许多企业开始改变营销观念,调整营销策略,市场营销观念由此应运而生。

在市场营销观念的指导下,企业营销活动由传统的以产定销转变为以销定产,即首先通过市场调查和预测来分析研究市场,充分了解消费者的需要;然后根据市场需要确定经营方向,制定生产经营计划;进而采取整体营销组合方式向消费者提供能满足其需要的产品或劳务,争取消费者的信任和满意。为确保上述过程的顺利进行,在奉行市场营销观念的企业中,市场营销部门占据主导地位。

市场营销观念的出现是企业经营观念的一次重大变革。它标志着现代企业对传统经营思想和模式的大胆摒弃与彻底决裂,体现了企业为顺应买方市场环境的变化对自身行为的自觉调整与选择。

(四)社会导向阶段——社会市场营销观念

20 世纪 70 年代以来,西方发达国家在经济高度繁荣的同时,面临一系列带有普遍性的社会问题,诸如环境污染、资源浪费、通货膨胀、忽视社会责任等。这些问题往往与许多企业重视满足消费者需要而忽视社会整体和长远利益有关。例如,清洁剂的使用,满足了人们洗涤物品的需要,但其废水排放会造成水源污染;软塑料包装迎合了人们追求便捷的需要,但包装物的一次性使用导致了资源浪费和城市垃圾的增加。与此同时,随着西方消费者保护运动再度兴起,许多国家成立了保护消费者利益的组织,政府制定了相应法律,商业欺诈、不健康、不安全、不文明消费等行为受到消费者的广泛抵制和谴责。基于上述问题,有人提出单纯市场营销观念难于解决消费者需要与消费者及社会长远利益的冲突,企业应当树立一种超越市场营销观念的新的经营哲学,即“社会市场营销观念”。

社会市场营销观念的基本前提是:消费者的需要与消费者本身或社会的长远利益并非总是一致的;关心是否满足消费者需要及消费者长远利益和社会长远利益的企业,将越来越受到消费者的欢迎;企业能否吸引并保住大量顾客,其关键不仅在于满足消费者的眼前需求,而且还应顾及个人及社会的长远利益。基于这一认识,社会市场营销观念强调以社会利益为导向,认为企业应以维护和促进全社会的利益与发展为最高目标,企业的生产经营不仅要满足消费者的需要和愿望,而且要有利于社会的整体和长远利益。要将消费者需要、社会利益和企业盈利三方面统一起来,求得三者利益的共同实现。

社会市场营销观念适应人类社会发展进步的要求，对市场营销观念作了有益的修正和补充。在这一观念指导下，企业营销不再以消费者需要作为唯一出发点，而是充分考虑社会利益，寻求消费者、社会与企业利益的平衡点。

（五）大市场营销观念

1984年，菲力普·科特勒根据国际市场及国内市场贸易保护主义抬头，出现封闭市场的状况，提出了大市场营销理论，即“6P”战略，即在原来的“4P”组合（产品、价格、分销及促销）基础上加上“2P”——政治权力和公共关系。他提出了企业不应只是被动地适应外部环境，而且也应该影响企业的外部环境的战略思想。科特勒将“大市场营销”定义为：为了成功地进入特定市场，并在那里从事业务经营活动，在策略上施用经济的、心理的、政治的和公共关系的手段，以博得外国或地方各有关方面的合作与支持。这里所讲的“特定市场”，主要是指贸易壁垒很高的封闭型或保护型的市场。在这种市场上，已经存在的参与者和准入者往往会设置种种障碍，使那些能够提供类似产品，甚至能够提供更好的产品和服务的企业也难以进入，无法开展经营业务。

大市场营销观念发展了市场营销观念和社会营销观念，和传统的营销基本理论有所不同。这种不同主要表现在：一是企业营销管理与企业经营环境的关系有所不同。在企业与外部环境关系上，突破了被动适应观点，认为企业不仅可以通过自身的努力来影响外部因素，而且可以控制和改变某些外部因素，使之向有利于自己的方向转化。二是企业的营销目标有所不同。在企业与市场和目标顾客的关系上，突破了过去那种简单发现、单纯适应与满足的做法，认为应该打开产品通道，积极引导市场和消费，创造和改变目标顾客的需要。三是在市场营销手段上有所不同。企业要用“6P”打开和进入某一市场，从而更好地保证了市场营销活动的有效性。

六、营销组合策略的演进：“4P”→“4C”→“4R”→“4V”

古人言：“兵无常势，水无常形。”如今企业所面临的市场就是一个不断变化的环境，而且变得越来越成熟，而消费者也变得越来越精明。厂商不断推出新的营销策略以争取客户，而市场则是以更多的冷静给予回应。与20世纪相比，今天的市场有很大的不同，无论是竞争格局还是消费者的思想和行为,都发生了很大的变化。而随着环境的变化,营销组合策略也随之发生了几次变化,即以满足市场需求为目标的“4P”理论、以追求顾客满意为目标的“4C”理论、以建立顾客忠诚为目标的“4R”理论以及建立企业核心竞争力的“4V”理论。

(一)以满足市场需求为目标的“4P”理论

美国营销学学者麦卡锡教授在20世纪60年代提出了著名的“4P”营销组合策略,即产品(Product)、价格(Price)、分销(Place)和促销(Promotion)。他认为一次成功和完整的市场营销活动意味着,以适当的产品、适当的价格、适当的渠道和适当的促销手段,将适当的产品和服务投放到特定市场的行为。20世纪60年代,当时的市场正处于卖方市场向买方市场转变的过程中,市场竞争远没有现在激烈。这时候产生的“4P”理论主要是从供方出发来研究市场的需求及变化,以及如何在竞争中取胜。“4P”理论重视产品导向而非消费者导向,是以满足市场需求为目标。“4P”理论是营销学的基本理论,最早把复杂的市场营销活动加以简单化、抽象化和体系化,构建了营销学的基本框架,促进了市场营销理论的发展与普及。“4P”理论在营销实践中得到了广泛的应用,至今仍然是人们思考营销问题的基本模式。然而随着环境的变化,这一理论逐渐显示出其弊端:一是营销活动着重企业内部,对营销过程中的外部不可控变量考虑较少,难以适应市场变化。二是随着产品、价格和促销等手段在企业间相互模仿,在实际运用中很难起到出奇制胜的作用。于是,更加强调顾客满意的“4C”理论应运而生。

(二)以追求顾客满意为目标的“4C”理论

“4C”理论是由美国营销专家劳特朗教授在1990年提出的。它以消费者需求为导向,重新设定了市场营销组合的四个基本要素,即消费者(Consumer)、成本(Cost)、便利(Convenience)和沟通(Communication)。它强调企业首先应该把追求顾客满意放在第一位,其次是努力降低顾客的购买成本,然后要充分注意到顾客购买过程中的便利性,而不是从企业的角度来决定销售渠道策略,最后还应以消费者为中心实施有效的营销沟通。与产品导向的“4P”理论相比,“4C”理论有了很大的进步和发展,它重视顾客导向,以追求顾客满意为目标,这实际上是当今消费者在营销中越来越居主动地位的市场对企业的必然要求。

(三)以建立顾客忠诚为目标的“4R”理论

21世纪伊始,《“4R”营销》的作者艾略特·艾登伯格提出“4R”营销理论。“4R”理论以关系营销为核心，重在建立顾客忠诚。它阐述了四个全新的营销组合要素，即关联（Relativity）、反应（Reaction）、关系（Relation）和回报（Retribution）。“4R”理论强调：企业与顾客在市场变化的动态中应建立长久互动的关系，以防止顾客流失，赢得长期而稳定的市场；其次，面对迅速变化的顾客需求，企业应学会倾听顾客的意见，及时寻找、发现和挖掘顾客的渴望与不满及其可能发生的演变，同时建立快速反应机制以对市场变化快速作出反应；企业与顾客之间应建立长期而稳定的朋友关系，从实现销售转变为实现对顾客的责任与承诺，以维持顾客再次购买和顾客忠诚；企业应追求市场回报，并将市场回报当作企业进一步发展和保持与市场建立关系的动力和源泉。

（四）以提高企业核心竞争力的“4V”理论

在新经济时代，培育、保持和提高核心竞争能力是企业经营管理活动的中心，也成为企业市场营销活动的着眼点。“4V”理论正是在这种需求下应运而生的。“4V”是指差异化（Variation）、功能化（Versatility）、附加价值（Value）和共鸣（Vibration）。差异化营销就是企业凭借自身的技术优势和管理优势，生产出性能上和质量上优于市场上现有水平的产品；或是在销售方面，通过有特色的宣传活动、灵活的推销手段、周到的售后服务，在消费者心目中树立起不同一般的良好形象。值得一提的是，差异化营销所追求的“差异”是在产品功能、质量、服务和营销等多方面的不可替代性，因此也可以分为产品差异化、市场差异化和形象差异化三个方面。功能化是指以产品的核心功能为基础，提供不同功能组合的系列化产品，增加一些功能变成高档品，减掉一些功能就变成中低档产品，以满足不同客户的消费习惯和经济承受能力。其关键是要形成产品核心功能的超强生产能力，同时兼顾延伸功能与附加功能的发展需要，以功能组合的独特性来博取细分客户群的青睐。附加价值是指除去产品本身，由品牌、文化、技术、营销和服务等因素所形成的价值。共鸣指企业为客户持续地提供具有最大价值创新的产品和服务，使客户能够更多地体验到产品和服务的实际价值效用，最终在企业和客户之间产生利益与情感关联。共鸣强调的是企业的创新能力与客户所重视的价值联系起来，将营销理念直接定位于包括使用价值、服务价值、人文价值和形象价值等在内的客户整体价值最大化。

“4V”理论的演变过程从企业到客户再到企业的竞争对手，最后又回归企业自身的核心竞争力，市场营销经过了数十年的发展和丰富，形成了一套以经典"4P"理论为基础的形式多样、不断丰富的综合体系。不管是"4P""4C""4R"还是"4V",都是来自实践,又反过来指导着企业的营销实践。信息化和全球化的影响、企业竞争规则的转变、消费理念和消费习惯的变化,都成为新思想涌现的加速器,未来必然还会出现更多创新的营销理念和实践方案来共同完善和发展营销体系,为市场上的不同企业提供丰富的营销思路。

第二节　市场营销环境分析

市场营销环境是指与企业营销活动有关的所有外部力量和相关因素的集合,它是影响企业生存和发展的各种外部条件。

市场营销环境主要包括两方面的构成要素:一是宏观环境要素,即指对企业营销活动或造成威胁或提供机会的主要社会力量,包括人口、经济、政治、法律、科学技术、社会文化及自然地理等多方面的因素;二是微观环境要素,即指与企业紧密相连、直接影响其营销能力的各种参与者,这些参与者包括企业的供应商、中间商、顾客、竞争者以及社会公众和影响营销管理决策的企业内部各个部门。微观环境直接影响和制约企业的市场营销活动,而宏观环境主要以微观营销环境为媒介间接影响和制约企业的市场营销活动。

一、宏观营销环境

宏观营销环境是给企业带来市场机会和威胁的主要社会力量。相对于微观营销环境来说,宏观营销环境对组织的作用是间接的,影响的范围更广泛,主要包括人口环境、经济环境、科学技术环境、政治与法律环境、自然环境和社会文化环境。

(一)人口环境

人口是构成市场的基本要素。在收入水平一定的情况下,人口的增长或减少意味着市场潜力的扩大或萎缩。而人口规模及增长率、年龄结构、家庭结构、性别结构、民族结构、地理分布、区间流动等因素,对市场需求格局和企业的营销活动产生直接而深刻的影响。因此,企业必须重视对人口环境的分析研究,密切关注人口特性及其发展动向,使企业的营销活动适应人口环境的发展变化。

1.人口规模及增长率

一个国家或地区总的人口数量是衡量市场规模和潜力的重要因素，人口增长就意味着需求的增长，从而市场将扩大。但庞大的人口基数对企业来说既是福音，也是压力。因为人口越多，需求就越大；同时，庞大的人口会带来能源危机、粮食短缺和环境污染等问题，人均资源占有量下降，不利于企业的发展壮大。

在世界人口迅速增长的同时，发达国家的人口出生率却呈下降趋势，年龄结构老化问题突出，因此这些国家的企业或者到人口出生率高的国家寻找市场，或者将其劳动密集型的加工制造环节转移出去。

3.人口年龄结构

因为处于不同年龄段的消费者的收入水平、兴趣爱好、消费模式存在差别，所以对商品和服务的需求不同。现在，许多国家人口趋于老龄化，这就导致：一方面，市场对儿童用品、奢侈品的需求日益减少；另一方面，对老年保健用品、医疗服务和旅游等方面的市场需求迅速增加。全球老龄化的趋势使“银发”产业的发展潜力巨大。

3.家庭结构

家庭作为购买和消费的基本单位，其数目和规模对某些商品有直接的影响。例如，我国的城镇家庭规模趋向小型化，“四世同堂”的现象已不多见，“三位一体”的小家庭越来越普遍，并逐步由城市向乡镇发展。这种家庭结构的变化，必然会引起对家具、电器和住房等需求的变化。此外，性别结构、民族结构、人口的地理分布及区间流动也会使消费结构发生一定的变化。

（二）经济环境

经济环境是企业市场营销活动所面临的外部社会经济条件及其运行状况和发展趋势，它会直接或间接影响到市场的规模、市场的吸引力及企业的营销活动。市场规模的大小不仅取决于人口规模，还取决于有效的购买力，而购买力又受到经济发展阶段、收入、储蓄和信贷水平的制约。

1.经济发展阶段

经济发展阶段的高低，直接影响企业营销活动。美国经济学家罗斯托的“经济发展阶段”理论将世界各国的经济发展分为六个阶段：传统社会阶段、为起飞创造前提阶段、起飞阶段、向成熟推进阶段、高额群众消费阶段和追求生活质量阶段。

(1)传统社会阶段。此阶段没有现代科学技术,主导产业是农业。

(2)为起飞创造前提阶段。从传统社会向起飞阶段转变的过渡阶段,农业产量的增长具有重要意义。主导部门是工业部门,如食品、饮料、烟草和水泥。

(3)起飞阶段。增长成为各部门的正常现象。此阶段农业劳动力逐渐从农业中解脱出来,进入城市劳动,人均收入大大提高。主导产业体系是非耐用消费品的生产部门(如纺织业)和铁路运输业。

(4)向成熟推进阶段。起飞后经济持续发展,已经有效吸收了当时技术的先进成果,并有能力生产自己想要生产的产品。主导部门是重化工业和制造业体系,如钢铁、机械和肥料。

(5)高额群众消费阶段。工业高度发达,经济主导部门转向耐用消费品部门,主导部门是耐用消费品工业,如汽车业。

(6)追求生活质量阶段。以服务业为代表的提高居民生活质量的有关部门成为主导部门。同时,政府致力于解决环境问题。

处于前三个阶段的国家是发展中国家,而处于后三个阶段的国家是发达国家。一个国家所处的经济发展阶段不同,其营销活动也有所不同。

2.收入水平

消费者的购买力来自消费者的收入,因此消费者收入是影响购买力的最重要因素。消费者的收入主要来源于个人工资、红利、租金、利息和馈赠等方面。在分析购买力时,要注意区分名义收入和实际收入,以及个人可支配收入和个人可自由支配收入。名义收入是指消费者所获得的货币总量。实际收入是指货币收入扣除物价变动因素后的实际购买力,它能够真实准确地反映消费者的实际购买力。个人可支配收入是指在个人全部收入中,扣除了个人缴纳的税金后的余额。个人可支配收入用于消费支出和储蓄,是影响消费者购买力和支出的决定性因素。个人可自由支配收入是指个人可支配收入中扣除生活必需支出后的余额,是消费需求变化中最活跃的因素,其需求弹性较大,因此是影响奢侈品、休闲娱乐等商品或服务消费的主要因素。

3.消费者支出

消费者支出受收入水平的影响,随着消费者收入的变化,消费者的支出模式和消费结构也相应发生变化和调整。

德国统计学家恩格尔在1857年的一项研究报告中提出,在一个家庭或一个国家中,食品支出在收入中所占的比例随着收入的增加而减少。也就是说,富裕程度越高,食品支出的比例就越小;反之,则越大。通常把食品支出与家庭收入之比称为恩格尔系数。联合国粮农组织衡量世界各国或地区富裕程度的标准为:恩格尔系数在59%以上为贫困,50%～59%为温饱,40%～45%为小康,30%～40%为富裕,低于30%为最富裕。但是,企业在通过恩格尔系数衡量一个国家或地区富裕程度时,还要充分考虑该国或地区的消费习惯、社会保障体系等因素。恩格尔定律很好地说明了收入与消费支出模式的关系。

此外,消费者的支出模式和消费结构还受到家庭生命周期所处的阶段、家庭所在地的影响。例如,“丁克”家庭在节省劳力的家用电器、送货上门服务和方便食品方面的消费支出所占比例较大,而有孩子的家庭更多的是在孩子的教育、娱乐等方面的支出;再如,与农村居民相比,城镇居民在住房、交通、娱乐方面的支出较多。

4.储蓄和信贷水平

消费者的购买力还受储蓄和信贷的影响。当收入一定时,如果储蓄增多,现时消费量就减少;反之,如果储蓄减少,现时消费量就增加。可见,消费者的储蓄行为直接制约着市场消费量的大小。居民储蓄倾向主要受利率、物价水平、商品供给状况以及对未来消费的偏好程度等因素制约。此外,人们的储蓄目的也不尽相同,有的是为了养老,有的是为了子女将来的教育开支,有的是为未来的购买而积累,当然,储蓄的最终目的主要也是为了消费。因此,企业应关注居民储蓄的增减变化,了解居民储蓄的不同动机,以便科学地预测市场需求规模和结构的变动,制定相应的营销策略,获取更多的商机。

当消费者的超前消费意识逐渐增强,人们的现有支付能力不能很好地满足现时的消费时,需要通过借贷来满足。而消费信贷满足了消费者的这种需求。一方面,信贷消费使人们能够购买到超过自己现时购买力的商品,从而创造了更多的就业机会和更多的市场需求。另一方面,消费者信贷还是一种经济杠杆,可以调节积累与消费、供给与需求的矛盾。当市场供大于求时,可以发放消费信贷,刺激需求;反之,当市场供不应求时,必须收缩信贷,适当抑制、减少需求。

(三)科学技术环境

科学技术的发展对社会的进步、经济的增长和人类社会生活方式的变革起着巨大的推动作用,它带来的影响是爆炸性的、全盘性的。营销人员应善于运用职业的敏感性来预测科技的发展趋向,密切注意科技环境变化对营销的影响。一旦本企业的产品被新产品替代,那么对企业带来的打击可能是致命的。

(四)政治与法律环境

如果将企业比作在大海中航行的船只,那么政治与法律就是灯塔,它不仅告诉企业什么是禁止的游戏,什么是应该遵守的游戏规则,而且也告诉企业在什么样的情况下可以全速前进。因此,企业营销人员要明确了解、把握政治法律环境对营销活动的影响,根据政治法律环境来制定营销活动的战略,维护企业的正当利益。

1.政治环境

政治环境是企业市场营销活动的外部政治形势和状况以及国家方针政策。营销人员要善于分析当前国内外的政治形势和经济政策,估计可能遇到的阻力和风险,及时制定和调整营销战略。对政治环境的分析可以从政治的稳定性和政府颁布实施的方针政策着手。

(1)政治的稳定性。一个国家政局稳定与否会给企业带来重大的影响,特别是在对外营销活动中,一定要充分全面地考虑东道国政局变动和社会稳定情况对企业可能造成的影响。如果一个国家社会动荡不安,骚乱、罢工、示威游行接连不断,政府更迭频繁,极有可能对企业营销活动产生不利的影响。

(2)方针政策。各国会在不同时期、根据不同需要颁布实施一些方针政策,尤其是经济政策,其目的就是保护、扶持本国经济,在一定程度上干预外国经济的渗透。在国内开展营销活动需要分析,掌握诸如产业政策、人口政策、能源政策、价格政策和财政金融政策等各项方针政策带给企业的机遇和威胁。另外,国际营销人员还需研究东道国政府对国际营销活动的干预程度,包括进口限制、外汇控制、市场控制、国有化、劳工限制,等等。

2.法律环境

企业在开展市场营销活动时,为了保证自身既能够严格依法管理和经营,又能够运用法律保障自身的权益,还必须研究并熟悉相关国家或者政府颁布的有关经营、贸易、投资等方面的法律、法规。

(五)自然环境

自然环境主要指自然界提供给人类的各种形式的物质财富,是构成市场的物质基础，主要包括矿产资源、森林资源、土地资源和水力资源等。这些资源分为三类：

一是“无限”资源，如空气、水等。但是近几十年，随着经济的发展和人口的增加，越来越多的国家和地区面临着缺水的问题，这对企业是一种环境威胁。

二是有限但可以更新的资源，如森林、粮食等。我国森林覆盖率仅占国土面积的12%，人均森林面积只有0.12公顷，远远低于世界人均森林面积。而且，我国的耕地面积随着工业化和城市化进程的加快在迅速减少，近三十年间我国耕地平均每年减少54.3万公顷。加之，农民由于粮食价格低而转向种植收益较高的其他经济作物，如果长期发展下去，我国的粮食和其他食物供应将会成为严重问题。

三是有限但不可再生资源，如石油、煤和铁等矿物。当这些资源面临枯竭时，需要这类资源的企业将面临生存威胁，必须寻找替代品，而研究和开发新能源和原料的企业又可能因此而获得新的商机。

自然环境是进行产品生产和实现经济繁荣的基础，与人类社会的经济活动息息相关。而自然环境的破坏往往是不可弥补的，因此企业在营销战略中实行生态营销、绿色营销等，都是维护全社会长期利益的必然要求。

（六）社会文化环境

社会文化环境是指在一种社会形态下已经形成的价值观、宗教信仰、道德规范、审美观念以及世代相传的风俗习惯等被社会所公认的各种行为规范。由于人们所处的社会文化环境不同，对同一产品的态度也就有所差别，这就会在一定程度上影响企业的市场营销活动。所以，企业在从事市场营销活动时，应重视对社会文化环境的调查、分析与研究，要针对不同的文化环境制定不同的营销策略。

1.教育状况

教育程度不仅影响着一定的社会生产力、生产关系和经济状况，而且影响着消费者对商品的鉴别力、购买的理性程度和消费结构，从而影响着企业营销策略的制定和实施。

例如，一个国家的教育程度低、文盲率高，那么现代化商品尤其是较复杂的生产机器设备就不易被广泛接受。而且在教育水平低的国家，也相对缺少专门的调研机构和高素质的调研人员、销售人员。在文盲率较高的国家，应在文字宣传说明的基础上，加强广告、电视、图片和现场示范表演等较为直观的宣传手段;而教育水平高的国家更注重包装、品牌、广告、附加功能和服务方面的满足感。

2.价值观念

价值观念是人们对社会生活中的各种事物的态度、评价和看法。不同文化背景下人们的价值观念相差很大,而消费者对商品的需求和购买行为深受价值观念的影响。比如,东方人的从众心理较强,因此在商品的广告宣传中往往突出人们对产品的共性认识;而西方人注重个性和个人创新精神,所以其产品在包装、装潢上显示出醒目或标新立异的特点。

3.宗教信仰

宗教信仰是影响人们消费行为的重要因素之一,不同的宗教信仰有着不同的文化倾向和戒律,某些国家和地区的宗教组织在教徒的购买决策中也有重大影响。所以,企业要了解宗教规定,特别是在一些信奉宗教的国家和地区,要针对宗教组织设计适当营销方案,以避免由于矛盾和冲突给企业经营带来损失。例如,印度人对牛肉的禁忌,使麦当劳在进入印度市场时不得不对其产品进行调整,不在印度市场销售其传统的牛肉汉堡。同样的情况也在可口可乐公司发生过,美国可口可乐公司在进入中东市场时曾采用一贯的经典红色包装,却遭到了阿拉伯国家的一致反对。经过调查得知,红颜色与伊斯兰教义相违背。可口可乐公司只好将包装更换为绿色,并进行了一系列的公关活动,终于成功地进入了中东市场。

4.风俗习惯

风俗习惯是人们在长期的生活中形成的习惯性的行为模式和行为规范。风俗习惯是人们世代沿袭下来的社会文化的一部分,在饮食、婚丧、服饰、节日、居住、人际关系和商业等方面都表现出独特的心理特征、生活习惯和消费习惯。例如,在饮食上,日本人喜欢吃生鱼片,韩国人喜吃辛辣但不油腻的菜肴。在服饰上,东方女性一般在正式场合穿较保守的服装,西方女性大多穿较开放的晚礼服赴宴。

虽然风俗习惯具有高度的持续性和浓厚的区域性,但随着全球经济一体化和频繁的文化交流,某些风俗习惯会发生变化。因此,营销人员不仅要研究不同的风俗习惯,还要研究不同的风俗习惯之间的相融程度,以更好地适应千变万化的市场。

5.审美观

审美观是人们对美丑、雅俗、好坏、善恶的评判,包括对艺术、音乐、颜色和形状等的评价。不同国家、民族、地域、宗教、社会阶层的人在审美观念上也存在着差异。在罗马尼亚，三角形和环形颇受欢迎；在中东，六角形的图案、包装受排斥；世界大多数国家以瘦为美，而在汤加认为胖才是美的象征。人们的审美观受传统文化的影响，同时也反映一个时代、一个社会变迁的美学追求。在我国传统的婚礼上，汉族新娘穿红色民族服装表示喜庆；如今，新娘也穿上白色婚纱。

二、微观营销环境

企业的微观营销环境直接影响和制约着企业的营销活动。企业通过“供应商→企业→营销中介→顾客”这条核心链条，满足目标市场的需要，同时获得利润。此外，竞争者和社会公众也是企业不容忽视的制约因素。

(一)供应商

供应商是影响企业营销微观环境的重要因素之一。供应商是指向企业提供生产产品和服务所需的各种原材料、设备、能源、劳务和资金等资源的企业和组织。供应商提供的各种资源是否稳定、及时，质量是否有保证，价格是否合理，都将直接影响企业的生产和信誉。

(二)营销中介

营销中介是指协助企业促销、销售和分配产品给最终购买者的企业，包括中间商、实体分配机构、营销服务机构、金融机构。这些营销中介是企业营销活动中不可缺少的环节，除非企业建立自销渠道，否则，依靠中间商的分销是不可避免的。在社会分工越来越细的商品社会，这些中介机构的作用也越来越大。因此，企业必须与营销中介保持良好的合作关系。

1.中间商

中间商是协助公司找寻顾客或直接与顾客进行交易的商业企业，可分为代理中间商和经销中间商。

2.实体分配机构

实体分配机构主要协助公司储存产品和把产品从原产地运往销售目的地，包括仓储公司和运输公司。企业要综合考虑成本、运送速度、安全性和交货方便性等因素，确定适合企业的成本最低而效益更高的运输和存储货物的方式。

3.营销服务机构

营销服务机构包括市场调研公司、广告公司、传媒机构及市场营销咨询公司,它们主要协助企业选择合适的市场,并帮助企业进行正确定位和促销产品。

4.金融机构

金融机构包括银行、信贷公司、保险公司及其他可提供融资或保险的机构。在现代社会,大多数的企业需要借助金融机构来提供资金,而企业的营销活动会因贷款成本的上升或信贷来源的限制受到严重的影响,所以企业必须与金融机构建立密切的关系,以保证资金渠道的稳定与畅通。

(三)顾客(目标市场)

顾客是指企业产品服务针对的对象,是企业营销活动的最终目标市场。顾客是市场的消费主体,企业营销管理的核心就是满足顾客的需要,任何企业的产品和服务,只有得到了顾客的认可才能赢得这个市场。作为企业最重要的微观营销环境要素,顾客对企业营销的影响程度远远超过前述的环境因素。

企业的目标市场一般可以分为消费者市场、生产者市场、转售商市场、政府市场和国际市场五种市场。每个目标市场都有自己的特点,它的规模和需求也在不断发生变化。所以,企业要对目标市场进行细致的分析,了解掌握顾客的变化趋势,以不同产品或服务满足不同顾客的需求。

(四)竞争者

企业的周围充满了竞争者,营销人员必须识别这些竞争者,密切注视竞争者的任何细微变化,并制定出相应的策略,从而战胜竞争对手。

(五)社会公众

社会公众是指对企业营销活动有着实际或潜在兴趣或影响的群体。社会公众可能会促进企业的发展,也可能阻碍它的发展。因此,企业必须与公众建立并保持良好的关系。有许多企业建立了"公共关系"部门,专门负责处理与各类公众的关系。企业公众包括金融机构、新闻媒体、政府部门、群众团体、社区居民、一般公众和企业内部的员工等。

第三节　消费者购买行为分析

根据顾客购买产品或者服务的目的不同,市场营销学将市场分为两大类:个人消费者市场和生产资料市场。不同的消费市场由于购买者构成及购买目的不同,需求和购买行为也不尽相同。

消费者市场是整个社会经济活动服务的最终市场。一般认为，消费者市场是营销学研究的重点，满足最终消费者的需求，是市场营销活动的出发点和归宿。

一、消费者需要

消费品市场是指，消费者个人和家庭为满足自身需要而购买各种消费品和劳务的市场。消费品一经售出便退出市场而进入消费领域，因而消费品市场是最终产品市场，起着最终实现产品的使用价值和价值的作用，在整个市场体系中起着基础性作用。

消费者需要是指，消费者在一定的社会经济条件下，为了自身的生存与发展对商品或服务的需求和欲望。

(一)消费者需要的特征

消费者由于不同的主观原因和客观因素对商品服务有不同的需要，而且这些需要随时代的发展、物质文化生活水平的提高而日益多样化，消费者需要有如下特征：

1.消费者需要的多样性

由于消费者的收入水平、文化程度、职业、性别、年龄、民族和生活习惯不同，自然会有不同的爱好和兴趣，对消费品的需求也是千差万别的。这种不拘一格的需求，就是消费需求的多样性。

2.消费者需要的发展性

随着生产力的发展和消费者个人收入的提高，人们对商品和服务的需要也在不断地发展。过去未曾消费过的高档商品进入了消费；过去消费少的高档耐用品现在大量消费；过去消费讲求价廉、实惠，现在追求美观、舒适等。

3.消费者需要的弹性

消费者购买商品，在数量、品级等方面均会随购买水平的变化而变化，随商品价格的高低而不同。其中，基本的日常消费品需求的弹性比较小，而高中档商品、耐用消费品、穿着用品和装饰品等选择性强，消费需求的弹性就比较大。

4.消费者需要的层次性

人们的需求是有层次的，各个层次之间虽然难于截然划分，但是大体上还是有次序的。一般说来，总是先满足最基本的生活需要，然后再满足社会交往需要和精神生活需要。也就是说,消费需求是逐层上升的,首先是满足低层次的需要,然后再满足较高层次的需要。随着生产的发展和消费水平的提高以及社会活动的扩大,人们消费需求的层次必然逐渐向上移动,由低层向高层提升,购买的商品越来越多地为了满足社会性、精神性要求。

5.消费者需要的时代性

消费需求常常受到时代精神、风尚、环境等的影响。时代不同,消费需求和爱好也会不同。例如,随着我国人民文化水平的提高,对文化用品的需要日益增多。这就是消费需求的时代性。

6.消费者需要的可诱导性

消费需求是可以引导和调节的。这就是说,通过企业营销活动的努力,人们的消费需求可以发生变化和转移,潜在的欲望可以变为明显的行动,未来的需求可以变成现实的消费。

7.消费者需要的联系性和替代性

消费需求在有些商品上具有关联性。消费者往往顺带联系购买。如出售磁带、光盘时,可能带动售出录音机、CD 机等播放设备等。有些商品有替代性,即某种商品销售量增加,另一种商品销售量减少。如电视的普及对电影产生巨大冲击等等。

(二)消费者需要的形态与结构

消费者需要的形态表现为现实需要和潜在需要。现实需要,也叫“显性需要”,是指消费者具有明确的消费意识和足够的消费能力,已经或者即将实现的消费要求和欲望。潜在需要是指消费者的消费意识和消费能力目前尚未完全具备,但已列入消费计划的要求和欲望。

消费者需要的结构表现为:生存需要、享受需要、发展需要。生存需要是指消费者为了维持生存而产生的对基本生活物品的欲望和要求,如对粮食、空气、水、衣服、房屋等的需要。这是人类最基本的需要,如果这些基本需要得不到起码的满足,就会造成严重的社会问题。

享受需要是消费者为增添生活情趣、实现感官和精神愉悦而产生的欲望和要求,如对文化娱乐、体育健身、旅游、社交活动等的需要。随着社会的进步和生产力的发展,享受需要会变得愈来愈重要。

发展需要是指消费者为发展智力和体力、提高个人才能、实现人生价值而对消费品的欲望和要求,如对教育、书籍、电脑、滋补品等的需要。随着现代科学技术的发展,人的发展需要将显得更加突出和重要。

二、消费者购买行为的类型

消费者购买行为是指消费者在购买动机的支配下，选择与购买商品或服务的活动过程。具体地说，消费者购买行为就是指消费者个人或家庭为了满足自己物质和精神生活的需要，在某种动机的驱使和支配下，用货币换取商品或服务的实际活动。消费者购买行为有以下几种类型：

1.习惯型。消费者对某种商品的态度常取决于对商品的信念，信念可以建立在知识的基础上，也可以建立在信任的基础上。此类行为的消费者，往往根据过去的购买经验和使用习惯进行购买活动，很少受时尚风气的影响。

2.理智型。此类消费者购买行为以理智为主，感情色彩较少，往往根据自己的经验和对商品知识的了解。在采取购买行动前，注意收集商品有关信息，了解市场行情，经过周密的分析和思考，做到对商品的特性心中有数。在购买过程中，主观性较强，不愿别人介入，受广告宣传以及售货员的介绍影响甚少，往往是自己对商品做一番细致的检查、比较，反复地权衡各种利弊因素才作购买决策，在作决定时一般也不太爱动声色。

3.经济型。持这种购买行为的消费者在选购商品时多从经济角度考虑，对商品的价格非常敏感。当然，价格选择的原因很大程度也与其经济条件和心理需要有关。

4.冲动型。持此类购买行为的消费者，个性心理反应敏捷，客观刺激物容易引起心理的指向性，其心理反应与心理过程的速度也较快。这种个性特征反映到购买实施时便呈冲动型。此类行为以直观感觉为主，新产品、时尚产品对其吸引力较大。他们一般对所接触到的第一件合适的商品就想买下，而不愿做反复选择比较，因而能快速地作出购买决定。

5.感情型。这种购买行为兴奋性较强，情感体验深刻，想象力与联想力特别丰富，因此，在购买商品时容易受感情的影响，也容易受销售宣传的诱导。

6.疑虑型。这种购买行为的消费者善于观察细小事物，行动谨慎、迟缓，体验深而疑心大，挑选商品动作缓慢费时较多，还可能因犹豫不决而中断。购后还会疑心是否受骗上当。

7.不定型。这种购买行为常发生于新购买者。他们缺乏购买经验，购买心理不稳定，往往是随意购买或奉命购买，在选购商品时大多没有主见，表现出不知所措的言行。持这类购买行为的消费者,一般都渴望能得到商品介绍的帮助,并很容易受外界的影响。

三、影响消费者购买行为的主要因素

消费者购买行为受到文化、社会、个人和心理因素的影响。其中,文化因素的影响最广泛和最深远。

(一)文化因素

文化因素对消费者的行为具有最为广泛和深刻的影响。我们从文化、亚文化和社会阶层三个层面分析对消费者的影响。

1.文化

文化作为一种内生的价值判断力量造就、影响并支配着消费者的生活方式,是人类欲望和行为最基本的决定因素,深刻地影响到消费者的购买行为。文化具有地域性、传统性、间接性以及时代性等特点。如美国人和中国人的消费理念和行为迥然不同:美国人一辈子都在预支明天的收入,来满足现实的享受;而中国人的传统是一辈子都在节衣缩食地攒钱,以备自己或后代将来所需。由熟悉美国文化的李安执导的电影《卧虎藏龙》,获得了美国乃至西方国家观众的认可,但是在国内电影市场却反应平平。随着全球化的进一步演进,文化还逐步显示出融合性特点。例如,可口可乐、CNN 电视节目、好莱坞电影等正日益以其强势文化地位向全球蔓延,这些产品所蕴涵的价值观也正日益被接受,尤其是被年轻一代接受。

2.亚文化

亚文化是指存在于一个较大的社会群体中的一些较小社会群体所具有的特色文化。所谓"特色",表现为语言、信念、价值观、风俗习惯等的不同。亚文化包括种族亚文化、民族亚文化、宗教亚文化、地域亚文化等。亚文化群体的成员不仅具有与主文化共通的价值观念,还具有自己独特的生活方式和行为规范。亚文化是市场细分和目标市场选择的重要依据,市场营销可以以此展开。

1999 年 7 月间,中央电视台播出 40 集电视连续剧《雍正王朝》,一时好评如潮,北京地区的收视率在 30%以上;而上海电视台却几乎是在同一时段播出《还珠格格》。许多人以为《雍正王朝》将超过《还珠格格》,但结果是在上海《雍正王朝》的收视率不到 5%,而《还珠格格》却高达 40%。这表现出南北两座大城市的文化偏好不同。2003 年年初,赵本山主演、反映北方

农村生活的电视剧《刘老根》在全国播出。据央视索福瑞调查显示，在北方和西部地区主要城市，该剧收视率都在前5名，而在东部地区如上海、杭州等地却未能进入收视率的前10名。这表明，同一传播内容，当面对不同的传播环境会产生不同的传媒视听接触行为。

西方人近代在中国的办报活动也是如此。早在1815年，英国传教士米怜创办了第一份中文近代报刊《察世俗每月统计传》。为适应中国人的文化习惯，他改变了西方报纸单页双面印刷出版的样式，采用书册样式出版刊物，外形就像中国的线装书，很符合中国人的阅读习惯。在内容上创造了“孔子加耶稣”的信息组织模式，很好地做到了心理上的接近性。1872年，《申报》在上海创刊，创办人英商美查率先聘请中国人主持笔政，随后采取低价销售、刊登文艺材料等策略，在不到半年的时间就迫使创刊于1861年的对手《上海新报》自动停刊。

3.社会阶层

社会阶层是一个受文化影响的多维度构成体，其主要是由于人们在经济条件、教育程度、职业类型以及社交范围等方面的差异而形成的不同社会群体，并由于社会地位不同而形成明显的阶层差异。它们是按等级排列的，每一个社会阶层的成员具有类似的价值观、兴趣爱好和行为方式。以下是菲利浦·科特勒对美国七种主要社会阶层消费特征的分析，对我们或许也有重要的参考价值。

(1)上等上层人(不到1%)。上等上层人是继承大笔财富、有著名家庭背景的社会名流。他们大量捐助慈善事业，掌握社交大权，拥有多处住宅，子女在最好的学校就读。他们是珠宝、古董、住宅和度假的市场。他们经常购物，衣着保守，不慕虚荣。他们虽然人数不多，却是其他人的参照群体，以至于他们的消费决策常常流入其他社会阶层，并被模仿。

(2)下等上层人(约2%)。下等上层人是在其职业中或生意上有超凡能力而获得很高收入或财富的人。他们往往出身于中等阶层。他们在社会和公共事务上常采取积极的态度，总是为自己和子女购买象征地位的东西，如住昂贵的住宅，进贵族学校就读，自备游艇，拥有游泳池和汽车。这个阶层还包括暴发户，他们的挥霍性消费就是为了向他人炫耀。这个阶层的人追求的是进入上等上层人阶层，而他们的子女比他们更有可能达到目标。

(3)上等中层人(12%)。上等中层人既没有高贵的家庭地位，也没有罕见的财富。他们主要关注的是事业，他们是职业人士、独立的实业家和公司经理。他们注重教育,期望子女能具备职业或管理技能以便将来不至于落入下层。这个阶层的人经营的是思想或高尚文化。他们喜欢在体面的家中招待朋友和同事。他们喜好参加各种社团,并热心公益。他们是高档住宅、服装、家具和电器的最佳市场。

(4)中等阶层(32%)。中等阶层的人是收入中等的白领或蓝领工人,住在城里的高档社区并期望从事体面的工作。他们往往购买符合大众潮流的产品。其中25%的人有进口汽车,多数人着装时尚,追求较好的品牌。而较好的住房是指在城里的高档社区的住宅,附近有好学校。中等阶层的人愿意为子女能拥有有用的经历而多花钱,期望他们能受大学教育。

(5)劳动阶层(38%)。劳动阶层是中等收入的蓝领工人或者过着劳动阶层生活的人,不论是什么收入、教育和职业。劳动阶层很依赖亲朋在经济和感情上的支持,介绍就业机会,听从购物建议,有麻烦时寻求帮助。劳动阶层的度假是指“待在城里”,而“外出”则是指路程不到两个小时的湖边或景区。劳动阶层还保持着明显的性别角色的差异和陈规陋习。偏爱标准型号或大号轿车,对国内生产或进口的小型号轿车从不问津。

(6)上等下层人(9%)。上等下层人生活标准刚好在贫困线之上,没有失业,不靠福利金生活。他们虽然努力向高阶层奋斗,但从事的只是不需特殊技能的工作,收入非常低。这个阶层的人往往缺乏教育。尽管经济上落在贫困线上,但他们仍然设法表现出自律的形象并维持着清白。

(7)下等下层人(7%)。下等下层人是靠福利金生存,明显地贫困不堪,常常失业或从事着最肮脏的工作。有些人对找到长期的工作已经失去兴趣,大多数人的收入是靠公共救济或慈善施舍。他们的房屋、衣着和财物都是肮脏、粗糙和破损的。[①]

我国目前正处于由传统的农业社会向工业化、现代化社会转变的转型时期。在这个急剧转变的过程中,中国社会结构出现了阶层的分化,由1978年以前的“两个阶级(工人、农民阶级)一个阶层(知识分子阶层)”转向更为细化的社会阶层结构。我国目前社会结构大致可以划分为十大阶层,包括:国家与社会管理者阶层、经理人员阶层、私企业主阶层、专业技术人员阶层、办事人员阶层、个体工商户阶层、商业服务业员工阶层、产业工人阶

① 参见[美]菲利浦·科特勒:《营销管理》,梅汝和等译,中国人民大学出版社、Prentice Hall出版公司2001年版,第197页。

层、农业劳动者阶层和城乡无业、失业、半失业者阶层。并且,各阶层之间的社会、经济、生活方式及利益认同的差异日益明显。

(二)社会因素

消费者的购买行为同样也受到诸如参照群体、家庭、社会角色与地位等一系列社会因素的影响。

1.参照群体

参照群体是指对个人的态度与行为有直接或间接影响的所有群体。直接参照群体又称为“成员群体”,即某人所属的群体或与其有直接关系的群体。成员群体又分为首要群体和次要群体。首要群体,是指与个人直接、经常接触的一群人,一般都是非正式群体,如家庭成员、亲朋好友、同事、邻居等。次要群体,是指对其影响并不很经常但一般都较为正式的群体,如宗教组织、职业协会等。间接参照群体,是指个人的非成员群体,即此人不属于其中的成员,但又受其影响的一群人。如体育明星、影视明星对其崇拜者消费行为的影响。

参照群体对消费者购买行为的影响主要表现在三个方面:(1)参照群体为消费者展示出新的生活方式和行为模式。(2)由于消费者有效仿其参照群体的愿望,因而消费者对某些事物的看法和对某些产品的态度也会受到参照群体的影响。(3)参照群体促使人们的行为趋于某种“一致化”,从而影响消费者对某些产品和品牌的选择。

2.家庭

购买者家庭成员是最具影响的首要参照群体。购买者生活中一般要经历两个家庭。第一个是父母的家庭,在父母的养育下逐渐长大成人。然后又组成了自己的家庭,即第二个家庭。当消费者作出购买决策时,必然要受到这两个家庭的影响,其中,受原有家庭的影响比较间接,受现有家庭的影响比较直接。家庭结构也影响到消费者的消费选择。例如,家庭成员包括老中小三代的家庭往往倾向于选择可以覆盖“8 岁到 80 岁都可以满足”的晚报类报纸;以老年为主的家庭则会对广播、电视的使用率高一些;对于年轻家庭而言,时尚、前卫的传媒类型是首要选择;而对于有了育儿任务的家庭来说,对健康、教育、考试等方面的资讯需求会多一些。

3.社会角色与地位

一个人在一生中会从属于许多群体,如家庭、俱乐部及其他各种组织。每个人在各个群体中的位置可由角色和地位来确定。每一个角色都将在某种程度上影响其购买行为,每种角色都有相应的地位。人们往往选择与自己的社会角色和地位相符的产品。大公司经理会开着奔驰轿车,戴着劳力士手表,喝 XO 干邑。在美国,每天早上,500 万最富有、最有影响力的人起床后的第一件事情就是看《华尔街日报》。而且,调查显示,该报读者平均拥有 92.5 万美元的别墅,开价值 4.3 万美元的汽车。《华尔街日报》因此成为富有的、有影响力的美国人的身份和地位的象征。

(三)个人因素

消费者的购买决策也受到个人特征的影响,特别是年龄与人生阶段、职业、经济状况、生活方式、个性及自我观念的影响。

1.年龄与人生阶段

人们一生中购买的商品与服务是不一样的。小时候吃的是婴儿食品,长大后吃的是各种各样的食品,到了晚年只能吃特殊的食品。人们对服装、家具和娱乐的需求也是同年龄有关的。表 4-1 是菲利浦・科特勒对美国家庭不同阶段消费需求特点的概括。

表 4-1　美国家庭不同阶段消费需求特点

家庭阶段	购买或行为模式
1.单身阶段:年轻且不与家人同住的单身	没有经济负担,是潮流的观念倡导者,喜爱娱乐。消费:必要的厨房设备、必要的家具、汽车、结婚用品、度假。
2.新婚夫妇:年轻且无子女	经济状况比下个阶段要好,购买率最高,且耐用品的平均购买量最大。消费:汽车、电冰箱、烤箱、实际又耐用的家具、度假。
3.满巢一期:最小的孩子不到 6 岁	买房高峰期,缺少流动资金,对经济状况与银行储蓄感到不足,对新产品感兴趣,喜爱广告宣传的产品。消费:洗衣机、烘干机、电视、婴儿食品、隆乳器、止咳药、维生素、玩具、溜冰鞋。
4.满巢二期:最小的孩子 6 岁以上	经济状况较好,有些妻子参加工作,受广告的影响较小,购买大包装、多组合的产品。消费:大量食品、清洁用品、自行车、音乐课程、钢琴。
5.满巢三期:老夫妻,身边还有未自立的子女	经济状况较好,更多妻子参加工作,有些子女参加工作,很难受广告影响,耐用品的平均购买量很大。消费:新式雅致的家具、驾车旅游、非必需的电器、看牙医、杂志。

续表

家庭阶段	购买或行为模式
6.空巢一期:老夫妻,身边没有子女,户主仍在工作	住宅高峰期,对经济状况与银行储蓄感到满意,对旅游、娱乐、自我教育感兴趣,喜欢送礼与捐赠,对新产品不感兴趣。消费:度假、奢侈品、住宅修缮。
7.空巢二期:老夫妻,身边没有子女,户主退休	收入急剧下降,仍拥有住宅。消费:医疗器械以及有助健康、睡眠与消化的保健产品。
8.鳏寡就业	收入不错,但可能买房。
9.鳏寡退休	像其他退休者一样有同样的医疗需要与产品需要,收入急剧下降,特别需要照顾、关怀与安全感。

资料来源:[美]菲利浦·科特勒《营销管理》,梅汝和等译,中国人民大学出版社、Prentice Hall出版公司2001年版。

家庭的不同阶段也影响着消费,以上所示家庭的九个阶段以及不同阶段家庭的财务状况与感兴趣的典型产品,市场营销人员经常把目标市场定位在某个阶段的家庭群体上。

近来的研究发现还有心理上的不同阶段。成年人一生中会经历某些过渡或改变。市场营销人员应该特别注意生活状况的改变,如下岗、离异、鳏寡、再婚及其对消费者行为的影响。

2.职业

个人的职业也影响着消费模式。比如在我国《经济观察报》主要的阅读人群是企业的经营者、管理者。百老汇歌剧的观众也主要是地位、收入较高,职业优越的固定人群。除开车族外,我国广播的收听者主要是产业工人和农民。

3.经济状况

消费者的经济状况对产品选择的影响很大。经济状况包括用于消费的收入、储蓄与资产、债务、借贷能力以及对消费与储蓄的态度等。世界各国消费者的收入水平和消费特点都存在很大的差异,市场营销人员应经常注意研究个人收入、储蓄和利率等的变化趋势及其对消费者购买行为的影响,以便发现商机,开拓市场。

4.生活方式

生活方式是指在人的活动、兴趣和意见上表现出的生活模式。即使亚文化、社会阶层和职业都相同的人,他们的生活方式也可能不同。市场营销人员应寻找自己的产品与各种生活方式群体间的关系。

5.个性与心理因素

每个人都有影响其购买行为的独特个性。心理因素包括动机、感觉、学习、信念等。

四、消费者的购买决策过程

消费者的购买决策是指,在特定心理驱动下,按照一定程序发生的心理和行为过程。这一过程通常包括若干前后相继的程序或阶段,消费者购买决策的运行规律即蕴含于这一程序之中。其包括:

1.认知需求

消费者对某类商品的购买需求源于消费者自身的生理或心理需要。当某种需要未得到满足时,满意状态与缺乏状态之间的差异会构成一种刺激,促使消费者发现需求的所在,认知需求的内容,进而产生寻求满足需求方法、途径的动机。

引起消费者认知需求的刺激可以来自个体内部的未满足需要,如饥饿、寒冷;也可以来自外部环境,如流行时尚、他人带动等。消费者对自身的各种需求加以正确认知,可以为购买决策限定范围,明确指向,因而是有效决策的前提。

2.寻求解决方案

在认知需求的基础上,消费者受满足需要的动机驱使,开始寻找各种解决问题的方案和途径。为使方案具有充分性与可靠性,消费者必须广泛搜集有关信息,包括能够满足需要的商品种类、规格、型号、价格、质量、维修服务、有无替代品、何处何时有售等等。

上述信息可以通过各种渠道获得,如报纸、广播、电视、杂志、街头招贴等宣传媒介刊登的广告,交谈、会议、道听途说等口头传播媒介提供的信息,个人学习的知识或亲身实践的经验,从他人或参照群体行为方式中获得的启示,等等。在广泛搜寻的基础上,对所获信息进行适当筛选、整理加工,即可建立起满足需要的多种解决方案。

3.评价比较方案

各种方案的利弊优劣不一，为此需要加以评价比较。评价的标准因消费者价值观念的不同而各个相异。例如，有人以价格低廉作为基本尺度，有人以符合时尚作为选择标准，有人要求外观新颖，有人则希望结实耐用，还有的人追求个性化、情绪化，有的人则宁可从众、与多数人趋同。因此，对同一决策方案，不同的消费者会作出完全不同的评价。

当然，对各种不同的解决方案，取舍的结果也迥然相异。无论评价标准如何不同，实质上都可以归结为同一尺度，即付出与获得进行比较，获得的效用要大于付出。评价比较是择优选定方案的基础。

4.择优决定

在对各种方案进行充分的比较评价之后，便可从中选择最优方案，作为实施方案确定下来。最优方案，即付出最少、获得最多、能够最大限度满足消费者需要的方案。确定最优方案是消费者购买决策中实质性环节，是直接决定决策正确与否、效用高低的关键。

为保证高质量、高效能的决策，除严格履行认知需求、搜集信息、建立方案、比较评价等前期程序外，在最后拍板决定时，还需要消费者保持冷静的头脑、果敢的精神和当机立断的能力。唯有如此，才能抓住时机，准确决断。

5.购后评价

在确定最优方案之后，消费者将方案付诸实施，即实际从事购买。但完成购买后，购买活动仍未结束。为验证所择方案是否最优、所得效用是否最大，消费者还会再次进行购买评价。购买后评价集中指向所购商品，评价标准也以效用为主要内容。

评价可以由购买者个人进行，也可以征集亲友同事意见，观察社会反映。评价时间可以发生在购买行为刚刚发生之后，也可以使用一段时期以后再行评价。购买后评价的主要目的是总结经验，吸取教训，以便为后来的正确购买行为提供依据，避免重复发生失误。

从上述决策程序可以看出，消费者决策是一个完整的过程。这一过程始于购买之前，结束于购买之后。因此，只有从过程的角度加以分析，才能对消费者购买决策作出完整准确的剖析。那种以为购买决策只是消费者购买中瞬时活动的认识，显然是片面的。

五、顾客让渡价值

在现代市场营销观念指导下,企业应致力于顾客服务和顾客满意。而要实现顾客满意,需要从多方面开展工作,并非人们所想象的“只要价格低,则万事大吉”。事实上,消费者在选择商品时,价格只是考虑因素之一,消费者真正看重的是“顾客让渡价值”。

(一)顾客让渡价值的含义

顾客让渡价值,是指顾客总价值与顾客总成本之间的差额。

顾客总价值,是指顾客购买某一产品或服务所期望获得的一组利益,它包括产品价值、服务价值、人员价值和形象价值等。顾客总成本,是指顾客为购买某一产品或服务所耗费的时间、精神、体力以及所支付的货币资金等,因此,顾客总成本包括货币成本、时间成本、精神成本和体力成本等。

顾客在购买产品或服务时,总希望把有关成本包括货币成本、时间成本、精神成本和体力成本等降到最低程度,而同时又希望从中获得更多的实际利益,以使自己的需要得到最大限度的满足。因此,顾客在选购产品时,往往从价值与成本两个方面进行比较分析,从中选择出价值最高、成本最低,即顾客让渡价值最大的产品作为优先选购的对象。

企业为在竞争中战胜竞争对手,吸引更多的潜在顾客,就必须向顾客提供比竞争对手具有更多顾客让渡价值的产品,这样才能使自己的产品让消费者喜欢,进而购买本企业的产品。为此,企业可从两个方面改进自己的工作:(1)通过改进产品、服务、人员与形象,提高产品的总价值。(2)通过降低生产与销售成本,减少顾客购买的时间、精神与体力的耗费,从而降低货币与非货币成本。

(二)顾客购买的总价值

增加顾客购买的总价值是使顾客获得更大顾客让渡价值的有效途径之一。顾客总价值由产品价值、服务价值、人员价值和形象价值构成,其中每一项价值因素的变化均对总价值产生影响。

1.产品价值

产品价值是指由产品的功能、特性、品质、品种与款式等所产生的价值。它是顾客需要的中心内容,也是顾客选购产品的首要因素。因此,在一般情况下,它是决定顾客购买总价值大小的主要因素。产品价值是由顾客需要来决定的,在分析产品价值时应注意几点:

(1)在经济发展的不同时期,顾客对产品的需要有不同的要求,构成产品价值的要素以及各种要素的相对重要程度也会有所不同。例如,我国在计划经济体制下,由于产品长期短缺,人们把获得产品看得比产品的特色更为重要,因而顾客购买产品时更看重产品耐用性、可靠性等性能方面的质量,而对产品的花色、款式、特色等较少考虑;如今,市场上商品日益丰富,人们生活水平普遍提高,顾客往往更为重视产品的特色质量,如要求功能齐备、质量上乘、式样新颖等。

(2)在经济发展的同一时期,不同类型的顾客对产品的价值也会有不同的要求,在购买行为上显示出极强的个性特点和明显的需求差异性。

这就要求企业必须认真分析不同经济发展时期顾客需求的共同点以及同一发展时期不同类型顾客需求的个性特征,并据此进行产品的开发与设计,增强产品的适应性,从而为顾客提供更大的价值。

2.服务价值

服务价值是指伴随产品实体的出售,企业向顾客提供的各种附加服务,包括产品介绍、送货、安装、调试、维修、技术培训、产品保证等所产生的价值。服务价值是构成顾客总价值的重要因素之一。在现代市场营销实践中,随着消费者收入水平的提高和消费观念的变化,消费者在选购产品时,不仅注意产品本身价值的高低,而且更加重视产品附加价值的大小。特别是在同类产品质量与性质大体相同或类似的情况下,企业向顾客提供的附加服务越完备,产品的附加价值越大,顾客从中获得的利益就越大,从而购买的总价值也越大;反之,则越小。因此,在提供优质产品的同时,向消费者提供完善的服务,已成为现代企业市场竞争的新焦点。

美国《哈佛商业评论》杂志发表的一项研究报告指出:公司只要降低5%的顾客流失率,就能增加25%～85%的利润,而在吸引顾客再度光顾的众多因素中,首先是服务质量的好坏,其次是产品的本身,最后才是价格。据美国汽车业的调查,一个满意的顾客会引发8笔潜在生意,其中至少有1笔成交;一个不满意的顾客会影响25个人的购买意愿。争取一位新顾客所花的成本是保住一位老顾客所花钱的6倍。有一位名叫吉拉德的德国汽车经销商,每个月要寄出13000张卡片,任何一位从他那里购买汽车的顾客每月都会收到有关购后情况的询问。这一方法使他生意兴隆。

3.人员价值

人员价值是指企业员工的经营思想、知识水平、业务能力、工作效益与质量、经营作风、应变能力等所产生的价值。企业员工直接决定着企业为顾客提供的产品与服务的质量,决定着顾客购买总价值的大小。一个综合素质较高又具有顾客导向营销思想的工作人员,会比知识水平低、业务能力差、营销思想滞后的工作人员为顾客创造更高的价值,从而创造更多的满意的顾客,进而为企业创造市场。人员价值对企业、对顾客的影响作用是巨大的,并且这种作用往往是潜移默化、不易度量的。因此,高度重视对企业人员综合素质与能力的培养,加强对员工日常工作的激励、监督与管理,使其始终保持较高的工作质量与水平,就显得至关重要。

4.形象价值

形象价值是指企业及其产品在社会公众中形成的总体形象所产生的价值,包括企业的产品、技术、质量、包装、商标、工作场所等所构成的有形形象所产生的价值,公司及其员工的职业道德行为、经营行为、服务态度、工作作风等行为形象所产生的价值,以及企业的价值观念、管理哲学等理念形象所产生的价值等。

形象价值与产品价值、服务价值、人员价值密切相关,在很大程度上是上述三方面价值综合作用的反映和结果。

形象对于企业来说是宝贵的无形资产,良好的形象会对企业的产品产生巨大的支持作用,赋予产品较高的价值,从而带给顾客精神上和心理上的满足感、信任感,使顾客的需要获得更高层次和更大限度的满足,从而增加顾客购买的总价值。因此,企业应高度重视自身形象塑造,提高企业的形象价值,进而为顾客带来更大的价值。

(三)顾客购买的总成本

降低顾客购买的总成本也是使顾客获得更大顾客让渡价值的有效途径之一。顾客总成本不仅包括货币成本,而且还包括时间成本、精神成本、体力成本等非货币成本。一般情况下,顾客购买产品时首先要考虑货币成本的大小,因此,货币成本是构成顾客总成本大小的主要因素。在货币成本相同的情况下,顾客在购买时还要考虑所花费的时间、精力、体力等,因此,这些支出也是构成顾客成本的重要因素。这里我们主要考察时间成本和精力成本。

1.时间成本

在顾客总价值和其他成本一定的情况下,时间成本越低,顾客购买的总成本越小,顾客让渡价值就越大。以服务企业为例,顾客在餐馆、旅馆、银行等服务行业购买其提供的服务时，常常需要等候一段时间才能进入到正式购买或消费阶段，特别是在营业高峰期更是如此。在服务质量相同的情况下，顾客等候购买该项服务的时间越长，所花费的时间成本越大，购买的总成本就会越高。同时，等候时间越长，越容易引起顾客对企业的不满意感，从而中途放弃购买的可能性就会增大。因此，努力提高工作效率，在保证产品质量与服务质量的前提下，尽可能减少顾客的时间支出，降低顾客的购买成本，是为顾客创造更大的顾客让渡价值、增强企业产品市场竞争能力的重要途径。

2.精力成本(精神与体力成本)

精力成本(精神与体力成本)是指顾客购买产品时在精神、体力方面的耗费与支出。在顾客总价值与其他成本一定的情况下，精神与体力成本越小，顾客为购买产品所支出的总成本就越低，从而“让渡价值”越大。因为消费者购买产品的过程是一个从认知需求、寻找信息、判断选择、决定购买到实施购买以及购后评价的全过程，在购买过程的各个阶段均需付出一定的精力与体力。如当消费者对某种产品产生了购买需求后，就需要搜集该种产品的有关信息。消费者为搜集信息而付出的精神与体力的多少会因购买情况的复杂程度不同而有所不同。就复杂购买行为而言，消费者一般需要广泛全面地搜集产品信息，因此需要付出较多的精神与体力。对于这类产品，如果企业能够通过多种渠道向潜在顾客提供全面详尽的信息，就可以减少顾客为获取产品信息所花费的精神与体力，从而降低顾客购买的总成本。

第四节　市场营销调研与预测

一、市场营销调研

市场营销调研就是运用科学的方法，有目的、有计划、系统地收集、整理和分析研究有关市场营销方面的信息，提出解决问题的建议，供营销管理人员了解营销环境，发现机会与问题，作为市场预测和营销决策依据的过程。

(一)市场营销调研的内容

1.市场调研。调研目的是了解市场状况，发现企业的潜在市场，为企业今后制定市场营销策略提供可靠的资料。主要内容有经济形势、货币情况、市场潜在容量、市场供应量、进出口量及其发展趋势。

2.消费者调研。消费者需求是企业一切活动的中心和出发点,营销调研应该以消费者为重要内容。其主要内容有消费者数量、消费者地区分布、购买动机与购买行为、品牌偏好、购买数量、对企业产品的满意度等。

3.产品调研。调研目的是能够按消费者的需要,不断推出新产品。调研内容有产品设计、产品功能及用途、产品品牌或商标、产品包装、产品生命周期、产品销售服务及产品开发。

4.价格调研。调研目的是为了制定正确的定价策略。调研内容有影响企业定价的因素、产品需求弹性、不同价格策略对产品销售的影响。

5.销售渠道调研。企业需要了解中间商情况,建立合理的销售渠道来完成企业营销目标。销售渠道调研主要内容是中间商的信誉、实力及需要中间商数目。

6.促销手段调研。通过对广告及其他促销手段的调查,制定最佳促销策略。调研内容有广告媒体、广告效果、广告费用、促销人员分配情况及如何选择促销方式。

7.竞争状况调研。企业要在市场上站住脚,保持和扩大市场占有率,必须对市场竞争情况进行调查,包括竞争对手的市场占有率、产品特点及服务特色等。

8.宏观环境调研。社会的经济、政治、文化环境对企业营销具有不同程度的影响,是营销调研的重要内容。其内容包括国家经济发展状况,政府有关方针、政策和法令,世界政治环境,本地区民族构成、宗教信仰、教育程度、文化水平等因素对市场、消费者的影响。

(二)市场营销调研的程序

市场营销调研要取得成功,并能够及时、准确、经济地提供市场营销信息及其分析,必须遵守合理的调研程序。市场营销调研一般要经过五个步骤,即确立调研目标、制订调研计划、收集信息、分析信息、提出调研结论。

1.确立调研目标

营销调研的问题很多,调研人员应从实际出发,进行全面分析,根据问题的轻重缓急列出调研问题的层次,将企业经营中迫切需要解决的问题放在首位,作为调研要解决的问题。问题要合适,既不要太宽,也不要太窄。调研问题明确后,应确定具体的调研目标,它决定了调研题目和内容。选择目标时需要考虑费用能否得到支持。

2.制订调研计划

调研计划是指导市场调研工作的总纲，一个有效的调研计划应包括信息来源、调研方法、调研工具、调研方式、调研对象、费用预算、调研进度、培训安排等几方面的内容。

3.收集信息

(1)确定资料的来源。明确收集第一手资料、第二手资料的来源。

(2)确定收集资料的方法。收集第一手资料应明确是采用访问法、观察法或实验法，还是多种方法并举。收集第二手资料时也应明确采用何种方法，如直接查阅、购买、交换、索取或通过情报网委托收集。

(3)设计调查表或问卷。收集第一手资料时，需要设计调查问卷进行资料收集。

(4)抽样调查设计。资料收集普遍采用抽样调查，即从被调查的总体中选择部分作为样本进行调查，再用样本特性推断总体特性。必须设计出合适的抽样方法和样本容量。

(5)现场实地调研。采用各种方式到现场获取资料。必须由经过严格挑选并加以培训的调查人员按规定进度和方法收集所需资料。

4.分析信息

(1)整理审核。为了发现资料的真假和误差，达到去伪存真的目的，对调查的资料要检查误差，审核情报资料是否可靠。

(2)分类编码。为了使资料便于查找和利用，须将调查的资料按一定标准进行分类，再进行编号。

(3)统计制表。以表格形式显示各种调查数据，反映各种信息的相关经济关系或因果关系。经过制表的资料针对性强，便于研究和分析，提高了资料的适用性。

(4)提出调研结论。营销调研的最后步骤是对营销调研结果作出准确的解释和结论，形成调研报告。调研报告是对问题的集中分析和总结，也是调研成果的反映。报告可以分专门报告和综合报告两类。

编写调研报告应掌握的原则是：①内容真实客观；②重点突出而简要；③文字简练；④应利用易于理解的图表说明问题；⑤计算分析步骤清晰，结论明确。

营销调研报告的内容包括：①调查过程概述，亦称摘要；②调查目的，又称引言；③调查结果分析，它是调查报告的正文，包括调查方法、取样方法、关键图表和数据;④结论与对策;⑤附录,包括附属图表、公式、资料及致谢等。

(三)市场营销调研的方法

1.实地调查法

实地调查法是针对第一手资料,即直接取自调研对象的原始资料收集。基本方法有询问法、观察法、实验法。

(1)询问法

询问法是通过向被调查者提出问题,以获得所需信息的调查方法。它是企业常用的调查方法。按调查者与被调查者之间的接触方式的不同,可分为走访调查、信函调查和电话调查三种形式。

①走访调查。走访调查即调查者走访被调查者,当面向被调查者提出有关问题,以获得所需资料。走访调查根据调查者和被调查者人数的多少,可分为个别走访和小组座谈等形式。优点是具有真实性、灵活性、直观性、激励性;缺点是调查费用较高,被调查者有时受调查者态度、语气等影响而产生偏见等。

②信函调查。调查者将所拟订的调查表通过邮局寄给被调查者,要求被调查者填妥后寄回。优点是调查范围较广泛,被调查者可以不受调查者的影响,调查费用较低,被调查者可以有充分的时间来考虑作答。缺点是回收率低;时间花费较长;填表者可能不是目标被调查者,致使真实性差;回答问题较肤浅。

③电话调查。调查者根据抽样要求,在样本范围内,用电话按调查问卷内容询问意见的一种方法。优点是迅速及时;资料统一程度高;对有些不便面谈的问题,在电话调查中可能得到回答。缺点主要是对问题不能深入进行讨论分析,调查受到限制。

(2)观察法

观察法是调查者在现场或借助一定设备、物品观察被调查者行动的一种调查方法。此法的特点在于被调查者并不感到他正在被调查。优点是被调查者的一切动作极其自然,所收集的资料准确性较高。缺点是不能了解被调查者的心理和内在感受,有时需要较长时间的观察才能得到结果。主要有以下形式:顾客动作观察、店铺观察、实际痕迹测量。

(3)实验法

实验法是从影响调查问题的若干因素中选择一两个因素,将它们置于一定的条件下进行小规模试验，然后对实验结果作出分析得到结论的一种调查方法。优点是通过实验能直接检验营销策略的效果，这是其他方法所不能提供的。但费用较高，适用于商品在改变品种、包装、价格、商标、广告策略时的效果测定。主要方法是试用和试销。

2.资料调查法

资料调查法也称“文案调查法”，它是针对第二手资料，即对现成的市场信息资料的收集和研究。来源主要有内部资料和外部资料。内部资料主要是企业内部的市场营销信息系统经常收集的资料，外部资料是企业外部的单位所持有或提供的资料。收集二手资料时，应明确资料是来源于企业内部的报表资料、销售数据、客户访问报告、销售发票、库存记录，还是来源于国家机关、金融机构、行业组织、市场调研或咨询机构发表的统计数字或院校研究所的研究报告、图书馆藏书或报纸杂志。

3.抽样调查

抽样调查是指从局部的调查中得出有关整体的结论的方法。局部调查的对象称为样本，从中抽取样本的那个整体叫作总体。通过对样本的调查，可以用样本的特性来推断总体的特性。

(1)抽样调查设计。抽样调查设计是采用抽样调查必须解决的一个重要技术。抽样设计是否科学合理，直接关系到调查结果的准确性，其内容包括以下三项：一是抽样对象设计。一个适当的抽样对象并不总是很明显的，需要调研人员认真作出选择。二是样本大小设计。大样本当然比小样本提供的结果更可靠，但大样本的调查成本高，往往没有必要。只要抽样方法正确，即使样本不足总体的1%，也同样能提供可靠的调查结果。确定样本大小时，既要考虑样本的足够代表性，又要考虑费用和时间的节约。

(2)调查问卷设计。调查问卷或称“调查表”，由向被调查者提问并征求意见的一组问题所组成。调查问卷是用于收集第一手资料的工具。调查问卷设计是根据调研目的将所需调研的问题具体化，使调查者能顺利地获取必要的信息资料，并便于统计分析。问卷设计质量的高低，将直接影响问卷的回收率，影响资料的真实性和实用性。

调研问卷通常由三个部分构成，即被调查者项目、调查项目和调查者项目。被调查者项目包括被调查人的姓名、性别、年龄、文化程度、职业、家庭住址、联系电话等。调查项目，将所要调查了解的内容，具体化为一些问题和备选答案，这些问题和备选答案就是调查项目。在所列项目中要给出若干个答案供被调查者选择填写。调查者项目包括调查人员的姓名、工作单位及调查日期等。

调研问卷的结构可分为三个部分:表头作为问卷的开头语,说明调查的目的和意义,以感谢被调查者的合作;表体是调查问卷的正文,即调查项目和被调查者项目;表脚包括调查者项目、填表说明和必要的注释等。

调查问卷有两种类型。开放式问卷是指问卷所提的问题没有事先确定答案,由被调查者自由回答。这类问卷可以真实地了解被调查者的态度与情况,但调查不易控制,五花八门的答案很难归纳统计。封闭型问卷是指问卷内的题目是调查者事先给定了可供选择的答案或范围。这些问卷虽然呆板,但便于归纳统计。在问卷调查中用得较多的是封闭型问卷,尤其在拦截式调查中只能运用这种类型的问卷。

问卷设计应遵循以下原则:①必要性原则,调查问卷的设计是为了取得满意的结果,因此,除属于引导启发答复的问题以外,所列项目都应是调查项目所必需的。②准确性原则,所提问题的界限要明确,提问用词要准确,要避免使用含糊不清、过于专业化的语句。同时,一个项目只能包含一个层次的内容。③客观性原则,所提问题要客观,不要提出一些带有引导性和倾向性的问题,即不要提出带有向被调查者提示答案方向或暗示调查者观点的问题。④可行性原则,对所提的问题,被调查者能够根据常识或经验选择答案。提问的设计可适当安排一些趣味性问题。提问的设计要注意逻辑性与顺序性。

二、市场营销预测

市场营销预测又称“市场预测”,它是在市场调研的基础上,运用科学的方法对市场需求、企业需求以及影响市场需求变化的诸因素进行分析,对未来的发展趋势作出判断和推测,为企业制定正确的市场营销决策提供依据。其预测的对象是营销企业可能或将要面对的未来的、尚未形成的市场现象和事件。

(一)市场营销预测的基本步骤

市场营销预测应该遵循一定的程序和步骤,以使工作有序化、统筹规划和协作,其过程大致包含五个步骤。

1.确定预测目标

明确目的是开展市场预测工作的第一步,因为预测的目的不同,预测的内容和项目、需要的资料和所运用的方法都会有所不同。

2.搜集资料

进行市场预测必须占有充分的资料。有了充分的资料,才能为市场预测提供进行分析判断的可靠依据。在市场预测计划的指导下,调查和搜集预测有关资料是进行市场预测的重要一环,也是预测的基础性工作。

3.选择预测方法

根据预测的目标以及各种预测方法的适用条件和性能,选择出合适的预测方法。有时可以运用多种预测方法来预测同一目标。预测方法的选用是否恰当,将直接影响到预测的准确性和可靠性。

4.预测分析和修正

分析判断是对调查搜集的资料进行综合分析,并通过判断、推理,使感性认识上升为理性认识,从事物的现象深入到事物的本质,从而预计市场未来的发展变化趋势。在分析评判的基础上,通常还要根据最新信息对原预测结果进行评估和修正。

5.编写预测报告

预测报告应该概括预测研究的主要活动过程,包括预测目标、预测对象及有关因素的分析结论、主要资料和数据、预测方法的选择以及对预测结论的评估、分析和修正等。

(二)市场需求预测的方法

市场需求预测的方法很多,大体可分为两类:定性预测法和定量预测法。

1.定性预测法

定性预测法是指通过社会调查,依据数据和直观材料,结合人们的经验加以综合分析,作出判断和预测的一种方法。它是以市场调研为基础的经验判断方法。定性预测法的主要优点是:简便易行,比较灵活,成本低,费时少,一般不需要先进的计算设备,不需要高深的数学知识准备,易于普及和推广。但因其缺乏客观标准,往往受预测者经验、认识的局限,而带有一定的主观片面性。因此,定性预测方法一般适用于缺少可利用的历史统计资料的情况下,侧重于对市场的性质进行分析,如新产品市场销售趋势预测等。定性预测法的具体方法有以下几种:

(1)集合意见法

集合意见法由预测人员召集企业的管理者、业务人员,根据已收集的信息资料和个人的经验,对未来市场作出判断预测,最后由组织者把预测方案、意见集中起来,可以采用加权平均法,即对不同人员的评分给予不等的权数的方法进行数学处理,并根据实际工作中的情况进行修正,最终得出预测结果的方法。

(2)专家意见法

以专家作为索取信息的对象,依靠专家的知识、经验和分析判断能力,对历史信息资料进行综合分析,从而对市场未来的发展作出判断预测。此法又称“德尔菲法”,由美国兰德公司于20世纪40年代率先使用。其具体做法是:将征询的问题分别寄给选定的若干专家,请他们分别填写后寄回;然后主持人将这些意见分别归纳,并形成文字,再一次寄给专家,请他们再填写并寄回;经过多次反复,意见逐步趋向集中,直至得出比较一致的结论为止。此法简单,科学性强,在缺乏资料、无法应用数学模型的条件下被广泛采用。

2.定量预测法

定量预测法也叫“统计预测法”,是指根据已掌握的比较完整的历史统计资料,运用统计方法和数学模型近似地揭示预测对象的数量变化程度及其结构关系,并用来预测未来市场发展变化情况的方法。此法一般是在所掌握的历史统计资料较为全面系统、准确可靠的情况下采用。

定量预测法优点是受主观因素影响较少,偏重于数量方面的分析,重视市场变化的程度;其缺点是涉及统计计算,较为烦琐,不易灵活掌握,难以预测市场变化。常用的定量预测法可分为以下两种:

(1)时间序列分析法

时间序列分析法是将历史资料和数据,按时间顺序排成一系列,根据时间序列所反映的经济现象的发展过程、方向和趋势,通过统计分析或数学模型,将时间序列向外延伸,以预测市场未来可能达到的水平。这类方法以假设事物的过去和现在的发展变化会照样延续到未来为前提条件,它撇开对事物发展变化的因果关系的具体分析,直接从时间序列统计数据中找出反映事物发展变化的模式。时间序列分析法又可分为平均数法、趋势延伸法和季节指数法等。

(2)因果分析法

因果分析预测法是以事物之间的相互联系、相互依存关系为根据的预测方法,是在定性研究的基础上确定出影响预测对象(因变量)的主要因素

(自变量),从而根据这些变量的观测值建立回归方程,并由自变量的变化来推测因变量的变化。因果分析方法的主要工具是回归分析技术,因此又称为"回归分析预测方法"。

在利用这种方法进行预测时,首先要确定事物之间相关性的强弱。相关性越强,预测精度就越高;反之,预测精度就越差。同时,还需研究事物之间的相互依存关系是否稳定,如果不稳定,或在预测期内发生显著变化,则利用历史资料建立的回归模型就会失效。

第五节 市场分析

一、市场细分

市场细分是市场营销活动的一个重要的基础步骤,对于企业制定营销目标和策略具有重要的意义。任何企业的产品都不可能为市场上全体顾客服务,只能满足一部分顾客的相关需求。由于存在着企业资源的有限性和市场需求的无限性之间的矛盾,企业首先要进行市场细分。市场细分的观点是美国学者温德尔·史密斯总结了一些企业的市场营销经验在 20 世纪 50 年代提出的,它一问世立即被企业家所认可,并被誉为创造性的新概念。

市场细分是指根据消费者的不同需求,把整体市场划分为不同的消费者群的市场分割过程。

(一)市场细分的依据

细分消费者市场的依据可概括为四大类:地理细分、人口变数细分、心理细分、行为细分。

1.地理细分

以地理因素为依据来划分市场,是一种传统的市场细分。地理环境包括国际、国家、地区、城市、乡村、气候条件以及其他地理环境等一系列的具体变量。由于地理环境、气候条件、社会风俗和文化传统的影响,同一地区的消费者往往具有相似的消费需求,而不同地区的消费者在需求内容和特点上有明显差异。

改革开放以来,我国出现了不同地域的几大经济区域。华南出现了珠江三角洲经济区,华北出现了京津唐经济区,华东出现长江三角洲经济区,这些地域都形成各自便利的交通网络、近似的经济高增长背景以及较大的市场空间。因此在报业市场上也形成几大板块:《南方都市报》《广州日报》《羊城晚报》都是以珠江三角洲为目标地理区域,华北《北京娱乐信报》计划向天津市场推进,西南《华西都市报》把自己定位于成都、重庆联合经济区的主流报纸,《扬子晚报》早先几年就已经着手开拓上海市场。2003 年 7 月 7 日创刊的《东方早报》则是长三角区域联手打造的一份财经类大报。

北京报业市场上,《北京青年报》以“浓眉大眼”的版式和尖锐的社会监督力量以及丰富的资讯内容获得了北方传媒使用者的赞许;而上海报业市场上,《新民晚报》则以精致集约的版式以及周到详尽的实用资讯内容服务占据着晚报市场的绝对领先者地位。

美国《读者文摘》面对世界各地推出美国版、亚洲版等多个版本。我国《读者》杂志 2000 年把原有的统一市场细分为《读者·城市版》和《读者·乡村版》等,都是地理细分的结果。

2.人口细分

人口是影响消费者需求的重要因素,所以长期以来许多企业都把人口因素作为细分市场的主要依据。人口因素可按照年龄、性别、家庭人数、家庭生命周期阶段、职业、收入、教育程度、社会地位、宗教、种族、国籍等因素对市场进行细分。

如美国电视剧主要分为三种类型:黄金时段播出的情节系列剧、日间时段播出的肥皂剧和情景喜剧。由于每种电视剧针对的收视群体各不相同,在剧情内容和创作手法上也有较大差异。日间时段的肥皂剧主要针对 25～40 岁的家庭主妇,她们关注的是人情世故、家长里短,对政治或者社会敏感话题并不一定十分关注。日间肥皂剧的主要情节大多是大家族内部家庭成员之间的关系冲突,情节本身并不激烈有时比较老套。场景以摄影棚内景为主,通常每集一小时左右,以人物之间对白为主。这种类型的电视剧吸引观众的通常不是故事本身,而是人物在故事中的成长和人物关系的变化。剧中即使涉及敏感话题也会在人物关系的发展中被淡化。黄金时段的情节剧主要面向上班族和学生,这些观众的收看时间通常集中于晚间,且由于收视群体的受教育程度比较高,因此对于故事情节的戏剧冲突要求也比较高。黄金时段情节剧的故事情节通常有比较激烈的矛盾纠葛,场面比肥皂剧更宏大火爆。同时,由于观众中上班族比较多,因此,律师、医生等社会中公认的精英职业颇受关注,而律师剧、医生剧也是黄金时段情节剧中生命力比较强的类型剧。情景喜剧的特定观众是纯粹以娱乐为目的的电视观众,这些观众观看电视的目的比较单纯，就是要借助电视在高节奏的现代生活中寻求欢乐和放松。因此，情景喜剧无论是在编剧上还是在表演上都为这一目的服务。这类剧集通常比较轻松、愉快，关注时下比较流行的话题。

在我国，一份对《女友》《现代家庭》《中国妇女》和《家庭》四份女性杂志的抽样调查显示："蓝领"更多地消费《家庭》这样的低价女性杂志，另外三种中价女性杂志"蓝领"读者在减少，而诸如《瑞丽》这样的高价杂志就更少。

财经类报刊往往以男性为核心读者。而少男少女杂志采取一本杂志双向编排，正向为少女版，反向为少男版，则是依照性别进行的细分。

3.心理细分

心理细分，就是按照消费者不同的生活方式、心理特征等来细分消费者市场。具有不同个性心理特征的消费者的行为特征、购买模式有很大不同，如理智型的消费者一般要经过深思熟虑才会作出购买决定，而情绪型消费者的购买行为容易受感情的支配，只要喜欢不过多思考便可采取购买行为。

在西方国家，有越来越多的企业按照消费者的不同生活方式来细分消费者市场，并且按着生活方式不同的消费者群来设计不同的产品和安排市场营销组合。有些服装制造商为"朴素的妇女""时髦的妇女""有男子气的妇女"分别设计不同的服装。对于这些不同的消费群，不仅产品的设计有所不同，而且产品价格、广告宣传、经销商店等也有所不同。《申江服务导报》被称为"中国最小资的时尚服务性周报"，原因在于该报的资讯内容、信息组织形式以及其中表现出的价值判断都与所服务的白领女性这一目标人群的生活方式保持了较高程度的同质，在目标读者和报纸之间的心理距离上表现出接近性的特点。

4.行为细分

所谓按行为因素细分，就是根据消费者在购买产品时所表现出来的不同行为特征来细分市场。如企业可依据消费者的购买时机、使用状态、使用频率、品牌忠诚度及购买态度等标准细分消费者市场。

根据消费者对某种产品的使用状态的不同，可以把消费者细分为未使用者、初次使用者、经常使用者和潜在使用者等几种类型。通常大企业凭借其雄厚的资金技术实力和较强的研发能力，在把经常使用者作为其主要目标市场的基础上，同时把注意力集中于对未使用者、初次使用者和潜在使用者等市场的开拓上，力争占领更多的细分市场。而小企业因实力较弱，市场竞争力不强，多把经常使用者作为目标市场。同时，不同使用状态下的消费者对企业市场营销刺激的反应有所不同,这就要求企业针对不同使用状态类型的消费者所采用的市场营销策略也应有所区别。

比如对某一产品具有很强忠诚度的人群,其他产品很难进入。例如英国伦敦《每日电讯报》的读者为40岁以上、具有一定政治和经济地位的人群。当1993年默多克试图通过《泰晤士报》降价争夺该报核心市场时,历时9个月该报发行量才由110万份下降了10万份,而随着该报把报价降到与《泰晤士报》同一水平,发行量很快就恢复到原有份额。

企业管理者还要按照消费者对产品的态度来细分消费者市场。消费者对某企业产品的态度有五种:热爱的、肯定的、不感兴趣的、否定的和敌对的。企业管理者对这些持不同态度的消费者群,也应当酌情分别采取不同的市场营销措施。例如,企业管理者对那些不感兴趣的消费者,要通过适当的广告媒介,大力宣传介绍本企业的产品,使他们转变为感兴趣的消费者。

(二)市场细分的方法

市场是由许多购买者组成,这些购买者都有各自的特点,这些特点各不相同,企业可根据实际情况选择一定的标准对其进行细分。常用的细分方法有下列几种:

1.综合因素细分法

所谓综合因素细分法,就是以影响消费需求的两个或两个以上的因素为标准进行市场细分。其中"产品—市场矩阵"是采用双变量市场细分的常用方法。该方法同时以产品和市场(不同的消费群)这两个变量建立起市场细分模型。

2.系列因素细分法

系列因素细分法是指根据企业生产经营的需要,以影响消费者需求的层次为标准,各项因素之间先后顺序,由粗到细、由浅入深、由简至繁、由少到多进行市场细分。具体做法是,首先选用某项变量细分市场,从中选出某个市场作为大致的目标市场,然后再利用另一个变量对其进行细分……这样逐次细分,市场越来越细化,目标市场的特征也越来越明确具体。例如,一份新创报刊首先进行全国性地理变量市场细分,确定进入的地理目标市场;然后按照传媒使用者年龄和需求两个变量进行进一步细分。确立是以社会新闻、娱乐新闻、流行时尚(如服饰、美食、汽车)、家居生活等类别中哪一种为主列内容;然后再以收入水平为细分变量,把该市场进一步细分为高档市场、低中档市场等等。

《中国妇女》杂志在推出《中国妇女·法律帮助》后,针对更小众化、读者市场细化的特点,推出了《好主妇》和具有拓宽视野的《世界妇女博览》。《女性》在20世纪90年代针对市场变化推出《男友》《文友》而发行量大增,进入新世纪后又及时调整思路,改为“校园版”“家园版”和“花园版”三个版本,以满足不同女性读者的需求,获得大批读者喜爱。

3.单一标准细分法

单一标准细分法就是根据影响消费者需求的某一个重要因素进行市场细分。例如,上面我们提到的《读者》杂志按照地理因素把市场细分为乡村版和城市版。此外现在很多时尚杂志常常按照性别把刊物分为男士版和女士版,等等。利用单一标准细分市场比较简单易行,往往在新兴市场中比较有效。但是对于成熟市场这种划分显得有些局限,这是因为单一标准细分保留了很大可以进一步细分的市场空间,会给竞争对手留下市场渗透的机会。

4.主导因素细分法

一个细分市场的选择存在多因素时,可以从消费者的特征中寻找和确定主导因素,然后与其他因素有机结合,确定细分目标市场。

(三)市场细分的程序

美国市场学家麦卡锡提出细分市场的一整套程序,这一程序包括七个步骤:

1.选定产品市场范围,即确定进入什么行业,生产什么产品。产品市场范围应以顾客的需求,而不是产品本身特性来确定。

2.列举潜在顾客的基本需求。

3.了解不同潜在用户的不同要求。对于列举出来的基本需求,不同顾客强调的侧重点可能会存在差异。

4.抽掉潜在顾客的共同要求,而以特殊需求作为细分标准。

5.根据潜在顾客基本需求上的差异,将其划分为不同的群体或子市场,并赋予每一个市场一定的名称。例如,西方房地产公司常把购房的顾客分为好动者、老成者、新婚者、度假者等多个子市场,并据此采用不同的营销策略。

6.进一步分析每一细分市场需求与购买行为特点,并分析其原因,以便在此基础上决定是否可以对这些细分出来的市场进行合并,或作进一步细分。

7.估计每一细分市场的规模,即在调查基础上估计每一细分市场的顾客数量、购买频率、平均每次的购买数量等,并对细分市场上产品竞争状况及发展趋势作出分析,采取相应的营销组合开发市场。

二、目标市场

目标市场,又称“目标消费者群”,是指企业营销活动所要满足的市场需求,是企业决定要进入的市场,即企业的服务对象。

(一)目标市场的评估

在市场细分的基础上,企业要对划分出来的各个细分市场进行初步的筛选,并把其中企业认为最具优势的细分市场作为候选目标市场。在此基础上企业要对拟定的候选目标市场进行系统、全面、认真的评估,把其中最适合本企业的一个或几个确定为目标市场。

企业对目标市场的评估可以从以下几个方面进行:

1.有足够的市场需求。要选择的目标市场一定要有尚未满足的需求。理想的目标市场应该是有利可图的市场,没有需求而不能获利的市场谁也不会去选择。

2.市场上有一定的购买力。市场仅存在未满足的需求,不等于有购买力和销售额。如果没有购买力或购买力很低,就不可能构成现实市场,因此,选择目标市场必须对目标市场的人口、购买力、购买欲望进行分析和评价。

3.企业必须有能力满足目标市场的需求。在市场细分的子市场中,可以发现有利可图的市场有许多,但是不一定都能成为企业自己的目标市场,必须选择企业有能力去占领的市场作为自己的目标市场。同时,开发任何市场都必须花费一定的费用,将花费的费用和带来的企业收益相比较,只有带来的收益大于花去的费用时的目标市场,才是有效的目标市场。

4.本企业在被选择的目标市场上具有一定的竞争优势。竞争优势主要表现为:该市场上没有或者很少有竞争;如有竞争也不激烈,并有足够的能力击败对手;未来该企业可望取得较大的市场占有率和其他竞争优势。

5.市场有一定的增长潜力。市场增长潜力的大小关系到企业销售和利润的增长,但有发展潜力的市场也常常是竞争者激烈争夺的目标。

(二)目标市场的范围选择策略

进行市场细分的企业在选择目标市场时,可采用的范围策略主要有以下五种：

1.产品、市场集中化

产品、市场集中化即指企业的目标市场无论是从市场(顾客)或是从产品角度，都是集中于一个细分市场。这种策略意味着企业只生产或经营一种标准化产品，只供应某一顾客群。这种策略通常为小企业所采用。

如主办城市最小、在职人员最少、办公条件最简陋的文学期刊《散文诗》，坚守散文诗这块阵地，朝精品化、大众化、礼品化、审美化方向发展，形成了作品求精短、形式求精美、印刷求精良的风格，每期发行量由最初的3000册增加到7万册，年发行量达80万册，成为我国21世纪以来发行量最大的诗歌刊物。

2.产品专业化

产品专业化即指企业向各类顾客同时供应某种产品。当然，由于顾客群不同，产品在质量、款式、档次等方面会有所不同。

2003年7月1日，中央电视台正式推出24小时新闻频道，至此，中央电视台的频道总数达到13个，涵盖了新闻、娱乐、体育、影视、经济、少儿、科教、专题、戏曲等诸多内容领域。在此之前，2001年，北京电视台推出8个专业频道；2002年，上海文广传媒集团先后推出11个专业化电视频道和10个无线广播频率。我国传媒走向产品专业化。

3.市场专业化

市场专业化即指企业向同一顾客群供应性能有所区别的同类产品。例如，出版社可为大中专学生提供教材、教辅材料、英语考级、生活休闲、励志、文学等系列图书。

4.选择性专业化

选择性专业化即指企业有选择地进入几个不同的细分市场，为不同的顾客群提供不同性能的同类产品。采用这种策略应当十分慎重，必须以这几个细分市场均有相当的吸引力，即能实现一定的利润为前提。

以报纸为例，《申江服务导报》和《精品购物指南》一类报纸进一步把都市白领这一都市人口结构中的较高消费群体作为自己的目标人群。而到了2000年前后，财经类报纸作为传媒新锐出现在报业市场上，它所追求的目标受众已经成为这个市场中消费能力处于金字塔尖部的人群了。

5.全面进入

全面进入即指企业决定全方位进入各个细分市场，为所有顾客提供他们所需要的性能不同的系列产品。这通常是资金雄厚的大企业为在市场上占据领导地位甚至力图垄断全部市场而采取的目标市场范围策略。

例如美国在线—时代华纳集团,其业务组合几乎涵盖现有传媒业的所有领域,从期刊到报纸,从电影到电视,从网络内容服务到网络接入服务,构成了整个传媒帝国的宏伟版图。我国政府鼓励传媒集团跨媒体、跨地域、跨行业、跨所有制、跨国界进行资源整合,做强做大,也是为了实现对传媒市场的全覆盖。

一般说来,在运用以上五种策略时,企业总是首先进入最有吸引力的细分市场,待条件和机会成熟时再逐步扩大目标市场范围,进入其他细分市场。

(三)目标市场进入策略

当企业确定了目标市场的覆盖范围,接着就要确定以何种策略进入目标市场。

1.无差异性营销策略

如果企业面对的市场是同质市场,或者企业把整个市场看成是一个无差异的整体,既不做细分,也不去选择,而认定所有消费者对某种需求基本上是一样的(即使消费者们是有差别的,但差别极小,有足够的相似之处,而可以看作一个同质市场),在以上两种情况下,企业采用的就是无差异性目标市场营销策略。企业只向市场投放单一的商品,设计一套营销组合策略,开展无差异性的营销活动。通过无差异性的大力推销,吸引尽可能多的消费者。

例如美国期刊市场上有一种叫《电视指南》的杂志,是实施无差异化市场营销战略的典型。这份杂志刊有电视节目目录、介绍、评论以及有关歌星、演出和行业方面的时事文章,每周售出 1400 万份,最高时候曾达到 1800 万份。该杂志在电视、报纸、商店里都做广告,价格不贵,在很多商店和报摊都可以买到,也有很多买主以订阅方式购买杂志。再比如,传媒节目的天气预报也是一种无差异化节目。

2.差异性营销策略

这是一种以市场细分为基础的目标市场营销策略。采用这种策略的企业按照对消费者需求差异的调查分析,将总体市场分为若干分市场,从中选择两个以上乃至全部细分市场作为自己的目标市场,并针对不同的细分市场有选择性地提供不同的商品,制定不同的市场营销组合,分别进行有针对性的营销活动，以满足不同消费者。

这种营销策略，由于能够适应消费者的需求，较多较快地变换花色品种，以分别满足不同消费群的需要，因而有利于增加顾客对企业的信赖感和购买频率，树立起良好的企业形象，提高产品的竞争能力，扩大销售和提高市场占有率。但是，实行这种策略就难免加大费用开支，增加营销成本。因为差异营销势必增加设计、制造、管理、仓储、促销等方面的成本，这就有可能得不偿失。所以要权衡一下，究竟差异到什么程度最适当(应以销售扩大所带来的盈利超过营销总成本的增加为尺度)。为解决这个矛盾，西方许多企业宁可只经营少数产品种类，而尽量增加较多的花色品种，并使每个品种能适应更多消费者的需要，这样可获得较大的经济效益。

如美国在线—时代华纳公司针对大众市场出版《时代》和《人物》刊物，同时还为更具体的细分市场出版《财富》和《儿童体育画报》等刊物。它的优势在于：能够扩大传媒产品的整体使用者规模，提供传媒综合竞争实力；由于选择的细分市场都是利润率较高的领域，有可能给传媒带来高水平的收入回报；由于各个市场之间可能形成协同互补效应，有利于形成连带优势，即有时候会因为传媒在某个细分市场上取得优势，而带动其他子市场的发展，或者如果传媒的系列品牌在各个细分市场都占有优势，就会提高使用者对传媒的信任感，提高受众对传播关系的忠诚度和稳定性；同时，传媒的资源分布在不同的细分市场还有利于规避市场波动造成的风险。

3.集中性营销策略

集中性营销，又称“密集性营销”，是指企业在市场细分的基础上选择一个或几个很相似的细分市场作为目标市场，制订一套营销组合方案，实行专业化经营，进行密集性开发。集中力量争取在这些分市场上占有大量份额，而不是在整个市场上占有一席之地。

这种营销策略，由于能够在较小的市场上切实满足一部分消费者的特殊需求，有利于在市场上追求局部优势，因而能够在较小的市场上取得较大的成功。特别是对于某些暂时财力较弱的中小企业来说，恰当地采用这种策略，既可以在较小的市场上形成经营特色或商品信誉，获得消费者的信任，提高投资收益率；又可以伺机在条件成熟时迅速扩大生产，提高市场占有率。

美国电视网如今越来越多地进行定制电视剧，他们会根据自己电视台不同的受众选择和定制电视剧。如FOX电视网的目标观众定位是30岁左右的青年男性观众,FOX 选择的电视剧也大多是以新鲜、刺激、紧张为特色,如《24 小时》《越狱》等。ABC 则偏向于选择和定制更有文艺气息和小资情调的电视剧。

再比如,在好莱坞几个大电影公司周围形成了特技、后期制作等专业化小公司。其采用的就是这种集中性营销策略。我国的古籍出版社,主要目标就是对古籍的专业出版。

三、市场定位

(一)市场定位的含义

"市场定位"是 20 世纪 70 年代由美国学者艾·里斯提出的一个重要营销学概念,后被世界各地的营销学者和管理学者普遍接受。

市场定位就是针对竞争者现有产品在市场上所处的位置,根据消费者对产品某一属性或特征的重视程度,为产品设计和塑造一定的个性或形象,并通过一系列营销努力把这种个性或形象强有力地传递给顾客,从而适当地确定该产品在市场上的竞争地位。

例如,《南风窗》杂志 1985 年创办时由当时的广州市委领导拍板,刊名意即面向海外的窗口,带有较强的政治意味。但在办刊过程中他们发现读者对两方面内容比较感兴趣:一是比较新鲜的,如新观念等;二是直面社会现实,对社会问题的揭示。这让办刊者找到了定位的契机:以社会责任感为己任,办一份政经期刊,在"新鲜"和"热辣"上下功夫,从而带来了该刊 1985～1988 年的第一轮冲击波。后来,随着改革开放的深入,《南风窗》的前沿优势消失。这时,他们受到美国《时代》与《新闻周刊》的启发,决定做新闻报道与新闻分析,并提出"同心圆理论"——题材的选择上要与报纸的热点相同,但具体写法不同于报纸,重在深度剖析与认识。这正符合了文化水平得到提高、渴望深度认识社会问题的读者和潜在读者的需求,从而使该刊得以重新领跑市场。广州《新快报》的定位是"非一般的快";《广州日报》的定位是"追求最出色的新闻";《环球时报》的定位是"看环球时报,跟上世界脚步";《新民晚报》创办时,针对机关报内容对百姓生活的疏离,定位于"飞入寻常百姓家",寻求与目标读者心理上的平等和交流;《21 世纪经济报道》的定位是"新闻创造价值";《经济观察报》的定位则是"理性、建设性",分别从价值创造和理性思维突出自身对于目标人群考量经济与社会的意义和优势。

(二)市场定位的步骤

正确的市场定位必须建立在市场营销调研的基础上,必须先了解有关影响市场定位的各种因素。这些因素主要包括以下几个方面:

1.竞争对手的定位状况

要了解竞争者产品市场定位怎样,产品的特色是什么,在顾客心目中的形象如何,从而衡量竞争者在市场中的竞争优势。

2.目标顾客对产品的评价标准

要了解购买者对所要购买的产品的最大愿望和偏好,以及他们对产品优劣的评价标准是什么。不同产品评价标准是不同的。例如,消费者对空调器所关心的主要是质量、价格、节电、低噪声还是款式、服务等,对饮料最关心的是口味、价格还是营养等。企业应努力搞清楚顾客最关心的问题,作为定位决策的依据,偏离了顾客的喜好进行定位必定是会失败的。

3.企业在目标市场上的潜在竞争优势

企业要确认自己在目标市场的潜在竞争优势是什么,然后才能准确选择竞争优势。一般来说,竞争优势有两种形式:一是在同样条件下比竞争者价格可以更低,从而在价格上具有竞争优势;二是具有更多的特色,可以更好地满足顾客需求。前者优势主要依赖于千方百计地降低成本,后者优势则以多开发产品,树立产品特色、服务特色来取胜。

(三)市场定位策略

目标市场定位策略在个体实践中是多种多样的,但是主要的定位策略有以下三种:

1.填补定位

填补定位是指企业将自己的产品定位在目标市场目前的空缺部分。市场的空缺部分指的是市场上尚未被竞争者发觉或占领的那部分需求。企业选择填补策略,能避开竞争,获得进入某一市场的先机,先入为主地建立对自己有利的市场地位。这种定位方式风险较小,成功率较高,常常为多数企业所采用。

2.并列定位

并列定位是指企业将自己的产品定位在现有的竞争者产品附近,力争与竞争者满足同一个目标市场部分,即服务于相近的顾客群。并存策略不是对抗策略,所以并非向竞争对手发动猛烈进攻,而是一些实力不强的中小企业在产品定位时跟随现有的大企业行动,力求与对手和平共处。执行并列定位策略必须注意:不要试图压垮对方,只要能够平分秋色已是巨大的成功。

3.对抗定位

对抗定位是指企业要从市场上强大的竞争对手手中抢夺市场份额,改变消费者原有的认识,挤占对手原有的位置,或进一步取而代之。选用这一策略的企业一般实力都比较雄厚,为扩大自己的市场份额,决心并且有能力和信心击败竞争者;也可能是企业所选择的目标市场区域已经被竞争者占领,而且不存在与之并存的可能,企业只好勇敢地出击。

以《京华时报》为例,在进入市场时,它选择了《北京晨报》的基本市场作为自己的目标市场。在竞争中,它在内容上采用与《北京晨报》高度同质化的信息结构,但在信息量上形成优势,以四开 32 版的灵活空间使《北京晨报》的对开 16 版相形见绌。正是这种准确的竞争操作使它的市场定位效用一开始就向优化的模式演进。

采用这种定位方式的风险相对大:成功了,企业可以独占鳌头;但一旦失败,企业会陷入万劫不复的境地或者是两败俱伤。因此,采用此战略的企业事先应做好充足的准备。

此外,企业的市场定位应该是一个动态战略过程,需要针对新的环境、新的需求、新的企业战略而不断调整。随着企业的发展、技术的进步、市场环境的变化,企业要对过去的定位作修正,以使企业拥有比过去更多的适应性和竞争力。一般来说,主要有以下几种情况:

(1)企业的经营战略和营销目标发生了变化。

(2)企业面临激烈的市场竞争。

(3)企业为适应目标顾客的新需求。消费需求是不断发展变化的,而企业的市场定位往往具有一定的稳定性。这样,当消费需求不断变化时,企业的市场定位就需要根据需求的变化而不断调整。

比如,美国肥皂剧都是在播出前一星期制作完成的,因此编剧可以针对观众对上周剧情的反应及时调整情节,将当下流行和热点的话题加入到剧情当中,应观众的要求让已去世的人物重新复活也并不鲜见。而黄金时段的情节剧由于是在播出季之前的 6 个月完成制作,因此它不能像肥皂剧那样,根据观众的反应和流行的话题来安排情节。但在每季播出之后,编剧和创作团队仍可根据观众的反馈意见来编写新剧情以适应观众的需要。如在《越狱》第二季中,故事并不都是发生在监狱中。因为观众反应没有像第一季那么好，所以在最新播出的第三季中主人公又被重新放回到监狱中，监狱成为故事发生的主要场所。情景喜剧中的观众反应更为直接，因为其制作现场通常是要有观众参加的，现场观众对于剧情和表演的反馈就会直接影响演员的临场发挥和对台词、剧情的调整。

第六节　市场营销组合

“市场营销组合”是现代营销学中一个十分重要的概念。这个术语是1964年由美国哈佛大学教授尼尔·恩·博登最先提出的。他认为，一个企业运用系统工程的方法进行营销管理，管理者应当针对不同的内外环境，把各种市场营销手段，包括产品设计、定价、分销渠道、人员推销、广告宣传和其他促销手段等，进行最佳的组合，使它们互相配合起来，综合地发挥作用。基于这种认识，他提出了“市场营销组合”这个新概念。

市场营销组合，是指企业为了满足目标市场的需要，有计划地综合运用企业可以控制的各种市场营销手段，以达到销售产品并取得最佳经济效益的策略组合。也可以认为是一种市场营销策略的“配方”或综合运用。

由于影响企业市场营销的因素非常复杂，市场营销手段又多种多样，因此市场营销组合的内容也很庞杂。为了便于分析和运用，人们曾提出各种分类方法，应用比较广泛的是麦卡锡方案。尤金·麦卡锡是美国营销学家，他把市场营销组合因素概括为四个基本变量或策略子系统：产品（Product）、价格（Price）、分销（Place）、促销（Promotion），这四个词的英文字头均为“P”，再加上策略（Strategy），所以简称“4P1S”。市场营销组合，就是4P1S的组合。目前大多数市场营销学教科书都采用4P1S的分类法。

一、产品策略

产品，是指人们向市场提供的能满足消费者（或用户）某种需求或欲望的任何有形物品和无形服务。这就是“产品整体概念”。

产品整体概念由三个基本层次组成：核心产品、形式产品和附加产品（又称“延伸产品”）。核心产品，又称“产品的实质”，是指消费者（或用户）需求的物质或服务的利益，即顾客所要购买的实质性的东西——满足某种特定的需求。核心产品提供的是消费者所要的利益。例如，我们选择《人民日报》是为了了解中央政策的最新变动，而我们选择《体坛周报》是为了获取体育尤其是足球和篮球体育赛事的资讯报道。当传媒竞争属于非价格竞争，也就是我们常说的“价值竞争”的时候，核心产品往往是配置资源最为集中的产品层次。形式产品，即产品的形式，是指消费者(或用户)需求的产品形体或外在质量(外部特征)，主要包括产品的品种、特色、款式、规格、包装、品牌、商标、信誉、声望等。具体到文化产品，包括版式、内容组织方式、出版用纸、版面风格、节目安排时段，还有质量、特色以及价格等因素。附加产品，即产品的附加利益，也就是消费者(或用户)需求的产品延伸部分与更广泛的服务。如送报上门、到户收费，以及其他便利性传媒使用者服务等等。附加利益层可以给使用者带来更好的需求满足，通常也是同质化竞争中形成差异的主要部分。例如《今晚报》的读者服务不仅包括送报上门、上门收订，还包括旧报纸回收、上门订奶、送煤气、送米面等内容。这三个层次，就构成了营销学中产品整体概念的基本内容。

(一)产品组合

产品组合，是指一个企业生产经营的全部产品的有机组成方式，即全部产品的结构。一个企业的产品组合，通常包括若干产品系列，每个产品系列又包括数目众多的产品项目。这里所说的“产品系列”，又称“产品类别”或“产品线”，是由具有同类功能或能满足同类需求，而规格、档次、款式不同的一组产品构成的。其中不同的个别产品，称为产品项目。

在一个企业中，可能只生产经营一个产品系列，也可能生产经营多个产品系列。在每个产品系列中，可能只有一两个产品项目，也可能有众多的产品项目。这就涉及产品组合的选择问题。

这可以从广度、深度与相关性三个方面进行研究。

1.选择产品组合的广度

产品组合的广度，又称“宽度”，是指一个企业内产品系列的多少。企业的产品系列多，就称为产品组合较宽；反之，就称为产品组合比较窄。

选择产品组合的宽窄，是各有利弊的。如果选择比较宽的产品组合，扩展企业的经营领域，实行差异性多角化经营，可以使企业充分挖掘技术、资源潜力，降低各类产品的总成本，扩大市场面，提高经济效益，并可分散企业的投资风险，增强企业的应变能力和竞争能力。如新闻集团经营的核心产品涵盖电影、电视节目的制作和发行、无线电视和有线电视、广播、报纸、杂志、书籍出版以及数字广播、加密和收视管理系统开发，是典型的比较宽的产品组合。一般来讲，多元化经营大型企业都选择较宽的产品组合。但若企业的经营管理水平跟不上，则容易造成经营上的混乱和顾客的不满，影响企业的信誉。

如果选择比较窄的产品组合，可以使企业集中力量提高产品品质，扩大产品批量，降低产品成本，加快资金周转，增加企业盈利，并有利于提高专业化水平和服务质量；但不利于综合利用企业资源，不利于分散风险，应变能力较差。专业化经营的企业一般选择较窄的产品组合。

2.选择产品组合的深度

产品组合的深度，是指企业经营的每个产品系列中产品项目的多少，多者为深，少者为浅。

选择产品组合的深浅，也是各有利弊的。如果选择比较深的产品组合，产品品种多，就可以适应消费者不同爱好和多样化的需求，占领同类产品的更多细分市场，有利于提高服务质量和竞争能力。由于市场需求的动态发展，每个产品项目都有失败的可能，即使成功的产品项目也有一个由盛到衰的运动过程。增加新的产品项目，可以分散失败的风险，降低损失程度。但是，成本则可能有所提高。

如果选择比较浅的产品组合，产品品种少，即可以适应少数顾客大批量订货的需要，并有利于降低成本和发挥企业专长；但是，企业的应变能力则会相对降低。因此，大部分工商企业通常都不只是生产经营一个产品项目。如美国通用电气公司经营的产品项目达 25 万个，一般的超级市场经营的产品项目也成千上万。

3.选择产品组合的相关性

产品组合的相关性（或称“一致性”），是指企业内各个产品系列之间在生产条件、最终用途、销售渠道及其他方面相互关联的程度。不同的企业对产品组合的相关性有不同的选择。例如，家用电器公司的产品组合就具有较强的相关性，而混合型公司实行集团式多角化经营，其各类产品系列间的相关性则较小，或毫无相关性。一般来讲，中小企业加强产品组合的相关性，可以使企业在某一特定的市场领域赢得良好的声誉。

电影产业中的“火车头”和“时间窗”理论就是产品组合策略的运用。

所谓“火车头”理论，是指电影业以电影的影院收入为“火车头”，以此带领电视、音像、网络、电信、音乐、游戏、图书、玩具、服装、主题公园等相关产品和产业的综合开发和销售，实现电影产品的多元化发展，将电影的品牌价值扩大化。

有资料显示,美国每年的国内电影票房收入一般只占到全部收入的20%(也有一种说法是好莱坞电影“三三制”,即票房、版权、电影后产品开发收入各占三分之一),而此外的收入则全部来源于由电影票房收入所带来的电影版权转让和相关电影后续产品的收益。

如果说“火车头”理论强调的是电影产品形式多样化的话,那么“时间窗”理论除了强调产品形式多样化以外,更加强调了电影产品组合方式的科学性,尤其是电影产品投放市场顺序的合理性。

所谓“时间窗”理论,是指电影企业必须根据各种形式的电影产品的受众规模、支付能力、边际利润等因素,选择恰当的时机,为处于不同价值层面上的电影消费者提供不同的消费渠道,即在不同的时间阶段开启不同的产品“窗口”,以满足不同电影消费者的多种需要。

比如,在好莱坞这种成熟的电影市场中“时间窗”理论就得到了切实的实施。在一般情况下,最新的影片在美国全国电影院首映,2～3月后发行到海外电影院,首映4～6月后在依次付费频道播出,首映6～9个月后在全球发行录像带/DVD,首映12个月后在付费电视频道播出,首映24个月后在主要的免费电视频道播出,一段时间之后在免费电视频道二轮播出。这是一个典型的“多窗口策略”。

(二)产品生命周期策略

产品生命周期,是指产品从进入市场到最后被淘汰的全过程,即产品的市场生命周期。

产品生命周期一般分为四个阶段:介绍期(又称“引入期”)、增长期(又称“成长期”)、成熟期和衰退期。介绍期,是指某种产品刚刚投入市场的试销阶段。在此阶段,产品销售呈缓慢增长状态,销售量有限。企业由于投入大量的新产品研制开发费用和产品推销费用,几乎无利可赚。增长期,是指某种产品在市场上已打开销路后的销售增长阶段。在此阶段,产品在市场上已被消费者所接受,销售额迅速上升,成本大幅度下降,企业利润得到明显地改善。成熟期,是指某种产品在市场上普遍销售以后的饱和阶段。在此阶段,大多数购买者已经拥有这种产品,市场销售额从显著上升逐步趋于缓慢下降。衰退期,是指某种产品在市场上已经滞销而被迫退出市场的衰亡阶段。在此阶段,销售额迅速下降,企业利润逐渐趋于零或呈负数。

1.介绍期的特点与营销策略

产品介绍期的主要特点是:(1)生产批量小,制造成本高。产品是初次小批量生产,企业对市场的反应还在进行测试,生产方法还没有完全定型,生产还很不稳定,损耗较大,制造成本较高。(2)广告费用和其他营销费用开支较大。因为产品刚上市,消费者对产品不了解,在此时期广告和其他推销费用往往最大。(3)价格策略难以确定。由于产量少,成本高,促销费用高,售价偏高些是必要的,但价高可能限制了购买,售价偏低则可能难以收回成本。(4)销售渠道少,销售量极为有限,利润少,甚至出现经营亏损。因此,在介绍期企业承担的风险较大。如果市场预测和开发研制失误,会导致新产品在这个阶段夭折。但这个阶段市场竞争者较少,企业若采取有效的营销组合策略,即可使新产品顺利地渡过介绍期而进入增长期。

产品介绍期可选择的市场营销策略:

(1)快去脂策略,即企业采用高价格、高促销费用推出新产品。高促销费用是为了一鸣惊人,引起目标顾客的注意,加快市场渗透率,快速抢占市场,高价高利,尽快收回投资。采用这种策略的市场环境是:大部分潜在消费者根本不了解这种产品;已经知道这种新产品的顾客求购心切,愿出高价;企业面临潜在竞争者的威胁,急需树立名牌。

一般面向高端市场的新产品采取该策略,如果产品能够提供足够的利益,使用者会很快形成相应的使用偏好。如电影的首轮影院的放映,一般都采用高营销和高票价策略。再如,手机、汽车、电脑等高科技产品经常采用此种营销策略。

(2)慢去脂策略,即企业采用高价格、低促销费用推出新产品,缓慢获得高利。采用这种策略的市场环境是:该产品市场容量相对有限;大部分消费者已知晓这种新产品;高价能为消费者所接受;潜在竞争者的威胁较小。

(3)快渗透策略,即企业采用低价格、高促销费用推出新产品。目的在于先发制人,以最快的速度打入市场,取得最快的市场渗透率和较高的市场占有率。采用这种策略的市场环境是:该产品市场容量相当大;潜在消费者对此新产品不了解,但对价格十分敏感;潜在竞争比较激烈;如大批量生产可使新产品的单位成本降低。

一般面向低端市场,大众化传媒市场如晚报、都市报等传媒常常采用此种策略,市场攻击力在四种策略中最强,要求传媒同时具备较强的抵御竞争对手报复的能力。

(4)慢渗透策略,即企业以低价格、低促销费用推出新产品。低价在于鼓励消费者接受新产品,低促销费用则可使企业实现更多的利润。采用这种策略的市场环境是:该产品市场容量大;消费者对这种产品已经了解(因为它通常是原有产品的改进);消费者对价格十分敏感;有相当的潜在竞争者。

产品介绍期是产品生命周期的关键阶段,能否顺利渡过决定着该产品的市场前途。

2.增长期的特点与营销策略

新产品进入增长期的主要特点是:消费者对此产品已经熟悉,销售量增长很快;成本逐步下降,利润增长很快,以至达到产品整个生命周期的最高峰;由于大规模生产和丰厚的利润吸引大批竞争者加入,市场竞争加剧;由于竞争激烈,市场开始细分,分销点也在增加;产品已定型,大批量生产使生产成本下降,市场价格趋于下降。

根据上述特点,可以采取以下几种营销策略:

(1)努力提高产品质量,增加产品的特色,努力发展产品的新款式、新型号、增加产品的新用途。

(2)促销策略要从介绍产品转向建立产品形象,争取创立品牌,以便保持已有顾客,争取新顾客。

(3)积极寻求新的细分市场,巩固原有渠道,增加新的销售渠道,进入有利的新市场。

(4)在大量生产的基础上,选择适当时机调整价格,以争取更多顾客。

产品的增长期是企业获利的“黄金时期”,企业营销对策的核心是尽可能地延长产品的增长期,为企业赢得更多的利润。

如中央电视台作为中国电视产业的领头羊,当年在不断改版中率先推出综艺类节目《综艺大观》、新闻评论性栏目《焦点访谈》、谈话类节目《实话实说》等,并将这些节目培养成了自己的优势品牌;而湖南卫视则率先推出娱乐节目《快乐大本营》,奠定了自己娱乐节目市场领先者的地位。《华西都市报》作为都市报类的率先创新者,在改版中强调报纸对市民生活的贴近、对社会现实的监督、对弱势群体的关注,版中强调模块编排,突出图片在版面中的视觉冲击力。

3.成熟期的特点与营销策略

对许多产品来说,这一阶段持续时间最长。这一阶段的主要特点是:销售量虽然仍有增长,但已经达到饱和程度,增长率呈下降趋势;竞争十分激烈,竞争者之间的产品价格趋向一致;类似产品增多,市场上不断出现各种品牌的同类产品和仿制品;企业利润开始下降。

由于市场上的多数商品大都处于这个阶段,因此企业大部分的时间是经营成熟期的产品,如果采取防守性策略,满足现状,势必很难得到发展。成功的企业必须采取进攻性策略,创造性地营销,使产品生命周期出现再循环的局面。为此,企业可以考虑采取以下三种策略:

(1)市场改良策略,即不需要改变产品本身,只是改变产品的用途,或者改变销售方法,扩大销售对象,开发新市场。这种策略通常有三种形式:①寻找新的市场,使产品进入尚未试用过本产品的市场。例如,美国杜邦公司生产的尼龙产品,最初只用于军用市场,如降落伞、绳索等。二战后转入民用市场,企业开始生产尼龙衣料、窗纱、蚊帐等日用消费品,以后又继续扩散到轮胎、地毯等市场,使尼龙产品系列进入多循环周期,为企业赢得了长期稳定的利润。②刺激现有顾客,增加使用率。③重新树立产品形象,寻找新的买主。

(2)产品改良策略。产品整体概念的任何一个层次的改革都可视为"产品改良"(又称"产品再推出"),包括提高产品质量,改变产品的特色和款式,为顾客提供新的服务等。

(3)营销组合改良。即通过改变定价、销售渠道及促销方式来延长产品的增长期和成熟期。营销策略是营销因素组合的巧妙运用,可以通过改变一个因素或几个因素的搭配关系来刺激和扩大消费者购买。例如,产品质量不变,降低价格就可以扩大销售;也可以采取增加销售渠道、增加销售网点等办法来促进销售。

例如,台湾《联合报》的阅读量近年逐步下滑,调查发现,《联合报》流失的主要是年轻读者及台北等大都市的读者。因此,《联合报》将改版方向定为提高政治经济要闻的影响力,抓住都市读者;以活泼轻松的版面和议题吸引年轻读者。改版之后的《联合报》内容变得轻、短、小,图片强调活泼性,使版面与过去明显不同。但同时,它过去具有的深度、专业的特点被淡化,使部分老读者颇为不满。既要开发新的读者群又要保持原有读者群,是《联合报》要艰难应对的最大挑战。因此,创新要照顾到已有传媒使用者的利益,在培养与关照他们忠诚度的基础上进行渐进的、系列的创新。

中央电视台的《快乐驿站》节目也是将进入成熟期的小品以动漫的形式呈现在观众面前,以期增加收视率。

4.衰退期的特点与营销策略

这一阶段的主要特点是:产品销售量由缓慢下降变为迅速下降;消费者对该产品已不感兴趣,期待着新产品出现;更多的竞争者退出市场;价格已下降到最低点,利润已成负值;企业维持处于衰退阶段的产品,往往需要经常调低价格、处理存货,这不仅要花费大量精力和营销费用,而且容易在顾客心目中造成经营落后的不良印象,直接损害企业形象;多数企业见无利可图,已开始生产或经营新产品,老产品的市场生命也就结束了。

判定一种产品是否已进入衰退阶段,需要认真地调查研究,获得充分可靠的情报资料,主要包括企业历年销售量和市场占有率趋势、毛利率及投入收益率的变化等,然后作出继续留在市场或退出市场的抉择。在此阶段企业可采取如下营销策略:

(1)连续策略,即继续沿用过去的营销组合策略,仍然保持原来的细分市场,把营销维持在一个低水平上。前提是大多数同行已退出市场竞争。

(2)集中策略,即企业把人力、物力等资源集中到最有利的细分市场和销售渠道上去,缩短营销战线,从最有利的市场和渠道中获取利润。

(3)榨取策略,即大力降低销售费用,精简推销人员,增加眼前利润,这样可能导致销售量迅速下降,但企业可以保持一定的利润。待到适当时机,便停止该产品的生产或经营。榨取策略通常作为停产前的过渡策略。

如果企业决定停止经营处于衰退期的产品,也必须慎重决策,是立即停产还是逐步停产,是将所有权出卖或转让给其他企业还是将企业的资源有秩序地转向新产品经营,并应处理好一切善后事宜。

(三)新产品开发策略

科技进步日新月异,文明发展一日千里,各种新知识、新产品、新技术不断产生,一些传统旧观念、方法和技术,不是被淘汰,就是被大幅地改进。产品生命周期迅速缩短,已成为当代企业不可回避的现实。

"新产品"这个概念,在现代市场营销学中是从"产品整体"来理解的。这就是说,只要是"产品整体"中任何一个层次的更新和变革使产品有了新的结构、新的功能、新的品种或增加了新的服务,从而给消费者带来了新的利益,与原产品产生了差异,即可视为新产品。具体讲,新产品主要有以下几种类型:

1.全新产品,即运用新技术创造的整体更新产品,也就是本国或其他国家都没有过的首创产品。大型实景演出《印象刘三姐》就是将桂林山水、渔家生活场景、刘三姐故事、广西民歌、现代声光技术等元素组合在一起,创造的新产品。

2.革新产品,即运用现代科技对市场上已经出售或普及的产品进行较大的革新——革新性技术成果或部分更新产品。如智能手机、电子阅读器等。

3.改型变异产品,即对原来产品的成分、结构、性能或款式、规格等方面作出改进的产品,是由基本型派生出来的改进型产品。如汽车、家电等的更新换代产品。

4.新牌号产品。

5.引进的外来产品,即第一次进入本地市场的进口商品或外埠商品。对于本地市场来说,也给消费者带来了新的利益。如《中国达人秀》《中国好声音》《舞出我人生》等即是灿星公司引进的外国电视节目的模式。

无论哪种新产品,"新"的程度虽然不同,但它的"新"特点都要得到消费者(或用户)承认才算数。如果顾客认为这种产品没有任何新的特点,没有给顾客带来任何新的利益,就不能称为新产品。

二、品牌策略

品牌是产品策略中的一个主要课题。

(一)品牌的含义

品牌是指用来识别卖主的产品的某一名词、符号、设计或它们的组合。它的基本功能是把不同企业之间的同类产品区别开来,使竞争者之间的产品不致发生混淆。它主要包括品牌名称、品牌标志、商标。品牌名称是指品牌中可以用语言称呼的部分。品牌标志是指品牌中可以通过视觉识别,但不能用语言称呼的部分,如符号、图像、图案、色彩等。商标是经过政府有关部门注册的品牌,是受法律保护的品牌,有专门的使用权,具有排他性,是一个法律名词。商标不能与品牌等同。所有的商标都是品牌,但并非所有的品牌都是商标。两者的区别在于是否经过一定的法律程序。

(二)品牌策略

企业的品牌策略是指企业如何合理地使用品牌,以达到一定的营销目的。企业在进行品牌决策时,一般可以作出以下几种选择:

1.使用品牌还是不使用品牌

使用品牌对大多数产品来讲有着积极的作用。使用品牌首先便于消费者对企业自身和产品的区分、辨别,有利于对自己产品的法律保护,培养消费者对自身品牌的忠诚度,而且有利于树立良好的企业形象。但并不是所有的产品都必须使用品牌,以下几种情况就可以不使用品牌:(1)大多数未经加工的原料产品,如棉花、矿砂、大豆等,无须使用品牌;不过,随着经济的发展和人民生活水平的提高,许多农副产品都可以加工成小包装,加品牌出售,这在超级市场是常见的。(2)产品本身并不具有因制造者不同而形成的特点,如电力、煤炭等。(3)消费者已习惯不用品牌的产品,如食糖、食盐等。(4)某些生产简单、选择性不大的商品,如扫帚、簸箕、粮囤等。(5)临时性或一次性生产的商品,如花生米、冰激凌、糕点等。

2.采用制造商的品牌还是采用中间商的品牌,或者这两种品牌并用

传统上,品牌是制造商的制造标记,因为产品的设计、质量、特色都是由制造商决定的。但是,近年来中间商的品牌日益增多。在拥有较大的市场占有率的情况下,多使用制造商品牌。反之,在制造商资金和营销能力薄弱的情况下,而中间商在某一市场范围内拥有良好的品牌信誉和完善的销售体系,就选择利用中间商的品牌。

3.品牌战略决策

当公司进行品牌战略决策时,基本上有五种选择:(1)可以进行产品线扩展(在现有品牌名称中加上新规格、新风味等以扩大产品项目);(2)品牌延伸(品牌名称扩展到新产品项目中);(3)多品牌(品牌名称介绍进同一产品项目中);(4)新品牌(为新的产品项目设计新品牌名);(5)合作品牌(两个或更多著名品牌的组合),如时代华纳—美国在线。

以电影为例,电影品牌策略主要可以分为以下三种类型:明星品牌策略、导演品牌策略和影片品牌策略。

影星品牌策略。所谓影星品牌是指那些在特定类型片领域中享有盛誉的类型化演员,这些演员一般都是能够在较固定的类型片中把自己的特长发挥到极致,久而久之就树立起了个人品牌。如卓别林的幽默搞笑、玛丽莲·梦露的性感妩媚、奥黛丽·赫本的纯洁高贵、克拉克·盖博的狂放不羁。明星品牌成为吸引观众、影响观众选择的重要因素,成为电影票房收入的最有力保障。

品牌明星的确可以使影片票房得到保证:向上,他们有极大的价值开拓空间;向下,可以保证基本成本的回收。因为每一个树立起明星品牌的明星一般都会拥有自己的体系,除了拥有影迷会、歌迷会、发烧友、追星族这些基

本队伍，有的甚至还会拥有强有力的后援团和巨大的赞助企业，而这些对于制片人来说都是强大的投资风险保证。启用这些具有品牌的明星，既是对影片创意和制作的补充与检验，又是对市场风险的缓冲和降解，在一定程度上使动荡多变的电影产业保持了稳定。

在好莱坞，明星品牌除了可以作为降低市场风险的票房保障以外，还可以成为一种“作为银行担保”的商品，银行可以因为某位品牌明星的参演而为影片提供融资服务，明星品牌成为投资者的市场砝码。

导演品牌策略。导演品牌也需要导演在某段时期内保持稳定的艺术风格和艺术功力，以形成自己的品牌特点。他们以自己一系列电影作品的明显特征、模式为自己的电影定义下了基本的叙事结构和表达方式，从而使自己的系列影片形成了有别于他人的作品风格，并植根进入电影消费者的心中，让消费者逐渐认识、接受并欣赏自己的这种风格电影，进而构建成了自己的导演品牌号召力。导演品牌的意义并不在于一部单独影片的出类拔萃，它意味着一个电影产品系列的明确定位和成功。导演品牌本身就是一种巨大的无形资产，就是一种巨额的票房保证，就是一个能够吸引观众进行相关电影消费的市场砝码。

影片品牌策略。电影市场营销中，影片品牌策略主要可以通过以下两个方面表现出来：续集化拍摄和电影后产品开发。

续集化拍摄可以说是影片品牌策略的最直接体现形式。所谓续集化拍摄就是指将成功的、具有品牌影响力的影片进行系列化和连续化的拍摄，依靠电影消费者对影片品牌的认可度，培养影片的忠实观众，以此发挥影片品牌优势，增加影片收益。

“007”系列电影则可以称得上是一例发挥影片续集效应的典范制作。从1962年的《诺博士》开始，在46年里中21部“007”系列邦德电影长盛不衰的秘密武器就是影片品牌的打造。潇洒的男主角，高贵得体的黑色晚礼服，还有香车、美人、高科技装备，以及总是肩负一项拯救世界的任务——这就是“007”电影一直以来都遵循的一个基本公式套路。这些经典元素从来都是一个不落地出现在每一部影片中，从而形成了“007”电影的一个影片品牌模式。这种品牌模式让人们很容易就记住了邦德电影，形成了一个整体的影片品牌形象，即“007”系列邦德电影。

除了续集效应以外，电影企业还可以利用电影后产品开发来进一步实现电影品牌的营销。目前，对电影后产品市场的开发经营已经成为好莱坞电影品牌营销的核心环节,是电影产品收获巨额利润的关键。

再如,通俗文化期刊《故事会》始终注重其品牌的塑造,内容上树立"精品"形象,版式、发行等也以消费者为中心精心策划、安排。2004年改成半月版后,月销量达到500万册,不仅数量增加,质量也实现了飞跃。1995年《故事会》选择"说书俑"作为商标,进行品牌形象推广。1997年开始打造的"故事会爱好者丛书"品种已经发展到50个;《故事会图书馆》《话说中国》《青春读本系列》《青春小说系列》等都取得了成功;与新华传媒有限责任公司合作推出《故事会》精品CD系列;与上海电视剧创作中心合作,制作《过目不忘:50则关于荣辱观的故事》电视节目;设立"故事中国网"赢得网民的关注。

三、价格策略

在营销中,价格是能产生收入的因素,其他因素表现为成本。价格是营销中最活跃的因素。价格制定分六个步骤。

(一)选择定价目标

1.市场占有率最大化。有些企业常常希望通过价格规划来取得控制市场的地位,使市场占有率最大化,降低潜在挑战者进入市场的机会。企业往往制定尽可能低的价格来追求目标市场占有率的领先地位。当具备下列条件之一时,企业可以考虑通过低价来实现目标市场占有率的提高:一是目标使用者对价格敏感度较高,因此相对低价能够刺激需求的迅速增长;二是产品制作与市场扩散的单位成本会随着市场经验的积累而下降;三是低价对现有的和潜在的竞争者具有强烈的威慑作用。例如,2002年1月5日,原售价0.5元的《武汉晨报》以0.1元的"贺岁价"挑起武汉报业价格战。第一天省内发行量达到62.6万份,刷新了发行纪录。这表明,武汉晚报、都市报类市场的目标使用者价格敏感度较高,价格调整有利于市场份额的重新划分。

2.当期利润最大化。当企业遭遇外部经济环境波动时,广告吸纳能力受到限制,往往寄希望于利用价格变化来实现当期利润最大化。价格的调整常常高于先前价格,减少亏损比率,提高总体收益水平。还有些企业希望在衰退期通过获取短期的利润最大化来获取较多的现金收入。

3.市场份额最大化。如果企业产品处于成熟期或者衰退期,产品趋向于饱和,竞争成本增高,有时候会威胁到产品规模。这种情况下,维持规模比利润增长重要得多，企业会制定较低的价格，并针对目标市场中的价格敏感者集中营销。

4.产品价值最大化。价值最大化是指寻找和满足消费者最佳和最高层次的需求以使产品形成最大价值的过程。当文化产品以价值最大化为市场目标时，必须考虑产品质量和服务领先于竞争对手，并在整个制作和市场营销过程中始终贯彻价值最大化的操作原则。这就要求用高价格来弥补高价值提供和研发的高费用，使产品伴随高价值的提供获得高的收益。

(二)确定需求

不同的定价对应的是不同的目标市场，每一种价格都将导致一个不同水平的需求，并且由此对它的营销目标产生不同的影响。正常情况下，需求和价格是反向关系，也就是说，价格越高需求越低，而价格越低需求越高。这是价值规律在供求关系中发挥作用的表现。但是，也有例外的表现。例如，当某些产品或品牌达到足以显示使用者身份地位的时候，其价格提高，使用率反而会上升。正是因为价格会影响市场需求，所以文化产品所制定的价格高低会影响产品的使用率。如 2000 年《南方都市报》突然把报价提高到 1 元，比竞争对手《广州日报》《羊城晚报》高出 0.2 元，比《新快报》高出 0.4 元，结果发行量很快下降 6 万份，最后通过增版才使发行量重新回升到原来水平。

而美国亚利桑那州一家珠宝店采购到一批绿宝石，由于数量较大，店主担心短时间内销售不出去，影响资金周转，使决定只求微利，以低价销售出去。本以为会一抢而空，结果却事与愿违。后来店老板急着要去外地谈生意，临走时匆匆留下了一条指令：我走后若仍销售不畅，可按一半的价格卖掉。几天后老板返回，见绿宝石已销售一空，一问价格，喜出望外。原来店员把老板的指令误读为按两倍的价格卖掉。他们开始还犹豫不决，后来购买者反而越来越多。薄利多销未必一定正确，有时高价策略反而更能促进销售。

(三)估计成本

企业在实际定价中首先考虑的是产品成本，它是产品定价的基础。产品成本是企业经济核算盈亏临界点，定价大于成本，企业就能获得盈利；反之则亏本，再生产过程就难以为继。产品定价必须考虑补偿成本，这是保证企业生存和发展的最基本条件。

产品成本有个别成本和社会成本之分。个别成本是指单个企业生产某一产品时所耗费的实际费用;社会成本是指产业内部不同企业生产同种产品所耗费的平均成本,即社会必要劳动时间。企业在对营销产品定价时,只能以社会平均成本作为其主要依据。在此前提下,考虑由于企业资源情况与管理水平不同而形成的企业个别成本与社会成本之间的差异程度,给企业产品确定适当的价格。

就单个企业来说,其个别成本即总成本由固定成本和变动成本所组成。固定成本是不随产量变化而变化的成本,如固定资产折旧、机器设备租金、管理人员费用等。变动成本是指随产量变化而变化的成本,如原材料、直接营销费用、生产经营第一线的人员工资等。就总体而言,企业定价时首先要使总成本得到补偿,这就要求价格不能低于总成本。

(四)分析竞争者成本、价格和提供物

在由市场需求和成本所决定的可能价格范围内,竞争者的成本、价格和可能的价格反应也是价格制定的参照。如果企业提供的东西与一个主要竞争者提供的东西相似,那么企业必须把价格定得接近于竞争者,否则就要失去销售额。若企业提供的东西是次级的,它就不能够像竞争者那样定价。倘若企业提供的东西是优越的,企业索价就可比竞争者高。然而,企业必须知道,竞争者可能针对企业的价格作出反应。

(五)选择定价方法

市场需求、成本费用、竞争产品价格对产品定价有着重要影响。产品的最高价格取决于市场的需求,产品成本规定了产品价格的最低底数,竞争者的价格和代用品的价格提供了公司在制定价格时必须考虑的标定点。

因此定价的方法有成本导向、需求导向和竞争导向三种定价法。

1.成本导向定价法

(1)成本加成定价法

成本加成定价法是按产品单位成本加上一定比例的利润制定产品价格的方法,其中,产品单位成本是指产品的全部成本,包括固定成本和变动成本。由于大多数企业是按成本利润率来确定所加利润的大小,因此其计算公式表示为:

单位产品价格=单位产品成本+单位产品成本×成本利润加成率

采用这种定价方法,加成率的确定是定价的关键。加成率在各国各行业都有较大区别。如美国的零售业中,烟草制品加20%,服装加41%。

(2)损益平衡定价法

损益平衡定价法又称“保本点定价法”。保本点即损益平衡点,是投入与产出平衡、盈利为零时的界点。按此方法定价,首先要找出企业的损益平衡点。步骤如下:确定单位可变成本,据此估算产品价格,然后加上固定成本费用的分摊额,计算达到损益平衡点所必需的销售量。公式表示为:

$$损益平衡时的销量=\frac{固定成本}{单位产品价格-单位可变成本}$$

$$保本价格=\frac{固定成本}{损益平衡销售量}+单位产品变动成本$$

在保本价格基础上加上预期利润,即为产品售价:

$$产品售价=\frac{固定成本+预期利润总额}{销售数量}+单位可变成本$$

如《申江服务导报》和《上海星期三》定价分别是1元和0.5元,均大大低于报纸本身的成本价。因此,这两家报纸采用了控制发行的方法,尽可能在维持自身市场地位安全性的同时将发行量控制在损益平衡点附近。如果我们综合考虑就会发现,当传媒流通数量刚刚超过损益平衡点,并形成优势影响力时,传媒收益会达到最大化。

以报业为例,上述公式中的固定成本指包括采编、排版、制版以及房屋水电、人员工资等不论报纸发行多少都必须支付的成本,可变成本指包括纸张、油墨、发行费用等随着发行量变化而变化的支出。可变成本费用所占报纸价格的比率被称为变动成本费率。

(3)边际贡献定价法

边际贡献指预计的销售收入减去变动成本后的余额。边际贡献定价法的公式为:

$$产品售价=(总变动成本+边际贡献)/销售总量$$

当边际贡献等于固定成本时,即可实现保本价格;当边际贡献大于固定成本时,即可有盈利了。

2.需求导向定价法

这是以消费者需求及消费者心理价格作为定价的基础,是一种伴随营销观念更新所产生的定价方法。当然,采用这种方法定价,商品价格与价值的背离幅度必然更大一些,但仍以供求双方可以接受为限度。这种定价方法主要有以下两种形式:

(1)理解价值定价法

这种方法是根据消费者对于某种商品的价值观念或感受、理解(而不是根据产品成本)进行定价的方法。例如,读者认定一份文摘报所包含的信息量大于其他报纸,尽管该报要比其他同类报纸贵一些,也会认为是理所当然的。这种定价方法与成本无关。采用这种方法的关键是企业要通过产品差异性提供对于目标使用者具有真正意义的优势价值。这种差异性对于目标使用者提供的利益越多就越具有价值,产品获得的价格规划空间也就会越大。

著名的企业或著名商标的优质产品,或出自著名文化人的优质作品,接收者就会另眼看待,售价就可提高;反之,定价就要低一些,才能为顾客所认可。如美国的高概念电影及我国张艺谋、冯小刚等大牌导演的大片会采取高投资、高定价的策略。因此,企业应有计划地搞好产品的市场定位,在质量、服务、广告、包装、档次及价格上为产品树立一定的形象,以求实现预期的价格与利润。

(2)区分需求定价法

这种定价法是指,对同一质量、功能、规格的商品或服务,对待不同需求的顾客而采用不同的价格。价格差异并非取决于成本的多少,而是取决于顾客需求的差异,即以销售对象、销售地点、销售时间等条件变化所产生的需求差异作为定价的基本依据。

一般来说,根据对价格敏感度的高低,使用者可以分为几类:①价格使用者,他们对产品最感兴趣的是“最划算”。②品牌忠诚使用者,他们相信自己拥有的品牌比其他品牌好,并愿为这些产品支付“合理”的价格。③地位追求者,他们习惯于使用高品位、著名产品,而且无论什么样的价格都愿意支付,价格越高显示地位越高。④便利性使用者,他们注重产品获取与使用时的轻松和方便,并愿意为此支付较高费用。当目标市场属于价格敏感者,则产品价格规划空间较小,但是低价的“渗透策略”常常成为十分有效的促销方式。当目标市场属于地位追求者或者品牌忠诚使用者时,其对价格的敏感度相对较低,产品价格规划空间较大。此时价格常常作为身份和阶层的外在标志,与内容共同决定产品是否会被目标使用者接受。因此,这种定价策略又被称为是“声望定价法”。

《瑞丽》杂志是采取该竞争模式进入女性高端读者市场较为成功的一本杂志,它以20元的价格把目标读者限定在较小的范围内,集中力量满足她们在时尚娱乐方面的需求。

另外,我国财经类报刊《21世纪经济报道》和《经济观察报》,其目标市场定位于企业经营者、管理者、研究者和政府的经济管理者等高端消费者,因此两者都采取了高价位的市场进入模式,并成为该市场的领导者,随后便出现了一批定价和版面空间类似的报纸模仿跟进。现阶段跟进者尚没有能够培养起上述两报的内容操作经验和市场接触行为的经验,但是,更主要的是因为还没有一家新创财经类报纸的资本投入量可以与上述两份报纸相比。

3.竞争导向定价法

这是以竞争产品的价格为定价依据,随市场竞争状况的变化确定和调整价格的定价方法。主要有以下三种形式:

(1)随行就市定价法

这是指企业使自己的产品价格与竞争产品的平均价格保持一致。这种"随大流"的定价方法,主要适用于需求弹性比较小或供求基本平衡的商品。在这种情况下,单个企业把价格定高了就会失去顾客,而把价格定低了需求和利润也不会增加。所以,随行就市成了较为稳妥的一种定价方法。这样,既避免激烈竞争减少了风险,又补偿了平均成本从而获得平均利润,而且易为消费者接受。如果企业能努力降低成本,还可以获得更多利润。因此,这是一种很流行的定价方法。

(2)竞争价格定价法

这是一种主动竞争的定价方法,一般为实力雄厚或产品独具特色的企业所采用。定价时,首先比较市场上竞争产品价格与企业估算价格,分为"高于""相同""低于"三个层次。其次,将本企业产品性能、质量、产量、成本、式样等与竞争产品进行比较,分析造成价格差异的原因。再次,根据以上综合指标确定本企业产品的特色、优势及市场定位,在此基础上,按选择的定价目标确定产品价格。最后,跟踪竞争产品的价格变化,及时分析原因,相应调整本企业产品价格。

(3)密封投标定价法

这是企业自己不预先制定价格,而是引导顾客竞争,从中选有利价格成交的方法。它主要适用于投标交易方式,如建筑施工、工程设计、设备制造、政府采购、科研课题等,需要投标以取得承包合同的项目。这种定价方法包括以下三个主要步骤:

第一,招标。由买方发布招标公告,提出征求什么样的商品或服务项目及其具体条件,引导卖方参加竞争。

第二,投标。卖方根据招标公告的内容和要求,结合自己的条件,主要考虑成本、盈利以及竞争者可能提出的价格,然后填好标单,向买方密封投递本企业的书面报价。

第三,开标。买方在招标规定的时间内要积极进行选标,主要是审查卖方的投标报价、技术力量、工程质量、信誉高低、资金多少、生产经验等,从中选择承包商。到期时,买方要按规定开标,公开宣布中标者,然后签订合同,并取得法律公证,接受法律监督。企业参加投标是希望中标,而能否中标在很大程度上取决于企业与竞争者投标报价水平的比较。因此,投标报价要低于参加投标的竞争者(尽可能准确预测竞争者的价格意向),但在各方面又要合理。

(4)“招标拍卖”定价法

它一般是由卖方出示商品或发布公告,引导买方公开报价,利用买方竞争求购的心理,从中选其最高价格成交。这种方法古已有之,现代在处置破产企业、出售某些文物或高级艺术品等商业活动中仍常用。

(六)选择最终价格

确定产品最终价格,并根据市场变化及时调整。

有些定价技巧对达到企业的定价目标、实现企业的营销战略有着非常重要的作用,它是保证企业价格策略成功的有效手段。心理定价技巧是针对顾客心理制定价格的一种定价技巧。主要有以下几种形式:

(1)零头定价

一般来讲,价格较低的商品采取零头结尾,特别是奇数结尾,给人以便宜感;同时,因标价精确给人以信赖感,而易于扩大销售。例如,将价格定为9.97元而不是10元,就比较好销。

(2)整数定价

一般来讲,价格较贵的商品,则要特别取消尾数,而采用整数定价法,使顾客产生“一分钱一分货”的认识,满足其高消费心理,提高商品的“身价”,维护商品的声誉,增加企业盈利。

(3)分档定价

分档定价是指,把同类商品分成几档,每档定一个价格,以简化交易手续,节省顾客时间。

(4)声望定价

价格档次时常被当作商品质量最直观的反映,特别是在顾客识别名优产品时,这种心理意识尤为强烈。因此,对那些在顾客心目中享有声望、具有信誉的产品制定较高价格,可以扩大销路。这种定价技巧,既补偿了提供优质产品或服务的企业的必要耗费,也有利于满足不同层次的消费需求。比如在我国的高等学校收费中,重点本科院校的学费就比一般院校的高一些。

(5)习惯定价

习惯定价,是按照顾客的需求习惯和价格习惯定价的技巧。日常消费品的价格,一般易于在顾客心目中形成一种习惯性标准,符合其标准的价格容易被顾客所接受,偏离其标准的价格则易引起顾客的怀疑。高于习惯价格常被认为是变相涨价,若低于习惯价格又会使顾客怀疑是否质量有问题。因此,这类商品定价要力求稳定,避免价格波动带来不必要的损失。在不得不变价时(如原材料涨价),应采取改换包装或品牌等措施,以减少抵触心理,并引导消费者逐步形成新的习惯价格。

(6)招徕价格

招徕价格,是指低于一般市价,个别的甚至低于营业成本,以招徕顾客的定价技巧。

四、分销策略

分销渠道,是指某种商品和服务从生产者向消费者转移时取得这种商品和服务的所有权或帮助转移其所有权的所有企业和个人。因此,分销渠道主要包括中间商(因为他取得所有权)和代理中间商(因为他们帮助转移所有权)。此外,还包括处于渠道起点和终点的生产者和消费者。

根据商品从生产者到消费者(或用户)的流通过程中是否有中间商参加,可分为直接营销渠道和间接营销渠道;根据商品在流通过程中使用中间商的多少,又可分为短营销渠道和长营销渠道。

(一)生产商的渠道策略

1.营销渠道长短的选择

从产品的性质来看,商品单价昂贵的、体积大的、分量重的、款式变化快的、易坏易腐的、构造复杂而要求附加较多技术服务的以及新产品等,一般宜于采用短渠道;反之,商品单价较低的、体积小的、分量较轻的、款式变化缓慢的、容易运输储存的、构造不复杂或附加技术服务较少的,均可采用长渠道。

从消费者特点来看,个人消费者的共同特点是分布广泛,要求就近购买和随时挑选,生产厂家选择在批发商业企业的参与下组成长渠道。

生产用品企业、高技术产品则希望和生产厂家直接交易,以节约流通费用,适合短渠道。

从生产企业状况来看,企业资金雄厚、声誉高、销售力量强、具备管理销售业务的经验和能力,在选择中间商方面就有了更大的主动权,甚至可以建立自己的销售系统,这种情况就适合选择短渠道;反之,采用长渠道。如果一个企业产品组合的深度深且广度大(即产品种类多、型号规格多),它可以直接销售给各零售商,就可采用短渠道;反之,可采用长渠道。

就市场环境方面的因素而论,从微观环境上分析,企业要尽量避免和竞争者使用相同的营销渠道。某一市场上,大型零售商业多,进货批量大,营销渠道较短。相反,中小零售商数目多,竞争激烈,通过批发商的长渠道才能达到较好的营销效益。

对于营销渠道长短的选择,综合考察了以上因素之后,还要慎重考虑经济效益的大小,再作决策。

如《今日美国报》刚刚创办的前几年,在全国各地设置了大量的自动售报机,遍布全美 50 个州的城乡公路以及几乎所有的加油站,甚至包括人迹稀少的沙漠地区的公路。仅此一项投入就超过 3 亿美元,也是早期最大一笔投入。很显然,该直接通路的建设对于《今日美国报》在几年间一跃而成为美国发行量最大的报纸功不可没。

渠道长度选择与渠道成本以及渠道能力密切相关。例如,我国过去报刊市场流通一直采用邮局发行,但是,随着改革开放报刊业的全面恢复,邮局系统不堪重负,提供渠道的费用提高,而且渠道的效率也较低下。1985 年,《洛阳日报》率先自办发行队伍,完成与目标读者间直接渠道的铺设,不仅提高了的市场扩散能力,而且节约了大量成本。然而,发行量超过 100 多万份的全国性体育周报《体坛周报》依然采用以邮发为主导的发行方式,并使发行收入成为收入结构的主要部分。而《羊城晚报》则采取自办发行和邮发相结合的方法,来覆盖广州市、广东省和全国的目标市场。

2.营销渠道宽窄的选择

营销渠道的宽窄,是指渠道的每个层次中使用同种类型中间商数目的多少。

密集性分销，即生产企业尽可能通过许多批发商、零售商推销其产品。一般，销售量大的生产日用商品和工业品中的通用机具，文化产品中的各个城市的晚报、都市报大多采用此类销售方式。

选择性分销，即生产企业在某一地区仅通过几个精心挑选的、最合适的中间商推销产品。一些价格较高或产量有限的产品，特别是一些名牌产品或贵重产品，适合于采用这种渠道策略。

独家分销，即生产企业在某一地区仅通过一家中间商推销其产品。一般，有特色的产品如高档名牌产品，常采用这种渠道策略。

文化产品方面，日本报业发行采取的就是专卖制。所谓专卖制，是指报社与发行销售点签订专营合同，具有专营性质，为特定的报社提供专一的发行服务。日本《产经新闻》1951 年 8 月率先在东京设置 68 家专卖店，以对抗战时沿袭下来的“共售制”，至 1952 年底，各主要报纸都采用了这一发行方式。以《读卖新闻》为例，该报在全国设各类发行店近 8000 家，其中专卖店 6000 个。我国《广州日报》也借鉴日本报业发行经验，成立了广州日报连锁店，在以销售和征订自已报纸的基本功能上开展立体的文化资讯社区服务，包括代理分类专栏广告、旅游票务业务，销售杂志、图书、音像制品等。

（二）中间商的渠道决策

中间商可分为批发商和零售商。批发商又分为经销批发商和代理批发商两类。

经销批发商，简称“批发商”，是独立从事批发购销业务、拥有商品所有权的中间商。它的经营收入主要是赚取进销差价及部分服务费。它与生产商是买者与卖者的关系。

代理批发商，简称“代理商”，主要是接受生产商委托而从事批发购销活动，它是不拥有商品所有权的中间商。它的经营收入主要是通过为生产商寻找客户和代表生产商进行购销活动而赚取的佣金或手续费。它与生产商之间不是买者与卖者的关系，而是被委托人与委托人之间的委托关系。

零售商包括专业商店、综合商店、百货商店、超级市场、服务行业、连锁商店、零售合作组织、仓库商店、折扣商店等。

中间商的渠道决策主要有以下四个方面：

1.目标市场决策

无论批发商或零售商，都必须通过认真的调查研究，确定本企业的目标市场和服务范围，确定商品经营范围和品种构成，采取有吸引力的供货方案和销售服务措施。

2.渠道地点决策

中间商的渠道决策,包括进货渠道和销货渠道的选择,以及渠道中成员的合作关系。

3.品种服务决策

中间商经营的商品品种必须能满足与吸引潜在顾客的购买要求,这是同类型商店竞争的关键所在。

4.物流管理决策

在分销渠道中,批发商和零售商在购销商品的同时必然分别进行储存、运输、包装、分拣等附带活动,这是一个系统的整体运动过程,市场营销学称之为"物流"。近年来,经济发达国家的一些学者已经把物流作为专门的学科进行深入的研究。

五、促销策略

促销,是指通过一定的方式将产品或服务的信息传递给消费者,影响其购买决策和消费行为,从而促使购买行为发生的活动。

促销组合策略包括广告、营业推广、人员推销和公共关系这四项主要手段的综合应用。

(一)广告

这是一种非人力的传播信息手段,它通过各种宣传媒介,如电视、广播、杂志和报纸等,将产品或服务信息传递给接受者。

在《学习的革命》一书的销售中,科利华公司选择了中央电视台黄金时段做电视广告的方式,目标是100天卖掉1000万册。结果创下图书销售奇迹。

1.广告媒体的选择

(1)报纸。其优点是时效性强,较有弹性,对当地市场的覆盖面广,易于接受,可信度强。缺点是,延续时间短,读者传阅少,广告表现力差。

(2)杂志。优点是地区和人口选择性强,声誉和可信度高,持续期限长,广告表现力强,阅者阅读仔细,传阅性好。缺点是广告购买的前置时间长,有些广告形同虚设,刊登位置不保证。

(3)广播。优点在于地区覆盖面广,不受空间距离的限制,可大量使用,地区和人口特性选择性强,成本低。缺点是,以声音表达,声过即逝,表现力不直观。

(4)电视。声音形象兼备,感官吸引力大,覆盖面广。缺点是,成本高,广告混杂,显露时间短,观者选择性小。

(5)直接邮寄。

(6)户外广告。优点是灵活性强,可重复显露,竞争不强,成本低。缺点是针对性不强,限制创造性的表现。

(7)POP 广告,又称“店头广告”或“销售现场广告”,也有“卖点促销”的称法。

(8)网络广告。网络广告有三大优势:第一,因为经常上网的人大都是比较有文化的人,他们常常是潜在的购买者,更加具有针对性;第二,网络广告通常设置有链接,能把读者直接吸引到自己的网站,让读者更多地了解自己,甚至变成购买者或忠实客户;第三,网络广告效果不用费力统计,电脑可直接显示出众多数据:有多少点击量,有多少人购买,消费者的个人信息等。

如以《失恋 33 天》为代表的中小成本电影取得不俗的票房成绩,其主要采取的是利用社交网站进行快速传播的口碑营销。

2.广告的制作

广告制作的流程为:广告主题的产生→广告主题的评估→广告内容表达。

在进行媒体组合时主要考虑的是广告媒体成本、影响面、精确度、频率、信息持久性、说服力、信息干扰、时间提前量等因素。

(二)营业推广

通过短期的刺激性手段,说服和鼓励消费者,激发他们的购买欲望。营业推广的形式:优惠券、样品、特价包装、赠品、退款优惠、奖励、以旧换新、现场陈列和示范、分期付款等。

营业推广作为短期促销工具,在日本报业市场营销中使用非常广泛,常见的形式主要是附送赠品,即以免费赠送某小商品作为对特定时间传媒使用者选择特定传媒产品的刺激。它曾一度被认为是日本“过度竞争中最常见也是最严重的问题”。为了维持和扩大读者队伍,各报在进行市场推广的时候,不惜工本上门送礼,包括肥皂、毛巾、炊具等,其中尤以铝锅最多,因此被戏称为“饭锅、烧锅战争”。后来,赠送的物品甚至扩大到电子计算器、手表、电风扇等类别。我国报业市场每年过了 9 月就开始进入征订大战时期,为了吸引读者订阅,订报纸送食用油、牛奶、纯净水、电饭煲等活动也时有发生。另外,在新报刊上市时,买报纸送矿泉水、牛奶、啤酒等也是常见赠送方式,像杭州《青年时报》,上海改版后的《新闻午报》《新闻晚报》等,往往赠品的价值和报纸售价接近,甚至远远超过售价。

(三)人员推销

这是利用人力进行推销的方式,它通过推销员与消费者的直接对话和沟通,传达产品或服务的信息,促使消费者进行购买。推销过程实际上是说服顾客的过程,因此它也伴随着顾客心理活动的变化而变化。推销过程主要经过四个阶段:引起注意、讲解和示范、解决问题、促成购买。

(四)公共关系

公共关系是指企业为取得社会的信任和支持,树立良好的企业形象,增进企业与社会各界的相互了解,争取公众和社会的合作所付出的努力,以及为此进行的一系列活动。

公共关系实质上是企业与公众之间建立和保持沟通、谅解、支持与合作的一种特殊管理职能。其主要效用包括:树立企业形象,提高声誉;协调企业与公众之间关系;为企业的长远发展创造良好的社会基础等。

企业如何与公众之间建立上述良好关系呢?常见的形式包括新闻策划、公益活动、新产品发布会、企业形象材料散发、宣传企业宗旨的公开研讨会等等。其中最为突出的是企业参加公益性社会运动,它是企业积极参与各类社会活动,促进社会事务的优化解决,并由此建立直接面向大众的良好人际关系,树立起"热心人""自己人"社会形象的活动过程。

例如,1886 年,普利策听说法国人准备塑造一尊女神像献给美国人民作礼物,可是国会却迟迟不通过拨款预算,于是他通过《世界报》发起了一场募捐运动,呼吁大家捐款,使法国人的礼物可以早日运抵纽约。《世界报》的大声疾呼立刻获得了社会的迎合。当年 10 月,当自由女神像在纽约港口矗立时,普利策代表他的《世界报》与各地名流显要站立于主持仪式的行列中,而《世界报》也成为美国人心目中的英雄。

默多克的新闻集团得以涉足中国传媒市场,很大程度上在于他们通过一系列公共关系活动向中国政府展示了可靠、亲和的传媒形象。其中,从 1985 年起,新闻集团就在尝试打开中国传媒市场的大门。先是将 20 世纪福克斯的 50 多部电影赠给了中央电视台,其中包括《音乐之声》《巴顿将军》等名片。1995 年和 1999 年,新闻集团属下的伦敦《泰晤士报》先后两次赞助在大英博物馆举行的大型中国文物展。1996 年,新闻集团旗下的哈珀·

柯林斯出版社出版了邓榕所写的《我的父亲邓小平》的英文版。1998 年，新闻集团向中国受灾地区捐款 100 万美元。通过这一系列的活动，新闻集团完成了自己的形象包装，让中国加深了对它的认识。

【延伸阅读之一】

西方国家经历的三种市场营销阶段

市场细分的提出，使企业由大量市场营销、产品差异市场营销发展到今天的目标市场营销。

1.大量市场营销阶段。西方国家在 20 世纪 20 年代以前，由于当时社会生产力相对落后，商品短缺，卖方市场供不应求，生产观念盛行，因此，许多企业实行大量市场营销，即卖者面对所有的买者，不加区别，大量生产、分销和促销单一产品，试图以单一产品吸引市场上所有顾客。如美国可口可乐公司曾经向整个市场仅推出一种饮料。大量市场营销的依据是：采用这种做法会使费用最少、价格最低，从而创造最大的潜在市场。

2.产品差异市场营销阶段。欧美一些国家在 20 世纪 20 年代末至 50 年代以前，由于社会生产力和科学技术水平有了很大的提高，产品数量与品种迅速增加，市场由卖方市场向买方市场过渡，卖者之间的竞争日趋激烈，而价格竞争的结果导致企业利润率下降，卖者难以控制其产品的价格。于是，有些企业开始认识到产品差异的潜在价值。一些企业开始实行产品差异市场营销，即向市场提供两种或两种以上在外观、质量、式样、规格等方面具有不同特点的产品。这种做法的目的是为了向购买者提供多样化的产品，不是为了吸引不同的细分市场。

3.目标市场营销阶段。二战后，西方国家第三次科技革命的出现，社会生产力迅速发展，产品数量剧增，产品花色品种多样化，买方市场形成，迫使许多企业认识并接受了市场导向观念，开始实行目标市场营销，即卖者首先识别众多顾客之间的需求差异，将市场分为若干个亚市场，并从中选择一个或一个以上的亚市场作为企业的目标市场，进行市场与产品定位，制定出相适应的市场营销组合，以满足目标市场的需要。

目前，在欧美等国家，实行大量市场营销、产品差异市场营销和目标市场营销的公司都有。但是,有越来越多的公司由实行大量市场营销、产品差异市场营销转为实行目标市场营销。

(选编自冯丽云《现代市场营销学》,经济管理出版社1999年版)

【延伸阅读之二】

我国电视剧市场营销

电视剧营销的具体内容:顾名思义,“营销”之于电视剧就是把电视剧作为商品在市场上交易的行为和过程。电视剧制片公司自主发行或委托发行公司将电视剧的播映权卖给电视台,电视台通过播出电视剧、出售广告时间来获得商业资金,这两个过程都涉及电视剧营销的行为。可以说电视剧营销有两个主体,一个是制片方,一个是播出方,虽然营销主体不同,但出于共同的营销目的——实现电视剧价值增值,两者可以围绕实现这一共同目标,做出相辅相成的营销行为。所有这些营销行为构成了电视剧营销的具体内容。

一、电视剧市场营销的历程

电视剧市场营销的形成和发展过程是我国整个电视节目市场乃至整个社会主义市场经济发展的一个缩影,它与我国市场经济体制改革和电视产业体制的变革紧密联系。20世纪80代末90年代初,我国电视行业开始了向市场化探索的进程。经过二十多年的发展,到今天电视行业早已进入了产业化时期,但目前产业化程度并不高,只能说是在我国的电视行业中,电视剧市场的产业化程度为最高。任何事物的发展都是循序渐进的,电视剧市场营销的发展与创新同样如此。它大致经历了以下四个阶段:

(一)营销起始阶段

1983年开始实施的“四级办电视”方针,使电视台数量剧增,电视节目播出的需求量也大幅增加。而当时各电视台“自产自销”的原始“制播合一”模式,使自身的制作能力无法满足播出需要。为了缓解内容匮乏的压力,电视台之间开始相互交流节目,而电视剧这种节目形态可以填补大量的播出时间,于是交流的节目中电视剧的交流和交换占了相当大比例。这个阶段基本上还是延续着计划经济时代的生产运行模式，电视台的生产运营资金基本都是依靠计划性财政拨款，缺少盈利诉求，所以当时所采用的是“物物交换，象征收费”的交易方式。1983年出现了第一个初具市场属性的全国省级电视台节目交易网，两年后以同样的方式组建了城市电视台节目交易网。这是当时电视剧交流的主要平台，此时的交流是无偿提供的，“营销”基本无从谈起。

(二)营销初级阶段

1987年前后，由于当时电视行业的发展开始受到市场规律的影响，各电视台开始进行成本核算，电视台认识到电视剧是一种可供实现其价值的私有资源，于是改变之前无偿提供电视剧的做法，要求相互提供各自的电视剧播放权给对方，就出现了一种“以剧易剧，等价交换”的节目交换形式。它可以看作是电视剧开始作为一种流通的商品在市场经济发展过程中的初级阶段形式。1993年电视节目交易网开始实行节目交流和交换的双轨制，引导节目交流逐步向节目市场交易过渡，为电视剧市场交易阶段的到来奠定了基础，创造了条件。这一阶段正是电视剧市场化的萌芽阶段，市场开始处于培育期，也是电视剧市场营销的初级阶段。

(三)传统营销主导阶段

20世纪90年代初期，是我国电视行业大发展的一个时期。1992年起，我国经济领域国有企业开始全面实行“自主经营，自负盈亏，自我约束，自我发展”的改革。对于电视行业，国家放宽了对电视台的管理，与之相伴随的是国家财政拨款的减少。各电视台商品经济意识和自主经营意识逐渐增强。另外，电视剧制作也发生了变化，社会资金投入生产领域逐年增加。1992年，北京文化艺术音像出版社投资200万元制作41集电视连续剧《爱你没商量》。中央电视台首次用350万元现金方式收购，此后现金交易方式逐渐取代过去传统的以拉广告为主的投资方式。同年，北京电视艺术中心向中国银行贷款拍摄21集电视连续剧《北京人在纽约》，中央电视台用黄金时段的广告时间换取该剧的播映权，这意味着电视剧买卖双方互惠互利的市场格局开始出现。从此以后，电视剧的商品属性日益明显，制作模式也相应地由行政垄断走向市场化。伴随着电视剧市场化程度提高，电视剧随片广告以分离广告形式出现并兴盛。1999年开始，城市无线电视台与有线电视台合并后，电视台之间竞争加剧，于是电视台开始大量购买电视剧，催生了市场的活跃局面，从此开始进入产业化快速发展时期。在90年代，中国电视剧的生产和流通是一种非市场性与市场性两种体制并存的局面。这一阶段传统营销占据了主导地位。

(四)整合营销兴起阶段

整合营销理论在中国的兴起和推广是在2005年前后开始的,它目前更多的是在企业产品品牌形成过程中加以实践和应用,其理论思想在电视剧的发行和电视频道的运作中也发挥着越来越重要的作用。直到现在,整合营销仍为电视行业的热门话题之一,整合对媒介来说,最大的意义应该在于市场营销的主流由过去的单向传播转变为多向互动式传播。

电视剧营销价值链上的主要节点是:上游的内容资源、中上游的宣传效果、中游的播放规划、下游的客户价值。这些节点不是线性的,更不是孤立的,而是网状的,他们共同制约着电视剧营销的成败。整合营销即是把握上中下游所有这些节点,对各节点进行完善,更重要的是促成它们之间良性互动,以实现整个链条的价值。电视剧的整合营销并不排斥传统广告手段的重要作用,也不排除单向的宣传推广方法,但它更强调产品本身能为客户提供什么,从客户需求出发,通过多样化、立体化、全程化的传播方式,推动目标受众关注度和美誉度,最终达到“双赢”乃至“多赢”局面。经过改革开放三十年的发展,我国电视剧生产终于较为成功地完成了从计划经济向市场经济的转型,基本上形成了投资主体、融资方式多元化的市场格局。在如今的电视节目交易市场中,电视剧交易量大约占到电视节目交易总量的90%,电视剧播出前后的广告收入占电视台广告收入总量的70%。在激烈的市场竞争中,营销方式和手段的变化促进了交易总量的增长和市场的繁荣,交易总量的大幅提升和交易方式的改变又反过来促进了营销手段的创新和营销水平的提升。

二、电视剧营销的模式种类及其环节

(一)直销模式

在我国电视剧市场的交易中,直销模式被广泛采用,占据了最主要地位。在直销模式下的发行渠道主要有以下三种:发行方人员自主推销、规模化的展示和交易平台、网络营销。

发行人员自主推销就是制作公司或发行公司“一对一”地人员销售,也就是发行人员通过电话联系、邮寄样带、发放宣传册、上门推销等手段,直接向电视台的购片部门推销和销售电视剧。

规模化的展示和交易平台,是由多家电视台联合发起的电视剧交流形式和交易组织，如省市电视台节目交易网、城市电视台节目交易网、广播影视博览会等等。

网络营销是新兴的电视剧交易渠道，它可以为电视媒体、制片公司、发行公司、广告公司等提供网上自由信息发布、交易状况查阅等服务。

直销模式的优点是，交易双方能够直接接触，信息反馈迅速，针对性高，互动性强。供给方可以全面把握需求者的状况，需求方可以准确确定所需的信息、产品和服务，也可以降低许多中间环节的费用，减少了中间环节的盘剥，以实现制片方的利润最大化。直销模式对于制片方来说是一种低成本又比较有效的产品销售方式。

直销模式在我国的电视剧市场交易中是被绝大多数制片公司广泛采用的形式，年产 200 集以上的大型制片公司都是采用自主发行的直销模式来发行电视剧。

（二）分销模式

分销模式是指通过一整套相互依存机构为顾客和商业用户的使用或消费提供产品或服务的一种交易方式。可以充当分销渠道角色的企业是指专业发行公司、媒介咨询公司等。它们不直接参与制片，只专门代理发行电视剧。可以说，这些分销渠道是联系电视剧生产与消费的桥梁。

电视剧通过分销模式进行交易最大的优点在于，对于制播双方来说，可以分别节约寻找销售渠道与寻找片源的成本，各自能更加专注自己领域的业务。而且制播双方专业化的合理分工，有利于获得更多的交易信息，拥有更多选择的机会。反之，制作、发行的合二为一，使电视剧的商业风险不易得到分解。在我国电视剧市场中，采用分销模式进行电视剧交易的比重不高，分销商角色缺失已成为共识。角色缺失的主要原因在于，制作实力较强的制片公司一般都是自主发行，而且凭借自身经济实力还从事代理发行，也扮演了分销商的角色。此外，电视剧发行领域市场准入门槛高，风险大，需要比较强大的经济实力做后盾，而且要与播出平台有相当丰富的人脉资源。

委托分销商发行的电视剧常见于小规模的制片公司或刚起步的制片公司，一般只有在不具备自主发行实力的情况下才选择分销模式。

（三）“期货”交易模式

“期货”交易模式指的就是把电视剧当作期货与电视台交易。它的出现是电视台之间片源争夺激烈化的产物，已成为电视剧市场交易的新模式之一。它是指电视剧制作方在电视剧的策划阶段就把剧本、导演、演员的情况介绍给电视台,在电视台看好其预期收视前景下,选择提前支付定金预购播放权,或独家买断版权,或选择投资入股对将来的收益参与分成。这样做对整个电视剧市场的好处就是可以制约无序制作,减少投入盲目性。也有人说,把电视剧当成期货来卖,除了寻求制播目标能够更好地达成一致,也是电视剧制作者苦于无力改变电视台播出垄断、以点论价、卖片回款难等生存现状而做出积极适应市场的姿态调整。

“期货行为”在一些重点剧目的交易上尤为明显。比如2008年热播剧《李小龙传奇》属于央视预购剧,在开拍前就预先敲定央视购买和央视首播。还有根据电影《手机》改编的同名电视剧,主演为陈道明、王志文,品牌效应在前,明星效应在后,使该电视剧还在拍摄阶段就已经被浙江卫视购买了首播权。据业内人士分析,这些受青睐的剧目要么有收视号召力的导演或编剧,要么有人气正旺的明星演员,要么有出色的题材故事,这些因素就为一部剧的成功奠定了基础,再加上电视台争夺优秀片源的加剧,“炒期货”便在情理之中。如果对电视剧的质量、收视效果等市场因素都能把握得比较准确,那么就能达到供需双方互利双赢的效果。然而,受到电视台赏识是否就等于受到观众青睐,买期货会不会赔了本,还有待于投放到市场,接受市场的检验。由此看来,电视剧期货交易方式应从规范交易协议入手,谨慎考虑交易风险的分担问题,否则一旦出现判断、决策失误,电视台作为购买方就要承担相当大的经济损失。

(四)零售模式

零销模式,顾名思义就是实现“点对点”传播的有偿交易模式。进入21世纪以来,网络电视、手机电视、移动电视等各种新媒体层出不穷,它们不仅仅是媒介技术上的提高、节目传播形态的增加,更是一种传播理念上的革新。电视市场已经由“渠道的匮乏”转变成“内容的匮乏”。在各电视台竞相高价购买热播剧时,网络视频网站却可以以低廉许多的价格购买同一版本热播剧的网络首播权,并以此获得高额广告收益。零售模式正是在这个大背景下应运而生的。其最大的优势就在于可以实现针对受众的个性化定制服务。电视剧可以由制作商生产完毕后直接销售给网络运营平台,然后再点对点地销售给个体受众,也可以先由电视台买断,再为手机媒体、网络媒体提供资源,这样电视台成为一个中间销售商,此种交易模式能够实现电视剧的播映权增值。

2010年央视八套的开年大戏《神话》就选择了电视与网络同步播放模

式。土豆网作为独家首播《神话》的视频网站，其总点击量已逾1.52亿次。再以电视剧《大秦帝国》为例，该电视剧的总投资超过5000万元，搜狐网仅以100万元就购得了领先省级卫视8天的网络首播权。与此同时，版权方以每集80万元的价格售予陕西、东南、河南、河北四家卫视首轮播出，又以每集30万元的价格售予天津、重庆、贵州、广东四家卫视进行二轮播出，以此获得盈利。由此可见，与目前一线卫视动辄数千万元购买一部电视剧首轮放映权相比，电视剧网络版权的价位相对较低。而且，此种营销模式以低成本获得高收益和口碑宣传的作用，引起越来越多重视。

（选编自尹鸿《意义、生产与消费——当代中国电视剧的政治经济学分析》，载《现代传播》2001年第4期；帅志强《国内电视剧市场交易探析》，载《南昌大学学报》2007年第12期；白矗《从美国电视剧盈利模式展望中国电视剧盈利新渠道》，载《记者摇篮》2009年第2期；李京盛主编《中国电视剧年度发展报告2005～2006》，中国传媒大学出版社2007年版）

【本章主要参考文献】

1.冯丽云：《现代市场营销学》，经济管理出版社1999年版。

2.卢海涛：《市场营销学》，武汉理工大学出版社2008年版。

3.那薇、曹国林主编：《市场营销理论与实务》，中国农业大学出版社、北京大学出版社2010年版。

4.［美］菲利浦·科特勒：《营销管理》，梅汝和等译，中国人民大学出版社、Prentice Hall出版公司2001年版。

5.刘丽霞主编：《新编市场营销学》，中国农业大学出版社、北京大学出版社2010年版。

6.王煊：《市场营销新编》，华中科技大学出版社2009年版。

7.朱春阳：《传媒营销管理》，南方日报出版社2004年版。

8.王宏林：《西岸战事：中国传媒营销实战解码》，广东经济出版社2005年版。

9.龚军辉：《期刊市场营销》，湖南人民出版社2010年版。

10.王海云等：《出版社营销管理》，经济管理出版社2009年版。

第六章 数字文化产业创新发展：新技术新业态新模式

"数字经济"是信息经济的另一种称谓，旨在突出支撑信息经济的信息技术二进制的数字特征。数字经济是继农业经济、工业经济之后的更高级经济阶段。数字经济是以数字化的知识和信息为关键生产要素，以数字技术创新为核心驱动力，以现代信息网络为重要载体，通过数字技术与实体经济深度融合，不断提高传统产业数字化、智能化水平，加速重构经济发展与政府治理模式的新型经济形态。数字经济正成为世界各国竞争的新制高点，发达国家数字经济规模持续扩张，占 GDP 比重快速提升。2016 年，美国数字经济规模排在全球首位，已超 10 万亿美元，占 GDP 比重超 58%。其他发达国家数字经济也已成为国民经济发展的核心支撑，德国数字经济占 GDP 比重超 59.3%，英国数字经济占 GDP 比重超 58.6%，日本数字经济占 GDP 比重超 46.4%，韩国数字经济占 GDP 比重超 43.4%。①

数字经济在我国国民经济中的地位日益突出，近年来的发展显示出其已经成为构建新发展格局的关键支撑，成为经济社会发展的新动能。2002～2020 年我国数字经济占 GDP 比重由 10.0%提升至 38.6%，数字经济规模扩张到 39.2 万亿元人民币，是国民经济的核心增长极之一。② 2014～2019 年 6 年间，我国数字经济对 GDP 的贡献率保持 50%以上，2019 年对经济增长的贡献率为 67.7%，成为驱动我国经济增长的核心关键力量。③

依托于移动互联网的数字文化产业发展势头强劲，2018 年其涵盖的 16

① 参见中国信息通信研究院：《中国数字经济发展白皮书(2017 年)》，2017 年 7 月。
② 参见中国信息通信研究院：《中国数字经济发展白皮书(2021 年)》，2021 年 4 月。
③ 参见中国信息通信研究院：《中国数字经济发展白皮书(2020 年)》，2020 年 7 月。

个行业小类共实现营业收入2.1万亿元，比上年增长22.4%，占比为21.5%，比上年提高近4.2个百分点。数字文化产业的强劲发展，引领和推动着我国文化产业乃至数字经济进一步的发展。到2019年，比上年增长21.2%；占比为22.9%，比上年提高2.1个百分点。其中，互联网其他信息服务、可穿戴智能文化设备制造的营业收入增速超过30%。[①]

数字文化产业的发展源于新一代信息技术的发展和由其催生的文化产业新业态、新模式的推动。

第一节　移动互联网时代技术发展

移动互联网是随着移动通信技术与互联网技术的快速发展应运而生的，其综合了移动通信技术随时、随地和互联网开放、共享、协作、互动的优势，将互联网的技术、平台、应用程序、商业模式与移动通信融为一体，通过终端设备和移动应用服务深入到社会生产生活的各个方面。移动互联网发展初期起决定作用的是移动通信技术、移动智能终端和移动互联网应用技术，在此基础上人们可以随时随地地享受互联网，使原本在PC端的服务转移到移动智能终端。随着时间的推移和技术的进步，原本使移动互联网产生决定作用的技术已经内化为当前移动互联网发展的基础，而人工智能、大数据、云计算、区块链等新技术则成为当今移动互联网发展的关键；与此同时，虚拟现实技术、投影和3D声场技术通过具体物化形式成为移动互联网重要的装备技术。

一、移动互联网基础技术

（一）互联网与移动通信技术

移动互联网是建立在移动通信基础上的互联网，没有互联网与移动通信的结合就没有移动互联网的出现。

互联网（Internet），即"国际网络"的意思，是指不同网络间通过通用协议连接成的庞大网络。互联网诞生于1969年美国的阿帕网，起初是用于美国军方的连接与通信。此后的20年间互联网被作为锁在"保险柜"里的技术用于美国、欧洲等发达国家政府、军事、学术等领域的研究。1991年，美

① 参见中国信息通信研究院：《中国数字经济发展白皮书（2020年）》，2020年7月。

国国会解除对互联网使用的限制允许用于民用与商用领域。1994 年 4 月，中国正式接入国际互联网，开启互联网时代新征程，自此互联网真正走向改变社会生活的方方面面，人们可以通过互联网轻松地看新闻、读小说、玩游戏、听音乐、发邮件。互联网自商用至今已经历了三个发展阶段。第一阶段，是以搜索引擎、门户网站、电子商务为代表的 Web 1.0 阶段，如中国四大门户网站新浪、网易、搜狐、腾讯以及以搜索引擎起家的百度都诞生于这一时期，Web 1.0 阶段人们只能浏览信息而不能发布信息。第二阶段是以社交媒体、博客、网络社区为代表的 Web 2.0 阶段，这一阶段用户既能浏览内容，又能发布内容，还能分享内容。第三阶段是以基于移动互联网下移动终端、移动应用与人工智能、大数据、云计算、区块链、虚拟现实等技术相结合的 Web 3.0 阶段，这一阶段可以通过人工智能进行内容智能化生产，通过大数据、云计算对内容进行分发，通过多种媒介实现内容跨终端和跨渠道传播。

移动通信(mobile communication)，即“移动通信网络”的意思，是一种连接移动用户与固定用户或移动用户与移动用户之间的通信方式。移动通信发展至今已经历了五个阶段。第一代移动通信(1G)以模拟通信技术为特征实现了移动语音通话功能。第二代移动通信(2G)以数字化为特征，通信质量和网络速度比第一代都有了大幅提升，2G 网络将语音与文本信息相结合，用户间可以流畅地进行语音和短信、彩信等相关业务。用户可以根据 WAP(无线应用协议)进行简单的手机上网和邮件收发功能。如 2000 年 12 月中国移动开展的“移动梦网”业务，实现了手机上网(WAP)、百宝箱(游戏、音乐)等功能，开启了中国早期移动互联网建设雏形。第三代移动通信(3G)是移动通信史上具有里程碑意义的时代，3G 技术将数字通信转向数据通信，移动互联网开始发展，3G 技术使网络通信速度大大加快，能将声音及数据信息在全球范围内实现无线漫游。第四代移动通信(4G)标志着移动通信数据时代的全面爆发，传输速度之快前所未见，图像、音频、视频等各类媒介能以 100 Mbps 的速度进行传输和下载，几乎能够满足用户使用移动网络的全部需求，4G 时代的到来对文化产业产生了深刻的影响，文化生产和传播方式发生了深刻的改变，随着智能手机的普及和图像、音乐、视频、游戏等各类媒体软件的丰富，手机已成为我国网民接入互联网的主要方式。4G 时代到来后，随着网络速度的加快和网络覆盖范围的扩大，人类社会正式进入移动互联网时代。当前第五代移动通信技术(5G)以已全面进入商用阶段，与前四代相比第五代移动通信技术无论在传播速度、网络时延、应用领域都发生了质的转变，在5G技术的支持下人类社会将进入一个移动互联、大数据、智能感应、智能学习的人与人、人与物之间的万物互联时代，新一代移动通信技术使影视、游戏、音乐等文化产业迎来了新的发展机遇。

(二)移动智能终端技术

移动互联网发展的第二大基础要素是移动终端设备。移动终端设备即移动通信终端，是指通过接入移动网络进行相关服务的移动设备。移动终端设备形式多样，包括智能手机、平板电脑、移动可穿戴设备、车载设备等。随着技术的发展，移动终端已经进入智能化发展阶段，以iOS、Android为代表的操作系统使移动设备支持各种应用程序的开发、安装及运行，苹果、高通、华为麒麟等芯片的应用使移动终端具备PC级的处理能力，用户通过移动终端进行移动办公、移动商务、移动文化娱乐等活动，从而实现桌面互联网应用的移动化迁移。如今5G、人工智能、大数据、云计算应用于移动终端操作系统、芯片、应用程序等各环节，新技术的应用实现移动终端更智能的交互、更强大的内容处理、更个性的人机体验。

(三)移动互联网应用技术

移动互联网应用即移动互联网应用程序(APP)，其借助移动终端实现传统互联网应用或服务。开放的操作系统是移动互联网应用发展的关键，用户在基于操作系统的应用商店里能够下载各种应用程序，如手机游戏、移动音乐、社交通信、新闻阅读、出行导航等应用。根据中国互联网信息中心发布的相关数据显示，截至2018年底中国可监测到的移动应用程序已达415万款。移动互联网应用程序渗透到社会给各领域，深刻改变移动互联网时代社会生产生活。

二、移动互联网关键技术

人工智能、大数据、云计算、区块链是近几年信息技术领域最主要的成就，已成为推动当前移动互联网创造新活力、新突破、新发展的关键。

(一)人工智能技术

人工智能的英文名是“Artificial Intelligence”，简写为“AI”，它是研究、开发用于模拟、延伸和扩展人的智能的理论、方法、技术及应用系统的一门新的技术科学。人工智能并不特指某一项技术，而是根据技术发展与研究进程中具有“智能”能力的多项技术统称，其典型的技术有机器学习、计算机视觉、自然语音处理、语音识别等。人工智能发展至今已深度介入文化产业领域推动文化生产与消费变革，机器学习能够通过多元神经网络进行深度学习和强化学习从而形成强大的数据分析与利用能力，应用于文化产品生产和市场预判，如谷歌的 Deep Mind 研发的机器学习算法模型已广泛应用于游戏、影视、音乐等领域；计算机视觉通过强大的视觉运算能力在视频捕捉、图像生成、设计制作等领域得到广泛应用，Dadabots 发行的 AI 重金属音乐专辑《Coditany of Timeness》的封面由人工智能设计而成。自然语音处理能够使机器分析和理解人类的语言和文本，如苹果 Siri、百度小度能够听懂人类语言并与人类对话，腾讯研发的“Dream Writer”智能写稿机器人与阿里研发的“DT 稿王”已成功应用于新闻创作领域。

（二）大数据技术

大数据，即英文所说的“Big Data”，指数据量庞大、数据类型繁多、价值密度低、可快速技术处理的庞大数据信息。随着移动互联网的发展，大数据实现爆发式增长，以前所未有的深度与广度渗透到社会发展的各环节，推动经济、社会、文化全方位变革。大数据不是采用随机分析的抽样调查法，而是对所有数据进行处理分析。IBM 公司提出大数据“5V”特点：volume（大量）、variety（多元）、velocity（高速）、value（价值）、veracity（真实）。大数据推动了文化产业各环节的变革，通过数据采集、数据预处理、数据储存与管理、数据挖掘到最后的数据分析与应用可以精准地了解文化生产、营销、传播、消费的过程，为文化产业创意策划、产品生产、营销推广、投融资提供重要决策信息，移动互联网时代大数据已成为重要的数据价值资源、创新性思维理念，推动文化产业发展。

（三）云计算技术

云计算（Cloud Computing）又称“网络计算”，是分布式计算的一种，指的是通过网络“云”将巨大的数据计算处理程序分解成无数个小程序，然后通过多部服务器组成的系统进行处理和分析这些小程序得到结果并返回给用户。“云”指的是大型服务器集群，用户通过互联网络与“云端”的服务器相连，通过服务器群进行数据信息处理。当前文化产业主要应用两种云技术类别，一是云储存，二是云服务。通过云计算，用户在网络条件下不仅可以使用不同终端设备通过云端上传自己的信息，还能通过“云端”下载与分享各种应用服务，如苹果公司的 iCloud 服务、华为公司的华为云服务。中国互联网文化娱乐公司不断完善云计算体系建设提升云服务应用水平与能力,如腾讯公司的腾讯云提供游戏云、音乐云、视频云、移动云等一体化云整合服务,成为腾讯泛娱乐战略的重要服务保障;阿里云整合阿里文娱八业务体系助力阿里大文娱业务实施。

(四)区块链技术

区块链是近两年最热门的网络信息技术。所谓区块链即“分布式账本”的意思,是利用块链式数据结构来验证和存储数据、利用分布式节点共识算法来生成和更新数据、利用密码学的方式保证数据传输和访问的安全、利用由自动化脚本代码组成的智能合约来编程和操作数据的一种全新的分布式基础架构与计算范式。其本质是由数据分布式储存、点对点传输、加密算法、共识机制、智能合约等构成的技术体系。这些技术组合在一起能够实现数据管理应用的去中心化、数据储存的防篡改、可供溯源的数据查看、被信任的点对点传输从而解决互联网信任和价值传递问题。区块链对文化产业版权保护具有重要意义,盗版问题一直是困扰我国互联网文化产业特别是音乐产业发展的重要问题,区块链技术应用于音乐产业能够对音乐作品发布、传播、交易过程追踪溯源,以保护作者合法权益。

三、移动互联网装备技术

(一)虚拟现实技术

虚拟现实的英文名是“Virtual Reality”,缩写为 VR。从字面理解,虚拟现实(VR)就是虚拟与现实相结合的技术,从理论层面上讲虚拟现实是基于计算机、电子信息、仿真技术,通过计算机建模生成模拟环境使用户沉浸到虚拟环境中。虚拟现实技术包括虚拟现实内容与虚拟现实装备两方面。通过多年的技术积淀,虚拟现实已广泛应用于文化产业各行业,借助 VR 设备用户不仅可以进行 VR 电影、VR 游戏、VR 网络直播音乐会等 VR 内容的沉浸式体验,也可以借助 VR 设备在虚拟空间进行文化产品生产创作。艾瑞咨询发布的预测数据显示,2021 年中国 VR 市场规模达 790.2 亿元。随着 5G 在我国的广泛应用,制约 VR 发展的网速瓶颈将取得重大突破,VR 内容与产品将迸发出前所未有的活力。

(二)三维声场技术

三维声场技术也称“三维声场重建”,又称“虚拟 3D 音频”或“双耳三维音频技术”,是根据人耳对声音信号的捕捉与感知,通过信号处理对两耳接收的声音信号重建多元空间声场,使人耳听到三维音频的效果。三维声场技术的广泛应用推动着音频播放设备的升级换代,实现了音频播放设备从普通声场和立体声场到三维声场的变革。采用此技术的杜比全景声影厅是电影院线升级改造的重点;各大演唱会也通过音响设备升级为乐迷打造沉浸式、体验式的音乐空间;国际著名耳机制造商 Bose、索尼、森海塞尔基于三维音频技术推出杜比、HiFi、DTS 等多款不同音效的耳机,推动音乐发烧友消费热情。移动互联网时代三维音频技术将被广泛应用于影视、游戏、音乐、直播领域,三维声场作为移动互联网重要的装备技术推动文化消费升级。

(三)3D 投影技术

投影技术是指借助投影设备将文字、图像、动画或视频画面投放到平面中。经过多年的发展,投影技术已从二维投影发展到三维立体投影阶段,即人们常说的 3D 投影。全息投影与 3D Mapping 是 3D 投影的两种不同形式,全息投影技术也称“虚拟成像技术”,是利用干涉和衍射原理记录并再现物体真实的三维图像的记录和再现的技术。简单来说,全息投影是将影像投射到全息介质上,从而让人眼产生 3D 效果;3D Mapping 又叫“结构投影”,结合光学投影原理,采用高亮度光源,依托虚拟现实技术、裸眼 3D 动画制作,让任意一个物体表面成为投影的载体。3D 投影作为移动互联网时代重要的装备技术和多媒体视觉展示效果被广泛应用于演唱会、电视综艺、剧场演出、户外广告宣传等行业:2016 年 G20 杭州峰会“最忆是杭州”音乐汇演通过全息投影技术将科技与自然融合向全世界观众展现了一场精彩的音乐视觉盛宴;2018 年江苏卫视跨年晚会通过全息投影使虚拟偶像洛天依与周华健共同演唱歌曲《Let it go》为现场观众带来了前所未有的视觉冲击;2019 年 2 月故宫上元之夜灯光秀用 3D Mapping 技术将故宫典藏名画投影于建筑屋顶,为观众展现紫禁城 600 年华彩;成都太古里通过 3D Mapping 技术打造的裸眼 3D 大屏已成为成都最重要的文化打卡地,吸引了大量游客的参与。

第二节　数字文化产业新业态蓬勃发展

2011 年,伴随着我国移动通信 4G 技术正式投入使用,由于网速、上网便捷性、手机应用等移动互联网发展的外在环境基本得到解决,移动互联网应用开始全面发展。2014 年以后,顺应移动互联网新的消费和传播需求,移动互联网数字内容井喷式涌现，形成数字文化产业新业态。

国家统计局第四次全国经济普查系列报告公布的数字，我国文化产业的资产规模和产出规模也明显扩大。截至 2018 年末，文化产业法人单位拥有资产 22.6 万亿元，全年实现营业收入 13.0 万亿元，分别比 2013 年末增长 118.3%和 55.5%。特别是文化服务业的产业规模扩大比较明显，其资产规模和营业收入分别达到 16.4 万亿元和 5.6 万亿元，比 2013 年末分别增长了 179.4%和 157.8%。移动互联网数字内容新业态发展势头强劲，其涵盖的 16 个行业小类共实现营业收入 2.1 万亿元，比上年增长 22.4%，占比为 21.5%，比上年提高近 4.2 个百分点。新业态的强劲发展，数字内容新领域的拓展创新，引领和推动着我国文化产业乃至数字经济进一步发展。到 2019 年，比上年增长 21.2%，占比为 22.9%，比上年提高 2.1 个百分点。其中，互联网其他信息服务、可穿戴智能文化设备制造的营业收入增速超过 30%。[①]

从移动互联网数字内容新业态的具体行业看，我国的网络文学、网络游戏、网络短视频、网络直播走在全球前列，网络剧、网络综艺等长视频和网络音乐领域其影响力也不逊色于发达国家。

一、网络游戏

（一）我国网络游戏发展现状

我国网络游戏自 2001 年出现，在信息技术的推动下，经过 20 年的发展，已经成为我国文化产业中市场规模最大的新生力量。特别是在移动互联网技术平台上，市场规模以年均增长约 30%的速度迅速扩张，经营收入在全球网络游戏市场上雄霸第一。在游戏产品的生产经营方面，也逐步由初始的主要代理国外品牌游戏，发展为进行自主研发为主。近年来随着手机游戏的兴盛和我国网络游戏的溢出效应，我国网络游戏更成为具有国际影响力的中国文化产品，不仅在传统输出地东南亚一带风行不衰，而且进入美、日、韩、俄罗斯等主流市场。

截至 2020 年 6 月，我国网络游戏用户规模达 5.40 亿，占网民整体的 57.4%，手机网络游戏用户规模达 5.36 亿，占手机网民的 57.5%。2020 年

---

① 参见国家统计局社会科技和文化产业统计司：《文化产业实现规模效益双提升——第四次全国经济普查系列报告之五》，国家统计局网站，2019 年 12 月。

上半年,网络游戏行业实现营收和企业数量双增长。网络游戏时长实际销售收入 1394.93 亿元,同比增长 22.34%,其中移动游戏占比为 75.04%。我国自主研发游戏在海外营收达 75.89 亿美元,(约合人民币 533.62 亿元)同比增长 36.32%。游戏类应用数量达 92.5 万款,占全部移动应用的 25.8%。[①] 2019 年全球用户支出排名前十的移动游戏由中、日、韩、美四国包揽,标志着我国移动类游戏在全球范围内已处于第一梯队。我国的电子竞技发展异军突起,成为网络游戏快速发展的新引擎。2019 年电子竞技游戏收入 947.3 亿元,同比增长 13.5%。用户规模从 2015 年 2.2 亿翻了一番,达到 2019 年的 4.4 亿,连续 5 年保持扩张。移动电子竞技游戏收入 581.9 亿元,同比增长 25.8%。[②] 基于上述各项数据的梳理,我国游戏产业呈现以下主要特点:移动游戏继续保持较快增长,拉动国内游戏市场稳步扩展;自主研发游戏海外营销提升明显,涌现出一批优质作品;电子竞技游戏异军突起,为游戏产业提供了新动能,在新技术驱动下,AR/VR、云游戏等前沿市场将迎来快速成长新机遇;特色游戏用户群体显现出较大的增长潜力和发展空间。

(二)从产业组织结构看,“寡头主导,大中小共生”局面初步形成

我国网络游戏产业属于寡头垄断型结构,腾讯和网易占据了我国网络游戏市场的主要份额,其他中小企业分享余下的较小的市场份额,逐步形成了“寡头主导,大中小共生”的行业结构。2019 年全年,腾讯实现营收 3772.89 亿元,同比增长 21%,全年净利润为 933.1 亿元,同比增长 19%。其中网络游戏收入增长 10%至 1147 亿元。网易作为第二大中国游戏公司,2019 全年营收 592.41 亿元。根据中国 20 强游戏公司 2019 年年报分析,腾讯控股、网易、世纪华通、三七互娱、金山软件是 2019 年营业收入最高的五家游戏公司,完美世界、哔哩哔哩、网龙、IGG、昆仑万维则分列第六至第十。[③]

(三)网络游戏海外扩张迅猛,版权资源成为投资焦点

2019 年中国自主研发游戏海外市场营销收入 115.9 亿美元,折算人民币约为 825 亿元,同比增长 21%。从产品类型看,角色扮演类、策略类和多

① 参见中国互联网信息中心:《第 46 次中国互联网络发展状况统计报告》,2020 年 9 月。

② 参见中国音数协游戏工委、中国数据公司:《2019 年中国游戏产业报告》,2019 年 12 月 20 日。

③ 参见 Analysys 易观:《中国 20 强游戏公司 2019 年年报分析》(2020-06-15),https://www.gameres.com/869364.html。

人竞技类游戏最受青睐，收入合计占海外总收入的 74.7%。从地区分布看，美、日、韩是中国自主研发游戏最主要海外市场，收入合计占海外总收入的 67.5%；其次为欧洲和东南亚市场。[①]

版权投资已经成为海外投资的焦点，企业并购是获取版权资源最直接有效的方式。腾讯游戏在国内处于寡头地位，拥有全世界最大的用户体量，自主研发的《王者荣耀》等游戏也颇受用户喜爱，但相较于国际知名游戏厂商，腾讯公司在游戏质量和技术层面仍有较大差距，近年来腾讯公司依托自身强大的资本优势，花费大量资金投资知名游戏商场，并购游戏工作室，通过资本运作获得优秀游戏 IP 和高精尖从业人员，借此打造良好的游戏品牌。

二、网络文学

在纸质文学阶段，欧美国家形成成熟的以类型小说为主导的畅销书生产机制，形成巨大的阅读市场和广泛的国际文化影响力，进入互联网时期，欧美的作家和读者都缺乏跨越媒介进入网络的动力，欧美国家的文学出现边缘化的现象。而伴随着经济社会转型，我国文学创作动力和阅读需求在互联网时代被充分激发和释放，自 20 世纪末，经过 20 多年蓬勃发展，中国的网络文学不仅对发达国家实现了弯道超车，而且日益成为与美国好莱坞电影、日本动漫、韩国电视剧齐名的世界文化名片，成为具有国际竞争力、代表我国文化特点的文化输出产品。至 2020 年，我国网络文学用户规模达 4.60 亿，累计创作 2905.9 万部网络文学作品，网络文学作者累计超 2130 万人，其中，网络文学 IP 的改编量为 8059 部，其中改编为纸质出版物、动漫、影视剧、游戏和其他类共有 724 部。[②] 网络文学的题材类型丰富，内容"多元化"表现显著，已经形成了都市、历史、游戏等 20 多个大类型、200 多种小分类，还新增了大量的二次元、体育、科幻题材类型的作品，加之现实类作品崛起，网络文学题材类型丰富多样，体现行业活力。

伴随国家文化"走出去"政策的不断完善，网络文学出海目前已经覆盖日、韩、东南亚、北美、欧洲等多个国家。网络文学出海也完成了从内容到模式、从区域到全球、从输出到联动的进化，开始进行文化价值和商业价值层

① 参见中国音数协游戏工委、中国数据公司：《2019 年中国游戏产业报告》，2019 年 12 月 20 日。

② 参见中国音像与数字出版协会：《2020 中国网络文学发展报告》，2021 年 10 月 9 日。

面的输出。2019 年,中国网络文学的海外市场规模达到 4.6 亿元,海外中国网络文学用户数量达到 3193.5 万。国内向海外输出网文作品 10000 余部,翻译网文作品 3000 余部。起点国际(Webnovel)自 2018 年 4 月开放海外创作平台以来,作为国内互联网公司在海外率先实行付费阅读的文学平台,目前累计访问用户已超 7300 万,北美、东南亚为代表的世界各地的译者和译者组进行合作,上线超 1700 部中国网络文学的英文翻译作品。不仅如此,还吸引了来自全球超 10 万名创作者,已创作原创网络文学作品超 16 万部,从区域分布来看,东南亚和北美的作者占比最大。中国网文得到越来越多的全球读者的欢迎与认可,在作品类型上,全面囊括玄幻、奇幻、都市等多元题材,内容丰富多样。除经久不衰的实体书海外出版发行外,成熟的 IP 改编作品走红海外,而且 IP 改编版权和电子版权也越来越受欢迎。[①]

2015 年前后,"IP+"成为新的文化产业增长带、增长极,"IP"一词也成为诞生迄今最有实际意义和行业驱动力的文化产业新概念。其中,以网络文学作为头部资源的 IP 开发,凸显了网络文学创作、改编和生产的全产业链开发模式的形成及其事实功效。网络文学以原创作品为源头,经过 IP 化版权转让,推进线上线下跨界融合,拉动影视、网剧、游戏、动漫、纸介出版、舞台演艺、移动阅读、有声读物、周边产品等大众文化生产,形成一条"文·艺·娱"一体化的全媒体经营产业链。作为文创市场泛娱乐产业的内容资源,网络文学带动了千亿级大众娱乐市场的孵化发展,成为中国文化产业增值最快的版块。

腾讯文学于 2013 年成立,盛大文学两年后整合加入,成立阅文集团,由此成为网络文学的超级"航母",坐拥 QQ 阅读、起点中文网等 8 大网络文学平台,有数据显示,阅文集团名下各类网络作品 1000 万部,网络作者约 400 万人,占据国内网络文学改编市场的 90%份额。

三、网络视频

网络视频通常又可分为长视频和短视频。长视频包括网络剧、网络电影、网络综艺等。截至 2020 年 6 月,我国网络视频(含短视频)用户规模达 8.88 亿,占网民整体的 94.5%,其中短视频用户规模为 8.18 亿,占网民整体的 87.0%。经过这几年的培育和发展,网络视频制作量正在全面比肩甚

① 参见中国社会科学院:《2020 年度中国网络文学发展报告》,2021 年 3 月 18 日。

至超越传统影视产品。比如，2017 年国产传统电影数量是 970 部，2017 年网络大电影的数量则达到了 1892 部。2017 年，各频道发行的电视剧数量是 186 部，而网络自制剧的数量达到了 379 部。2017 年，全国卫视综艺节目数量是 157 个，网络自制综艺数量则达到了 131 个，数量基本比肩卫视。2020 上半年，各大视频网站共上线 356 部网络剧，其中网络短剧占 47.5%，较 2019 年提升 12.4%个百分点。[①] 长视频平台由 BAT 三分天下，短视频暂时形成快手抖音双龙头。

优质内容依然是网络平台的核心竞争力，以优质内容为基础的付费模式获得用户认可。近年来精品短剧成为网络剧的亮点。从商业模式看，付费超前点播渐成常态，会员服务稳步增长。2019 年以来，除芒果 TV 外，其他视频平台的付费会员增速逐渐放缓，优质内容和符合用户强需求的排播，成为吸引用户付费的关键。2019 年 8 月，腾讯视频首开付费超前点播，为视频网站开辟了新的收入渠道。2020 年上半年，爱奇艺会员服务收入 86 亿元，同比增长 26.5%，在总营收中的占比达 57.3%。

近年来最火的短视频，是指利用手机等移动设备拍摄，时长为几秒到几分钟不等的休闲视频短片。内容制作上，短视频与微电影的高团队配置要求和特定表达形式不同，它具有生产流程简单、制作门槛低、参与性强的特点，只需利用拍摄和剪辑软件，然后根据画面附上音乐背景就可完成作品；主题呈现上，情景式、幽默吐槽式、讲解式和采访式是短视频主要的风格样式，塑造出的内容产品类似单元剧或一场场"快闪"表演，极易抓人眼球。其中，短视频 Vlog 形式，将镜头后拍摄者作为潜在内容本身，与所呈现的场景糅合在一起，以博主旁述、讲解的方式记录生活，形成比较原生态的表达，于新一代创作者来讲更富有吸引力与创新性。

短视频行业与新闻、电商、旅游等产业融合不断深入，传播场景不断扩展，成为主流网络应用。作为信息传播方式，短视频逐渐成为其他网络应用的基础功能。短视频成为新闻报道新选择，短视频提供大量信息来源，改编新闻叙述方式，扩宽新闻报道渠道，创新新闻传播方式；短视频成为电商平台标配，各大平台持续布局短视频业务，利用短视频生动形象地展示商品，激发用户需求，提升转化率；短视频成为旅游市场新动力，近两年短视频带火了一大批旅游景点，成为旅游业的重要营销手段，各大在线旅游平台纷纷

---

① 参见中国互联网络信息中心：《第 46 次中国互联网络发展状况统计报告》，2020 年 9 月。

打造短视频内容社区,引导用户创作短视频游记。

四、网络直播

截至2020年6月,我国网络直播用户规模达5.62亿,占网民整体的59.8%。其中电商直播用户规模为3.09亿,占网民整体的32.9%;游戏直播的用户规模为2.69亿,占网民整体的28.6%;真人秀直播的用户规模为1.86亿,占网民整体的19.8%;演唱会直播的用户规模为1.21亿,占网民整体的12.8%;体育直播的用户规模为1.93亿,占网民整体的20.6%。2020年上半年,电商直播成为发展最为迅猛的互联网应用。政府层面、企业层面和用户层面三方发力。游戏直播业务延续了整体向好的发展态势。2020年上半年,斗鱼和虎牙营收分别同比增长42.4%和40.3%。[①]

五、网络动漫

我国动漫经历了传统的纸漫—互联网—移动互联网的发展历程,当前处于移动互联网爆发的时期。随着国家对侵权行为的规范和治理,优质的内容是平台的核心,除了版权引进,各大平台纷纷增强自身原创作品的生产能力、IP打造和运营能力。虽然我国二次元用户基础良好,但是平台盈利情况却不尽如人意,除了传统的广告收入、版权授权、衍生品开发等,不断探索新的商业模式。比如一些平台的付费阅读形式,就为网络动漫开辟了新的盈利途径,并有效增加用户和作者的良好互动,有助于企业收集市场反馈信息。

网络动漫主要有综合门户网站的动漫板块,如网易和新浪等;也有动漫网站,比如腾讯、有妖气、动漫之家等;还有如网络运营商中国移动的咪咕动漫、电信的爱动漫等。近几年移动互联网涌现出一批漫画阅读APP,如快看、卡布、大角虫等,以及斩获大量核心动漫用户的AB(AcFun简称"A站",bilibili简称"B站")站以作品为中心的垂直社区平台。近年来我国网络动漫用户规模一直呈增长趋势,2016年中国网络动漫产值达155亿元,2017年动漫用户规模达1.73亿人。截至2016年年底,中国网络漫画作品总量大约为15万部,网络漫画作者9万多人,漫画点击量达到2000亿次,

---

① 参见中国互联网络信息中心:《第46次中国互联网络发展状况统计报告》,2020年9月。

国内付费漫画市场规模已经达到2亿元。[①]

六、网络音乐

我国网络音乐主要得益于互联网的发展与数字音频压缩技术的出现。1993年，音频压缩技术诞生，音乐以几MB大小的储存格式在互联网上下载与传播；1997年，音乐人白勺将音乐作品《慧多》上传到网上，这被视为中国第一首网络歌曲；同年，音乐人陈哲开通了中国第一个音乐主页；1999年，九天音乐网成立，为中国网民提供数字音乐在线试听与下载功能，紧接着声纳音乐网、网蛙音乐网、听365音乐网等音乐网站相继成立，我国网络音乐出现。这一时期我国网络音乐以网站的形式提供免费传播与下载服务，商业价值低，商业模式不成熟。2003年，酷狗音乐上线并推出酷狗音乐客户端，围绕客户端打造数字音乐库，数字音乐传播与下载由网站、网页形式转移到早期在线音乐平台。随后，QQ音乐、酷我音乐、虾米音乐等一大批音乐平台成立，我国网络音乐行业规模迅速扩大，网络音乐用户快速增长。但这一时期数字音乐版权机制不健全，相关法律保护不完善，盗版现象十分猖獗。2009年，文化部下发《关于加强和改进网络音乐内容审查工作的通知》，要求加强对网络音乐行业相关版权保护。2010年，国家多部委联合开展"剑网行动"，对网络盗版行为进行有力打击。2010年后网络音乐行业发展重点转移到音乐版权上，音乐平台与主流唱片公司进行战略合作，探索围绕音乐版权为中心的行业发展模式。2015年，国家版权局下发《关于责令网络音乐服务商停止未经授权传播音乐作品的通知》，要求全网停止未授权音乐作品的传播。随着网络音乐正版化商业化开启，文化资本涌入网络音乐市场，2015年网络音乐投融资数量达54起，比2011～2014年总和还多，此后三年间网络音乐融资数量达219起，为日后网络音乐产业大发展打下坚实基础。[②] 与此同时，各大音乐平台纷纷布局数字音乐产业链相关环节，围绕产业链打造移动K歌、音乐直播、票务演出、音乐游戏等泛音乐娱乐形式，我国网络音乐进入大发展时期。

在互联网大发展的背景下，我国音乐产业发展态势良好，市场规模持续增长。2018年，中国音乐市场总产值达3747.85亿元，同比增长7.98%，中

---

① 参见崔宝国主编：《中国传媒产业发展报告(2018)》，社会科学文献出版社2018年版。

② 数据来源于艾瑞咨询公开资料与报道。

国音乐行业规模由2017年全球第十位上升至2018年全球第七位。借助中国音乐产业强势发展东风,我国网络音乐产业持续增长,成为全球音乐产业发展的重要力量。截至2018年12月,我国网络音乐行业总产值达609.5亿元,网络音乐用户规模约5.76亿人,占网民总数的比重约为69.5%,其中手机用户成为中坚力量,规模达5.53亿人。[①]

经过自2015年开始的连续并购,腾讯、阿里巴巴、百度和网易云音乐四家网络音乐集团割据市场的竞争格局已经形成。从外部来看,集团化的网络音乐厂商整合了版权资源,在形成版权健康流转模式的同时不仅创造了利润,也推动了用户体验的提升。

七、网络音频

作为移动互联网环境下具备唯一伴随性的表现形式——在线音频,以智能手机、平板电脑、车载音响等移动终端为载体提供在线语音收听服务,内容包括传统电台、百科知识、小说、新闻资讯、影视原音等。当前,在线音频因强伴随性特征满足了用户碎片化、便捷化收听的需求。艾媒咨询调查报告显示,2020年中国在线音频用户规模突破5.42亿人。[②] 与传统音频不同的是,在线音频内容不再是少数专业制作团队独揽,而是加入了无数细分领域的个体生产者,一些专家学者、网红大V、草根用户根据自己声音特色或个人偏好,选择合适的领域如讲故事、小说朗读、影评内容等进行录播生产。

第三节　数字文化生产新模式

一、数字文化生产新载体

(一)移动应用服务催生多样化文化平台

移动应用服务,是针对手机等移动终端连接到互联网或无线网卡的业务而开发的应用程序服务,英文缩写为“APP”。按照功能或性质的不同,将

---

① 参见中国音像与数字出版协会:《2019中国数字音乐产业发展报告》,2019年7月11日。

② 参见《音频行业数据分析:2020年中国在线音频用户达5.42亿人》,https://www.iimedia.cn/c1061/67214.html。

手机 APP 大致分为电子阅读、手机游戏、移动视听、移动搜索、移动社区、移动支付等，它们以移动终端为载体，有侧重点地为用户提供功能性服务。其中，除了直接服务于人们日常生活的工具类 APP，越来越多的应用程序在开发中注重用户精神需求，因而内容型 APP 或者说文化内容平台逐渐被催生出来。

文化内容平台本质上是一个数字信息的空间或者交换场所，用户可以通过平台进行体验、制作以及传播文、音、影、视、画等数字内容。依据承载内容的性质及表现形式，文化内容平台总体呈现出多样化发展态势，且细分中垂直深耕。文化内容平台可划分为新闻资讯平台、网络文学平台、短视频平台、在线视频平台、在线音乐平台、在线直播平台、社交型内容平台、知识分享型平台等。新闻资讯平台中，今日头条、腾讯新闻、看点快报、网易新闻、趣头条、Flipoard 红板书、ZAKER（新闻阅读）、UC 头条、百度新闻、澎拜新闻等深得用户喜爱。特别是今日头条，授权合作的媒体如新华社、光明网、《解放军报》、《新京报》、澎湃新闻等几乎覆盖所有行业，强有力的创作系统已构建起一套完整的内容生态体系。短视频平台中，抖音短视频、快手、西瓜视频是短视频内容最佳展现地，其中抖音短视频不仅旨在帮助用户表达自我，记录美好生活，还成为输出当代中国文化的典范。直播平台映客、花椒异军突起，PC 端直播平台如 YY、熊猫、斗鱼也加速移动化，各大互联网公司微博、美拍、陌陌、网易、淘宝、腾讯纷纷宣布开设直播。网络文学平台中，腾讯文学于 2013 年成立，盛大文学两年后整合加入，成立阅文集团，由此成为网络文学的超级“航母”，坐拥 QQ 阅读、起点中文网等 8 大网络文学平台。此外，你懂小说、梧桐阅读、书旗小说、天翼阅读、起点中文等聚集了海量的文学作品。随着我国在线知识付费行业的深入发展，越来越多的平台开始布局知识付费领域，知识分享型平台涌现。根据知识产品和服务的形式不同，在线知识付费平台可以分为三类：综合性在线知识付费平台、垂直化在线知识付费平台和社交性在线知识付费平台。综合性在线知识付费平台有喜马拉雅 FM、知乎、蜻蜓 FM、得到、在行一点、小鹅通、千聊、百家号、企鹅号、大鱼号和头条号等。垂直化在线知识付费平台是知识产品和服务专业化程度较高、具备知识内容生产经验的专业垂直领域的平台，具有代表性的平台有：时间知道、丁香医生、大牛家、雪球、懂球帝等。社交性在线知识付费平台是指用户黏性较强、具有潜在用户关系链的平台，比如微博中付费问答、付费阅读和打赏，微信平台、知识星球等。我国数字音乐平台已形成腾讯音乐、阿里音乐、网易音乐、百度音乐四大互联网络巨头领跑行业市场四分天下的局面,版权、流量、用户持续向四大头部音乐平台集中。运营较好的网络动漫平台有快看漫画、腾讯动漫和哔哩哔哩弹幕视频网站,还有快看、卡布、大角虫等移动动漫应用平台。

(二)自媒体兴起,文化内容生产力普及

自媒体是相对于报刊、广播、电视等传统媒体而言的新媒体形态。2003年,美国学者丹·吉尔默提出“自媒体”概念,认为是普泛化、私人化、平民化、自主化的传播者们运用现代化、电子化的科技手段,向不特定的大多数人或者特定的个体传递规范性及非规范性信息的新媒体的总称。当时互联网技术不够成熟,早期自媒体形式仅有博客和微博,直到2011年,随着移动互联网和智能手机的普及,各种移动互联网平台海量涌现,我国自媒体才逐渐兴起。2012年,腾讯公司推出“微信公众号”功能,自媒体面向移动端发展,在智能手机用户的联动下,自媒体时代真正到来。

自媒体是低门槛的个人媒体,每个人都可以将自己称之为一家报社、杂志社甚至是广播电视台。当然,尽管你发出的“声音”很小,传递的个人文化价值可能会有所淹没,但是与传统媒体相比,其内容输出壁垒被打破,从文化生产者角度实现了由少部分人到所有人的质的改变。根据艾瑞数据报告,我国从事自媒体内容生产行业的人近乎千万,其中,超过一半的自媒体人根据自身知识背景和兴趣兼职工作。庞大的创作群体保证了互联网文化内容的持续输出,网络文学、网络游戏、网络动漫、网络视频、网络直播、网络音乐等内容生态繁盛发展。

自媒体是以往介质载体的升级,如今文化内容生产也还是要依附于各种自媒体平台才可以面向受众群实现内容的价值转化。不过,相对于传统媒体的低承载和高成本发行,自媒体平台通过网络降低流通成本的同时实现了每天海量内容的上传。此外,经历了博客、微博以及各类公众号的发展,目前已有超过上百个不同定位的自媒体文化内容平台,而且这些平台从只能发表文字、图片、视频形式的内容到现在升级为可以生产短视频、直播、音频形式的多元化娱乐内容。可以说,自媒体的兴起不管从生产主体、媒介属性还是内容承载力等各方面都最大程度强化了文化内容的生产力。

二、数字文化生产新主体

(一)全民参与的用户生产主体

1.普通用户的个人生产

移动互联网技术的发展有效地促进了普通用户向文化内容生产者的转变。智能手机的普及和4G技术的应用,使得原本被动接受信息的网络用户能够不受原有时空限制,随时随地记录下所观所想,通过不断创新文章、图片、知识、视频等,与他人分享新鲜有趣的文化内容。

从我国大背景看,截至2020年3月,移动互联网月度活跃人数为11.56亿。随着创作门槛的降低,越来越多的普通人参与到各大文化内容平台的信息供给与传递中。数据显示,2019年,网络文学用户数量较以往呈上升趋势,国内网文作者已经突破1755万,中文在线、掌阅等APP中对外授权的作品已有3000多部;综合资讯平台今日头条共发布4.5亿条内容,其中1825万用户首次在头条进行创作;音乐社区全民K歌、唱吧等,在线玩家达2.82亿人,个性化的音乐创作实现了草根用户的明星梦;短视频平台中,除官方媒体和专业机构外,快手已有2.5亿人上传作品,原创视频海量,站内库存数达130亿。抖音吸引了46万个家庭拍摄温馨全家福,同时千万支亲子、美食、旅游、萌宠视频在广大“抖友”记录下产生。①

诚然,普通用户没有专业团队扶持,也没有对所生产的内容形成规划和商业目的性,只是个人利用新媒体平台或热衷或随意地上传和分享内容,但是这种极具个性化的生产却为互联网文化内容生态注入了源源不断的新鲜活力。如微博媒体人“老树画画”,闲暇之际常在微博发布自己的绘画,其作品形式奇特,以打油诗附上或山水或小孩邻里或房中布景的配图,寓意为表达日常生活中的心境,亲切自然又接地气的小画风格打动了许多人的内心。再如视频用户“SD家族”,随手拍下最为真实的日本留学生活,上传到短视频平台与大众分享,记录下异国人文风情的同时也收获了不少粉丝。此外,网络文学“野生”(非职业认证)作家“暗号”,作为一名北京打工仔,业余时间喜欢写科幻类小说,自2013年以来原创了《七娃》《白炽之昼》《红学会》三部作品,在兴趣中实现了表达自我的初心。

---

① 参见《音频行业数据分析:2020年中国在线音频用户达5.42亿人》,https://www.iimedia.cn/c1061/67214.html。

2.普通用户生产特点:普泛化、个性化、去中心化

普通用户以个人力量之所以在文化内容生态中占据越来越重要的地位,从一定程度来说取决于生产主体的普泛化、个性化和去中心化特点。

(1)普泛化。伴随着自媒体的兴起,当下每一个社会个体都可以自主、能动、自由地基于移动终端通过互联网加入内容生产。以往让大众觉得高不可攀的传统媒体,其话语权被挤压到一个很小的空间,而作为草根阶级的普通民众,只要申请平台账号,就能表达观点,铸就个体文化价值,从而将自己的日常生活变为一场"新闻发布会"。当然,尽管各领域头部文化内容仍由专业主体垄断,但这条用户"长尾"已带来海量的文化内容作品,其力量不容小觑。

(2)个性化。不同于媒体从业者对文化内容的标准化生产,普通用户作为传播主体时,更多是基于喜好、职业及生活背景等,塑造出可以传达自身思想、价值观念、生活态度的人格化内容。如农家妹子"麦小登"用镜头记录和父亲的乡间劳作日常,动漫爱好者"魏单纯"上传自己的图片,旅游达人"孟叔"随笔分享世界各地的风景,他们用各自独特的表现方式创作出千人千面的内容作品。

(3)去中心化。生产主体的普泛化与下沉势必会带来内容的"去中心化"。过去新闻的生产制作要由记者、撰稿人进行"编辑部生产",影音及文学作品也要传媒机构和出版商把控源头。如今内容生产从原来的中心化媒体变为社会化生产,文化内容不再只由特定人群创作,而是在信息流平台和社交网络的多渠道下经全体用户的分享实现自营。内容题材上,从热门新闻事件、社会普遍现象展开的中心话题扩散到日常心境感悟、自我娱乐的视频等。简言之,在平等且自由的互联网环境下,每个人即中心的分散布局实现了内容的多元化发展。

(二)垂直领域的专业生产主体

与以往官方媒体从业者生成的团队机构相比,移动互联网环境中文化内容的专业生产主体包括两种类型。

1.具备高知识素养的专家或关键意见领袖

关键意见领袖(简称"KOL")在内容生产与传播中扮演重要角色,他们多数情况下较早接收传媒信息,然后经过自身处理加工再传播给其他人,这类群体通常具有较强的权威性和影响力,能左右普通用户的态度。因此,基于关键意见领袖的绝对干预性,细分内容领域加强了对此专业生产主体的

引导。2019年9月,50位真正关键意见人物在福布斯中国的梳理下从五个特定垂直内容领域脱颖而出。其中在健康知识类领域,推举出育学园创始人崔玉涛。作为一名临床经验丰富的儿科医生,过去十年他坚持在微博分享健康知识并在线答疑,目前已经拥有超过800万的粉丝群,由他本人著作的《崔玉涛图解家庭育儿》一书,在国内的累计销量超过千万册,其影视节目《不简单的辅食》第一季全网播放量超过1.4亿次。生活类领域,"办公室小野"以拍摄办公室花样美食系列的脑洞视频如《饮水机煮火锅》《电熨斗烫肥牛》《电钻小龙虾》而受人关注,就地取材并出人意料的创意作品让她在YouTube拥有700多万的海外关注和近20亿的视频播放量。在电竞领域,网游《英雄联盟》中我国电竞职业选手简自豪(UZI),通过在社交媒体平台和直播间讲解比赛经验、展示娴熟的操作技巧获得了超过千万人的关注量,被评为中国首屈一指的电竞流量担当。总之,关键意见领袖是高价值内容的主要产出者,他们一方面对用户提出指导性意见,另一方面又为文化内容平台带来较强的推广效应。

2.转型升级的传统媒体人与媒体

专业生产主体中,除了具备一定知识素养的专家或意见领袖,还包括曾经掌握绝对话语权的传统媒体从业者和传统媒体。由于新媒体的全面发展,现代社会中报刊、电视等传统媒体面临着严峻的处境,像记者、编辑等大批传统专业媒体人和传统媒体纷纷转向新媒体以期获得新的发展。

部分传统媒体人自主创业成为自媒体精英。目前,完成华丽转身、投身自媒体发展的代表性传统媒体人有罗振宇、朱晓鸣和方夷敏。罗振宇原为中央电视台《对话》栏目制作人,辞职后于2012年开始打造知识脱口秀栏目《罗辑思维》,半年内由一款在优酷、喜马拉雅等平台播放超过10亿人次的互联网自媒体视频产品,逐渐延伸为知识服务社群得到APP融合的全新互联网品牌,通过精品课程、大师专栏、每天听书等多样式高品质内容服务,旨在以"身边的读书人"形象让用户能够利用碎片化时间学习。朱晓鸣,离开浙报集团创立了"We Media自媒体联盟",在"新内容,新商业"的口号下,联盟聚集了千万级头部IP,签约了超过500人的各行业自媒体精英,内容涵盖娱乐、科技、生活、时尚、母婴等十大领域,拥有总粉丝量达4000万人以上。方夷敏,曾担任《南方都市报》的首席记者,拥有5年电影行业和8年时政新闻报道经验。2015年前后,基于对时尚的喜爱和见解,她开始独自经营公众号"黎贝卡的异想世界",形式以图文资讯分享穿搭和购物心得,向读者传达了积极向上的生活态度。当下，黎贝卡的媒体矩阵已在全网吸引了1000万读者。2019年10月，这位成功转型的时尚博主首次出书《今天也要认真穿》即登榜单第一名，被评为年度畅销新锐作家。

一些传统媒体组织依托移动互联网平台升级成为专业内容提供商。凭借内容生产力这一核心优势，全媒体时代下传统媒体组织顺势升级，为移动互联网用户提供了大量的优质文化内容。例如前身为《东方早报》的澎湃新闻，改革后利用WAP、客户端、微博及微信公众号等平台，生产并聚合互联网优质时政思想类内容，在近400人的原班大采编团队的共同协作下，每天发布超过300+的原创报道，覆盖上亿用户，影响力在资讯领域中位居前列。再如阿里最大的短视频内容提供商，拥有广电专业团队背景，曾制作过多档卫视综艺和多部知名纪录片。2017年进军移动互联网内容创业领域后，精心打造优质生活方式类产品“悦享视频”，内容制作全部采用广播级设备进行拍摄，日更达数十条。目前耀世星辉除了打造《悦健康》《悦美食》《悦时尚》等“悦”系列节目，还成功孵化出《少女食袋》《即刻厨房》《上班日记》等近20档原创短视频IP，全网播放量超过1亿。

三、数字文化生产新方式

(一)用户生产内容方式

用户生产内容(User Generated Content)简称“UGC”，是伴随着以倡导个性化为特征的Web 2.0而兴起的移动互联网新型内容生产模式，它有别于传统权威者传播、中心化发散的媒体环境。UCG模式下，生产主体是无组织机构或商业市场介入的非专业网民，他们发布的文章、视频、图片、音频等内容一般为即时性，没有经过详细规划，具有自发性和非营利性特点。当前，各文化内容平台充分调动广大用户投身到生产中，从而以极低的成本获取海量内容。微博分享、视频创作、社区网络等都是UGC的主要应用方式。

1.用户生产内容缘起

用户在生产、上传、分享内容的过程中往往受到各方面因素的干预，且其影响度和指向存在差异。用户生产内容的动因较为复杂，其参与、协作、交互和贡献内容行为背后的相关动因大致包括以下几种：

(1)兴趣爱好。从UGC个性化和自发性特点看，用户对内容的生产或分享往往基于各自的兴趣和爱好。人们通常愿意参与一些有浓厚兴趣或者是正试图深入了解的文娱活动，他们会从中获得更多的体验和快乐。如摄影爱好者喜欢将照片上传到平台的原创图库展示给他人浏览，影迷朋友热衷以影评的形式交流观看心得，对于与自身经验相匹配的网友问题，用户也乐于分享。音乐、游戏、运动等“圈层文化”就是在此动机中发展而来。

(2)自我呈现与满足。自我呈现与满足即用户将个人的情感、思想、价值观以文字、视频等形式表达出来，希望通过这些内容向他人展示自己能力和文化素养的同时，在媒体环境中强化个人价值，获得身份认同感。一些博主、UP 主、网络社区用户，他们发布的资讯或生活片段在得到点击、评论、转载、分享时会增加自信心，激发创作动力，进而更主动地参与到用户生产内容中去。因此，这种心理推动了 UGC 生态的持续发展。

(3)从众心理。“从众心理”是指用户受他人影响而进行内容生产的心理动机。在当前话语权开放的移动互联网时代，虽然每个人被赋予个性表达的权利，但多数人还是会作出符合公众言论或行为的表现。微博刚出现不久，有学者对用户使用动机进行研究时发现，“时尚”是很多人玩微博的一个原因，看着身边朋友都注册并发布动态，认为自己不玩就落伍了。最早网红“后舍男孩”拍摄搞笑视频后，一夜之间网络上便涌现出许多网民自制内容。还有如今大火的短视频，在“刷抖音”“刷快手”时会弹出通讯录好友作品，让你不自觉地也想打开摄像头记录一下生活，可见从众心理在用户生产内容过程中体现得非常充分。

(4)认知盈余。美国作家克莱·舍基指出，认知盈余是受过教育且有自由时间的人所产生的乐于分享知识的欲望。在这种自发的内在动机下，用户通过参与生成内容来共享信息资源，无论是一段几十秒的语音还是一篇图文菜谱，对分享者而言都能在闲暇中释放剩余价值，从而获得成就感。认知盈余在知识分享社区的作用尤为突出，如公开编辑的线上百科全书——维基百科，如今已由超过 13 万用户协作创建了百万词条。作为网络问答社区的知乎，更是在上亿用户互动讨论中分享了彼此的知识、经验和见解。

(5)社会交往。随着移动互联网的发展，人的社会属性日益显著，社交成为用户生产内容的重要动机。用户与他人进行互动交流的需求推动了社交媒体的发展：截至 2020 年初，微信月活跃用户数量突破 11 亿，公众号创作者达 2000 万人以上；全球注册 25 亿账号的最大社交平台 Facebook，每

60 秒就更新 31.7 万个状态,上传近 15 万张照片,分享 5.4 万个链接。[①] 在一系列晒生活、晒心情的短文或视频中,用户能够借此来拓宽人际关系,结识志同道合的友人,同时还可以从心理上消除孤独感,与互动网友获得情感共鸣。

2.用户生产内容流程

(1)基于喜好或外因的随机选题

以往文化内容生产要经过标准化流程,确定选题、采集多方面素材是后续编写、拍摄的首要环节。如今,在低门槛的移动互联网创作环境中,用户由消费者转为生产者,其发布的内容因不以市场和受众为导向,所以呈现出来的文化作品大都是基于个人喜好的随意表达,比如今天就新闻发表评论性文章,明天可能变更分享一条游戏 Vlog,没有明确的创作方向。而且,许多用户的内容生产是即时性的,前期并非有表达意愿或素材准备,他们可能只是偶然间看到网友的提问而帮助回答,再或是浏览其他用户和网络大 V 制作的图片、视频后产生兴趣,忍不住尝试发布同样的内容。《快手 & 抖音用户研究报告》显示,目前上传过短视频的所有用户,其作品 77.8%是源于对他人趣味内容的仿照。[②] 也就是说,在无详细规划的 UGC 生产中,用户的内容定位和选题在内外因素的影响下带有很强的随机性。

(2)依赖平台功能的简单制作

与专业生产者相比,普通用户在内容生产时以一己之力很难完成写作、编排、拍摄剪辑、校对等一系列有难度的工作。为了满足创作需求,展现出相对完整且好看的文化内容作品,用户会习惯依赖简单便捷的平台自带软件辅助生产。目前,移动终端用户贡献内容形式最多的是短文和短视频。以公众号和资讯短文为例,超过一半的自媒体人坦露撰写文章是整个创作流程中比较消耗精力的一步,于是不少个人作者利用“小弈写作”等软件进行话题梳理、纲要点播和文本组稿。再如短视频,通过对哔哩哔哩、抖音、火锅视频平台抽选的 30 个用户作品分析发现,其中 80%内容都是仅使用了自带拍摄软件、现有模板以及滤镜、音乐、表情、字体等特效贴纸,没有导入专业摄影设备和编辑器进行剪辑、加字幕等,而且视频制作耗时很短,基本都在 5 分钟以内。

---

① 参见中国互联网络信息中心:《第 46 次中国互联网络发展状况统计报告》,2020 年 9 月。

② 参见企鹅智酷:《快手 & 抖音用户研究报告》,https://www.opp2.com/78197.html。

(3)单渠道发布与不定时更新

将编辑好的文化作品发布于媒体平台与他人分享是内容生产的最后一步。在UGC模式下，由于用户创作动机的非营利性，部分自制内容只是随手记录生活，并不想吸引流量、提高曝光度展示给太多人看，再加上多平台运营需要一定的精力和专业度，因此用户生产主体一般会就某一个感兴趣或者容易操作的平台发布自己的内容。而且，有些创作者在上传作品后发现其质量差强人意，羞于分享，会选择删除且不再上传。此外，作为非专业的普通用户，持续输出优质内容是一件很难的事情，何况他们多数人秉承着“为爱发电”，不计回报的生产在长时间热情消磨下自然会出现少更、月更甚至断更的现象。如朋友“玖月”，年初在社交平台上传了原创小说，但是更新了几个章节后就不再继续。同样，运营公众号的上班族小周，自2016年以来总共发布了18篇文章，其中页面最前端的两篇原创日期相隔两年之久。

3.用户生产内容商业变现方式

(1)平台补贴

对于文化内容平台来说，80%的内容都是基于用户生产而来。因此，在日益激烈的行业竞争中，越来越多的平台为了抢夺内容资源，吸引用户入驻，往往会通过补贴的形式，划拨出巨额资金增加与创作者的黏性。从另一角度讲，这也成为用户生产内容的变现方式之一。

平台补贴用户的依据往往是以生产原创作品的流量贡献度作为标准，主要包括阅读量、播放量、转载量等。由于视频内容的制作成本和标准比图文内容更高，有些平台会为视频用户补贴高于图文2倍的创作单价。2017年前后，今日头条、百度百家、搜狐、企鹅号等纷纷投入资金为用户释放红利。短视频领域中，火山小视频首创补贴模式，拿出10亿元用于所有用户发布的视频，系统在对内容的质量、播放量及互动数据作出评价后相应地为账号发放火力补贴现金。根据火山小视频公布的数据，此计划实行的前三个月里，每个月都有95%以上的视频用户得到补贴，其中2万名普通创作者在平台月入千元。此外，腾讯旗下的微视更是投入30亿元让更多的用户在感受拍摄乐趣的同时有所收益

(2)点赞打赏

点赞打赏这一方式最早源于2013年网易云阅读开通的自媒体文章“捧场”设计。具体讲，平台读者通过赠送虚拟货币“阅点”来支持优质内容，当创作者积累一定“捧场”阅读点后，就可以向网易云阅读提交变现请求。

2015 年,微信公众号推出类似"赞赏"功能,拥有原创标识的用户账号都可以开通。2018 年,微信"赞赏"功能升级为"喜欢作者",在公众号文章页面底部,读者点击"喜欢作者"按钮就能以微信支付的方式让作者收到 1 元到 200 元不等的鼓励心意。一些平时热衷分享感悟、记录旅行的个人公众号都或多或少被关注者喜欢。

除了图文点赞,直播形式下的打赏也为主播用户带来了收益。在直播间中,观众充值付费赠送礼物给主播,平台再将礼物转变为虚拟币,最后主播就能把虚拟币兑换成现金进行提现。当前,随着直播平台的优化更新,礼物系统更为丰富多样,从零点几元的低档礼物到几千元的"嘉年华",再到 VIP 专属定制,许多主播都收到了虚拟礼物。

(3)广告推广

通过以业务广告推广获取费用是目前自媒体人最常见的一种变现方式。虽然用户生产内容初衷并非以营利为目的,但是个性化和共鸣性的文章或视频也为业余创作者带来了不少粉丝和流量。许多广告主看重流量背后的经济价值,主动找寻他们进行广告投放。王群(化名)是一名小红书博主,2020 年 2 月上传了自己第一个视频。据本人自述,做内容是因为想利用自由时间记录自己的减肥生活。没想到五个月时间王群粉丝量就超过 1 万人,随之不少商家找她进行商业推广。抖音平台上传萌宠日常的"奔跑的饭兜～"和分享亲子时光的"大胃嘟今天吃什么?"个人账号,也因较高的人气被广告主看中。值得说明的是,当前商单报价会以关注度、内容调性等划分档次,如王群万粉的广告费在 800 元左右,而如果涨到 10 万粉丝,报价就能拿到 5000 元,可见内容生产者变现能力差别很大。当然,用户创作者中拥有较多关注度的只是少数,一般都还无法达成与商家合作。

除了上述形式,还有一种适合多数人的广告变现——流量主。流量主是腾讯为微信特别制作的一个推广展示服务。只要公众号粉丝数在 500 人,平台会自动在账号内容页面的特定位置插入展示广告,其形式有图文、关注卡片、下载卡片等,而公众号作者则以 0.5～5 元不等的广告点击量按月获取收入。

(二)专业生产内容方式

专业生产内容(ProfessionallyGenerated Content),简称"PGC",是指具有一定知识背景或资历的领域专家、意见领袖、科普作者等,以文字、图片、音频、视频、直播为表现方式,持续生产出专业化程度较高、在垂直内容领域具有品牌效应的文化产品。目前，PGC 模式中的生产主体大都以团队或专业机构为核心，有着一定的组织支持，而且资源整合下的优质内容已实现良好的用户导流，成熟的运营机制形成了完整的商业闭环。

1.专业生产内容的资本支持

在移动互联网流量资源日益稀缺的背景下，内容，尤其是垂直深度的优质文化内容，已成为最佳的获客方式。正因如此，越来越多的内容创业者从资本市场寻求助力推进优质内容的输出和个人 IP 的打造。相应地，投资方在看到具有商业价值的专业内容生产者后也会加码为其提供资本支持。

《中国互联网内容行业投融资报告(2017～2019)》显示，除了针对平台、第三方和小程序的建设发展外，37.7%的融资案例都发生在内容生产领域。[①] 通过以内容、运营、商务三大投资价值维度作为考量标准，腾讯、真格基金、IDG 资本、红杉资本中国基金为首的资本方挑选出不少具有发展前景的专业生产主体。其中，"十点读书""罗辑思维""一条视频"等凭借高质量的内容产品、良好的运营及强大的商业变现能力成为资本宠儿。

"十点读书"是一个以微信公众号为基础的读书类自媒体，成立初期，才华与胆识并存的创始人林少每天更新 8 篇优质原创，旨在打造一个微信版《读者》。后来，面对急剧增长的订阅用户，"十点读书"由个人转向团队生产，内容业务除了运营多个公众号，还衍生到社群和 FM 电台。基于文化类榜首的影响力和良好的营收，"十点读书"不久就获得了首轮狮享家新媒体基金的 300 万元投资。资本的注入快速推进了其新媒体矩阵的发展，围绕读书和影视等文化领域，林少团队打造了"十点读书会"、亲子阅读"小柚子童书"、动漫"疯狂鸟窝"等垂直产品。随着更多优质内容的产出，广告、电商、知识付费等多种变现渠道全面打开。时隔两年，岭协基金、微影资本、赛富投资基金又为其投资 6000 万元，帮助完成了线下实体书店的建设。

原创动画团队"璀璨星空"，为了让中国动画在行业内有所突破，每部作品在杜刚阳等三位合伙人的专业打磨下都力图精益求精。2015 年底，制作六年之久的少儿动画《京剧猫》投入荧屏就多次荣登"动漫收视榜单"榜首，两季获得超 15 亿的全网点击量。2017 年，另一部刷爆朋友圈的代表作"中国唱诗班"系列动画短片《相思》，豆瓣评分也高达 8.3 分，播放量破 3 亿。

① 参见新榜研究院、CVSource 投中数据：《中国互联网内容行业投融资报告(2017～2019 Q1)》，2019 年 5 月。

然而,“璀璨星空”并不满足如此成绩,他们的目标是以国漫 IP 为中心打造产业生态链。得知此计划,辰海资本和云锋基金特别表示,对作品的精雕细琢正是“璀璨星空”最吸引人的地方,非常看好团队在少儿原创动画领域的专业能力和竞争力,也相信未来在商业化方面会有更多的空间。完成 8000 万元融资后,“璀璨星空”开始对《京剧猫》进行全产业链开发,不仅涉及游戏、图书、漫画出版、衍生品等若干领域,还开展线下活动,铺建了主题乐园、嘉年华、舞台剧等。

2.MCN 机构助力专业生产内容

当前,互联网文化内容生态愈发成熟,优质内容不断涌现,其背后原因除了资本的注入,也离不开 MCN 机构的扶持。2019 年 7 月,卡思数据发布的《短视频 KOL 红人季度分析》报告表明,抖音、快手两头部平台中,数万名网络红人的粉丝量超过百万。在社交媒体平台微博,拥有此关注度的博主更是达 5 万名以上。这些可以持续生产内容并不断“吸粉”的博主,几乎都是 MCN 制造。

MCN 机构来源于国外成熟的“网红经济运作体系”,引入国内后实现本土化发展。广义上讲,MCN 是指以自身资源为条件,向若干移动互联网专业创作者提供内容生产管理、内容运营、粉丝管理、商业变现等专业化综合服务和管理的机构。通俗来说,它是一种中介组织,上游联合网络红人与优质内容对接,下游寻求平台推广变现。MCN 的内容类型包括文字、图片、直播等,目前主要被用于视频领域。艾媒资讯发布的数据显示,MCN 机构在中国社交媒体和短视频产业链中担任重要的角色。2018 年年底,其数量已经超过 5000 家,2020 年突破 11000 家。与投资方相同,MCN 在挖掘内容生产者时也会作出一定的考量,他们倾向于寻找那些具有独特风格且小有名气的内容生产者。如洋葱视频机构看中红人“代古拉 K”,就是因为在她所发布的原创舞蹈视频中非常敏锐地观察到她的笑容很有魔性,能带给观众情感共鸣,所以有了把她打造成最美笑容舞蹈达人的想法。蜂群文化旗下技术流搞怪拼图作者“草图君”,签约之前已受到不少明星的关注,还被邀请参加过《快乐大本营》。

MCN 机构签约实力创作者后,接下来的工作就是帮助他们进行内容的不间断生产。机构配备编剧和策划团队,团队基于签约达人特点进行包装定位和脚本撰写,同时在内容产出上提供创意、内容形式、制作方法的建议,然后交由达人写作或者拍摄。典型案例当属“李子柒”,李子柒原本的视频作品只是以释放现实压力、回归自然的初衷拍摄一些乡村美食系列，随后在杭州微念机构的孵化下，视频风格和内容定位趋向成熟，风格定位于东方田园传统文化的国风，内容基调是衣食住行和手工艺，视频的拍摄更是比以往精美，专业的运滤镜，秀雅的服饰，自然妆容和场景布设，将画面做到了极致。除内容生产方面，MCN 机构还为达人提供了平台资源，例如可以获得视频流、PUSH 推荐、热门位置、涨粉包等专属服务，所以这也不难理解李子柒凭借上百条短视频，能在各大内容平台圈粉千万以上，而且其影响力不仅被央视新闻点赞称好，连海外媒体也视她为来自东方的神秘力量。其实，多平台分发的最终目的是完成商业变现，目前广告营销、内容电商、衍生品开发等都是 MCN 机构运营模式中常用的变现方式。总的来看，MCN 机构以其全方位的内容加持服务，为专业创作者完成了更有规划的周期管理，同时形成了他们更高的个人商业价值。

3.专业生产内容流程

(1)建立用户画像，明确内容定位

专业生产内容模式已经形成一套固定的标准化流程，在这个过程中，首先要做的就是内容定位。内容定位是指创作时有明确的生产方向，对所发布的小说、视频、公众号文章等划定一个清晰的范围，即主要生产什么领域的内容。在内容定位阶段，创作主体会从受众需求角度出发，通过建立用户画像分析服务人群的特点和习惯，从而有针对性地作出选择。

一个基础的用户画像模型大约包括性别、年龄、地域、兴趣、职业等维度，这些信息的生成可以参考后台抓取的大数据，也可以直接向用户发出问卷调查并回收分析。如超人气漫画家“同道大叔”，其星座系列定位就是以微博发起关于“你怎么看待某个星座”的留言讨论，逐渐搜集到目标群体而进行垂直深耕。再如短视频创业公司“罐头视频”，设立专门的用户数据分析团队，通过收集前几期观看视频用户的特点及需求反馈，将受众群锁定在 20 岁左右年龄段的女性，在不断优化的内容中明确了“罐头视频”要以有趣、有用的日常技能类短片来专注于人们生活品质的提升。

此外，除了用户画像准则，PGC 内容还会根据生产主体进行风格属性的定位，如专业主播的特定才艺、团队配置实力等都是影响内容设定的因素。以“办公室小野”为例，洋葱视频旗下的主播“小野”是一个喜欢并善于手工制作的人，机构正是看中“小野”的才能所以坚持让她出境，久而久之视频中“办公室狂人”的人设标签使人们留下了深刻的记忆点。还有“大胃王密子君”,先天优势让她立足吃播领域,一场场美食真人秀赚足了观众的注意力。

(2)资源整合下的专业策划与排编

经过前期的内容定位,基本明确了生产方向,接下来就是从选题开始对内容进行策划制作。一般来说,选题很大程度上决定了内容最终的价值转化,所以专业生产主体在选题时不单凭借灵感创意,还会结合市场需求或当下热点建立信息库,再或是利用团队优势进行资源整合。网络文学领域,从艾瑞咨询调研的近两千名签约作者中发现,越高级别的作者对题材的选取有越综合的评估,他们除了以市场报告分析读者的喜好,还会参考编辑的推荐与指导,多方面获取有效信息得出更易受欢迎的作品类型。公众号大V“咪蒙”,每篇推文都是团队先从50个选题中筛选其一,然后经过对核心粉丝、专家顾问的四级采访取出100个标题拿给5000人投票,最后再整理出上万字的数据资料进行主题的可行性分析。

完成精心选题后,PGC生产者会继续发挥自身的技能、知识储备、外在资源等进行高质量的内容制作。以稍复杂的短视频来看,它的制作过程包括脚本撰写、拍摄或动画制作、后期剪辑等。脚本是视频拍摄的依据,像“papi酱”“陈翔六点半”等创作者在开拍前都会设计好每个分镜头,确保机位、景别、持续时间、配音等细节的准确性。在拍摄环节,设备的选择和录制方法都比一般用户生产更高级些,他们不会仅用一部手机完成拍摄,而是会采取视频性能较好的相机,再或是引进摄影机构辅助创作。到了后期剪辑,专业创作人或团队编辑人员在将素材拼接成片时通常以会声会影、PR等适用于电视台、电影制作的剪辑软件进行画面的转场、调色及字幕添加等。

(3)多元化渠道的发布推广

本着打造爆款IP、实现商业化发展的理念,内容创业团队和头部生产者除了着眼于作品的质量,还相当重视成品后的引流效果,因此他们在最终的发布环节也会有许多设计巧思。首先,对于发布时间安排,一般会选在用户较为空闲的时候进行推送,从新榜的数据分析来看,大V公众号都集中在上下班时段和晚间发文,充分利用读者碎片化时间获取关注。国内知名原创视频供应商“二更”,其名字的由来就是考虑晚上9点到10点正是用户刷手机最活跃的时段。其次,对于发布平台的选择。多平台上传意味着用户的多覆盖,几乎所有的PGC生产者都将内容同时分发到多个平台,以此提高曝光率。不过,他们也不是一味地每个平台都推送,而是会经过思考挑选出适合自己内容的渠道。其中,流量是衡量适合与否的最基础标准。流量决定着内容的品牌生成和变现,像一些传统的资讯、视频平台,虽然也有创作中心,但绝大部分的流量被官方媒体、电视剧、热门综艺长期占据,因此领域专家或网络红人会选择有私域流量空间且用户规模大的自媒体平台,如微博等。此外,内容调性也是所选平台的影响因素,趣闻工厂"橘子娱乐"的创始人唐宜青表示,"橘子娱乐"的原创资讯是面向"90后""95后"人群,团队会监控内容在各平台的表现,从而找出符合内容受众定位的平台作出优选。

4.专业生产内容变现方式

专业生产内容模式中,部分主体本质上是自媒体用户的升级版,因而适用于UGC的变现方式同样也适用于此。另外,PGC内容相对用户作品更加专业和优质化,像课程设置、专栏节目不仅能直接变现,而且品牌效应下IP授权、电商合作等方式也为生产主体带来了可观的收益。

(1)内容付费

2016年起,"内容付费"或"知识变现"的概念在移动互联网环境中盛行开来,越来越多的用户愿意为自己青睐的精品内容买单。在消费升级的大背景下,"内容付费"逐渐从一个热点演变为趋势和事实,从专业生产主体的角度来说,这无疑成为最直接的变现方式。

内容付费是优质生产者如领域专家、资深创作人等,把自身的经验、知识、文学作品等变成产品或服务,通过线上交付的形式提供给内容消费者以实现商业价值。产品的类型包括电子书、漫画、音乐出版、订阅专栏、在线课程、社群学习、问答咨询等。目前,许多业内大咖或内容供应商都借由高价值信息赚取了有偿回报。例如,原央视主持人樊登在自创学习社区"樊登读书会"中,每周录制一段近60分钟的音频为付费会员讲解一本经典好书,每年50本书的知识输出量让樊登及团队在2018年就累计了690万用户,年销售额达4亿元。诗人北岛在豆瓣推出首个付费栏目《醒来——北岛和朋友们的诗歌集》,其作品分为102期,定价128元。还有开设专业课程的名家薛兆丰、武志红等,按照得到平台249元/人的订阅价格计算,净收益已经在千万以上。不过,内容付费对生产者们有很高的门槛要求,因为只有真正对用户有价值的内容才能获得订阅,只有持续产出高质量原创才能吸引用户复购,无"干货"的产品及个人是没办法存活变现的。

(2)IP授权及周边开发

从知识型脱口秀“罗辑思维”,到吐槽达人“papi酱”,再到传输中国文化的“李子柒”,这些现象级品牌或红人已成为自带流量的超级“IP”。为了实现所创产品价值的最大化,他们通常进行版权层面的变现。

IP,英文“Intellectual Property”的缩写,在文化产业中意为“知识产权”。IP授权是指版权方——IP所有者或其代理商将IP授权给商家使用,商家可以在授权方的同意和指引下在一定范围内使用该IP。常见的分类有衍生品授权、外包装授权、营销授权、著作改编授权、线下实体授权等。具体举例,著作改编授权方面,2019年,知名作家玖月晞的原著《少年的你,如此美丽》影视改编为《少年的你》,其版权成交价为141.51万元。网文大神Twentine的两部人气情感小说《忍冬》和《炽道》,均售出1000万+的版权费。衍生品授权中,原创动漫品牌十二栋文化孵化的动漫形象“长草团子”“制冷少女”“Gon的旱獭”,作为微博、微信表情包传播量超过400亿次,经过商业授权后,与名创优品、周大福、拉夏贝尔、麦当劳等上百个国内外品牌合作生产了玩偶、服饰、文具、挂件等产品,年收入在亿元以上。拥有300多个卡通形象IP的十二栋文化也进行了线下实体授权,沉浸式的娱乐场景深受消费者喜爱。

不同于内容型IP授权,标签化的个人IP大都自创品牌进行周边开发。如短视频古风美食博主李子柒,2018年打造了以自己名字命名的品牌“李子柒”,随后根据视频内容出现的食品原材料生产了螺蛳粉、藕粉、花草茶、剁椒酱等,产品上新第一天,就取得了1000多万元销售额的好成绩。不仅如此,为了传承传统文化,李子柒的周边产品还有非遗折扇、剪纸、油纸伞、非遗蓝印花布等。2019年,她与《国家宝藏》举行IP合作签约,3万份联名款月饼礼盒上线33分钟即宣布售罄。

(3)联姻电商

现下,专业内容生产者利用强大的号召力和粉丝基础布局电商业务,他们将内容作为触动用户情感共鸣的原材料,通过优化创作、推广、销售,实现内容与商品的同步流通和转换,这种打通边界的新媒体形态——内容电商,不仅实现了文化传播的初衷,还让每一个用户在看到、学到的同时能解决实际需求。

内容电商已成为不同圈层意见领袖在探索商业模式过程中的一个重要选择,这部分主体凭借长期深耕的垂直内容吸引并积累了大量的目标粉丝群体。与此同时，内容平台逐步打通电商渠道，创作者针对群体属性提供专业指导和个性化产品推荐时，粉丝点击观看页面的链接就可以进行购买，完整的流量闭环有效提高了内容的订单转化率。内容电商变现分为创作者与商家合作赚取销售分成和自营电商两种形式，其中，合作销售形式没有固定分成比例，商家会按内容方影响力定价，一般在20%左右。而且，对于电商业务来说，时尚、亲子、美食等内容占有很大优势。如母婴类大号“奇育记MEET”，内容创作上借助专家团队为年轻父母提供专业育儿知识，深知用户痛点和需求后，团队会在文章和视频中自然植入一些品牌亲子好物链接，就目前在抖音商品橱窗中的29件商品看，销量最高的一单已有近4万人购买。时尚博主黎贝卡，推文定位是以“闺蜜”式的身份塑造用户实用且有格调的品质生活。推荐商品时，黎贝卡会用亲身经历告诉用户购买理由，接地气的内容风格使得用户非常信任她。2017年，“黎贝卡 Official”小程序与公众号关联，自营服饰品牌正式上线，开售的前2分钟就售出1000件，7分钟交易额突破100万元。

（三）文化内容平台对文化生产的培育

1.文化内容平台为文化内容生产者提供一站式服务

自媒体时代，数以万计的用户和专业内容生产者每天在不同平台分享信息、创造价值。同时，为了提升自家内容生态的原创度和竞争力，各内容平台纷纷推出政策扶持创作者。从官方发布的公告来看，流量、现金、专项培训是平台给予内容生产者的三大福利。

（1）流量扶持

流量扶持简单来说是一种引流形式，平台利用技术手段如页面展示、优先推荐、关键词排名等，将内容多方位曝光在读者或观众面前，从而帮助创作者增强外在关注度。2020年4月，美图秀秀面向全网发起“创作者计划”，挑选符合美图秀秀社区“变美”方向的优质用户。该计划开放百亿流量，用户及专业机构入驻美图秀秀后，每月发布原创视频15条以上、累计获赞超过5000个，就可获得站内资源位、美图秀秀开屏等额外展示机会。媒体主流平台企鹅号，拥有微信、QQ两大核心社交入口，作者所发文章经过审核后都有可能被系统自动推荐到腾讯新闻、天天快报、腾讯视频、QQ浏览器等十大内容平台进行流量拓展。最近生活分享社区小红书也宣布推出“100亿流量向上计划”，小红书针对直播创作者、泛知识和泛娱乐品类创作者、视频创作者进行定向扶持。其中，平台布局的最新直播板块拿出30亿流量用于闪耀星主播的打造,形成笔记→涨粉→直播的深度曝光。

(2)现金扶持

以现金补贴加速创作者成长是平台最为诚意且直接的扶持方式。早前新榜发布的自媒体人生存状态调查显示,41.38%的自媒体人未能获得盈利,而且在职业满意度方面,超过一半以上的人认为付出与收获不成正比,整体状况不容乐观。因此,为了激发创作者热情,改善其生产条件,各大内容平台逐渐实行现金激励政策。2018 年,悟空问答投入 10 亿元,不仅签约了至少 5000 名专业领域的知识贡献者,而且普通用户利用问题赞助、回答红包等形式也得到了相应补贴。百度贴吧旗下 Nani 小视频,针对拍摄经验丰富的头部达人,采取底薪与补贴结合的模式,月薪万元起不设上限。对于潜力素人作者,只要上传 3 条符合审核要求的小视频,也能获取 3000 元的保底月薪。信息流平台腾讯看点,2020 年启动“看点春雨”“看点天梯”“看点聚星”“看点 MCN 星推”四大扶持计划,全年计划投入 30 亿元现金。具体激励机制中,春雨计划设立专项评审制,每周单次对创作者作品进行推选,图文作者首次奖励每篇千元,后续 500 元;短视频创作者首次奖励 1500 元,后续 800 元。

(3)内容素材和培训扶持

除了助力成品引流与变现,针对内容取材和创意不足的问题,平台也以不同形式如素材补充、课程指导等,向创作者提供了长线的专项指导和服务。酷狗音乐平台,之前推出“校园音乐基地项目”,旨在扶持更为年轻化的草根校园音乐人群体。项目落实中,酷狗音乐不仅提供音响设备,还为创作人配备专业老师,定期开展培训,给予资源推广和现场演出机会。2018 年,酷狗上线直播学院,里面包括声乐、化妆、选歌、大众心理学、演唱秘籍、粉丝运营等各方面的视频讲解,80 多门课程让学员音乐素养不断提升。阿里旗下的内容平台大鱼号,其作者不仅可以使用站内授权 IP 和素材库进行再创作,还能深入参与公司的联合宣发项目。例如优酷综艺《这!就是街舞 2》,开播期间近 1.8 万的平台作者获得独家素材和信息,相继发出的 5 万篇宣发文章累计曝光量超过 52 亿。2020 年 7 月,网易游戏发起“创作热爱者计划”,官方开放海量素材,让游戏创作者共享优质甚至核心的美术资源,满足他们多样化生产需求。此外,加入计划的人还会根据自身条件获得定制化指导,比如创作入门手册、视频剪辑、运营等教程,满足了所有热爱但无基础玩家的创作梦想。

(4)提供产品梳理和产品体系建立等方面的具体措施

在线知识付费平台根据用户基础数据的分析结果,协助知识内容生产方明确产品形态、建立产品体系等具体的细节,有意识、有目的地帮助知识内容生产者设计、开发、包装、推广知识产品。如小鹅通为知识内容生产者提供专业技术方面的服务,核心功能有用户管理、数据分析、社群运营、推广销售和品牌建设等,同时,小鹅通还向专业内容生产者提供包括 PPT 直播、语音图文直播、视频录播等技术支持,并提供多种分销模式,满足不同场景知识产品的销售需求。专业内容生产者可以通过店铺内容分销市场和链接广告代理市场来分销自己的知识产品。

2.打造头部文化生产者,培植“内容网红”

文化内容平台已经从野蛮发展时期升级到理性发展时期,用户对于高层次的优质内容产品需求增强,不再有早期的冲动消费行为。此时,文化内容平台为了推出专业性更强的内容,邀请各个专业垂直领域的专家、学者和大 V 入驻平台,出品高质量的内容产品,打造出具有平台特色的头部产品和服务。文化内容平台各自推出了头部内容生产者及头部知识产品。喜马拉雅 FM 从米果文化购买的《好好说话》和《小学问》,节目总监是马东,主创人员均来自《奇葩说》团队。正是看好马东与《奇葩说》这个大 IP,喜马拉雅 FM 才高价购入并在平台上造势宣传、独家播放。在蜻蜓 FM 也有属于自己的头部内容生产者,比如高晓松的《矮大紧指北》和《晓年鉴》、蒋勋的《细说红楼梦》等。知乎 Live 上的头部内容生产者有心理学家菲利普·津巴多、钢琴王子郎朗、围棋国手范廷钰、天使投资人李笑来等,他们在个人擅长的领域内拥有大量粉丝,建立了具有一定影响力的个人品牌,知识变现能力不容小觑。李笑来的一场名为《一小时建立终生受用的阅读操作系统》的 Live,有超过 12 万的用户参与,收入超过 1200 万元。李笑来能够获得如此好的销售成绩,跟他在专业领域内的声望和长期建立的个人品牌有密切关系。

文化内容平台打造头部内容产品,策划人员首先根据用户需求的痛点、社会中的热点对产品定位。同时,产品经理开始物色优质的主讲人、主播或作者,一个优质的主讲人、主播或作者要拥有某一领域的知识沉淀,包括视野和经验,不仅掌握大量理论知识,还应具备实践经验和跨界能力。另外,头部内容产品的文案包装、标题优化、美工设计等方面也很重要,头部内容产品不仅专业程度高,审美层次也要符合用户的标准。最后,平台会在

APP、网站、微信公众号、豆瓣或其他分发平台对头部产品进行营销推广。

除了打造头部内容之外,文化内容平台也在致力于“内容网红”的孵化。“内容网红”属于某个专业领域的意见领袖,他们同头部内容生产者一样拥有庞大的粉丝群体,在其专业领域内拥有一定话语权。“内容网红”往往有持续生产的能力,并且自带流量,可以借助在线知识付费平台将自身的知识变现能力释放出来,升级为头部知识生产者。医疗领域的于莺是付费问答平台分答的优质内容提供者,经过分答平台的打磨与运营,于莺成为医疗界的头部内容生产者并获得联想之星的天使投资。企鹅号连续推出“达人计划”和“偶像计划”,旨在从特定领域内挖掘知识内容生产者,通过缜密的内容审核与推荐机制推送达人。

3.建立专业化的管理机制,实现平台精细化运营

文化内容平台的发展趋势有向纵深化发展的倾向,因此,其需要建立专业化的管理机制,通过平台精细化运营为用户提供良好的服务,进而留存老用户、吸引新用户。

(1)以免费内容吸引用户,再利用少量付费产品筛选出具有潜在付费意愿的用户。在认知盈余时代,人们因自身专业层次和分享目的不同,造成分享内容的价值也高低不一,因此在鱼龙混杂的知识信息面前,那些具有高价值、高知识层次的产品必然会受到用户的欢迎。当前,大多数文化内容平台采取以多数免费内容吸引用户关注,通过少量高价值付费内容实现知识变现。比如,喜马拉雅 FM、蜻蜓 FM、知乎、得到、丁香医生等平台,依靠前期大量免费的知识内容来聚拢人气,逐渐形成品牌认知,这些平台先后在 2016 年推出付费产品和付费会员制,用户处于对平台的信任以及对高端知识信息的需求,从而付费购买知识产品。目前,喜马拉雅 FM 和蜻蜓 FM 付费内容收入已经占平台总收入的 50%。

(2)为内容付费产品合理定价。内容付费领域中,内容产品有着生产难度较小、可替代程度高和需求的价格弹性较大的特点,所以用户对知识产品价格的主导作用强于供应者。因此,文化内容业平台在制定知识产品价格的时候,充分考虑到用户的接受程度、知识产品形态和生产成本,制定了不同的内容产品的价格。在喜马拉雅 FM、蜻蜓 FM、知乎读书会、得到和在行一点等平台中,产品体量较小的听书产品价格一般在 2～20 元之间;有声书价格差别最大,从 19.9 元至 99 元不等;在课程类产品中,喜马拉雅 FM、蜻蜓 FM、得到和知乎的课程价位在 5～199 元之间。除了内容产品的价格,

平台还推出了会员制付费，内容产品价格因会员期限长短而定，例如知乎和蜻蜓FM会员费用为每年198元，喜马拉雅FM年卡为208元。

(3)筛选推送个性化内容。目前，文化内容平台不单设有以浏览情况为主的热门推荐的算法，还有根据大数据计算、自然语言处理的特性化推荐方法。热门推荐方法应用比较简单，是根据当前平台中的浏览量、点赞量等数据向全部用户进行无差别推荐。例如，喜马拉雅FM的APP首页是推荐页面，其次才是会员页面和其他分类页面，如果用户在推荐页面没有找到喜欢的内容，可以在搜索框输入关键词，寻找自己需要的内容。此时，平台的个性化推荐系统开始发挥作用。个性化推荐系统是基于大数据分析技术，通过多种算法模型的建立，为用户推荐感兴趣的内容或服务。系统通过用户的关注内容、分类、转发等信息建立用户画像，以此进行个性化推荐。

4.通过深耕粉丝经济构建立体化营销

立体化营销是以扩大市场总容量为目的，整合线上与线下的多种销售渠道。文化内容平台根据市场数据分析用户需求，再结合平台现有的营销渠道制定专业化、个性化的营销方案，使各个营销渠道达到互补。与传统的营销方式相比，立体化营销突出的是与用户的互动。这里的"用户"不单指普通消费者，还包括粉丝。

(1)平台大多利用粉丝社群来营销知识产品和服务，以喜马拉雅FM的圈子功能为例，粉丝加入圈子后，除了可以分享主播及其他粉丝发布的内容，增进与其他粉丝之间的互动与交流外，还能加强对主播所发布的音频产品的领悟，促进知识产品销量的增长。

(2)平台还通过开展线下活动对知识产品进行宣传和营销。盐club是知乎官网的线下交友聚会活动，已经举办过五届，通过演讲、圆桌会议、聚餐和颁奖典礼，将一个粉丝俱乐部发展到集结知乎站内各领域优质用户、优质机构品牌的年度盛会，不仅打响了知乎的品牌，对知乎付费产品的营销也起到推动作用。

(3)平台以邀请明星担任品牌代言的形式，利用明星的粉丝人气，增加平台品牌曝光度和知名度。2018年，知乎邀请知名青年演员刘昊然为品牌代言人，这是因为刘昊然有着良好的个人形象，带有"学霸""小鲜肉"的标签，可以吸引"95后""00后"的潜在用户群体。

最后，以节日推广知识产品是平台构建立体化营销渠道的另一种途径。虽然平台创造的节日并非中国的传统节日，但是国人仪式感较强，在节日氛围的烘托下消费能力会大幅度提升。不管是中国传统节日还是外来洋节,甚至是商家自创的节日,人们会照单全收,通过消费来获得轻松与愉悦。在文化内容平台中,利用造节促销取得较好效果的是"123知识狂欢节",这是我国第一个内容消费节,由喜马拉雅始创于2016年。历经三年,销售额由2016年的5088万元增长到2018年的4.35亿元。喜马拉雅官方统计数据显示,2018年"123知识狂欢节"共有超过8000位音频创作者参与,2135万用户付费购买知识产品和其他内容产品,总共覆盖328个行业,超过138万条付费内容。可见,粉丝经济仍是平台需要用心运营的领域,以此实现立体化的营销渠道。

5.文化内容平台针对用户精准分发

在多元创作主体的共同作用下,互联网文化内容以碎片化特点呈现爆发式增长,各平台凭借源源不断的内容资源拥有了强大且持续的输出能力。不仅如此,现阶段移动传播中,海量作品能够精准高效地投放到用户面前,实现内容价值最大化,离不开平台基于智能推荐、社交裂变和热榜加权的分发系统。

(1)算法推荐分发机制

众所周知,用户之所以会被推送自己较为感兴趣的内容,是因为平台运用推荐算法原理掌握了用户的浏览喜好。2018年,资深算法架构师曹欢欢博士首度公开今日头条的算法机制,他将推荐系统编写为一个用户对内容满意度的函数,这个函数只需要拟合三个维度的变量就可以形成"千人千面"的内容呈现效果。一是内容维度。在问答、图文、视频等形式下,每种内容都有各自特征,需要以特定方式分别提取并细化。典型的分类方法有文本标签识别,如标注关键词、设置所属频道和定位大类。二是用户维度。包括确定用户职业、年龄、性别等基本信息,以及根据用户对作品点击率、阅读时间、评论、转发等量化行为刻画出所有兴趣指向。三是环境维度。移动互联网下,用户呈动态发展,在上班、通勤、休闲娱乐等不同的场景,信息指向有所差异。结合三方面,后台模型会给出预估,从而判断推荐内容对于此人此景是否合适。当然,只靠推荐算法原理是远远不够的,除了线上数据指标和用户实际体验可能存在差异外,一些不易被过滤的不良内容也会继续推送,因而很多细节仍需要通过人工来具体分析。

(2)社交分发机制

社交分发基于关系链机制。当前文化内容平台为了实现内容裂变和全网用户的沉淀与转化,已逐渐完成社交化发展。微信、快手、哔哩哔哩社区中,页面设置都会有"关注"栏,当用户主动关注一些通讯好友或创作者后,平台就会将所关注对象的内容聚合在一起,以 feed 流的形式展现于用户眼前,形成个性化推荐。相比算法原理,使用以圈层关系为核心的社交分发机制,用户的自主选择度更高。而且,社交推荐打破了用户只着眼于自己单一兴趣内容的局面,如微信"看一看"功能,通过好友点赞转发行为,可以发现未出现在订阅列表中的公众号,从而帮助用户了解到更为多样性的内容。不过,此机制只是平台针对内容上游的干预,也就是说,你关注的人决定了你能看到什么,即使所创作的内容质量不佳,也一样会被推送到用户面前。此外,多数人的关注栏中都有能够稳定创作的专家或网络红人,所以分发流量在少数头部意见领袖的垄断下容易造成马太效应。

(3)热榜内容分发机制

打开微博、知乎、抖音等平台页面后会发现,还有一种内容分发渠道——热榜。作为以用户最为关心话题组成的内容板块,热榜显然是一个不可忽视的大流量入口。按照知乎官方给出的热榜说明看,热榜是根据平台中所讨论的问题热度对相应内容进行分发,而榜中内容热度值排名,则是基于该条信息一天内的互动量、浏览量、专业加权、创作时长等各方面结合计算得出的。抖音也是如此,如果创作者发布时下热点新闻、社会正能量事件、站内推出的特定话题视频,同时抖音官方号平台就会在优先筛选后进行加权推荐,那么这条内容的分发流量一般都是万起以上。

热榜内容分发与算法分发、社交分发机制最显著的不同在于时效性。有时效性的热门话题因其当下价值会以千人一面的形式推送给用户。但是随着时间的推移,再热门的内容关注度也会慢慢减弱,所以平台创作者在"蹭"热点借势营销时也要保持理智,恪守媒体人的原则底线。

【延伸阅读之一】

人工智能深度介入文化产业全产业链

人工智能(Artificial Intelligence)缩写为"AI",是研究、开发用于模拟、延伸和扩展人的智能的理论、方法、技术及应用系统的一门新的技术科学。

近年来,人工智能越来越多地应用于文化产业中,对文化产业的生产经营起到了颠覆性变革作用。

一、人工智能在文化产品创作、策划阶段的变革

(一)智能预测对文化产品选题策划进行指导

选题策划对文化产品至关重要,被市场接受的文化产品才能保证成本的回笼及投资的成功。相较于图书、音乐等文化产品,影视作品投入成本高昂,影视企业更希望把握市场对产品的需求,创作出受大众喜爱的电影、电视节目。目前,人工智能指导选题策划在影视领域已经有成熟的应用。

最早应用智能预测的是世界最大的在线影片租赁提供商美国 Netflix 公司,该公司凭借高端自制剧冲击着美国传统电视台,2013 年制作的《纸牌屋》更是一部名利双收的现象级美剧,这部时隔二十年再次翻拍的美剧的成功离不开人工智能的预测。由于《纸牌屋》原版年代太过久远,无法预测市场接受程度,美国多家电视台曾拒绝了《纸牌屋》的编剧大卫·芬奇的投资请求,只有 Netflix 公司用人工智能对千万次的观众收视、评论、搜索记录进行了分析,预测出《纸牌屋》有市场,并发现原版《纸牌屋》的粉丝与大卫·芬奇、凯文·史派西的粉丝圈重合,于是决定斥巨资买下《纸牌屋》的版权并邀请大卫·芬奇导演、凯文·史派西主演该剧。

近年来,国内影视企业也充分使用人工智能指导影视剧本的创作与演员选角。据阿里大文娱优酷首席技术官庄卓然介绍,阿里大文娱自主研发了一款叫作“鱼脑”的人工智能大数据平台,建立了内容包括投资、制作、智能化运营、需求挖掘等辅助决策的工业化标准体系。剧本的好坏是影视作品成功的关键,阿里文娱利用人工智能对剧本进行分析修改,使剧本中的人物设置、故事情节更受广大观众喜爱。例如通过人工智能分析出《烈火如歌》中的男主人公银雪的形象更有深挖的潜力,于是在剧本创作中酌情增加了银雪的戏份。在演员选角方面,“鱼脑”依托阿里大数据,通过受众匹配度、角色匹配度、热度等角度对演员进行分析,找到最适合剧中角色的演员。2018 年的网剧《媚者无疆》的女主角李一桐就是由人工智能选择出来的,还有 2018 年非常火爆的网络综艺《这就是街舞》的四位明星导师易烊千玺、罗志祥、韩庚、黄子韬也是由人工智能选择出来的,从性格、年龄、风格上达到了对观众全年龄段的覆盖,保证了该节目的收视率。百家号是百度为内容创作者提供的内容发布平台,有内容分析、粉丝分析、百家号指数分析等功能,每个内容创作者都可以从平台上随时查看数据分析,了解受众人群的兴

趣点，为下一篇文章提供选题指导。

（二）智能搜索素材辅助构思创作

人工智能对文化产品策划创作环节的革新也体现在构思创作过程中为创作者自动提供相关素材。互联网尚不普及的年代，人们在构思基本形成后开始写作，过程中发现缺少素材和资料时需要翻阅书本或者实地考察。现在人工智能的出现将这一过程优化，不用人们主动搜索、发现亮点，有价值的素材和信息就已经整理好呈现在作者面前。技术更像是创作者想象力和记忆力的延伸，仿佛也是与创作者进行的头脑风暴，作者可以边查阅边创作，有助于获得更多的灵感，打破创作瓶颈。

国内主动提供素材的智能功能主要应用在内容编写平台和软件中。2017 年，百家号内容发布平台率先尝试了基于人工智能技术的“写作指导”功能，集结了百度搜索、百度指数、百度百科、百家号正版图库以及百度知识图谱等百度内容生态体系的核心优势，能够在内容创作者写作的过程中识别重点词语，主动提供该词语在网络上收录的信息。例如在写作中提到明星名字“迪丽热巴”，网页右侧会出现关于明星迪丽热巴的一系列信息：百度目录提供她在百度百科上收录的介绍，确保了基础信息的准确性；百度指数可以提供迪丽热巴在百度搜索中的热度、一段时期内的热度的涨跌态势以及新闻舆论方向；百家号联合“视觉中国”为内容创作者提供免费个性化的图片；相关推荐提供迪丽热巴近期的活动新闻、影视作品动态、八卦消息等。写作指导功能已经成为百家号优于一点号、大鱼号、头条号的技术优势。除此以外，金山办公软件也意识到了技术带来的优势，2018 年 6 月，中国智能写作产业联盟成立，金山软件作为其中的重要单位，依托 WPS Office 平台开始布局素材知识库，在智能素材推荐、智能模板匹配等方面实现了技术落地，在未来还会继续以人工智能知识图谱为核心，推出“成语写作”“成语知识卡片”等智能功能。

人工智能还能将搜索到的有价值的新闻素材提供给记者。2016 年，路透社公布了基于人工智能技术的路透新闻追踪器，对网络上的海量信息进行实时监控，对其分类、追踪、评分，及时发现重要新闻的信息。拥有类似技术的还有英国著名的体育媒体 GiveMeSport，引进人工智能实时搜索新闻线索，将推特网站上体育明星、赛事的新闻内容根据新闻重要性打标签，整合后推荐给人工记者辅助撰稿，还能排查信息的真实度，实现了最新消息的实时追踪，确保记者拿到最全面的资料，不会错过重要新闻。

(三)人工智能独立创作内容

1.智能写作

现阶段的人工智能已经可以实现机器独立创作文字作品,这种创作方式称为“机器生产内容”(MGC)。

在新闻领域,从世界范围看,美国《洛杉矶时报》最早于2014年引入写稿机器人Quakebot,此后美联社、《纽约时报》、《福布斯》等国际知名新闻媒体也引进人工智能编写技术,负责“主编”工作。2015年,国内腾讯新闻的Dreamwriter、新华社的快笔小新正式上岗,成为国内第一批写稿机器人,第一财经、《南方都市报》、昆明报业、今日头条也紧随其后,分别推出了DT稿王、小南、小明、Xiaomingbot。据悉,DT稿王生产的财经内容每篇都能达到5000多阅读量,他们24小时工作,在事件发生后几十秒的时间内撰写通讯并完成发送,保证了新闻的时效性,高效率让人们惊叹不已。

在写诗方面,人工智能已经有许多成功的尝试。2013年,百度APP推出“为你写诗”功能,用户上传照片或输入题目即可生成古诗。上海玻森数据开发的古典诗歌生成机器人编诗姬,能够根据指定词生成藏头诗或者即兴作诗。清华大学语言与信息中心研发的薇薇也擅长古典诗歌。更令人震惊的是,微软(亚洲)互联网工程院开发的人工智能系统微软小冰在2017年出版现代诗集《阳光失了玻璃窗》,引起了全世界的关注。

除了诗歌作品,人工智能还能创作几十万甚至上亿字数的小说,国内已有数款文章、小说编辑程序,像“大作家超级写作软件”“玄派”“网络小说创作工具2.0”等软件的出现,让没有文学功底的用户也可以创作出符合语言逻辑和有一定阅读价值的文章,许多网络小说写手就寻求程序的帮助进行创作。

此外,在难度更大一些的剧本创作方面,阿里巴巴已经有成功的实践,旗下的阿里影业在2015年研发出编剧机器人,拥有庞大的故事资料库和先进的智能创作系统,平均10分钟创作一集电视剧,30分钟创作出完整的电影剧本,从中可以窥见人工智能在剧本创作领域的潜力。

2.智能作曲

与智能写作的原理相似,人工智能对大规模的乐曲库进行深度学习后也能独立创作歌曲。微软小冰能够自动生成旋律和编曲框架,其2017年首次登上央视综艺节目《机智过人》的舞台,通过看图作曲谱出的乐谱《桃花梦》朗朗上口,在投票中以两票之差险些能够瞒过评审观众被认为是人类音乐人所作，已经具备了智能作曲的能力。2018年，微软小冰再次登上舞台，在半分钟内就完成了古诗词《念奴娇·赤壁怀古》的谱曲任务，远远快于专业音乐人两个小时的作曲时间。还有公司将智能作曲进行商业化的运营，盒声音乐公司创立于2018年初，汇集了众多科技行业内音乐爱好者和音乐行业内科技爱好者，研发的人工智能系统能够在10分钟内创作一首音乐作品，还能根据输入的标签、歌词、风格、图片等要求生成音乐小样，满足电影制作方、广告方以及商场等公共场所的商业音乐需求，还与简单快乐音乐经纪公司建立了合作关系，通过人工智能为旗下艺人创作歌曲。

3.智能作画作图

人工智能可以自动生成油画、素描画、动漫画、电子画报等任意种类的画作、平面图像。2018年10月，纽约的佳士得拍卖行一幅由人工智能创作的肖像画拍出了高达43.25万美元的价格，远远高出预估的1万美元，作画程序的研发者将1.5万幅14世纪到20世纪的肖像画输入给人工智能程序进行学习，最终输出了一幅计算机都无法辨认是否由机器绘制的画像，这幅画作名为《埃德蒙·贝拉米肖像》，成为首个在大型拍卖会上成功交易的人工智能作品，引起了人们对智能作画的探讨。谷歌大脑一直处在智能作画领域的前沿，谷歌DeepDream智能程序通过扫描数百万张照片，区分阴影和色块，渐渐具备了识别照片中物体的能力，将相似的物体分到同一图库，构建每个物体的分类目录，并对同一类物体的图库进行学习，挖掘出绘画规律进行智能作画。

2017年，阿里巴巴将智能作图投入实际应用，人工智能设计师鲁班在学习了海量的海报素材后，平均每秒钟作图8000张，一天作图4000万张，还能对自己生成的图像进行评估打分，保证输出最好的设计，而且永不重复。

4.智能生成视频

剪辑是将大量的视频素材经过选择、取舍、衔接最终组合成一个新的完整的视频作品，带有较高的个人意志和精神文化含量，人工智能可以通过视听技术及数据分析等技术对已有的视频素材内容进行解读，智能剪辑生成视频。爱奇艺早在2013年就开启了绿镜功能，以观众海量的观看行为数据，了解观众喜好，将最精彩的情节抽取出来自动组合成精华版视频。智能生成视频还广泛地应用在了视频新闻的剪辑中，2017年俄罗斯世界杯期间，新华智云自主研发的国内首个媒体人工智能平台MAGIC大显身手，在半个月的赛期内生产了近3万条世界杯短视频,占主要视频网站世界杯中文短视频总产量的69%。不仅产量大,而且有惊人的速度,在丹麦队进球后的16秒内,MAGIC已经完成了短视频《进球了！秘鲁VS丹麦》的合成和发布,全程没有人工辅助。MAGIC通过现场的无人机、摄像头等方式获取一手资料,然后经过图像识别、视频识别等技术分析视频里的图像,人脸追踪技术还能识别球员的身份和现场观众表情,联系已有的大数据对视频内容进行检索和重组,最后自动剪辑成视频新闻。

二、人工智能在文化产品生产制作环节的变革

(一)语音输入等功能辅助文本写作

计算机的普及使电脑打字成为文字内容生产的主要方式,从百字的简讯到数十万字的书籍都要求电子版,在此背景下,基于人工智能的自然语言处理、语音处理等技术的语音输入、智能纠错等新功能不断推出,进一步优化了文本写作方式。

语音输入可以将自然语言转换为文本输出。科大讯飞一直致力于语音识别、语音合成等智能语音技术的研发和服务,语音识别准确率高达98%,处在国际领先水平,推出的"讯飞语音输入"软件能够准确识别大段的语音,每分钟能识别400多字,帮助作者轻松写稿、写论文、写小说,还能自动添加标点符号。智能纠错也是辅助文本写作的新功能。百度、搜狗、讯飞输入法的智能纠错功能已经被大家熟知,纠正在输入时产生的错别字,给用户日常打字交流带来便利。百度旗下的百家号针对自媒体内容创作者推出了更高级的文本智能纠错功能,基于大规模文本语料库的数据积累,融入强大的语义理解技术,可以找出整篇文章中的语病、错别字、错误标点并予以纠正。百家号还提供标题修改建议、智能排版等功能,缩短自媒体内容创作者进行文本编辑的时间,同时让文章更规范。

人工智能在辅助文本写作方面还进行了许多新功能的尝试。2018年12月,密歇根大学和谷歌大脑的科学家研发了一种新的文本处理程序,能在保留语句原意的基础上改变句子的时态、情绪、复杂程度,甚至直接改变态度,有望在技术完善后实际应用到文本写作中。

(二)图像处理技术得到升级与拓展

图片、照片的美化以及平面设计都用到了图像处理,是文化产品生产制作中常用的技术,人工智能进一步升级和拓展了各种图像处理技术,现实中的应用也非常普遍。

人工智能可以满足专业领域对图像处理的高要求。2016年,Adobe公司发布了基于深度学习和机器学习的底层技术开发平台Adobe Sensei,正式加入了人工智能的大潮,为旗下Photoshop等专业的修图和绘图软件赋能。Photoshop有修补图片、平面设计、艺术文字、影像创意等多种具体功能,但是需要作图者经过专业的学习和重复的练习才能熟练应用,尽管如此,操作起来还是非常烦琐。在人工智能的支持下,图像识别、图像匹配、图像分割、图像边沿检测等效果有了显著的提升,帮助作图者把一些固定、重复性的操作变得简单,特别是抠图过程和细节的处理更加智能化。智能修补画面缺陷、智能添加细节、自动上色、局部替换等都是人工智能带来的新功能,提高了作图的质量和效率,能满足广告商、传媒公司、出版公司等文化企业或部门对图像处理的各种高要求。大众常用的修图软件有美图秀秀、Prisma等,也因人工智能的加入提高了修图水平。

(三)智能音频技术提高音频制作水平

歌曲、影视作品等视听作品的后期制作都要对音频进行调节和润色,基于大数据分析和储存能力的提升,语汇和语料数据库得以迅速累积,音频识别、音频合成等音频技术得到了突飞猛进的发展,人工智能做到了对声音的完美模拟和准确调节,音频制作水平得到提高。

人们在声音模拟领域已经探寻了很久,之前声音采录技术已经广泛应用到商业领域,通过采录播音员对一些字词、字母的读音,模拟该人物朗读,但是声音采录技术并不完善,模拟出的声音生硬、不连贯,只能用于银行叫号、机场播报等场景,无法应用于文化产品的制作。如今,人工智能给声音模拟带来了巨大的突破。2018年1月,央视纪录频道播出了全球第一部由人工智能模拟人声完成配音的大型纪录片《创新中国》,纪录片解说部分全程模拟了已逝世配音大师李易的声音。还有微软小冰在2018年7月更新到了第六代,在语言风格和气息的模仿方面有了进一步完善,能够学习不同歌手的演唱风格,模拟该歌手唱任意一首歌曲。除了人类语音外,人工智能还能对乐器声音进行模拟,谷歌大脑研发的NSynth系统通过学习上万种不同乐器的声音,合成新的声音,辅助音乐人创作。

人工智能也做到像专业调音师一样对歌曲进行调音。唱吧APP一直以来致力提高软件市场竞争力,投入高昂的资金研发音频制作技术,组建出一个具有领先技术实例的音频算法团队。2018年初推出一键修音的功能,类似美图秀秀的一键美图,可以对用户演唱的整首歌曲或者部分单句进行音调和节奏的纠正,让歌曲变得更好听。2018年5月上线的闪歌APP也积极拥抱人工智能,正在研发对用户演唱歌曲的音高、音准、空间感、人声压线等各方面的智能调节技术,降低歌曲生产门槛,带动用户的原创内容生产。

(四)智能影像处理使影视制作更便捷

文化产业领域对影视制作的需求日益增加,要求也更加复杂,剪辑师、特效师需要在有限的时间内高质量完成任务,给传统的影视制作工作造成极大的挑战。

人工智能给影视制作带来了极大的便捷,专业操作中的画面剪辑、美颜降噪、特效制作到影像维度转换,都可以通过人工智能迅速完成。剪辑是影视制作过程中最基础的工作,人工智能可以按照剪辑师的要求进行剪辑,事先被输入了大量的影视作品的人工智能剪辑程序对声音、构图等元素总结出自己的规律和认识,根据剪辑师输入的影视脚本,程序能在给定素材内找到与脚本匹配的画面,还能满足剪辑师提出的特殊要求,如"同一色调""多用特写"等,挑选出的画面组合成一部影视作品供剪辑师进一步调整。美颜降噪也是影像处理的常用功能,程序在了解了大量的数据后能处理噪点、光线和加强细节,使影像获得比人工美化更清晰自然的效果。另外,抠图也是最烦琐的特效制作过程,人工智能程序学习并了解了场景中色块变化规律和主体的运动规律,自动识别主体的轮廓,做到在真实场景中抠图,完全抛弃传统的绿布,使特效的制作省时省力。最复杂的2D向3D的转制也能通过人工智能程序迅速操作。3D电影成为院线的主流,但是制作过程相当长,一部院线级的2D电影需要百人花费数月时间才能转为3D。北京邮电大学的"聚力维度"项目让人工智能在维度转换领域也有了突破,研发出将电视剧、新闻、综艺节目等2D影像实时地直接转换成3D的程序,院线级电影的转制也只需要几人在一周内便可完成,效率提升了1000倍。

人工智能也将视频制作这一专业操作带到了大众领域中。小米8手机支持人工智能特效视频功能,一键调色、剪辑、配乐给用户随手录制的小视频带来影视大片的质感。还有抖音、B612咔叽、网易戏精等APP在视频制作功能中都引入人工智能的支持,增加了视频美颜、背景分割、特效贴纸等功能,为普通用户短视频的创作提供了广阔的空间。

今日头条、网易、谷歌等企业都致力于影像处理领域人工智能技术的开发,在未来人工智能的应用会有无限可能,能够最大程度展现创作者对影像的创意，有效提高影视作品生产的效率，为影视制作进一步赋能。

(五)人工智能优化游戏开发

电子游戏是当下重要的休闲娱乐方式，游戏中的视听效果、游戏的智能程度都决定着游戏的成败，因此与其他文化产品相比较，游戏的开发制作对技术的依赖更高，人工智能在游戏开发制作领域中发挥着越来越大的作用。其一，人工智能帮助开发者生成游戏素材。如3D人体模型、3D人脸模型、布景等画面素材，只需要上传一张2D照片，人工智能快速自动转换成游戏所需要的材质，还有游戏中的角色声音也可以由人工智能合成。其二，人工智能让角色动画更逼真。爱丁堡大学研发的角色动画处理技术，让游戏中角色动画的动作从站立坐行到旋转爬坡，即使在复杂的地形中也能灵活自然，如同真人一般。

人工智能还可以自己编程游戏。美国佐治亚理工学院研发的一个全新的人工智能系统在观看学习了游戏《超级马里奥》的视频后，对游戏中的地形、道具有了自己的了解，掌握了马里奥与水管、金币、乌龟、砖头等元素之间的关系，也知道了各图形的大小比例，从而编写出全新的关卡，而且难度越来越高。印度初创公司AbsentiaVR也研发出一套简化游戏制作的引擎——NorahAI，可以通过输入文字或者图片生成拼图、街机等小游戏。

三、人工智能在文化产品营销中的变革

(一)文化产品营销预测的智能化

营销预测是指通过对市场营销信息的分析和研究，寻找市场营销的变化规律，并以此规律去推断未来的过程，是企业制定营销策略的前提条件。智能营销预测的出现大大提高了市场营销预测的效率和质量。目前已有的智能营销预测的实例主要集中在影视行业。猫眼电影推出的猫眼专业版APP具备电影票房预测功能，依托深度学习算法对猫眼平台的用户行为数据进行分析，实现了在距离影片上映一个月就能预测首映日票房、每日票房以及总票房，成功预测了《功夫瑜伽》《爱乐之城》等国内外电影的票房，误差都在10%以内，成为影视行业内最具参考意义的票房预测服务，对于影片的定档、宣发预算都有着指导意义。还有智影公司研发的人工智能大脑SKANN也能做到准确预测票房，成功预测了《变形金刚5》《悟空传》等电影，为影片营销方案的定制提供参考指导。另外，SKANN学习了影院排片的规则，结合预测的每天人流状况，拥有了智能排片功能，除了传统的排片流程外，还加入了个性化的营销功能，如错峰排片、补缺排片、竞争促销排片

等,以智能的方式提高票房收入。

(二)文化产品广告投放的智能化

过去文化产品都是以广撒网的方式通过媒介投放广告,精准度低,而且重复覆盖率高,给企业产生了较高的广告成本。如今,积累的大量消费者数据以及更懂人心的算法成功解决了这个营销问题。2012年前后,腾讯、阿里巴巴、百度三大互联网巨头依据自身的数据和用户优势首先布局广告精准投放阵地,今日头条、微博、猫眼等媒体平台以及爱点击、舜飞等第三方独立数据平台也紧随其后。通过对消费者数据的收集与分析产生消费者画像,并进行跨屏跟踪,根据产品的定位实时抓取目标人群进行广告的定向投放。文化产品大多没有地域限制、消费者喜好复杂等客观原因,更受益于这种智能化的广告投放方式。当用户在爱奇艺上观看过电视剧《知否知否应是绿肥红瘦》后,再登录百度浏览器、UC浏览器、微博都会看到这部电视剧或者主角赵丽颖所演的其他影视作品的广告,进一步巩固了用户对影视作品的印象,让用户感到平台比自己更了解自己,正是广告精准投放的效果。今日头条是游戏推广的第一优选广告平台,构建了专门针对游戏广告投放的游戏定向体系结构,包括用户基本属性、用户环境、用户行为、兴趣爱好、自定义人群、其他定向等6大维度以及更加详细的14种具体定向,清晰描绘了每一个用户的画像,通过设置不同的定向组合,仙侠类、策略类、宫斗类、大逃杀类等各种类型的游戏都可以找到各自最契合的受众群体。

(三)内容推荐的智能化

1.内容的大规模个性化智能分发

资讯平台、影视平台以及音乐平台都实现了对平台内所经营内容进行大规模个性化的智能分发。今日头条、一点资讯、UC、腾讯、QQ浏览器等资讯平台对该技术的应用最为广泛,通过算法对用户浏览过程中留下的数据痕迹进行实时分析,寻找相关度高的新闻、资讯进行定向投放,大量信息实现精准推荐。腾讯的精准推荐平台能在一天内完成精准推荐视频2亿、精准推荐新闻1亿,能让每个用户接收的内容都是最有可能符合其需求的内容。在视频平台中,根据2017年9月公布的数据,爱奇艺APP搭载独立设备达到5.41亿台,能够对5亿用户提供个性化推荐服务,将人工智能融入内容分发。爱奇艺把视频中每个镜头分解成上百个画面,根据内容对每个画面进行标签,统计用户播放痕迹并汇总标签可以得知每个用户的情感喜好,再精准分发匹配度高的影视作品,据悉,首页推荐内容的命中率已经高达40%。

2.优质内容的挖掘与推荐

随着UGC(用户内容生产)的流行，资讯、小视频等内容的边界前所未有地扩展，导致了质量的良莠不齐，内容平台不仅要为用户提供想看的内容，挖掘与推荐优质内容，拦截劣质内容也是十分有必要的，于是各大内容平台十分重视对优质内容的挖掘与推荐，纷纷利用智能技术优化推荐过程。一点资讯积极与《哈佛商业评论》杂志、岳麓书院等优质内容提供方进行跨界合作，依靠智能技术为这些有品质、有价值、有意义但是相对小众的内容精准地找到推荐对象，让优质内容在信息纷杂的时代依旧焕发价值。搜狐新闻通过两种方式挖掘优质内容：一种是对内容发布账号进行评级考核，自动分析内容订阅数量、上榜频率、品牌口碑等，对评级高的账号所发内容进行更广泛的推荐；另一种是对发布内容短时间内的收藏、点击、评论情况进行分析，加大高分内容的推荐范围和频率。百家号也推出了与等级相关的推荐权重加权，给予高分内容更高分发权重，此外还推出了原创保护机制，利用各种语言技术，识别原创文章以及专业性强的文章，同时还能打击劣质内容，防止内容生产者抄袭，在一定程度上保障了用户所看到的内容的质量。

3.新闻对话机器人引导用户获取内容

聊天机器人一直是人工智能研究的重点领域，聊天机器人在内容推荐上也有具体应用，以新闻对话机器人为代表的“聊新闻”模式逐渐得到热捧。新闻对话机器人通过语音识别、自然语言处理等人工智能技术，让用户可以用语音、文字或图片的形式与平台进行一对一的交流。百度2015年推出的度秘是为大家所熟知的典型案例，在手机百度APP和百度新闻APP中都能找到度秘，用户输入关键词后度秘会回复与关键词相关的热门新闻。2017年6月28日，由中央人民广播电台中国之声与央广传媒发展总公司联合孵化的下文APP正式上线，也是国内首款专注运营“聊新闻”的APP，与度秘的形式相似，也是以对话的形式给用户提供个性化的文章，但是下文APP的语言更加拟人化，还会加上表情，让用户更有继续聊下去的兴趣。除此之外，国内还有人民日报客户端“两会”期间的小端和小融、新华社的小新、光明日报的小明等，都可以实现与用户的语音对话，在后台持续搜集用户对资讯的反馈。国外也有新闻对话机器人的应用，如BBC旗下的BBC Mundo于2016年在Facebook Messenger平台发布了新闻机器人Mundo Messenger bot，随后，《经济学人》、路透社及美国大西洋媒体旗下的Quartz

新闻网站也相继以 Facebook Messenger 为平台运行各自的新闻对话机器人,还有在美国大选期间出现了专以重大事件作为专题的 TrumpChat、Trumpbot 等对话机器人。

四、人工智能催生新型文化产品和服务

(一)明星虚拟形象

演员、歌手、主持人等明星或公众人物,在人工智能各项技术的加持下,不仅分身有术,甚至可以获得“永生”。歌手张国荣的英年早逝令人感到惋惜,2016 年 3 月在北京举办的张国荣诞辰 60 周年纪念活动上,百度大脑对张国荣生前的音频资料中的语音数据进行抓取,利用情感语音合成技术将张国荣的声音再现,实现了与粉丝进行“隔空对话”,高还原度的声音让熟悉他的粉丝激动不已。当然,只有声音是不够的。2018 年 11 月 11 日,在浙江乌镇举办的第五届世界互联网大会上,新华社发布了全球首个“人工智能主播”,现场展示了主持人邱浩的虚拟形象,运用了搜狗人工智能核心技术“搜狗分身”中人脸关键点检测、唇语识别、语音合成等多项前沿技术对邱浩进行模拟,塑造出的虚拟形象与真人几乎没有差异,只需要输入新闻文本,人工智能合成主播就能进行播报。除了对明星声音或表情的单纯模拟,全方位的虚拟形象 PersonalAI(个性化人工智能,简称“PAI”)一直是各大人工智能公司和文娱企业研究的重点领域。2018 年 9 月的世界人工智能大会上,由华人创业的加州人工智能公司 ObEN 携手知名偶像团体 SNH48GROUP 运营的方丝芭传媒发布了以中国内地流行乐女子组合 GNZ48 的成员曾艾佳为原型的人工智能虚拟偶像艾佳 PAI。在 2019 年中央广播电视总台网络春晚中,ObEN 公司研发的撒贝宁 PAI、朱迅 PAI、高博 PAI、龙洋 PAI 一起登场主持节目,为观众带来全新的感官体验,成为世界首个人工智能虚拟主持人团队。

(二)人工智能虚拟偶像

虚拟偶像并非是真人作为偶像,但是运营模式与真人偶像相似,主要以歌舞形式贩卖自身的魅力获取经济收益。从 2007 年日本克里普敦未来媒体公司推出的初音未来的大获成功到现在虚拟偶像的市场已初具规模,中文语境下的虚拟偶像就有数十位,比较著名的洛天依、零、涂山苏苏等虚拟偶像已经不仅局限于二次元领域,通过 3D 全息投影技术有了 3D 形象登上各类电视综艺节目,甚至出现在各种大型晚会上,让虚拟偶像被更多的人认识和接受。在此基础上,人们对虚拟偶像的要求也不断提高,为具有交互功

能的人工智能虚拟偶像的出现奠定了坚实的基础。2016年7月,Gowild狗尾草智能科技有限公司在新闻发布会上推出了世界第一个人工智能虚拟偶像琥珀虚颜,搭载在全息投影智能设备holoera中的琥珀虚颜可以唱歌、跳舞、聊天,它的家用全息投影智能设备holoera X在2017年2月正式发售,随后琥珀虚颜又在《极光之恋》《不结婚》《来自海洋的你》等影视作品中出演了重要角色,成为触手可及的偶像。虚拟偶像的代表初音未来也紧追其后,在2019年1月的腾讯数字文创节上,次元ProjectS项目团队推出了初音未来小型的家用全息投影智能设备,搭载了智能技术的初音未来在粉丝的翘首期盼下亮相。

人工智能作为最前沿的信息技术,已深入到社会生产服务各领域,带动作用显著。尤其是对文化生产经营方式颠覆式的变革,使我国的文化产业,特别是互联网内容业急速增长和发展,使文化产业成为战略性支柱产业的目标越来越近。然而,技术是把"双刃剑",在人工智能为文化产业带来发展变革的同时,也还存在诸多不容回避的问题,如果不予充分重视和解决,技术的极端应用也会伤害到文化产业的健康发展。

(资料来源:李景平、张珊《人工智能助推文化产业生产经营变革》,载《齐鲁艺苑》2019年第6期)

【延伸阅读之二】

我国电子竞技全产业链运营研究

伴随着信息技术的快速发展和互联网用户的不断扩大,我国网络游戏行业迅速发展,已经成为全球游戏市场的增长引擎,但近年来由于流量和增量放缓、制度不完善、观念和创新系统陈旧等因素,致使网络游戏行业的发展遭遇瓶颈。电子竞技在网络游戏发展的危机中脱颖而出,不仅突破了中国网络游戏的生存困境,更在互联网技术平台上进行各种资源的多元整合、跨界合作,形成了一个庞大的产业群,经济体量巨大,驱动能力强。电子竞技在市场中诞生成长,成功而持续的商业运营是其发展的基础,虽然网络游戏已经摸索出了一套完整的盈利模式和较大的市场规模,作为网络游戏衍生行业的电子竞技仍处于职业化和商业化的探索阶段,产业上下游结构链条尚不完善或未被清晰认知,因此有必要进行系统梳理总结。

2003 年,国家体育总局正式批准将电子竞技列为第 99 个官方认可的体育竞赛;2007 年,电子竞技列入亚洲室内运动会比赛项目名单,正式登上亚洲舞台;2008 年,国家体育总局又将其更改为第 78 个正式体育竞赛项目。目前,被认为已经超越足球,成为世界上最具发展潜力的竞技体育赛事。

一、电子竞技赛事经营

电子竞技赛事是提供电子竞技比赛的平台,电子竞技运动员进行对抗的载体。电子竞技赛事全面体育化,第一方赛事(主办方为游戏厂商,手握游戏版权)与第三方赛事(除游戏厂商之外的其他机构主办的电子竞技赛事)共同繁荣。

中国电子竞技赛事虽然起步较晚,但如今已经硕果累累并逐步走向正规化,踏入世界级赛事门槛。其表现在三个方面:一是从主办方看,第一方赛事约占七成,其中腾讯公司和网易公司两个游戏巨头主办电子竞技赛事远超其他游戏厂商,第三方赛事方面,专业电子竞技赛事运行机构和政府主办赛事基本垄断市场;二是从赛事项目上看,单项赛事为主,综合性赛事为辅,MOBA 类游戏最为热门,赛事数量占据一半以上;三是从游戏平台来看,基于 PC 端的电子竞技赛事仍是主流,移动电子竞技赛事是必然发展趋势,势头十分强劲(见下表)。

我国主要电子竞技赛事

	创立时间	主办机构	举办地点	赛事项目	比赛形式
中国电子竞技运动(China E-sports Games,CEG)	2004 年	中华全国体育总会	北京、上海、成都、广州、沈阳、长沙、武汉、西安	对战类:“CS”“FIFA 足球”“WC3 之冰封王座”“星际争霸之母巢之战” 休闲类:围棋、中国象棋、桥牌、四国军棋、升级、拱猪、二打一(斗地主)	综合性线上、线下
英雄联盟职业联赛(LOL Pro League,LPL)	2011 年	腾讯、拳头游戏公司	北京、上海、武汉、成都、杭州、重庆、西安	《英雄联盟》	专业性线上、线下

续表

	创立时间	主办机构	举办地点	赛事项目	比赛形式
全国电子竞技大赛(National Electronic Sports Tournament,NEST)	2013年	国家体育总局体育信息中心、上海华奥电竞信息科技有限公司	厦门	《炉石传说》《英雄联盟》《穿越火线:枪战王者》《王者荣耀》《绝地求生:全军出击》《FIFAOL3》等	综合性线下、职业赛、海选赛、城市赛、高校赛
世界电子竞技大赛(World Cyber Arena,WCA)	2014年	银川市政府、银川圣地国际游戏投资有限公司	中国宁夏回族自治区银川市	《DOTA2》《英雄联盟》《CS:GO》《炉石传说》《星际争霸2》《魔兽争霸3》《穿越火线》《300英雄》《小米超神》《反恐行动》等	综合性线下
英雄联赛(Hero Pro League,HPL)	2015年	英雄互娱	北京、上海、成都、广州	《全民枪战》《炫舞天团》《巅峰战舰》《弹弹岛2》《影之刃2》《无尽争霸》《梦三国手游》等	综合性移动电子竞技线上、线下
世界电子竞技运动(World Electronic Sports Games,WESG)	2016年	阿里体育	上海	《反恐精英:全球攻势》《DOTA2》《星际争霸2》《炉石传说》	综合性
双端职业联赛(CF)	2016年	腾讯游戏公司、VSPN公司		《穿越火线》职业联赛(简称“CFPL”)、《穿越火线:枪战王者》职业联赛	专业性,每年两个赛季,每个赛季分为常规赛、全明星、季后赛、总决赛四阶段
王者荣耀职业联赛(KPL)	2016年	腾讯互娱娱乐公司	上海、成都	《王者荣耀》	专业性,全年分别为春季赛和秋季赛两个赛季,每个赛季分为常规赛、季后赛及总决赛三部分

续表

	创立时间	主办机构	举办地点	赛事项目	比赛形式
WUCG 全球总决赛	2017 年	上海高竞文化传媒有限公司	山东济南	《王者荣耀》《英雄联盟》《DOTA2》	

资料来源:根据《中国第三方电竞赛事研究》(艾瑞咨询)、《中国电子竞技赛事专题报告》(易观)等相关资料整理。

电子竞技赛事作为电子竞技产业链中的核心环节以及电子竞技产业中的桥梁,主要是由电子竞技俱乐部、职业选手、主播解说及平台组成。

(一)电子俱乐部和选手

电子竞技俱乐部和电子竞技选手是电子竞技赛事的直接参与者和重要组成部分。电子竞技俱乐部发展已经初具模型,各自挖掘培养和管理相当的电子竞技专业选手,拥有一批有影响力的电子竞技项目,带动了电子竞技产业多方向发展。具体情况如下表:

中国电子竞技主要俱乐部

	创建时间	成员	涉及项目	投资/赞助类型	主要荣誉(不完全统计)
WE 电子竞技俱乐部(Team WE/World Elite)	2005 年	《魔兽争霸》:李晓峰等 《英雄联盟》:李铭陆、柯昌宇、周俊轩等 《FIFA》:刘子谦、李思俊等 《英魂之刃》员:张超、宋杭峰、王家豪等	《英雄联盟》《FIFA》《英魂之刃》《魔兽争霸 3》	国家政府	《魔兽争霸 3》项目:WCG 2005 年世界总决赛冠军、2012 年 Starwar7 世界总决赛冠军等 《英雄联盟》项目:WCG 2011 中国区选拔赛亚军、2017 LPL 春季赛冠军等 《英魂之刃》项目:2016 年第一届 CPL 职业联赛冠军、TGA 夏季争霸赛冠军等 《FIFA》项目:2016 年 FSL 职业联赛第三赛季亚军

续表

	创建时间	成员	涉及项目	投资/赞助类型	主要荣誉（不完全统计）
LGD电子竞技俱乐部（LGD-GAMING）	2009年	《英雄联盟》：郭昊天、向人杰、梁腾励、陈博、胡浩明等 《DOTA2》：王淳煜、谢俊豪、陈冠宏、徐林森等 《守望先锋》：程宇、郑杨杰、曹家乐、张继航等 《王者荣耀》：何亮、黄浩杰、孙龙清等	《英雄联盟》《DOTA2》《王者荣耀》《守望先锋》	传统企业	《DOTA2》项目：2010年ACG中国赛区冠军、2017年第七届DOTA2邀请赛亚军、2018年DOTA2国际邀请赛亚军等 《英雄联盟》项目：2013年TGA冬季赛冠军、2016年英雄联盟职业联赛春季赛八强等 《守望先锋》项目：2017年守望先锋职业联赛春季赛亚军等
AG电子竞技俱乐部（All Gamers）	2009年	《穿越火线》：刘家桢、唐茂青、宋金城、李思南等 《英雄联盟》：张晶、白松灵、王思瞳、陈念樵等	《穿越火线》《逆战》《风暴英雄》《使命召唤》《坦克世界》《英雄联盟》		《穿越火线》项目：2009第一届U9线上联赛冠军、2013年CFPL亚洲邀请赛冠军、2018年CFPLS13冠军等 《英雄联盟》项目：2011年WCG中国区总决赛殿军、2013年首届金猫奖英雄联盟争霸赛冠军等
IG电子竞技俱乐部（Invictus Gaming）	2011年	《英雄联盟》：李浩成、宋义进、葛炎、高振宁等 《DOTA2》：孙正、郑杰、周一、杨晓东、高天鹏等 《CS：GO》：王建伟、于照衡、王振伟、李乐炜等	《英雄联盟》《CS：GO》《DOTA2》《穿越火线》	个人投资（王思聪）	《DOTA2》项目：2011年WCG中国区总决赛冠军、2017年DAC亚洲邀请赛冠军等 《英雄联盟》项目：2014年第一节德玛西亚杯冠军、2018年LPL赛区S系列赛冠军等 《穿越火线》项目：2012年WCG中国区总决赛冠军、2013年第一届CFS国际联赛冠军等

续表

	创建时间	成员	涉及项目	投资/赞助类型	主要荣誉（不完全统计）
皇族电子竞技俱乐部	2012 年	《英雄联盟》RNG 战队:刘志豪、刘世宇、李元浩、史森明、洪浩轩等 RYL 战队:周坤、刘家俊、周开来、王佑军、李义贤等	《英雄联盟》《王者荣耀》《绝地求生》《DOTA2》《QQ 飞车》《守望先锋》《堡垒之夜》《刺激战场》		《英雄联盟》项目:2013 年《英雄联盟》全球总决赛亚军、2014 年《英雄联盟》全球总决赛亚军、2017 年德玛西亚杯长沙站冠军、2018 年 LPL 春季赛冠军、2018 年 MSI 季中邀请赛冠军等
Snake 电子竞技俱乐部	2013 年	《英雄联盟》:李炫君、黎光维、万坤、蔡波等《守望先锋》:周晓龙、李明轩、黄炯、叶晨昭等《FIFA》部分成员:张俊、李晓亚、昌盛等	《英雄联盟》《守望先锋》《FIFA》		2014 年 TGA 城市英雄争霸赛春季大奖赛冠军、2014 年 NEXT 全国电子竞技大赛八强、2015 年 LPL 春季赛殿军、2016 年德玛西亚杯总决赛四强等
EDG 电子竞技俱乐部(Edward Gaming)	2013 年	《英雄联盟》:全志愿、明凯、王杰、陈文林等《王者荣耀》:杨楚、钟杰、张文科、张迈可等《炉石传说》:张剑、周东泽、余建、袁林等	《王者荣耀》《英雄联盟》《炉石传说》《绝地求生》《QQ 飞车》《FIFA》《皇室战争》		《英雄联盟》项目:2014 年英雄联盟职业联赛春季赛冠军、2018 年英雄联盟职业联赛春季赛亚军等《风暴英雄》项目:2015 年“GHL2015 黄金风暴联赛”季前赛亚军、2016 年“GHL2016 风暴英雄黄金总决赛”亚军等《王者荣耀》项目:王者荣耀冠军杯八强

资料来源:根据《中国电竞行业研究报告》(艾瑞咨询)等相关资料整理。

(二)电子竞技直播和游戏主播

1.电子竞技直播

我国电子竞技视频起源于20世纪90年代的电视节目,随着2000年创办的WCG赛事以及电子竞技游戏的风靡和网络信息技术的提升催生直播市场,由传统的电视视频分享开始向网络游戏直播演进,并在资本的投入和帮助下摸索出网络直播平台的商业模式,电子竞技平台爆发式增长。据不完全统计,当前电子竞技直播平台主要包括斗鱼TV、战旗TV、虎牙直播、龙珠直播、火猫和熊猫TV等(见下表)。每个直播平台都具备自身的优势和价值,并提供大量高质的内容,直接推动了电子竞技直播市场的快速成长,在电子竞技产业链中崭露头角,为电子竞技的推广和变现带来新的机遇。

我国主要电子竞技直播平台

	创办时间	直播赛事	特点
斗鱼TV	2014年(前身为生放送直播)	英雄联盟职业赛、德玛西亚杯、英雄联盟全球总决赛、DOTA2国际邀请赛、王者荣耀KPL职业联赛、绝地求生黄金大奖赛、守望先锋中韩明星对抗赛、斗鱼杯SL炉石联赛等	先发优势,用户积累丰富,内容生态系统逐渐成型
战旗TV	2014年	IET义乌国际电子竞技大赛、WCA世界电子竞技大赛、2105年NEST全国电子竞技大赛、T15DOTA2国际邀请赛等;纯电子竞技明星阵容娱乐节目《Lying Man》	原浩方对战平台基础,保留特色项目三国杀,冠名多个电子竞技俱乐部
虎牙直播	2012年(原YY直播)	《英雄联盟》《王者荣耀》《球球大作战》《守望先锋》《绝地求生》《炉石传说》《全民突击》等	主播阵容豪华,拥有顶级赛事版权,独家直播视角,打造权威赛事
龙珠直播	2015年	《英雄联盟》职业联赛(LPL)、《穿越火线》电视职业联赛(CFPL)、《穿越火线》、《地下城与勇士》、《QQ飞车》、《逆战》等30余款顶级赛事	与腾讯公司关系密切,拥有自主赛事品牌(PLU)

续表

	创办时间	直播赛事	特点
火猫 TV	2014 年	TS(The Summit 联赛)系列、NAB eat 邀请赛、DAC 亚洲邀请赛、MDL 国际精英邀请赛、DLS 梦幻联赛、DOTAPIT 深渊联赛、Pro DOTA 职业联赛等一系列 DOTA2 职业赛事等,《CS:GO》《DOTA2》《英雄联盟》等游戏	和完美世界公司关系密切,强调"自有赛事+直播"相结合
熊猫 TV	2015 年	《英雄联盟》《炉石传说》《DOTA》等	抓"各路"实力派主播,强大明星主播阵容

资料来源:根据《中国电子竞技及游戏直播行业研究报告》(艾瑞咨询)等相关资料整理。

2.电子竞技解说及主播

随着电子竞技网络直播的高速发展,电子竞技赛事解说和平台游戏主播应运而生。

(1)电子竞技赛事解说

随着电子竞技逐渐演变成为正规的体育比赛,赛事也因此越来越规范化,电子竞技的赛事解说员如同体育比赛现场解说员一样,成为观众与赛事的交流渠道、掌控赛事节奏、对赛内信息和进程进行说明和评述等功能的承担者,因此要求专业素养较高,在电子竞技方面具有一定的权威性并有自身独到见解。例如,国内知名电子竞技专业解说黄旭东解说 NSL 魔兽争霸赛、WCS 全球总决赛、华硕明星赛等,英雄联盟女解说员苏小妍解说 2013 年英雄联盟职业联赛、英雄联盟全球总决赛、2014 年德玛西亚杯、2016 年英雄联盟集中邀请赛、2017 年英雄联盟亚洲对抗赛等。

(2)电子竞技直播平台游戏主播

目前优秀的电子竞技主播主要分为职业选手、中级主播和草根大神三类,其中职业选手约占 60%,他们中的绝大多数是在大型电子竞技赛事后退役的职业运动员,属于最受欢迎的主播类型;中级主播和草根大神因外观和幽默风趣,也均有一定的受众规模(见下表)。

主要游戏主播

	直播游戏	类别	直播平台
若风	《英雄联盟》	退役选手	熊猫 TV
Miss	《英雄联盟》	游戏主播	虎牙直播
PDD	《英雄联盟》	退役选手	战旗 TV
White	《英雄联盟》	退役选手	斗鱼 TV
董小飒	《英雄联盟》	草根大神	虎牙直播
秋日	《炉石传说》	游戏主播	全民 TV
中华毅力帝	《炉石传说》	游戏主播	全民 TV
Sol 君	《炉石传说》	游戏主播	熊猫 TV
YYF	《DOTA2》	职业选手	斗鱼 TV
Zhou	《DOTA2》	职业选手	熊猫 TV
嗨氏	《王者荣耀》	游戏主播	斗鱼 TV
梦泪	《王者荣耀》	游戏主播	虎牙直播
70kg	《穿越火线》	职业选手	龙珠直播

资料来源:根据《中国电子竞技及游戏直播行业研究报告》(艾瑞咨询)等相关资料整理。

(三)电子竞技专业和学校

近两年来,我国电子竞技产业迅猛发展,在政策的护航下,前景看好,但电子竞技专业和职业人才短缺问题也越来越突出。2016 年 9 月,教育部公布了相关学校和行业增补的 13 个专业,其中,电子竞技与管理类专业已落户校园,并正式纳入体育教育类,全国各大高校相继设立相关专业,大量资金投入到电子竞技人才的教育培训中(见下表)。从各个专业类别总结来看,皆有重点地针对电子竞技每个环节的缺口,培养电子竞技各类人才,达到基本理论、工作规律和实践能力等各方向的全面培养和提升,输出专业技术人才,保障电子竞技产业的稳定发展。

全国高校电子竞技专业和培训机构

学校名称	相关专业	学制	创建时间
天津体育学院 (体育文化传媒系)	电子竞技实验班		2009年7月
上海七煌电竞培训学院	专项电竞培训机构	2月为基础	2014年
湖南体育职业学院	电子竞技运动与管理	专科3年	2016年9月
中国传媒大学南广学院	电子竞技分析方向	本科4年	2016年12月
四川传媒大学	电子竞技运动与管理	专科3年	2017年
北京华嘉专修学院电竞教育	电子竞技运动与管理	专科2.5年	2017年3月
上海戏剧学院	电子竞技解说主持舞台设计	本科4年	2017年7月
山东蓝翔电竞学院	电子竞技管理班	专科3年	2017年9月
四川电影电视学院	电子竞技运动与管理	专科3年	2017年9月
上海体育大学	电子竞技解说方向	本科4年	2018年3月
南京恒一文化电竞学院	电竞职业培训班	1～2年	2018年7月
中国传媒大学	数字媒体艺术(数字娱乐方向)	本科4年	
天津体育学院	文化传媒系电子竞技方向	本科4年	
哈尔滨科学职业技术学院	电子竞技运动与管理	专科3年	

资料来源:根据公开资料整理。

二、电子竞技衍生产品

电子竞技通过赛事和俱乐部品牌吸引粉丝和玩家,还将产业价值链延伸到线下,形成实体商业区域。其一方面满足电子竞技用户全方位需求,另一方面让更多的人接触到电子竞技,使电子竞技真正融入日常生活娱乐之中。比较常见的就是建立电子竞技主题餐厅、电子竞技主题酒店、电子竞技小镇和电子竞技线下场馆及网咖。

(一)从电子竞技网咖到线下场馆

在电子竞技快速发展的过程中,电子竞技场馆的建设成为产业转型升级的核心区域。自2017年中国电子竞技线下主场化正式启动,到2018年国内首部《电子竞技场馆运营服务规范》的发布面世,各城市开辟的电子竞技场馆在资本的加持下正式完成电子竞技网咖到实体场馆的华丽转身。从单纯的游戏操作场地转变为包括赛事举办、餐饮住宿、直播室、粉丝俱乐部、网咖等在内的电竞、娱乐、社交服务一体的线下场馆。目前,中国电子竞技场馆的发展还处在起步状态,以战队建设的主场馆有北京 RNG 主场馆、先 WE 主场馆、杭州 LGD 主场馆、重庆 Snake 主场馆、成都 OMG 主场馆等,另外其他城市也纷纷加入电子竞技场馆建设的浪潮之中,例如天津中新生态城的联盟电竞天津馆、杭州大悦城 B5 电子竞技馆、杭州亚运电子竞技主场馆、上海网易暴雪游戏电子竞技馆、上海 666 号电子竞技馆等。

北京 RNG 主场馆也被称为"RNG 电子竞技中心",位于北京市海淀区复兴路 69 号华熙 LIVE 五棵松 HI-UP 商圈内,场馆占地面积 4500 平方米,共三层,其中主赛场能容纳观众 3000 余人。场馆通过 60 个互动电子屏幕,向观众完整地呈现现场赛事及演出,随时随地进行精彩互动,其中演播室位于场馆一层,占地面积 1366 平方米,高 12 米,可同时容纳 1500 人,配有专业的灯光音像设备和高清大屏,以满足高需求竞技赛事的举办和播出。场馆的二层是面积为 355 平方米的小剧场,配有专业隔音墙,可举办各类型的发布会、颁奖会以及粉丝见面会等。场馆还配备多样的娱乐化、人性化设施,例如 VIP 包厢、酒吧台和衍生品陈列馆等,甚至连门厅都采用多屏设施,观众可以在厅内外无缝体验现场视频。RNG 主场馆外是商业区,面积接近 20000 平方米的下沉广场与群落式建筑相结合,充分满足休闲娱乐各方面的需求。

(二)电子竞技主题餐厅和酒店

随着国内电子竞技市场规模的壮大,与电子竞技相关的各类产业产品形式相继出现,其中"电子竞技+餐饮住宿"受到更多消费者青睐和投资的追捧,成为餐饮宾馆业的新面孔。

1.电子竞技主题餐厅

随着对生活品质的进一步追求,年轻人已不满足于在餐厅填饱肚子,而是要享受特定的服务和氛围,电子竞技餐厅应运而生。顾名思义,电子竞技餐厅是依托于电子竞技游戏的餐饮行业,顾客在电子竞技专题游戏装修营造氛围、饱享缤纷美食的同时还能观看电子竞技赛事。例如由朗昇打造的全国首家高端电子竞技主题餐厅"黑凤梨"入驻于深圳壹方中心,结合美食、观赛和竞技于一体的"战场"无疑成为电子竞技玩家喜欢的聚集地。以《英雄联盟》为主题的德玛西亚餐厅位于重庆沙坪坝煌华新纪元购物广场 6 楼,将《英雄联盟》游戏元素充分融入菜品:红蓝药水饮料、以荒漠屠夫为原型的红焖鳄鱼腿等。不仅将餐厅装潢与峡谷地图融为一体,更是设置专属包间供玩家在线对战。以《王者荣耀》为主题的餐厅坐落于深圳,首创全国 3D 主题装修,不再像大部分主题餐厅一样将英雄海报作为装饰,而是真正一比一模仿王者峡谷、深渊大乱斗、长平攻防战、墨家机关等场景,餐厅餐具印有《王者荣耀》特色标记,甚至在等待区还有身穿角色服饰的店员进行亲密互动,等等。

电子竞技游戏不仅仅在独创主题餐厅中彰显得淋漓尽致,在各大知名连锁餐饮中也独占一席之地:在 DOTA2 亚洲邀请赛到来之际,上海三家吉野家推出相关主题餐饮,随处可见的周边以及独具特色的食品——艾欧炒面等,让玩家一起畅享美食,为赛事和选手加油助威,更是 DOTA2 玩家线下相聚、享受比赛的好去处。

2.电子竞技主题酒店

电子竞技的蓬勃发展也使得电子竞技主题酒店悄然兴起,与电子竞技主题餐厅并驾齐驱。自全国首家电子竞技主题酒店在武汉绿地中央广场隆重开业后,全国各地电子竞技主题酒店纷纷落地。截至 2018 年 7 月,全国电子竞技酒店数量已经达到 400 家以上,并以迅猛之势增长,从最初的“公寓+电脑+高低床”到现在注重设计感以及品牌和服务的打造,电子竞技主题酒店已经历经两个阶段的蜕变,满足用户既封闭又开放,与朋友、爱人、家人一同享受电子竞技氛围的需求,同时又是电子竞技产业多元化发展的一个重要领域(见下表)。

全国电子竞技主题酒店

城市	数量	分布
河南省郑州市	38 家	金水区、管城区、二七区等市中心周边商业广场及住宅区
河南省洛阳市	10 家	洛龙区、涧西区等中心商业广场及住宅区附近
河南省开封市、周口市、三门峡市、南阳市、驻马店市	各个城市 2～3 家	各城市中心商业广场及住宅区附近
内蒙古自治区呼和浩特市	11 家	赛罕区、玉泉区等市中心商业广场附近
内蒙古自治区包头市	9 家	昆都仑区、青山区、九原区等市中心商业广场附近

续表

城市	数量	分布
湖北省武汉市	13 家	洪山区、武山区、武昌区等市中心商业广场附近
陕西省西安市	10 家	未央区、雁塔区、碑林区等中心商业广场附近
山西省太原市	3 家	迎泽区、小店区等商业广场附近
四川省成都市	1 家	金牛区二环商业广场
广东省深圳市	1 家	宝安区
湖北省武汉市	9 家	武昌区 2 家、洪山区 7 家
云南省昆明市	4 家	西山区 2 家、杨林市 1 家、安宁市 1 家
上海市	13 家	浦东新区 5 家、徐汇区 2 家、松江区 3 家、静安区 1 家、宝山区 1 家、长宁区 1 家

资料来源:《2018 年电子竞技酒店分析报告》(艾瑞咨询)。

(三)电子竞技特色小镇

2016 年,财政部、中宣部、教育部联合发布了《关于开展特色小镇培育工作的通知》,电子竞技抓住时机与时俱进,以发展特色小镇为目标,“电子竞技小镇”概念逐渐进入主流社会视野,借助政策东风,越来越多的地区将电子竞技小镇的建设纳入重点发展规划,以弥补专业化场馆不充沛的困境,满足电子竞技发展需求,承载综艺、教育、场馆、影视和娱乐等多元的线下产业延伸。

根据不完全统计,自 2017 年以来,浙江省杭州市、安徽省芜湖市、重庆市忠县、江苏省太仓市、辽宁省葫芦岛市、山东省青岛市等地先后加入了建设电子竞技小镇的队伍,作为针对电子竞技产业发展的重要举措,各地政府采取扶持基金、一系列财政税收奖励政策、人才补贴、用地规划支持等措施。为积极引入电子竞技企业、俱乐部和相关人员等进行重点宣传和奖励,为电子竞技建设和后期运营奠定坚实的基础,电子竞技小镇致力于电子竞技赛事的运营,带动旅游、餐饮住宿服务的发展,还与各企业进行深度合作,以电子竞技为支撑点,将围绕服务电子竞技玩家开辟一个全面的生态系统:“电子竞技+文创”“电子竞技+动漫”“电子竞技+AI”“电子竞技+影视”等,成为经济增长的新引擎。

庞大的用户群体、国家的利好政策、实力企业的强势加盟都将成为我国电子竞技小镇、电子竞技产业发展的重要推动力量。

三、电子竞技周边产品

2002年,盛大公司出版《传奇官方宝典》,随后结合游戏道具推出挂坠、项链、戒指、徽章等,游戏周边产品开始起步。2003年,中国邮政史上第一部网络游戏收藏版专辑《传奇世界》在全国同步上市。随着电子竞技迅速发展,开始向服饰、纪念品、文化出版和媒体等领域伸出触角,电子竞技周边产品作为细分领域,成为抢占各种商机的“风口”。开始时的电子竞技周边产品仅仅只是鼠标、键盘、耳机等硬件设施,如今逐渐衍生出多种类型的产品,例如在游戏中充值的特效皮肤、电子竞技包、电子竞技显示器、电子竞技座椅等,还有电子竞技游戏手办、电子竞技服饰和电子竞技Cosplay展会等。

(一)电子竞技游戏手办

近几年来,随着“二次元”文化的升温,“手办”这个词越来越多地出现在公众的视野中,手办是通指由动画、动漫、电影、游戏等作品衍生出来的人物、怪物实体收藏品,制作材料大多由树脂和PVC构成,大小不一,因此电子竞技游戏手办,就是以电子竞技游戏中人物为原型的实体模型。

为满足游戏玩家对于电子竞技游戏的高度追捧和热爱,诸多电子竞技游戏纷纷发行游戏角色手办以供玩家玩赏和收藏。例如,2016年《英雄联盟》为纪念在中国运营五周年发行的特别纪念版羊年限定皮肤版“神龙烈焰”金克斯,这个“暴力”少女自挂手雷,扛着长枪短炮华丽登场,收获了中国玩家满满的热爱,一经推出,仅仅六个小时就销售一空;2016年Riot官方商城新增了15位英雄的塑制Q版手办,仅有10厘米的模型却将船长、诺克萨斯之手、酒桶、大嘴、螳螂、曙光女神、盖伦等英雄该有的特点展现得淋漓尽致;2017年全球总决赛纪念版手办发布的《英雄联盟》中最具中国特色的神话人物——悟空,这一款为了在中国举行国际赛事而开发的限定手办,带有全球总决赛的Logo,选取了在中国文化承载意义非凡且汲取《英雄联盟》“自我蜕变和超越”主线的英雄角色悟空,寓意盖世传奇;2018年,《英雄联盟》官方为感谢职业选手在全球总决赛MV《登峰造极境》中所作的贡献,特意为决赛中出境的Uzi、Faker、Ambition和Perkz选手定制了属于个人且对外销售的手办;2018年,《守望先锋》Q版公仔手办也正式上线。此外,《DOTA》《王者荣耀》《CS》《魔兽系列》《星际争霸》等也早有电子竞技手办面世。

（二）电子竞技服装

在电子竞技产业整体向好的态势中，电子竞技赛事以及俱乐部变得越来越正式，作为宣传手段之一的战队服装更是电子竞技产品中的重要品类，不仅代表战队选手形象，兼具时尚、实用性、环保等功能，设计上显示俱乐部文化和定位。实际上这类产品在足球、篮球等传统体育领域已被大众所认可，但在电子竞技发展之初，职业选手并没有专属的电子竞技服装，随着电子竞技运动社会影响力的提升，品牌商逐渐提供队服赞助。例如 2016 年开始时装品牌 Lilbetter 向 IG 电子竞技俱乐部提供队服，LGD 俱乐部与 Inxx 英涉古装进行过一次冬季队服的合作等。不仅如此，相关赛事也开始设计电子竞技队服，2017 年 LPL 夏季赛，英雄联盟官方九尾战队推出一批风格统一但设计迥异的队服，统一采用黑、红、白色为主。由于中国电子竞技的强势崛起，国内顶尖的一线战队开始打造自己的电子竞技品牌服装，并开始售卖，其中商业体系比较完整的属于 EDG 电子竞技俱乐部，坐拥天猫和京东两个官方商城，另外还有 OMG 战队也创办了独立品牌。各电子竞技俱乐部的队服风格也相差甚远，比如 4AM 电子竞技俱乐部沿用白球服的设计风格，彰显选手的活泼与朝气；RNG-FPS 发布的吃鸡队服采用黑色 POLO 衫的设计风格，给人一种稳重干练的味道；NW 电子竞技俱乐部选取中长款风衣的设计风格，白色风衣搭配黑红装饰，时尚而有型，短袖印有狼头，让人过目不忘；《穿越火线》AE 战队选择黑底橙标的简款卫衣，与他们行事风格相同，在低调中努力崛起。

“电子竞技战袍”揭开属于这个时代的全新面貌，就像职业足球队一样，身穿心爱球队服装时散发的那种光芒，电子竞技服装发展未来可期。

（三）电子竞技游戏人物 Cosplay 展会

Cosplay（角色扮演）指的是使用服装道具塑造形象，利用化妆或特效化妆手段来还原动漫或者游戏中的角色，经历了从早先的爱好者模仿到 Cosplay 展会再到登入世界大赛舞台进行比拼角逐。例如 2017 年 ChinaJoy 电子竞技大赛上海赛区总决赛的 Cosplay 加盟助阵，再比如 2017 年《英雄联盟》S7 决赛现场的 Cosplay 倾力演出等。2017 年淮北第二届动漫电子竞技嘉年华中的《王者荣耀》水友赛，2018 年杭州白马湖动漫节上举办了电子竞技俱乐部见面会，OMG、EDG、WE 等 20 余支国内知名电子竞技战队汇聚一堂，2018 年第三届 CEC 中国电子竞技嘉年华 & AOE 动漫游戏展，都成为 Cosplay 全民化、娱乐化平台，电子竞技角色造型，成为大家争相模仿的对象,游戏的魅力和Cosers的魅力相互映衬,成为电子竞技商业化发展的新契机。

四、电子竞技的技术革新产品

(一)硬件设备与升级

电子竞技产业与电子硬件行业一直有着不解之缘,近年来始终保持着共同进步的状态,硬件的不断升级创新让电子竞技游戏实现更多的可能,而电子竞技游戏对于硬件性能要求的提高和消费升级进一步推动高科技产品进入市场,也使其发展空间无限扩大。

最初在国际电子竞技赛事中,赞助商清一色的几乎是与电子竞技硬件相关的企业,例如三星、联想、雷蛇、赛睿等等,随着电子竞技游戏的兴起,其数量庞大的用户基础促进了中国整个电子竞技行业的突飞猛进,硬件商也采取了更为直接的行动。加大产品在研发设计及后期推广上的投入,从最早的游戏外设、游戏显卡一直发展到现如今的游戏耳机、鼠标、键盘、内存、主办、显示器,甚至连电子竞技座椅都在电子竞技玩家逐步升级和优化他们自身游戏体验感中不断改变。电子竞技职业选手和俱乐部则更加要求硬件的高性能,每一次大型比赛的背后则是对PC硬件设备的一次挑战,因此电子竞技在高端硬件市场占比高、更换频率快,带动PC市场从低迷到再次复苏的发展。电子竞技PC硬件品类异军突起,从2015年600万台增长至2019年的870万台,保持每年6%左右的增长。自2017年前后以《王者荣耀》和《绝地求生》为首的电子竞技手游出现后,电子竞技PC端游戏逐渐开始向电子竞技移动端发展,成为电子竞技商业经济的主导者。

(二)电子竞技与VR技术接轨

VR(虚拟现实)技术是一种利用计算机生成虚拟环境,并且借助VR设备让用户进入虚拟空间,实时感知和操作,从中获得身临其境感受的技术。VR与其他技术不同,最重要的特征是沉浸性和交互性,使其在电子竞技领域具有非常大的发展潜力和空间。2016年电子竞技进入VR虚拟元年,“VR+电子竞技”受到重视,目前“VR+电子竞技”以观赏电子竞技赛事和打造VR电子竞技比赛两种形式为主。虚拟中观看电子竞技赛事,一方面借用VR头盔等外设道具给观赛用户带来全景的视觉感受,解除了平面的限制,提升观赏性和交互性,这在很多电子竞技赛事中已经得到应用。例如2016年第六届《DOTA2》国际邀请赛开设的“Dota VR Hub”观战模式,2017年LPL夏季赛开始的VR观战体验,2016年英特尔极限高手杯大赛中《CS:GO》和《英雄联盟》的赛事直播开放 VR 观战体验等。VR 为电子竞技赛事的用户群体带来更多的科技元素和真切的体验感。另一方面,AR 技术(增强现实)也在电子竞技赛事中初露头角,比如 2017 年《英雄联盟》总决赛北京鸟巢赛场上空盘旋飞舞的巨龙等。离开单纯的鼠标键盘,依据虚拟现实技术来打造 VR 电子竞技赛事,例如 2016 年 NEST 抉择虚拟现实电子竞技大赛、2018 年 3 月 VR League 总决赛和每年 WVA 全球 VR 电子竞技大赛等。

VR 的普及和虚拟现实技术的成熟,使得电子竞技游戏品类、模式和评论直播具有更高的质量和商业价值,这是一场全新的电子竞技技术革命。

五、电子竞技 IP 与其他娱乐产品的开发和互动

在泛娱乐时代背景下,电子竞技的商业化发展不仅体现在电子竞技赛事的打造上,其品牌和内容也延伸并影响着其他行业,其中电子竞技 IP 与网络文学、动漫、影视、综艺等之间的改编和开发已经形成联动效应。

(一)电子竞技 IP 与网络文学、动漫、影视的互动和开发

国际电子竞技 IP 与影视作品的改编和开发早已屡见不鲜,已经成为成熟模式,例如 2016 年导演邓肯·琼斯根据 1994 年暴风娱乐制作的游戏《魔兽争霸:人类与兽人》改编为电影《魔兽》,引起关注。国内电子竞技 IP 与文学、动漫的改编和开发也蓬勃发展。2014 年的网络游戏类小说《我叫布里茨》由起点知名作者机器人布里茨执笔,以《英雄联盟》英雄蒸汽机器人为原型而创作;2018 年,LPL《英雄联盟》职业联赛七周年盛典上由起点白金作家骷髅精灵亲自执笔、官方授权的网络小说《英雄联盟:我的时代》正式公布。2011 年发行的国内首部以《英雄联盟》微故事背景而制作的 3D 微动画系列《啦啦啦德玛西亚》,导演萨拉雷取材于游戏文化,真实还原游戏乐趣和对战生活,目前共三季,每季 10 集;2017 年播出的动画《王者别闹》,根据《王者荣耀》真实游戏情景改编,讲述玩家熟悉的众多英雄在王者峡谷中的搞笑日常;2017 年,由包括污哩高高、郭正易及于文杰等在内的动画团队制作的动画《峡谷重案组》以热门手游《王者荣耀》为背景,用探案的形式在过程中让玩家了解和掌握英雄技能。

2.电子竞技 IP 与综艺节目等娱乐形式的互动

电子竞技与综艺娱乐节目结合,将电子竞技 IP 进一步延伸,兼顾趣味性和审美性,扩大电子竞技产业的发展范围。电子竞技玩家初期对于游戏技能和攻略的需求衍生出网络教学视频,例如小漠的国服第一系列、Miss

的排位日记、《英雄联盟三十六计》视频集锦等属于早期电子竞技综艺雏形。随着游戏竞技化的提升,综艺节目的传播和娱乐性迎合了电子竞技发展,从而诞生了一系列不同模式的综艺节目,例如2013年电子竞技教学节目《7M教学大全》。2014年,OMG战队推出了全网首部现役队员综艺搞笑节目《Oh My God》。2014年首档电子竞技真人秀《加油! Dota》,是由中国好声音导演组和中国梦之声的执行团队倾力打造的Dota 2造星节目。2015年,由Nice TV打造的国内第一档互动直播真人秀《火线兄弟》上线,战旗TV旗下按照《狼人杀》游戏模式进行的《Lying Man》播出。2017年,腾讯视频根据自身公司旗下电子竞技游戏《王者荣耀》打造了三款不同类型的网络综艺节目:一是历史文化类脱口秀节目《王者历史课》,由马东、蔡康永等人主持;二是由全明星阵容出席的真人峡谷决斗综艺《王者出击》,邀请Anglebaby(杨颖)、贾玲、林志玲等一线娱乐明星,以明星效应为基础,共同展现游戏独特魅力;三是由吴昕、田亮、李诞和胡夏四名明星队长领衔的娱乐竞赛节目,一方面前两名突围的队伍将在KPL《王者荣耀》冠军杯总决赛的舞台一决高下,另一方面不同于专业电子竞技赛事的严肃性,而是利用明星间欢乐的游戏气氛缓解竞赛压力,融入多种形式的游戏竞技方式。

六、中国电子竞技商业变现模式

鲸准数据发布的2018年产业报告显示,2016年电子竞技用户积累1.7亿,2017年突破2.2亿,2020年将达到千亿产值,电子竞技运动的发展离不开产业的带动,电子竞技产业的发展依托于优良的商业模式,商业模式是产业盈利的方式和途径,目前中国电子竞技的商业模式基于产业链上下游的协同效应,即归纳为赛事运营、直播和周边消费。

(一)电子竞技赛事运营获利

电子竞技赛事的核心地位由电子竞技运动的比赛性质决定,电子竞技赛事的运营强弱直接决定了电子竞技赛事的影响力和盈利状况,电子竞技赛事的运营基本分为游戏开发和赞助商赞助、在线广告收入、赛事门票和版权。数据显示,2017年中国电子竞技赛事总收入中,34%来自游戏开发商和品牌商的赞助投资,26%来自直转播版权的贩卖,29%来自赛事门票的售卖收入,剩余11%是广告的收入。由此可见,在电子竞技赛事运营中版权的贩卖和赞助是重中之重。

1.游戏开发商的投资及品牌商的赞助

2014年,中国电子竞技产业进入高速发展时期,自此电子竞技产业越来越受到瞩目,市场的快速增长吸引资本不断涌入,直接促进了电子竞技产业链各环节收入的水涨船高。从最初的电脑硬件商、3C 产品等电子消费品,到目前汽车、大众消费品、服饰和知名电商等高端和主流品牌的赞助,例如 LPL《英雄联盟》职业联赛赞助商 2013 年是明基、赛睿和微星电商,2014 年是雷柏和技嘉电商以及天喔食品公司,2015 年新增网鱼网咖、英特尔,2016 年雪碧、联想、Auto Full 傲风、飞利浦加入,再到 2017 年 Jeep 汽车、联想拯救者、迪锐克斯的加盟,2018 年则升级为梅赛德斯奔驰、欧莱雅、战马、多力多滋、惠普的多方联合赞助。显然,电子竞技赛事的赞助商不断大牌化。

伽马数据显示,近两年电子竞技赞助商最大比例来自电子竞技硬件外设,占比 34.5%;第二大重头是各类快消品,约占 29.3%;其余分别是汽车品牌(8.6%)、电子竞技衍生品(5.2%)、手机品牌(3.5%)、服装品牌(3.4%)和其他类品牌(15.5%)。电子竞技赛事赞助商的变化显示电子竞技商业价值逐渐得到认可,电子竞技产业收入得以进一步提升。

2.电子竞技赛事播放权贩卖

在体育竞技领域,播出权处于金字塔塔尖,是吸金利器,成为资本追逐的核心。同样在电子竞技方面,赛事观看用户规模不断高涨,由 2012 年的 1.3 亿人次增长到 2017 年的 3.9 亿人次。KPL《王者荣耀》职业联赛总决赛累计观赛人次突破 3.5 亿,同时有 4000 万独立用户观看直播,赛事互动量超过 3600 万人次,远远超过传统体育赛事的观众数量。因此,电子竞技赛事的播放权售卖成为电子竞技赛事获利的主要部分。

目前电子竞技赛事绝大部分是免费观看,只有少数电子竞技赛事进行直播、转播权的贩卖。例如,2016 年年底英雄联盟母公司拳头游戏以 3 亿元的价格出售了赛事直播权;PGL 公司授权 IMG 全球范围内分销其电子竞技赛事播出权;Bilibili Gaming 公司在 2018 年宣布购得 2018 年 LPL《英雄联盟》职业联赛的直播权和点播权;触手 TV 以 1200 万元拿下巨人网络 2016 年《球球大作战》全球总决赛独家网络直播版权。电子竞技以做大赛事为品牌,与媒体平台谈判直播权和转播权并实现经营收入,这也正成为一种主流盈利模式。

3.在线广告收入

随着电子竞技产业的不断发展,电子竞技赛事本身带来的收益较小,商业化发展除了赞助商的资金投入,同时依赖广告商的赞助,一方面广告商提供电子竞技赛事相关用品为企业做宣传,另一方面电子竞技赛事通过租赁广告位获取收益,例如LPL《英雄联盟》职业联赛中Jeep投放的广告、统一冰红茶为《球球大作战》赛事提供的用品等。

4.电子竞技赛事门票售卖及赛事博彩

除了转播授权和赞助商收入之外,电子竞技赛事运营还有门票收入,其又被分为在线虚拟门票和线下实体门票。在线虚拟门票是唯一一个已经获得丰厚收益的赛事运营模式,首创于Valve举办的Dota2世界邀请赛。通过虚拟门票这一革命性的运营手段,可以获得三样东西:一是虚拟门票,可以在客户端观看比赛;二是虚拟物品,即游戏装备;三是竞猜机会,有一定概率获得更好的装备。

传统体育与博彩有着紧密的关联,正因如此,每逢电子竞技赛事前,国外各大博彩公司也会像传统体育比赛前一样开出相应胜负赔率。交易值之高使其成为全球第七大体育博彩项目。中国现在的电子竞技赛事博彩,更多的是利用虚拟货币逻辑漏洞来规避风险的边缘行为。

(二)电子竞技直播变现

为了迅速占领市场,国内大多数电子游戏直播平台主要是对于内容的争夺,而电子竞技直播收入主要来源于粉丝消费,以积累的大量粉丝体所形成的广告价值进行变现,主要有流量变现和内容变现两种途径。

1.流量变现

(1)游戏联运。游戏联运是指在观看游戏主播直播的同时,点击进入联运游戏,所附属的游戏具有代入感和归属感,移动端成为首选的发展渠道。

(2)电商衍生。拥有广泛知名度的主播开设电商,用来售卖电子竞技周边产品或者借用电子竞技主播的名气开设淘宝店等。目前合作方式有两种:一种是找供应商合作,主播负责宣传店铺和产品,其他不参与,像售前售后、发货和仓储都由供应商负责;另一种模式是自营,淘宝店的商品由主播全权负责,将流量引入电商平台,根据影响力售卖商品。电子竞技主播的明星效应以及在游戏直播平台的持续曝光,成为基于粉丝经济的流量变现中一个新增部分。

(3)广告。电子竞技平台的广告和电子竞技赛事盈利模式相同,但分为页面广告和视频广告两种,视频广告仍然是用户价值有望变现的最主要途径,随着广电总局对权限和政策的进一步放宽,电子竞技节目正在逐渐登录各电视台。

2.内容变现

(1)会员订阅。电子竞技直播平台的会员订阅与视频网站订阅相类似，例如去除广告、提供更加流畅的观看服务等。

(2)增值服务。增值服务是基于粉丝经济，利用主播影响力出售虚拟道具的服务内容。虚拟道具是各大直播平台最主要的盈利来源，虎牙、斗鱼、龙珠等都以虚拟道具的形式，通过粉丝送礼物分成模式获得稳定收入，并依靠用户数量实现收入的增长，例如斗鱼的虚拟道具是鱼丸、鱼翅等，虎牙的虚拟道具是血瓶、挖掘机等。

(资料来源：赵巍郁《中国电子竞技商业化发展研究》，山东艺术学院硕士学位论文，2019年)

【本章主要参考文献】

1.靳晓琳：《移动互联网技术下文化内容生产新模式研究》，山东艺术学院硕士学位论文，2020年。

2.李景平：《基于互联网平台的文化内容新业态研究》(研究报告)，山东省研究生导师指导能力提升项目(项目编号：SDYY17171)。

3.李景平：《山东省新动能培育视阈下互联网内容创业生态链研究》(研究报告)，山东省社会科学规划项目(项目编号：18CHLJ42)。

修订版后记

自2002年党和政府系统推进我国文化体制改革，至今已经历20年，此间我国的文化产业获得快速发展，取得巨大成就。我国文化及相关产业增加值由2004年的3440亿元、占GDP比重2.15%，发展到2019年的44363亿元、占GDP的比重为4.5%，基本达到支柱产业的规模。特别是在最近10年的发展中，以数字化为特征的文化产业新技术、新业态、新模式不断涌现，促进了我国文化产业高质量发展和我国文化产品与服务的“走出去”，文化国际影响力大大提升，我国的网络文学、网络游戏、网络视频、网络直播已经走在世界前列，成为响亮的世界级文化名片。而我国由经营性事业单位转企改制而来的传统媒介业也大多走上多元化和新旧媒体融合的经营模式。

随着文化企业市场主体地位明确，文化企业经营范围和规模扩大，企业治理和管理的复杂性增加。文化企业权力如何行使、制衡，如何形成制度安排，这对企业健康发展和腐败防范具有重要作用；伴随着经济社会发展进入后工业时期，企业竞争达到白热化，再加上新技术的日新月异，产品生命周期加速缩短，这就使企业竞争由产品竞争进入战略制胜的阶段，依据环境和消费需求的快速变化，重新进行产业布局和产品调整，已经成为文化企业发展的重要保障；伴随着移动互联网时代的到来，文化产业生产模式、产品形态和商业模式发生颠覆性的变革，如何对这些新变化进行经验性总结和理论提升并用以指导实践，也是迫在眉睫的工作。鉴于此，此次修订在上一版基础上增加了第二章“公司治理：文化公司的权力与制衡的制度安排”和第六章“数字文化产业创新发展：新技术新业态新模式”。由于本次修订将重点放在文化企业生产经营的论述，因此删减了原版中的第五章“文化产业人力资源管理”。

本版的成书依然参考了大量同仁的成果，有些标明了，有些可能没有，一并致以深深的谢意。对本书责任编辑谭学秋先生严谨的治学态度、严格的要求和热情的支持帮助，深受感动并致谢。我的研究生张珊、赵巍郁、任冉、靳晓琳、曹宏鸣等同学对本书的修改和扩充亦付出劳动，一并致谢。

李景平

2022年2月18日